21世纪经济与管理规划教材·国际经济与贸易系列

国际商法

理论与实务

（第二版）

周黎明 编著

北京大学出版社
PEKING UNIVERSITY PRESS

图书在版编目(CIP)数据

国际商法: 理论与实务 / 周黎明编著.—2 版.—北京: 北京大学出版社, 2023.10
21 世纪经济与管理规划教材. 国际经济与贸易系列
ISBN 978-7-301-34418-7

Ⅰ. ①国… Ⅱ. ①周… Ⅲ. ①国际商法—高等学校—教材 Ⅳ. ①D996.1

中国国家版本馆 CIP 数据核字(2023)第 174769 号

书　　名	国际商法: 理论与实务(第二版) GUOJI SHANGFA: LILUN YU SHIWU(DI-ER BAN)
著作责任者	周黎明　编著
责任编辑	周　莹
标准书号	ISBN 978-7-301-34418-7
出版发行	北京大学出版社
地　　址	北京市海淀区成府路 205 号　100871
网　　址	http://www.pup.cn
微信公众号	北京大学经管书苑(pupembook)
电子邮箱	编辑部 em@pup.cn　　总编室 zpup@pup.cn
电　　话	邮购部 010-62752015　　发行部 010-62750672　　编辑部 010-62752926
印 刷 者	河北文福旺印刷有限公司
经 销 者	新华书店
	787 毫米×1092 毫米　16 开本　22.5 印张　539 千字
	2014 年 10 月第 1 版
	2023 年 10 月第 2 版　　2023 年 10 月第 1 次印刷
定　　价	59.00 元

丛书出版说明

教材作为人才培养重要的一环，一直都是高等院校与大学出版社工作的重中之重。"21世纪经济与管理规划教材"是我社组织在经济与管理各领域颇具影响力的专家学者编写而成的，面向在校学生或有自学需求的社会读者；不仅涵盖经济与管理领域传统课程，还涵盖学科发展衍生的新兴课程；在吸收国内外同类最新教材优点的基础上，注重思想性、科学性、系统性，以及学生综合素质的培养，以帮助学生打下扎实的专业基础和掌握最新的学科前沿知识，满足高等院校培养高质量人才的需要。自出版以来，本系列教材被众多高等院校选用，得到了授课教师的广泛好评。

随着信息技术的飞速进步，在线学习、翻转课堂等新的教学/学习模式不断涌现并日渐流行，终身学习的理念深入人心；而在教材以外，学生们还能从各种渠道获取纷繁复杂的信息。如何引导他们树立正确的世界观、人生观、价值观，是新时代给高等教育带来的一个重大挑战。为了适应这些变化，我们特对"21世纪经济与管理规划教材"进行了改版升级。

首先，为深入贯彻落实习近平总书记关于教育的重要论述、全国教育大会精神以及中共中央办公厅、国务院办公厅《关于深化新时代学校思想政治理论课改革创新的若干意见》，我们按照国家教材委员会《全国大中小学教材建设规划（2019—2022年）》《习近平新时代中国特色社会主义思想进课程教材指南》《关于做好党的二十大精神进教材工作的通知》和教育部《普通高等学校教材管理办法》《高等学校课程思政建设指导纲要》等文件精神，将课程思政内容尤其是党的二十大精神融入教材，以坚持正确导向，强化价值引领，落实立德树人根本任务，立足中国实践，形成具有中国特色的教材体系。

其次，响应国家积极组织构建信息技术与教育教学深度融合、多种介质综合运用、表现力丰富的高质量数字化教材体系的要求，本系列教材在形式上将不再局限于传统纸质教材，而是会根据学科特点，添加讲解重点难点的视频音频、检测学习效果的在线测评、扩展学习内容的延伸阅读、展示运算过程及结果的软件应用等数字资源，以增强教材的表现力和吸引力，有效服务线上教学、混合式教学等新型教学模式。

为了使本系列教材具有持续的生命力，我们将积极与作者沟通，争取按学制周期对教材进行修订。您在使用本系列教材的过程中，如果发现任何问题或者有任何意见或建议，欢迎随时与我们联系（请发邮件至 em@pup.cn）。我们会将您的宝贵意见或建议及时反馈给作者，以便修订再版时进一步完善教材内容，更好地满足教师教学和学生学习的需要。

最后，感谢所有参与编写和为我们出谋划策提供帮助的专家学者，以及广大使用本系列教材的师生。希望本系列教材能够为我国高等院校经管专业教育贡献绵薄之力！

北京大学出版社
经济与管理图书事业部

前 言

经济全球化、数字贸易是当今世界经济发展的大趋势,经济全球化的一个重要体现是全球贸易市场的统一化,而全球贸易市场统一化的一个重要条件是商事和贸易规则的共通。随着数字经济的迅猛发展,数字贸易也越来越多地影响着世界经济贸易格局。信息技术深刻地影响了传统贸易方式,传统贸易体系正在向以数字贸易为代表的新型国际贸易体系升级,企业跨境贸易、跨境综合电子商务服务、跨境电子商务政务监管也都逐渐向数字化转型。跨境电子商务的发展,也不断促进着国际贸易转型与数字贸易新体系的建立。

当前国际经济贸易形势对我们来说,一方面是百年未遇的大变局,在经济贸易形势不确定性较大的情形下,中国对外贸易将持续承压发展;另一方面是非常好的机遇,我们应当坚持以"一带一路"高质量发展,推动构建人类命运共同体,坚持对外贸易持续稳定发展,持续推动数字贸易建设,以更好地服务社会经济发展大局。

因此,了解和掌握国际经济贸易的基本商事规则,了解和掌握国际经济贸易规则、国际公约及国内法规的新变化,可以让我们更好地理解和掌握国际商事活动的原理,并能运用相关的原理来解释和解决商事活动中的一系列问题。

本书力求从兼顾理论与实务的角度,对国际商事法律做一个介绍及阐述。为便于理解,在语言的组织及原理的解释上,本书力求通俗易懂,理论联系实际,通过大量案例对相关的国际商法原理予以分析。全书共十一章,每一章都精心编排了与国际商法原理紧密结合的案例。通过对这些实际案例的分析,一方面可以激发学生学习国际商法的兴趣,另一方面可以将国际商法理论知识与实务知识更好地结合起来,让学生们在一种轻松灵活的学习氛围中掌握国际商法的基本知识点。

在编写过程中,作者在国内外前人成果的基础之上,博采众家之长,并密切关注国际公约、贸易惯例和国内法规的最新资料和修订信息,一方面使本书吸收了最新的国际商法规则和研究成果,另一方面使本书的编排和阐述更全面、系统和准确。

本书的体例遵循一个商事交易完成的顺序，围绕可能出现的问题，由浅入深，以商事主体、代理、合同、买卖、产品责任、运输、运输保险、国际结算与支付、国际知识产权、仲裁为各章阐述主线。

本书的阐述思路是：先有主体，有主体才会有商事交易；主体要达成一项交易，需涉及合同及买卖规则，而且国际贸易往往通过代理进行，故接着介绍代理法、合同法及买卖法；产品的买卖过程中必然会产生产品责任，故再介绍产品责任法；要完成国际贸易，非常重要的一环是运输，而运输过程中会有各种各样的风险，随之介绍运输法和保险法；贸易的目的是一方取得货物另一方取得货款，故涉及国际结算与支付；国际贸易除了包括有形货物的贸易，还涉及技术贸易等其他领域，便引出了国际知识产权法及技术贸易的相关规定；最后，在商事交易的整个过程中，往往免不了会有纠纷，商事纠纷的解决既是商事交易的最后一个环节，也是本书的最后一个章节。以上内容，层层展开，又环环相扣。作者力图简明、扼要、生动、有趣地讲述一个国际商事交易的完整故事。

在编写的过程中，作者深刻感受到自己的才疏学浅，对于本书可能出现的疏漏，恳请专家学者和各位同行不吝批评指正。

周黎明

2023 年 7 月

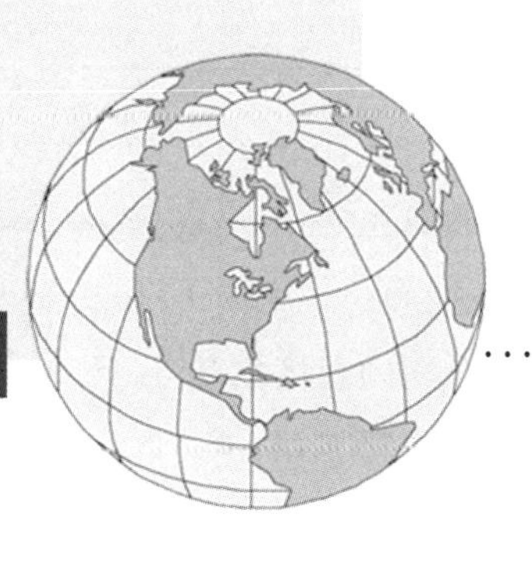

目 录

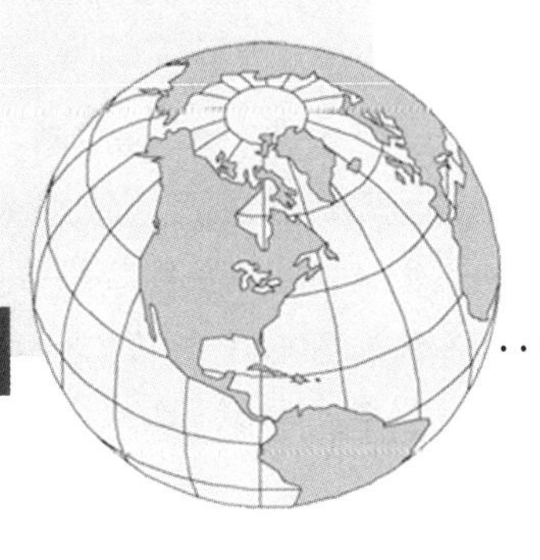

第一章

国际商法概述

【教学目标】

通过本章学习,学生将能够:

1. 认识国际商法的概念与渊源。
2. 了解国际商事法律的简要发展历程。
3. 掌握世界主要法系及其特点。

【关键术语】

国际商法　大陆法系　英美法系

【引导案例】

约翰·H. 威尔斯(John H. Willes)和约翰·A. 威尔斯(John A. Willes)在其所著的《国际商法》(*International Business Law*)一书中，曾举了多个案例来说明国家之间的文化差异，尤其是东道国的文化、法律制度的差异，对国际商事交易的影响颇为深远。其中一个案例是关于通用汽车公司的一款汽车，这款汽车的名字为"Nova"，但没想到的是，"Nova"在西班牙语中意为"doesn't go"，这几乎可以肯定的是，这款汽车在西班牙语国家的销售会遭遇失败。

另一个案例是关于一款威士忌的销售，这款威士忌名为"Irish Mist"(爱尔兰蜜思特甜酒)，但这个名称在德语中的意思是"horse manure"(马粪)，因此，可以预见，这款威士忌在德语国家的销售业绩必然大受影响。

由此可见，在国际商事交易中，忽视文化的作用是最容易导致商事交易失败的。最可靠的成功之道是对当地的文化基础有良好的认知，并对东道国的社会、法律和商业文化有详细的了解。因此，东道国的商业文化和法律制度塑造了商业运作的方式，而商业运作的方式最终又会受到法律制度的监管。

资料来源：约翰·H. 威尔斯、约翰·A. 威尔斯，《国际商法》，金婧等译，中国人民大学出版社，2008，第13页。

第一节　国际商法的定义及法律渊源

国际商法，或称为国际商事法，英文一般称之为 International Business Law, International Commercial Law，或者 The Law of International Business Transactions，三者没有实质性区别。要理解国际商法的定义，我们先来了解商法的概念。

一、商法概述

（一）商法的概念

古代社会通常把"商"理解为货物的交换。《汉书·食货志》解释"商"为："通财鬻货曰商。""通财"意为"流通财货"，"鬻货"意为"贩卖货物"。根据这个解释，"商"即为"流通财货，贩卖货物"之意。《汉书》的这个解释，放在今天也同样适用。《布莱克法律辞典》的界定：商，是指货物或服务的交换，尤指涉及城市、州和国家之间的大规模运输。

法学意义上的"商"，可以从广义和狭义两个角度去理解。广义上的商，是指有关商的一切行为或事宜，包括商事契约、商业登记、商业组织、商业管理、商业会计、商业课税等。狭义上的商，仅指通常所称的商事，包括商业登记、公司、票据、保险、海商等。

"商事"一词是国际贸易交往中一个非常重要的惯常用词，根据联合国国际贸易法委员会在起草《国际商事仲裁示范法》时对"商事"一词所做的解释，具有商事性质的关系包括但不限于下列交易：任何提供或交换商品或劳务的贸易交易；销售协议、商事代表或代理、保付代理、租赁、咨询、设计、许可、投资、融资、银行业、保险、开采协议或特许权、合营企业或其他形式的工业或商业合作；客货的航空、海洋、铁路或公路运输。

我国加入1958年《承认和执行外国仲裁裁决公约》时作出的商事保留申明中提到的“商事”概念,包括货物买卖、财产租赁、工程承包、加工承揽、技术转让、合资经营、合作经营、勘探开发资源、保险、信贷、劳务、代理、咨询服务和海上、民用航空、铁路、公路的客货运输以及产品责任、环境污染、海上事故等。从该范围来看,我国关于“商事”的解释是一种广义的解释。

关于商法的概念,目前学术界还没有一个定论,但无论哪种解释,都有一个共同点,即商法是调整市场经济关系的法律规范。我国著名法学家江平教授对商法下了一个定义:商法就是规定商事交易的法律。简单地说,商法是现代市场交易行为的基本准则,是规范现代市场主体(商人)和市场行为(商行为)的法律规范的总称。

商法虽源于古罗马时代的商事规约,但我们今天所理解的近代商法,却是始于中世纪欧洲地中海沿岸自治城市的商人法。近代商法正式确立于1807年的《法国商法典》,该法典包括通则(含公司、商行为和票据)、海商、破产、商事法院共四编648条,它是近代商事法的典范,对世界其他国家的商事立法有很大的影响。中国古代“重农抑商”,商法极不发达;20世纪初以来的百年商事立法,主要是引进借鉴西方商法(主要是大陆法系的商法)。但中国改革开放后的商事立法,也有不少是借鉴了英美法系国家的商事立法。中国至今没有制定商法典,调整商事关系的法律规范散见于《中华人民共和国民法典》(以下简称《中国民法典》)及其他众多的单行法律法规之中。

(二)商事关系

商事关系包括商事主体和商事行为的关系。

商事主体,或称商主体,在传统商法中又称“商人”,是指依据商事法的有关规定,参加商事活动,享有商事权利并承担相应义务的自然人和法人组织。商人作为商法上的行为主体,除了具备民法中有关民事主体的基本要求和基本特征,还具有一些不同于一般民事主体的法律特征。这些法律特征主要表现在:

(1)商主体必须具有商事能力。

(2)商主体必须以营利性活动作为其营业内容。

(3)商主体的特殊权利能力和行为能力须经商业登记而取得。

商事行为,或称商行为,是大陆法系民商法中特有的概念。按照大陆法系学者间的一般认识,商行为是指以营利性营业为目的而从事的各种表意行为。商行为作为营利性营业活动,它仅仅是民事活动中比较特殊的一类。商行为的法律特征主要表现在:

(1)商行为是商主体以营利为目的而从事的特定行为。

(2)商行为原则上应是某种营业性行为,它表明主体至少在一段期间内连续不断地从事某种同一性质的营利性活动,因而具有营业性或职业性。

(3)商行为本质上是具有商行为能力的主体从事的营业性活动。

(三)商法与相邻部门法的关系

1. 商法与民法

商法对民法而言是特别法。

商法和民法共同调整商品经济关系，同属私法，两者有着密切的联系。商法大量使用民法的某些原则、制度、规范，与此同时，属于商法的一些原则、制度和规范也不断地被民法吸收。众所周知，民法是调整平等主体之间财产关系和人身关系的法律规范。它是伴随着商品经济的发展而发展的。而商法主要是由商事交易习惯形成的商品交换规则，可以视为民法的特别法。

商法里的规定，有些是民法规定的补充（如商事买卖），有些是民法中的一般制度特殊化（如经理、代办商），有些是创设民法中没有的制度（如商业登记、商业账簿、共同海损等）。此外，商事法律关系完全是财产关系，且均属于双务有偿关系。民事法律关系既有财产关系，又有人身关系；财产关系中既有有偿的，又有无偿的；既有双务的，又有单务的。

2. 商法与经济法

在西方国家，有的国家（如英国和美国）没有所谓的经济法，有的国家（如德国和日本）有经济法这个名称，但对于经济法的概念和内容并无确定一致的见解。一般来说，商法以各个经济主体（企业）的利益为基础，以调整企业相互间的利益为目的，是一种横向的调整；而经济法是以整个国民经济的利益为基础，以调整企业与整个国民经济间的关系为目的，既从横向、也从纵向调整社会经济关系。它们虽然是各自独立的法律部门，但并非完全无关，而是相互配合，相互辅助，共同从社会生活的各个方面来保障社会经济发展。

商法与经济法的另一个重要区别在于商法以当事人意思自治为主导性原则；经济法则强调国家意志和政府职能的介入，并以国家政策为主导。

（四）国际商法的发展历史

国际商法是随着商品经济的产生和发展而产生和发展起来的。调整商人跨国交易的法律在古代罗马法中就有体现。国际商法的发展历史，大致经历了如下一个发展过程：家商一体的古代罗马法、以商人交易习惯为行为规范的中世纪商法（又称商人习惯法）、民族化及国家化的近代商法以及适应经济全球化的现代商法。

1. 古代罗马法

实际上，在古罗马时期是没有真正的商法的，这一时期是诸法合一，只有简单的商品交易，而一些真正意义上的商事交易行为被认为是违法的行为，如不准货物未经加工就转手出卖，不准借本经商，不准放贷收息，否认商业中介活动。民众进行商品交换的全部目的是维持家人的生存和繁衍。

罗马法是指公元前6世纪古罗马国家形成时期至公元6世纪东罗马帝国从奴隶制转变为封建制这一个历史时期的一系列法律，也即从《十二铜表法》颁布，至东罗马帝国皇帝查士丁尼编纂的《国法大全》出台这一时期的法律。

罗马法的核心是《国法大全》。具体包括：①《学说汇编》。这是国法大全的最主要组成部分，共50卷，主要是40名罗马法学家的著作汇编。②《法学阶梯》。共四编，是一种法学教本，以盖尤斯的著作为依据。③《查士丁尼法典》。共十二卷，是历代皇帝敕令的汇编。④《新律》。查士丁尼及其后继者在编纂上述法典后颁布的敕令。

以上四部法律汇编，形成了著名的《国法大全》。《国法大全》是罗马法最高发展成就的标志,预示着罗马法已经发展到最完备的阶段。

从罗马法对大陆法系的影响来看,受罗马法影响最大的是法国、德国、意大利等欧洲大陆国家的法律,此外,西班牙、比利时、荷兰、瑞士以及某些亚洲国家如日本的法律法学,也都直接或者间接地受到罗马法的影响。

罗马法对英美法系的影响相对小一些,英国法律虽然不像某些大陆法系国家那样直接继承了罗马法的传统,但在教会法、商法和衡平法方面也受到了较大的影响。

2. 中世纪商法

公元11—15世纪,欧洲地中海一带的城市国家贸易迅速发展,行会组织中的商人设置自己的特殊法庭,采用各种商事习惯来解决商事纠纷,逐渐形成了中世纪的商人法(Law Merchant)。在商事习惯传播的过程中,作为商业中心的特定城市的习惯法,不可避免地会成为这种跨地区商事习惯法的集大成者,毫无疑问地承担起调整地区间商事交易关系的主要任务,如巴塞罗那的商事习惯,被汇集成著名的《康索拉度海法》(1340),通过广泛传播成为获得地中海沿岸普遍承认的具有支配地位的商事习惯法;再如,《奥列隆海法》和《维斯比海法》(1350)通过同样的方式,在周围的波罗的海国家中赢得了广泛的权威。此时的商人法仍具有地域性的特点。中世纪商法是由有限责任、商业信用、自治机制三大理论构成的。

(1) 有限责任。这一时期,在商业经营中产生了一种新模式,就是康孟达。康孟达开始是一种借贷契约,后来发展成为一种合伙经营,即由普通商人提供资金,由海运商人负责经营、从事航行和贩卖货物,普通商人的风险及责任以其出资为限。在当时资金非常短缺的情况下,承担资金风险的合伙人通常可获得3/4的利润,而从事航行的合伙人只获得1/4的利润。这种契约后来便演变为有限合伙,之后进一步发展至公司——有限责任制度产生。有限责任制度的产生,对商业乃至整个世界的经济,都产生了巨大的推动作用。

(2) 商业信用。商业信用的发展体现在信用票据上。商人之所以如此重视信用,是因为信用是商业交易的基础,没有信用就失去了秩序。而信用票据则是整个经济发展的润滑剂。

(3) 自治机制。意思自治在中世纪商法时代得到了充分的体现,它可以概括为“三自”原则,即自立、自律、自裁。商人们按照自己的立法,参照交易的行为规则进行自我约束,对违法者由商人自己组成的法庭进行裁判,维护了建立在诚信基础上的市场交易秩序。

发生在1292年的卢卡斯案就是一个著名案例。

典型案例 1-1

卢卡斯案

1292年,一个叫卢卡斯的伦敦商人,从一个德国商人处购买了31英镑的货物,没有付钱就离开了里恩集市,德国商人将卢卡斯的行为诉诸里恩集市法院,卢卡斯没有按照商法回应他的指控,而是选择逃走。

卢卡斯从里恩逃到圣博托尔夫、林肯、赫尔,最后逃回了伦敦。那个德国商人则一路追来。卢卡斯的行为造成了一个严重后果，即任何其他国家的商人都不愿意在伦敦市民未付足货款的情况下就把货物卖给他们，这些商人称他们是弄虚作假的债务人。这使得英国商人蒙受了弄虚作假的耻辱。为维护伦敦商人的商业信誉，在众多伦敦商人的要求之下，卢卡斯最终被关进了伦敦塔，受到了应有的制裁。他的案件最终根据人身保护状由国王的政务会加以复审。

该案反映了中世纪商法的两个理论：①自治机制；②商业信用。

卢卡斯案告诉我们，尽管商事交易是双方的私事，但一个商人的行为如果侵害了商人整体利益甚至国家利益，其他商人乃至国家的法律也不会坐视不管。

资料来源：哈罗德 · J. 伯尔曼，《法律与革命：西方法律传统的形成》，贺卫方等译，法律出版社，2008。

---

3. 近代商法

大陆法系的近代商法，最值得一提的是法国商法。1801 年，拿破仑任命包括法学家和实业家在内的 7 人委员会起草了商法典，并于 1807 年颁布《法国商法典》，从而诞生了世界上第一部商法典。其主要特点是以商行为为基础。之后，德国、日本等大陆法系国家也都相继制定了自己的商法。此时大陆法系商法一个很大的缺陷是过于理论化。

英美法系，也称海洋法系。英美法系在历史上只有普通法（Common Law）和衡平法（Equity Law）之分，并无民商法之别。1756 年，时任王座法院首席大法官曼斯菲尔德伯爵（Lord Mansfield）将商人习惯法混入普通法之后，就不存在单独的商法了。但在商品买卖、公司、票据、保险、海商、破产等方面都制定了单行法规，商法成文化的趋向明显。开放的海洋与商法有不解之缘，封闭的大陆与民法息息相关。例如，在 11 世纪晚期出现的康孟达就是利用长距离的海上贸易的经营方式，发生在英格兰等地；还有船长为了筹集到必要的资金而有权卖掉货主的货物等原则，都是自己发展起来的，并不是王侯们的法律。

4. 现代商法

现代商法是由欧洲中世纪的商人法演进发展而来的。中世纪商人们的最伟大之处在于他们根据自己的意愿创造了自己的法律。由于欧洲中世纪政治和宗教等因素的影响，商业行为不为主流社会的意识形态所认可，商业活动无法获得当时既有法律的保护。但商业在地中海沿岸乃至整个欧洲大陆的复兴，需要有调整商人活动的规范。12—13 世纪，商人法逐渐从地方性的法律发展成为世界性的法律，开始成为调整国际商事交易关系的主要法律，但到中世纪末，由于主权国家将商法纳入国家的立法，商人法演进为国家制定的商法，从最初国际性的商人法变成一个纯国内的商法。到了现代，随着国际市场的形成和国际经济的一体化，商法的国际化特征又显现出来。从中世纪的商人法到近代民族国家的商法，再到现代新的商法，历经了国际法—国内法—国际法的发展过程，从而使现代商法在一个更高的起点上开始了新生。

现代商法的一些规则，对国际商事贸易的发展产生了很大的影响。例如 1994 年由国际统一私法协会编撰的《国际商事合同通则》，还有贡献突出的《国际贸易术语解释通则》，等等。这些规则都是两大法系国家的当事人在合同中普遍采用的，对当事人双方均具有法律约束力，既避免了许多诉讼，又提高了交易效率和节约了交易成本，影响可谓巨大。

二、国际商法的概念

国际商事法(International Business Law/International Commercial Law),简称国际商法,它是调整国际商事交易和商事组织的各种法律规范的总称。第二次世界大战后,国际经济贸易发展迅速,国际商事交易呈现出多样性的发展趋势,国际商法的内容也有了很大的变化。这种法律规范的调整对象随着世界经济全球化进程的加快和知识经济时代的到来,早已突破了传统的商事法范围[①],增加了许多新的领域,既涉及有形的货物交易,也涉及无形的技术、资金和服务交易,例如投资、租赁、融资、工程承包及合作生产、技术转让、知识产权等。因此,西方国家往往把调整上述各种商业交易的法律用国际商事交易法(The Law of International Business Transactions)来概括。此外,国际商法中的商事主体,不仅包括一般的商事主体(如个人、合伙企业、公司、个人独资企业等),还包括大量跨国经营的涉外企业(如跨国公司等)。

三、国际商法与相邻法律部门的关系

(一)国际商法与国际私法

国际私法(Private International Law)是指国家在国际交往过程中产生的,用来调整国际民商事法律关系的冲突规范、统一实体法规范以及规定外国人民事法律地位规范和国际民事诉讼程序规范的总称。其主体是冲突法(Conflict Law),属于程序法范畴。而国际商法则属于实体法范畴。

但也有学者从大私法的角度出发,认为国际商法属于国际私法的一部分。因为国际私法主要调整不同国家的法人和自然人之间的人身财产关系,而国际商法调整的是处于不同国家的商人之间的关系,从这个意义上来看,国际商法应该属于国际私法的范畴。

(二)国际商法与国际贸易法

国际贸易法(International Trade Law)是指调整各国之间的贸易关系以及与贸易有关的其他各种关系的法律规范的总和。贸易在汉语中可以解释为商业活动,从上述定义来看,它的定义与前面国际商法的定义基本是一致的。现今我国学者主要倾向于将国际商法从国际商事比较法的角度加以论述,而国际贸易法则是从各国国内法、国际条约和国际惯例的角度论述贸易以及与贸易有关的各种关系的法律规范。从这个角度,部分学者提出国际商法也为国际贸易法的一部分。但也有不少学者认为国际商法其实就是国际贸易法。

(三)国际商法与国际公法

国际公法(International Law)是指在国际交往中通过协议或认可形成的,主要是调整国家间关系的、有法律拘束力的、由国家单独或集体的强制力保证实施的原则、规则和制度的总体。国际公法的主体主要是国家,调整的主要是国家间的关系。国际公法是国家之间通过协议(条约)或认可(习惯)共同制定的。在国际社会并没有一个凌驾于国家之上的国际立法机关来制定国际公法,因为各国主权都是独立平等的,所以国际公法的渊源主

① 传统的商事法主要包括公司法、代理法、票据法、海商法、保险法等。

要是国际条约和国际习惯。国际公法的效力及于整个国际社会。国际商法则仅仅涉及国际商事法律关系。

（四）国际商法与国际经济法

国际经济法(International Economic Law)作为一门独立的法律学科,是在第二次世界大战后发展起来的,已经建立起一套较为完备的体系,但其具体的调整范围仍有争议,一般的观点认为大体包括国际货物贸易、国际技术贸易、国际服务贸易、国际投资、国际金融、国际税收、国际经济争端的解决等。总的来说,国际经济法应属于国际公法,主要是调整国与国之间的经济关系的法律规范。

国际商法与国际经济法的共同点在于,两者都是调整跨国商事活动的法律规范的总称;不同之处在于,国际商法的主体仅限于各国商人及各种商事组织(如合伙企业、公司),而不包括国家或国际组织。因此,国际经济法的主体比国际商法更广泛。

四、国际商法的渊源

国际商法的渊源(Sources of International Business Law),主要是指国际商事法产生的依据及其表现形式,它包括国际商事条约(International Commercial Treaties and Conventions)、国际商事惯例(International Commercial Customs and Usages)和各国的商事法(Domestic Business Laws)。

（一）国际商事条约

国际条约是指国家间遵照国际法缔结的规定彼此权利和义务的书面协议,条约对缔约国有约束力,这是根据“约定必须遵守”的国际法原则得出的结论。一般情况下,条约对非缔约国无约束力,但是当事人可以通过约定使条约对其具有约束力。国际商事条约是作为国际商事主体的国家和国际组织缔结的调整国际商事活动的国际条约或公约。总体上可以分为两类:一类是调整国际商事活动的实体规范,如 1980 年颁布的《联合国国际货物买卖合同公约》(United Nations Convention on Contracts for the International Sale of Goods, CISG)等;另一类属于程序法规范,如 1976 年通过的《联合国国际贸易法委员会仲裁规则》(UNCITRAL Arbitration Rules)等。

（二）国际商事惯例

国际商事惯例是指国际经济主体长期重复类似的行为而形成的、一旦采用即对采用者具有约束力的商事习惯。与国际公约相比,国际惯例一个很大的不同是没有普遍的约束力,但是在某些具体的当事人之间,国际惯例也可以像国际公约一样具有普遍的约束力。

一项国际商事惯例的形成,要经历一个漫长的过程:首先要形成一个习惯,再由习惯上升为惯例,成为国际商法的一个组成部分。国际惯例也被称为“世界语言”,如果没有国际惯例,或商事主体不承认国际惯例,则国际贸易这座大厦将会倒塌。正因为如此,我们可以将国际商事惯例作为国际商事交易的重要支柱之一。其中一些惯例,比如 2020 年《国际贸易术语解释通则》(INCOTERMS 2020)、2007 年修订的《跟单信用证统一惯例》(UCP600)、1996 年实施的《托收统一规则》(URC522)等,都是国际贸易规则的重要组成部分。

(三)国内商事法

现代国际商事交易关系具有多样性和复杂性,现有的国际公约和国际惯例不可能满足所有实践的需求,有时候在跨越国境的商事交易中,交易双方也可能选择国内法作为准据法。部分学者对国内法能否成为国际商法的渊源存在争议。其实,不论从国际商法的内涵,还是国际商法的调整对象来看,国内法毫无疑义都应该成为国际商法的重要渊源。

第二节 大陆法系与英美法系

法系(Law System)是西方法学理论中经常使用的一个概念,它是在对各国法律制度的现状和历史渊源进行比较研究的过程中形成的概念。所谓法系,是指比较法学家按照法的历史传统和形式上的某些特征,对世界各国法律体系所做的分类。

关于法系的分类,一直有不同的观点。我国较为流行的观点是按照历史传统和法律表现形式分为:大陆法系、英美法系、伊斯兰法系、印度法系和中华法系。其中影响最大的两大法系是大陆法系和英美法系。以下对这两大法系做简单介绍。

大陆法系(Continental Law System)以法国和德国为代表;英美法系(Anglo-American Law System),也称普通法系,是在英国形成和发展起来的。

两大法系的主要区别有以下四个方面:

第一,在大陆法系国家,私法的大部分领域都是法典化、成文化的,而英美法系国家则主要实行判例法。

第二,大陆法系国家受罗马法的影响很深,有些国家的法典直接继承了罗马法的传统;而英美法系国家虽然也在一定程度上受罗马法的影响,但受影响的深度和广度不如大陆法系国家。

第三,法律结构不同。大陆法系将法律分为公法和私法两大部分,英美法系则将法律分为普通法和衡平法。另外,大陆法系的法律部门分类非常清楚,如民法、刑法、行政法、诉讼法等,每一个部门都以一个法典为核心,构成一个有机的法律体系。

第四,诉讼制度不同。大陆法系在传统上采取职权制,英美法系在传统上采取对抗制;大陆法系重视实体法,英美法系重视程序法。

一、大陆法系的概念及分布

(一)大陆法系的概念

大陆法系一般是指以罗马法为基础而形成和发展起来的一个完整法律体系的总称。大陆法系又称罗马法系、法国法系或者罗马—德意志法系,是以罗马法为基础,以《法国民法典》和《德国民法典》为典型的法律以及模仿前述法例的其他国家法系的总称。大陆法系因首先于13世纪在欧洲大陆出现和形成而得名。大陆法系还可以称为民法法系(Civil Law Family)、法典法系(Code Family)等。

（二）大陆法系的分布范围

大陆法系可以说源远流长，其分布范围非常广泛，以欧洲大陆为中心，遍布世界各地。大陆法系是以法国和德国为主的，因而一些学者主张在欧洲大陆分法国分支和德国分支，前者包括拉丁语系各国，即比利时、西班牙、葡萄牙、意大利等；后者包括日耳曼语系各国，即奥地利、瑞士、荷兰等。其他地区则主要因为法国的军事占领或因作为法国、西班牙、葡萄牙、荷兰的早期殖民地而归属于大陆法系。北欧各国如挪威、瑞典、丹麦、芬兰、冰岛的法律均属于大陆法系。

在亚洲，日本自明治维新以来的法律、泰国的法律属于大陆法系。

在北美洲，美国的路易斯安那州、加拿大的魁北克省的法律，因历史的原因，也属于大陆法系。

在非洲，卢旺达、布隆迪、阿尔及利亚、摩洛哥、突尼斯等国的法律，也受到大陆法系的深远影响。

（三）大陆法系的特征

大陆法系的特征表现在以下三个方面：

（1）强调成文法的作用。大陆法系的法律结构是系统化、归类化、法典化的，逻辑性强。

（2）适用国将全部法律区分为公法和私法。传统上，公法包括调整宗教祭祀活动和国家机关活动的法律，主要有宪法、刑法、行政法、诉讼法和国际公法等；私法包括调整所有权、债权、家庭与继承等方面的法规，主要有民法、商法等。在大陆法系国家，尽管其语言有所不同，但它们的法律制度和法律概念可以准确地对译。

（3）适用国都主张编纂法典。法典是指对某一部门的法律进行系统的、全面的编纂，从而使之成为一个正式的法律文献。法国大革命胜利后，法国曾先后颁布了五部法典，《法国民法典》《法国民事诉讼法典》《法国商法典》《法国刑法典》《法国刑事诉讼法典》。这个体系此后为许多大陆法系国家所效仿。法典在大陆法系国家起着非常重要的作用，同时也是大陆法系的主要法律渊源。

（四）大陆法系的渊源

大陆法系虽然是以成文法为主，但这并不意味着大陆法系的渊源只有成文法。大陆法系的渊源主要有：

（1）法律。法律是大陆法系的主要渊源。一般来说，宪法处于最高的地位，具有权威性。在宪法之下，各国都制定一系列法典。法律解释在大陆法系国家也极为重要，法律必须通过解释才能付诸实施，在中国习惯把它称为司法解释，它已经成为中国各级人民法院审理各类案件的重要依据。

（2）习惯。在大陆法系国家，习惯仍起一定的作用，某些法律往往必须借助于习惯才能为人们所理解，例如一个人的行为在什么情况下才构成过错，需要承担什么样的民事法律责任，什么样的标记才能构成签名，以及何谓“合理期限”，等等，都要用习惯加以确定。

（3）判例。大陆法系强调成文法，原则上不承认判例。一直以来，大陆法系国家的法律都明文规定禁止法官发布一般性解释，但近些年来，判例在大陆法系国家的作用日益明显。在中国(许多学者虽然不把中国法归入大陆法系的范畴,但中国法受大陆法系影响之深远毋庸讳言),判例虽然不被看作法律的直接渊源,但是在司法实践中,上级法院的判例,尤其是最高人民法院的判例,对下级法院处理同类案件显然具有很强的参考价值,有时这些判例甚至起着决定性的作用。

(4) 学理解释。一般情况下,学理解释不作为法律的渊源,但在大陆法系国家,学理解释有着极其重要的地位:一方面,它为立法者提供法学理论,帮助立法者通过活动制定法律;另一方面,它可用于培训法律人员,进而影响着法院案件审理过程。因此,学理解释的作用也不能忽视。

(五) 大陆法系的法院组织

大陆法系的法院组织系统基本相同,设有专门法院和普通法院。在专门法院方面:法国设有行政法院;德国设有行政法院、劳动法院、社会法院和税收法院。普通法院大体上分为三级三审和四级四审制。法国实行前一种制度,德国和日本则实行后一种制度。法国的法院系统由基层法院、上诉法院和最高法院组成,不服基层法院的判决可逐级上诉到最高法院。德国法院系统由地方法院(审理轻微的民事案件)、州地区法院(审理较大的民事案件)、州高等法院、联邦法院组成,不服的可依次要求上级法院复审。日本法院系统由简易法院(审理轻微的民事案件)、家庭法院或地方法院(审理重大民事案件)、高等法院和最高法院组成。另外,有些国家如德国、法国、意大利、比利时等还设有行政法院并构成独立的审级层次。

二、英美法系的概念及特点

(一) 英美法系的概念

英美法系又称普通法系、判例法系、英国法系,是以英国中世纪的法律,特别是普通法为基础和传统发展起来的,包括英国、美国以及模仿其法律的其他国家的法律体系的总称。英美法系形成于英国,之后扩展到美国及其他过去曾受英国殖民统治的国家和地区。英美法系与大陆法系最大的区别在于它是以判例为主体的法律体系。

普通法的形成,一般认为是在1066年诺曼底公爵征服英国后,威廉国王为了削弱封建领主的势力,加强王权,除发布敕令作为全国适用的法律外,还通过设立王室法院,将法官有选择地采用各地习惯法审理案件所形成的判例推行至全国。因为普通法是以判例形式出现的,所以又被称为判例法(Case Law)。王室法院法官经常到各地巡回审理,并有权撤销封建领主控制的地方法院的判决,因此普通法的发展轨迹和英国中央集权制与地方封建势力斗争的历程基本是同步的。

衡平法是普通法的对称,产生于14世纪的英国。它是与普通法平行发展的、适用于民事案件的一种法律。衡平法以"正义、良心和公正"为基本原则,以实现和体现自然正义为主要任务。它弥补了普通法在程序上呆板和机械等缺陷,形式更加灵活,在审判中更加注重实际。

美国法律作为一个整体来说属于英美法系,但它又有自己的、不同于英国的很多特征。正因为如此,英美法系可以以英、美两国法律为代表,分为英国法律和美国法律两大支系。但这种提法近来遭到质疑。我们知道,美国法律自19世纪以来,就离开了英国法律独立发展。第二次世界大战后,美国法律独立倾向日益加强。这是由很多因素造成的,其中有三个主要因素:一是第二次世界大战后美国成为西方发达国家中最强大的国家。二是西方发达国家法律的领导地位的改变。法律学者们有这样的观点:在法律领域,19世纪前半期是法国占领导地位;19世纪后半期起德国取得了领导地位;第二次世界大战后,领导地位由美国占据,因此西方法学家的注意力也都转向了美国。三是第二次世界大战后,美国的法律制度与法学思想、法学教育对其他西方国家有相当大的影响。

从英美法系的范围来看,该法系形成于英国,之后扩展到美国以及过去曾受英国殖民统治的国家和地区,主要包括加拿大、澳大利亚、新西兰、爱尔兰、印度、巴基斯坦、马来西亚、新加坡等国家和中国香港等地区。但是英国的苏格兰、美国的路易斯安那州和加拿大的魁北克省等地区的法律却不是英美法系,而是大陆法系。南非法律原先属于大陆法系,后被英国吞并,受英国法影响,是大陆法系和英美法系的混合物。斯里兰卡也是类似的情况。菲律宾原是西班牙殖民地,属于大陆法系国家,后来随着美国势力的渗入,菲律宾法律引进了英美法系的内容,也成为两大法系的混合体。

（二）英美法系的特点

第一,在法律渊源上以判例为主。英国法律的渊源依次为判例、成文法和习惯。判例是英美法系法律渊源的基础。

第二,在法律结构上,将法律分为普通法和衡平法。美国法律还分为联邦法和州法。

第三,重视程序法。与大陆法系不同的是,英美法系更重视程序法,这是由英国法的发展历史造成的。英国法律有一句格言:“Remedies Precede Rights”,意思是救济先于权利。所谓救济,是指通过一定的诉讼程序给予当事人法律保护,属于程序法范畴;权利则是指当事人的实体权利,属于实体法范畴。这句格言的意思是说,如果权利缺乏适当的救济方法,权利也就根本不能存在。

第四,法院组织复杂。英国法律分为普通法和衡平法两类,基于这种法律分类,其法院也分为普通法院和衡平法院两套组织。虽经过多次法律改革,普通法院与衡平法院的区分已经渐渐消失,但其组织仍然十分复杂,下文将对此加以简单阐述。

（三）英国法律

1. 英国法律的结构和特点

英国法律是以判例为主要渊源的法律体系,它没有像大陆法系那样将法律分为公法和私法,而是分为普通法和衡平法。普通法的产生要早于衡平法,衡平法是在14世纪为了补充和匡正当时不完善的普通法,由枢密大臣法院发展起来的。两者在救济方法、诉讼程序、法院组织结构和法律术语方面都有明显的区别。

2. 英国法院的组织结构

英国法院的组织结构非常复杂,主要分为高级法院和低级法院。

高级法院包括上议院(House of Lord)、上诉法院(Court of Appeal)和高等法院(High Court of Justice)三种;低级法院包括王冠法院(Crown Court)、郡法院(County Court)和治安法院(Magistrate Court)三种。英国的法官和律师都把注意力集中于高级法院,因为这些法院不仅审理案件,而且它们的判决往往成为先例,对本机构以及下级法院日后处理同类案件都具有约束力。

郡法院和治安法院是英国最低级别的法院。郡法院负责审理民事案件,一般是辖区内争议标的额在 5 000 英镑以下的小额民事案件;治安法院则审理轻微的刑事案件,较大的刑事案件由 1971 年成立的王冠法院审理。

另外,英国还有一系列名为委员会(Board/Commission)的准审判机关,主要受理有关经济、税务、征用不动产及社会福利等方面的案件。这些准审判机关大多同一个相应的行政机关结合在一起,具有低级法院的性质。

3. 英国法律的渊源

毫无疑问,在作为判例法国家主要代表的英国,判例是该国法律的主要渊源,成文法居于次要地位。但是,自 19 世纪末 20 世纪初以来,英国资产阶级为了适应社会关系和国家活动日益复杂化的要求,大大加强了国家机关的立法活动。一个重要体现是英国颁布了大量的法律,成文法在社会生活中的作用日渐重要。英国法律的基本渊源主要有判例、成文法和习惯三类。

这里需要注意的是,并非所有的判决都能形成具有约束力的判例,根据判例约束力原则,只有上诉法院、高等法院和上议院的判决才能构成判例,才具有约束力,这是其一。其二,近百年来,成文法在英国的作用越来越重要,其主要来自国会制定的法律和行政机关按照法律制定的先例。虽然如此,成文法还是要通过判例加以解释和重新肯定后,才能起作用。其三,习惯曾经是英国法律非常重要的渊源,但现在在英国法律中的作用很小,只有那些在 1189 年时已经存在的地方习惯才具有约束力。①

(四)美国法律

美国在 18 世纪后期才成为一个独立的国家,在此之前,它曾经是英国、法国、荷兰等欧洲国家的殖民地。美国独立初期,由于国内普遍存在对英国统治的敌视,因而英国的普通法也受到了抵制。许多州都宣布禁止援引 1776 年以后的英国判例。但是由于美国毕竟同英国有较深的渊源,英国的普通法在殖民统治时期已经有相当大的影响,而且两国都以英语作为共同的语言,因此美国最后还是留在普通法系内,并与英国一道成为普通法系中最重要的两个国家。这也是我们习惯于将普通法系称作英美法系的重要原因。

1. 美国法律的结构

如前所述,美国法律和英国法律构成英美法系的主体,与英国一样,美国以判例作为其法律的主要渊源,而把成文法作为判例的补充或修正。美国法律采用英国法律的范畴、概念和分类方法,也存在普通法和衡平法的区别,但是由于美国是联邦制国家(而非英国式的君主立宪制),在美国法律中,既有联邦法,也有州法,因此美国法律结构同英国有很大的差异。

美国法律分为联邦法和州法两大部分,这是美国法律结构的一个主要特点。美国有成文的宪法,根据 1791 年《美国宪法修正案》第 10 条的规定,凡宪法未授予联邦或未禁止

---

① 冯大同主编,《国际商法》,对外经济贸易大学出版社,2001。

各州行使的权利，均属于各州，各州有立法权，联邦法反而成为例外，各州都有相当大的立法权。但是，联邦法又高于州法，若两者发生抵触，应适用联邦法。

在普通法的适用方面美国的情形比较复杂，在联邦法院是否要受到州法院判例的约束，以及是否存在一种总的联邦普通法（Federal General Common Law）的问题上，美国法律有一个演进的过程。

2. 美国法院的组织结构

美国法院的组织结构也反映出联邦制的特点。美国法院设有联邦法院与州法院两套系统。联邦法院又分为地区法院、上诉法院和最高法院三级。州法院则分为初审法院和上诉审法院两级。上诉审法院包括州上诉法院和最高法院。在管辖权方面，美国的联邦法院仅在美国宪法或国会法律明确规定的范围内才有管辖权，其他案件均由州法院管辖。

3. 美国法律的渊源

美国与英国一样，都属于判例法国家，因此，判例自然是美国法律的主要渊源。但是自 19 世纪末以来，尤其是 20 世纪 20 年代成文法运动兴起以来，成文法的数量大大增加，成文法在社会活动中的作用越来越重要。因此一些美国法学家认为，现在的美国法律制度既不是纯粹的判例法，也不完全是成文法，而是一种混合的体系。虽然如此，美国至今仍然强调判例的作用，即使是成文法也要通过法院判例的解释方能发挥作用。

三、两大法系的区别及发展趋势

综合以上内容，大陆法系与英美法系的区别主要可以归纳为以下六个方面：

第一，法律渊源不同。大陆法系主要是成文法形式，英美法系则主要以判例为主。

第二，法律推理的方式不同。大陆法系实行从一般规则到个别案件的演绎法，法官审理案件是以通用的法律处理个别的具体问题；英美法系则实行从判例到判例进而总结出法律的一般规则的归纳法，上诉法院以上的法官事实上可以创造法律规则，即所谓的“法官造法”。

第三，法律结构不同。大陆法系分公法和私法两大部分，虽然二者互相渗透，但仍然界限分明；英美法系则将法律分为普通法和衡平法。

第四，法律分类不同。大陆法系依据法律所调整的社会关系的不同即所谓的调整对象的不同，划分出不同的法律部门，如民法、商法、刑法、民事诉讼法、刑事诉讼法、行政法等，各法律部门在宪法的统一领导下，井然有序地调整着不同的社会关系；英美法系没有法律部门的划分，而是采用一种实用主义的办法，即社会需要什么法律，就制定什么法律，或改变原先的判例规则，其特点是单行法规比较多，灵活性大。

第五，诉讼程序不同。大陆法系采取的是职权制，它更重实体而轻程序，其实体权利不一定要通过程序来实施或形成，当事人在获得法律救济时，程序只是实体法实施的工具而已；英美法系采取的是对抗制，轻实体、重程序，不同的令状所对应的程序不同，而且二者互不相通，这样当事人在实体上获得的权利如合同违约请求赔偿和股东请求分红利，只能通过一定的程序来实现。

第六，受罗马法的影响程度不同。由于罗马帝国占领欧洲大陆时，强行推行罗马法，加之罗马法本身具有的精密和精确的特点，大陆法系国家受罗马法的影响很深，如1804年的《法国民法典》和1900年的《德国民法典》直接继承了罗马法；英美法系由于没有大陆法系国家那样的经历和背景，受罗马法的影响是间接的，不像大陆法系国家那样深刻。

虽然具有以上种种区别，但从两大法系的发展来看，一个很明显的趋势是：两者的差距在逐渐缩小，并逐渐趋向融合。

首先，大陆法系国家对判例的作用日益重视。虽然在传统上，大陆法系国家不认可判例为其法律渊源，但自20世纪以来，大陆法系国家对判例的作用日益重视，有些国家（如德国）已明确宣布联邦宪法法院的判决对下级法院具有强制约束力。

其次，英美法系国家成文法的数量迅速增加。这一点在美国尤为明显。美国在20世纪20年代成文法运动之后，出台的成文法数量大大增加。《美国法典》《美国统一商法典》《美国标准公司法》等法典性质的成文法的制定和颁布，对美国法律影响深远。

最后，两大法系取长补短，日益融合。两大法系在法律种类和具体内容上，相互吸收对方的合理部分。美国的反垄断法、产品责任法等，对大陆法系国家如法国、德国、日本等影响深远。而欧共体及如今欧盟的一些立法，更是对作为大陆法系代表的法国、德国和作为英美法系代表的英国同样适用。

在英美法系国家，成文法数量日益增多，判例数量有所减少，有些判例所反映的法律原则通过立法变成成文法。在大陆法系国家，虽然没有必须遵守判例的原则，但在旧法条已经不适用的情况下，特别是在法典没有明文规定的情况下，判例往往也能成为判决的重要参考和依据。

那么两大法系是否已经走向统一，并将逐步汇合而成为单一的法系呢？事实也并非如此简单。两大法系的渊源是历史传统、社会政治、经济状况、思想文化等差异长期演变的结果，因此，虽然出现了许多日益融合的迹象，但两大法系的重大差异还将长期存在，不会很快消失。

? 思考与练习

1. 什么是国际商法？
2. 国际商法的渊源有哪些？
3. 大陆法系有哪些特点？
4. 英美法系有哪些特点？
5. 大陆法系与英美法系的主要区别有哪些？

案例分析

洞穴探索者案例

四个人进入一个洞穴，结果被困在地下。他们在遇救前，要活下来，就必须通过抽签做出选择，吃掉他们中的一个人。

尽管这一“生存做法”的最初提出者随后很快改变了他的立场,但抽签计划还是实行了,不幸的是,最初的提议者本人成为牺牲品。

后来,其余的三个人遇救。被救下来的三个人后来被指控犯有谋杀罪。

【思考与讨论】

1. 遇救的三个人是否有罪？如果有罪,应如何定罪量刑？

2. 请根据自己对法律的理解,以及所学的法律知识和法学理论,站在不同的角度,如法官和律师的不同角度,对此案进行分析和讨论。

第二章

商事组织法

【教学目标】

通过本章学习,学生将能够:

1. 了解商事组织的种类。
2. 认知个人独资企业的概念和特点。
3. 认知合伙企业的概念和特点。
4. 认知公司的概念和特点。
5. 掌握几种不同的商事组织的区别。
6. 了解有限责任制度的优缺点,并进一步掌握揭开公司面纱制度。
7. 了解公司的组织机构及主要国家的相关规定。

【关键术语】

商事组织　个人独资企业　合伙企业　公司　有限合伙　有限责任制　揭开公司面纱

【引导案例】

邓荣霖老师在其《论公司》一书中提到这么一个例子，某本小说中有这样一段惊心动魄的描写："胡某蓦地一声惨笑，跳起来跑到书桌边，一把拉开抽屉，抓出一支手枪来，把枪口对准自己的胸口。他的脸色黑里透紫，他的眼珠就像要暴出来似的……"

胡某是谁？他为什么要自杀？

原来胡某是一家无限责任公司的老板，他经营的丝绸公司因为经不住国外公司的倾轧，负债累累而破产。第二天，他的那些债权人就要来分割他的财产，他的住房、小轿车、金银首饰、文物字画等都将被用来抵债。前半生过着的富贵奢靡的生活，一下子永远地失去了，他今后的生活将与穷困潦倒联系在一起。

胡某不能接受这个现实，随着"砰"的一声枪响，他结束了自己的生命。

如果胡某设立的不是一家无限责任公司，而是一家有限责任公司，或者是一家股份有限公司，那么他的命运是否会有所不同呢？不同的商事主体，是否会为投资者带来不同的命运呢？这就是本章商事组织法要讨论的问题之一。

资料来源：邓荣霖，《论公司》，中国人民大学出版社，2002。

第一节　概述

鉴于对商法的研究应遵循现代商事法律的发展规律，从商事主体法律制度入手，而国际贸易中的商事关系是由商事主体承受的，因此规范从事国际贸易商事活动的商事主体的行为在国际商法中具有首要的地位和作用，故将本章列为本书的第二章。本章所涉及的商事主体主要包括个人独资企业、合伙企业和公司。当然，商事主体也包括自然人。从历史上看，世界各国的商事主体都包括自然人，而且早期的商事交易还以自然人为主。但随着商事交易的复杂化，商事主体也在不断地演化，自然人逐渐被商事组织取代。因此，本章在介绍商事主体时，略去自然人，主要介绍个人独资企业、合伙企业和公司。

一、个人独资企业

个人独资企业（Sole Proprietorship）也可称为个人企业、个体企业、个体商人等，是指由一名自然人投资设立的企业。各国一般都不承认个人独资企业具有法人资格，投资者以其个人全部财产对企业债务承担责任。这类企业的风险很大，兴衰存亡与出资人个人的信用、能力关系密切。

个人独资企业是人类历史上产生最早的一类企业，在当今各国的企业总数中所占的比例最高，但大多数是小型企业，在国民经济中起到一个辅助作用。

中国在 1999 年 8 月 30 日颁布了《中华人民共和国个人独资企业法》（以下简称《中国个人独资企业法》），2000 年 1 月 1 日起实施，该法律规定的企业类型即为该类企业。

二、合伙企业

合伙企业（Partnership）产生于个人独资企业之后。关于它的起源，我们可以这样去探寻:个人独资企业的经营者去世了,他(她)的产业还要继续,于是,其继承人之间往往约定,不分割财产,在共有的基础上继续维持和经营企业,这样,个人独资企业就很自然地演变成合伙企业。这是早期合伙企业产生的主要途径。当然,数位亲友之间因合伙经营的目的成立合伙企业的情况也较为常见。毕竟,相对于个人独资企业,合伙企业可以拥有更多的资金来源,也可以有更多的人参与进来,共同经营,共同承担责任以分散风险。因此,合伙人与合伙企业的联系比较紧密,合伙人的死亡、退出或者破产往往会导致合伙企业的解散。

与个人独资企业一样,大多数国家的合伙企业也不被承认具有法人资格,合伙人对合伙企业的债务承担无限连带责任。这种无限连带责任制度使合伙人承受的风险要大于个人独资企业,所以合伙人之间必须有高度的信任关系。

除了普通合伙,在大陆法系国家还有隐名合伙、在英美法系国家还有有限合伙等,以上合伙形式均允许有的合伙人按照约定承担有限责任,但至少要有一名合伙人对企业债务承担无限责任。作为合伙的一种特殊形式,有限合伙可以追溯到10世纪左右意大利航海贸易中广泛采用的康孟达契约,该契约后来演变为有限合伙。1807年,《法国商法典》对有限合伙首次作了规定;1907年,英国制定了单行的《英国有限合伙法》;1916年,美国制定了《统一有限合伙法》。

中国于1997年2月23日通过了《中华人民共和国合伙企业法》(以下简称《中国合伙企业法》),并于2006年8月27日修订、2007年6月1日施行的版本中增加了"特殊的普通合伙"和"有限合伙"的规定。修订之后的《中国合伙企业法》允许法人合伙,这样为风险投资、私募股权投资创造了一种新的渠道。此外,《中国合伙企业法》对合伙企业破产问题首次作出了明确规定,即合伙企业不能清偿到期债务的,债权人可以依法向人民法院提出破产清算申请,也可以要求普通合伙人清偿;合伙企业被依法宣告破产的,普通合伙人对合伙企业债务仍应承担无限连带责任。

三、公司

(一)公司的定义

各国公司法对公司(Corporation)的定义各有差别,但无论是从理论上还是从实践上,各国对公司的定义都集中在下述三个方面,即法定性、营利性和法人资格。简单地说,公司是指公司法规定的、以营利为目的的企业法人。

例如,1999年《美国标准公司法》对公司下的定义:公司是按照公司法的规定而设立的、以营利为目的的法人组织。《英国公司法》关于公司的定义也基本一样。

大陆法系国家,如法国和德国,由于其公司法将公司分成有限责任公司和股份有限公司,因此没有给公司下一个统一的定义,但内容基本是一致的。

在此对公司的名称简单作一说明。在英文中,公司可以用"Corporation"表示,也可以用"Company"表示。一般来说,"Company"在英国英语中较为常见,而美国英语中则较多地使用"Corporation"。但用"Company"表示时,在公司后面应添加"Ltd."或"Inc."来表示。"Inc."即"Incorporation",也为"Corporation",和"Ltd."意思相近,只不过"Ltd."更强调公司所有人只对公司负有限责任。英美法系中的公司概念和大陆法系有较大的差别。一般而言,"Inc."这个概念实际上已经涵盖了我国公司法中有限责任公司和股份有限公司这两种公司。就像我国对公司名称有法定要求一样，美国公司法实践中要求“Corporation”的名称中均附有缩写为“Inc.”的后缀。除了“Inc.”，也可在公司名称的后面直接用公司的缩写“Corp.”表示。

（二）公司的分类

在大陆法系国家，公司有五种，分别是：无限责任公司、两合公司、有限责任公司、股份有限公司、股份两合公司。在英美法系国家，公司主要有两种：封闭式公司和开放式公司，相当于大陆法系国家的有限责任公司和股份有限公司。至于大陆法系国家的无限责任公司，在英美法系国家一般不作为公司看待，主要由合伙法或者有限合伙法调整。

中国的公司法中，目前只有两种公司：有限责任公司和股份有限公司，显然是受英美法系的影响。

（三）公司的发展

在所有的商事主体中，公司是最重要的一种商事组织，这主要是因为公司具有独特的优势，具体包括：公司股东的财产与公司财产相互独立，股东对公司的债务仅以其出资额为限，这样大大降低了股东的出资风险；股东无须亲自参与管理却能保持其股份所有权并对公司实施控制；公司具有永久存续性，股东的死亡或变更不会影响公司的存续；公司可以募集较多的资本，便于形成规模效益等。一般来说，公司存在这样的发展过程：早期，无限责任公司较为常见，股东须承担无限责任；之后出现了两合公司，一部分股东承担无限责任，另一部分股东承担有限责任；随着航海贸易的发展，又出现了股份有限公司，股东以认购一定的股份为限承担有限责任；股份两合公司的出现，则是为了规避政府的特许和不准设立股份有限公司的禁令；有限责任公司出现较晚，一般认为是由德国首创于 1892 年。

英美法系国家关于公司的规定一般采用单行法的形式。如英国的《1844 年股份有限公司法》《1948 年公司法》《2006 年公司法》，美国 1984 年修订的《标准公司法》、1994 年制定并于 2006 年修订的《统一有限责任公司法》等。

大陆法系国家起初将公司问题放在民商法中加以规定，后来陆续从民商法中分立出来。例如，法国在 1856 年开始对股份两合公司进行单独规定，之后于 1925 年颁布单行的《有限责任公司法》，1966 年颁布《工商业公司法》。德国于 1892 年颁布了著名的《有限责任公司法》，1965 年当时的联邦德国颁布了《股份有限公司法》。2008 年，德国通过了《对有限责任公司法进行现代化改革和反滥用的法律》（一般简称《有限责任公司法改革法》），对《有限责任公司法》中关于公司设立、破产等内容进行了大幅度修改[①]。总体而言，欧盟国家的公司法统一化趋向日益明显。

最早出现的公司形式是无限责任公司。无限责任公司的股东对公司债务承担无限责任。无限责任公司与合伙企业的不同在于，其组织机构比合伙企业完备和健全，投资者之间的权利义务也较为明确和具体，有的国家规定无限责任公司具有法人资格。

两合公司的出现，为两种人的合作打开了方便之门：一种人拥有资金，想投资获利却又不愿亲自经营，不愿去冒商业风险；另一种人具有经营能力，充满冒险精神，但又缺乏资金。

---

① 高旭军、白江，《论德国〈有限责任公司法改革法〉》，《环球法律评论》2009 年第 1 期：119—129。

股份有限公司的出现则是为了适应大规模海外贸易的需要。股份有限公司是对各国经济乃至世界经济最有影响的一种公司形式，是现代公司的代表。但它不是在近现代才被创造出来的。欧洲在17世纪初叶就创造了这种公司形式。东印度公司、西印度公司等都属于这类形式的典型代表。

早期的股份有限公司往往是几个人凑份子进行一次航海贸易，航行回来后再将股本退还给股东，然后按照股本分配红利。这种公司的好处是：风险小（股东承担有限责任）、红利高且能够筹集较多的资金。所以，该公司形式一经发明，发展非常快，直到1720年出现了著名的“南海泡沫”事件。

典型案例2-1

1720年英国“南海泡沫”事件

南海公司成立于1711年，是一家特许贸易公司。当时英国政府的战争负债有1亿英镑，为了应对债务问题，南海公司与英国政府达成债券重组计划协议，由南海公司认购总价值近1 000万英镑的政府债券。作为回报，英国政府对南海公司经营的酒、醋、烟草等商品实行永久性退税政策，并给予其对南海（即南美洲）的贸易垄断权。

1719年，英国政府允许政府债券与南海公司股票进行转换。南美贸易障碍的清除，加之公众对股票价格上扬的预期，促进了债券向股票的转换，进而又带动股票价格的上升。次年，南海公司承诺接收全部国债，作为交易条件，政府逐年向公司偿还。为了刺激股票的发行，南海公司允许投资者以分期付款的方式购买新股票。当英国下议院通过接受南海公司交易的议案后，南海公司的股票价格立即从每股129英镑跳升到每股160英镑；而当上议院也通过议案时，股票价格又涨到每股390英镑。投资者趋之若鹜，其中包括半数以上的参议员，就连国王也禁不住诱惑，认购了10万英镑的股票。

由于购买踊跃，股票供不应求，股票价格开始狂飙，到1719年7月，每股价格飙升到1 000英镑以上，半年涨幅高达700%。

1720年6月，为了制止各类“泡沫公司”的膨胀，英国国会通过了《泡沫法案》，即《取缔投机行为和诈骗团体法》。自此，许多公司被解散，公众开始清醒，对一些公司的怀疑逐渐扩展到南海公司。从7月起，南海公司股票价格一落千丈；12月，公司股票价格跌至每股124英镑，很多中小投资者损失惨重，其中就包括物理学家牛顿。具有讽刺意味的是，南海公司利用与政府之间的特殊关系说服议会通过的《泡沫法案》，最终让它自己成为“泡沫”。

自此之后，很多国家视股份有限公司为洪水猛兽，有些国家对股份有限公司加以限制，有些国家干脆取消了股份有限公司，重新规定股东对公司承担无限责任。

资料来源：王利民，《“南海泡沫”的由来及破灭》，《经济导刊》1994年第1期：50—54。

受“南海泡沫”事件的影响，英国直到1856年，才由公司法正式确认有限责任制。自此，股份有限公司才真正得到突飞猛进的发展。现在世界上一些知名度很高的公司，几乎无一不是股份有限公司。

为了规避政府的特许和不准设立股份有限公司的禁令,18 世纪末在一些国家出现了股份两合公司,一部分股东以其认购的股份为限承担有限责任,另一部分股东则承担无限责任。因此,从某种程度上讲,股份两合公司并不是一种新型的公司体制,而是为了规避政府的法令对股份有限公司所作的变革。随着公司制度的不断发展完善,股份两合公司因不适应市场经济的发展而逐渐被淘汰。现在欧洲大陆法系的某些国家,虽然仍保留有这种公司体制,但数量已经非常少了。日本干脆通过法律废除了这种类型的公司。

有限责任公司出现的时间最迟。1892 年,德国制定了《有限责任公司法》,标志着这种公司制度的确立。也就是说,这种公司制度是由德国首创的。如今在几乎所有的西方国家中,只有德国有限责任公司的规模超过股份有限公司,即德国的公司中,有限责任公司占据主体地位。

四、跨国公司

成立于 1974 年的联合国国际投资和跨国公司委员会(U. N. Commission on International Investment and Transnational Corporations)于 1982 年草拟了《联合国跨国公司行动守则(草案)》(Draft United Nations Code of Conduct on Transnational Corporations)。根据该草案的规定,跨国公司(又称多国公司),是指一种企业,该种企业既可以是公营企业,也可以是私营企业或者公私合营企业。构成这种企业的实体分布于两个或两个以上的国家,不论其法律形式和活动范围如何。各个实体通过一个或数个决策中心,在一个决策系统的统辖之下开展经营活动,彼此有着共同的战略并执行一致的政策。由于所有权关系或其他因素,各个实体相互联系,其中的一个或数个实体,对其他实体的活动能施加相当大的影响,甚至还能分享其他实体的知识、资源,并为其分担责任。

五、中国的立法取向和发展趋势

中国对于企业的分类形式多样。按照企业规模的大小,企业可分为大型企业、中小型企业;按照企业的所有制性质,企业可分为国有企业、集体企业、私营企业;按照资本构成,企业可分为内资企业、港澳台商投资企业和外商投资企业;而其中很多种类还可以细分,如私营企业可以分为个人独资企业、合伙企业、有限责任公司、股份有限公司等多种组织形式。

企业分类的多样化,不利于企业立法的统一。由中国法定的经济分类和事实上存在的法律分类所形成的企业处于并列状态,相应的企业立法也形成两个系列:

一个系列由《中华人民共和国全民所有制工业企业法》、《中华人民共和国乡村集体所有制企业条例》、《中华人民共和国城镇集体所有制企业条例》、《中华人民共和国乡镇企业法》、《中华人民共和国私营企业暂行条例》[1]、《中华人民共和国公司法》及"三资企业法"[2]、

---

① 2018 年 3 月 19 日,李克强签署第 698 号中华人民共和国国务院令,公布了《国务院关于修改和废止部分行政法规的决定》,废止《中华人民共和国私营企业暂行条例》。

② "三资企业法"指《中华人民共和国中外合资经营企业法》《中华人民共和国中外合作经营企业法》和《中华人民共和国外资企业法》。随着 2019 年《中华人民共和国外商投资法》的出台,原"三资企业法"相应废止。

《中华人民共和国外商投资法》组成。

另一个系列由《中国合伙企业法》《中国个人独资企业法》《中华人民共和国公司法》以及作为上述三个法律尤其是《中华人民共和国公司法》特别法的“三资企业法”、《中华人民共和国外商投资法》等法律法规组成。

当然，这种具有中国特色的分类方法依然有改善的空间，淡化甚至取消企业的经济分类标准，以法律分类标准取而代之是企业分类的必然趋势。

第二节　个人独资企业法

一、个人独资企业的概念和特征

（一）个人独资企业的概念

个人独资企业是指由一名出资者出资并从事经营管理的企业。我国的个人独资企业，主要是由一名自然人投资、财产为投资人个人所有、投资人以其个人财产对企业债务承担无限责任的不具有法人资格的商事主体。

（二）个人独资企业的特征

（1）由一名自然人组成，个人承担无限责任。个人独资企业是由一名自然人出资设立的企业，法人或其他经济组织和社会团体不能作为个人独资企业的投资人。因此，国有企业和集体企业虽也是单独投资经营的，但不能视为个人独资企业。例如，国家单独投资的企业通常称为国有企业，团体或社会组织单独设立的企业通常采用“一人公司”形式等。个人独资企业的出资人以其全部财产对企业的债务承担无限责任。一旦企业亏损或者倒闭，出资人对企业债务的赔偿责任不仅限于其个人在企业中的资产，还要以其个人的全部财产（甚至很多时候是以其家庭的全部财产）承担责任。因此，一旦经营不善，个人独资企业的出资人就将面临倾家荡产的风险。

（2）不具有法人资格。个人独资企业是经营实体，可以作为一种市场主体和企业主体从事经营活动，但它本身却不能成为独立的法律主体。个人独资企业不是法人，不具有独立的法律人格，也没有独立的财产，企业的财产与出资人的财产没有任何区别，出资人就是企业的所有人。由此决定了在财产责任上，企业负债等于出资人个人负债，并由其个人承担。

（3）企业内部基本没有组织机构。个人独资企业的出资人对企业的经营管理拥有控制权和指挥权。尽管企业有时聘用经理或其他职员，但经营管理的最高决策权属于出资人。出资人对企业的一切业务活动享有决定权、处置权和代表权。因此，个人独资企业内部基本没有组织机构。

（4）企业税收负担较轻。个人独资企业的税收负担相对较轻，业主只需缴纳个人所得税，企业则无须缴纳企业所得税。因此，该类企业的出资人，不必像公司的股东那样，在公司缴纳了企业所得税之后还需缴纳个人所得税。这在很大程度上促进了这类企业的产生和发展。

二、个人独资企业的法律性质

从本质上说，个人独资企业是业主制企业，在很大程度上属于自然人主体的范畴，但由于它依赖雇工经营，以雇佣劳动为基础，并有一定的规模，在社会经济活动中具有独特的作用，因此，法律赋予个人独资企业相对独立的权利能力和行为能力，表现在：

（1）可以有自己的名称和字号，并以其名义进行经营。

（2）可以有自己的财产。投资人投入企业的财产以及所有以个人独资企业名义取得的财产均为企业的财产，这为个人独资企业独立承担民事义务提供了一定的保障。

（3）可以以自己的名义进行诉讼。

（4）拥有进行生产经营活动的权利。如可以委托或聘用他人负责企业的事务管理；招用职工；申请贷款；取得土地使用权；开立账户；法律、行政法规规定的其他权利。

因此，个人独资企业虽不具有独立的法律人格，但它仍可作为一类独立的市场主体和企业主体从事民事经济活动，其在生产经营活动中享有的权利同样受到法律的保护。

三、个人独资企业与一人公司的区别

设立一人公司是各国的普遍做法，但我国公司法在 2005 年修订之后才开始正式允许设立一人公司。一人公司的出资者可以是一名法人，也可以是一名自然人。我国公司法对设立一人公司规定了比设立普通公司更为严格的风险防范制度。

个人独资企业与一人公司的区别可以简单归纳为如下三点：

（1）一人公司的投资者虽然只有一个股东，但该股东可以是自然人，也可以是法人，公司内部可以设立公司的组织机构（如董事会、监事会等）；而个人独资企业的出资人只能是自然人，且一般不设组织机构。

（2）一人公司具有独立的法人资格，公司与股东的人格是独立的，公司以自己的独立财产对公司债务承担责任，股东只承担有限责任；而个人独资企业不具有法人资格，出资人以其个人全部财产对企业债务承担无限责任。

（3）一人公司在性质上属于公司，受公司法的调整，应当遵循公司法规定的运作和管理模式，如设立法定的组织机构、依照公司法规定程序进行表决等；而个人独资企业不属于公司范畴，不受公司法的调整。

第三节　合伙企业法

一、合伙企业的概念及价值

合伙是一种古老的企业组织形式。早在古巴比伦、古希腊时代，合伙就已经广泛存在。构成罗马法核心之一的《法学阶梯》中就设有专门一节对合伙作了规定，而且其定义与今天我们法律中关于合伙的定义并无实质性区别。[1]

---

① 姜作利，《国际商法》（第三版），法律出版社，2013，第 206 页。

关于合伙的定义,各国法律有不同的规定。英美法系国家一般在单行法中加以规定,如美国在 1914 年起草的《统一合伙法》中将合伙定义为:合伙是两个或两个以上的人作为共同所有人从事营利事业的联合体或团体。英国《1890 年合伙法》则规定:合伙是基于营利目的而共同从事某项经营的人们之间结成的关系。大陆法系国家则主要在民商法中对合伙加以规定。《德国民法典》第二编第 705 条规定:民事合伙是二人以上为达到共同目的,相互约定出资义务的契约。此外,《德国商法典》第 105—160 条对商事合伙,《法国民法典》第三编第四章对民事合伙,《法国商事公司法》第 66—537 号第一编第一、二章对商事合伙分别作了规定。中国 2006 年 8 月 27 日修订、2007 年 6 月 1 日施行的《中国合伙企业法》第二条规定:本法所称合伙企业,是指自然人、法人和其他组织依照本法在中国境内设立的普通合伙企业和有限合伙企业。

综合以上内容,我们将合伙企业定义为:由两个或两个以上合伙人共同投资经营,共同承担责任,共同分享利润而组成的企业。

合伙企业是介于个人独资企业和公司之间的一种商事组织。其产生的根本原因在于它能弥补个人独资企业发展中的不足,其存在的价值可简单归纳为如下五点:

(1) 有助于企业扩大发展规模。相对于个人独资企业而言,合伙企业有更多的投资人,可以进一步地扩大企业的经营范围。

(2) 有助于扩大企业的资金来源。个人独资企业只有一名出资人,企业的资金来源非常有限,而合伙企业有多名合伙人,可以比个人独资企业有更多的资金来源。

(3) 有助于提高企业的经营管理水平。合伙企业的经营决策必须经过各个合伙人的协商一致,这相对于个人独资企业的“一言堂”更有可能作出科学的决策。

(4) 有助于分散风险。个人独资企业的企业债务由出资人一人承担,不论企业还是出资人个人,都面临极高的风险;而合伙企业的债务由所有合伙人按照他们各自的出资比例或者约定的比例承担,这使相关的风险得以分散。

(5) 有助于建立有效的信用制度。合伙企业的合伙人承担无限连带责任,即合伙企业在其财产不足以清偿企业债务时,各个合伙人必须以其个人财产对企业的债务承担责任。这给合伙企业的债权人提供了一个更大的保护。

以上就是合伙企业相对于个人独资企业的优点,但某些优点从另一面看又可能是缺点。例如,企业的决策须经各个合伙人同意,这往往使决策很难达成;合伙人共同经营、共负盈亏,这使得对每个合伙人存在过多的人身依赖;等等。

二、合伙企业的特征

(1) 合伙企业必须有两个以上的成员。世界上大多数国家和地区的合伙法并不将合伙人限制为自然人。2006 年修订之后的《中国合伙企业法》也允许法人作为合伙人。至于无行为能力人和外国人,西方各国一般也不限制他们取得合伙人的资格,但当无行为能力人构成合伙企业违约或者违法时,第三人是不能追究其责任的,此时第三人可以转而追究其他有行为能力的合伙人的责任。

（2）合伙企业设立的基础是合伙协议。关于合伙协议的形式，西方国家的合伙法一般没有限制性要求。但是《中国合伙企业法》第四条明确规定：合伙协议依法由全体合伙人协商一致、以书面形式订立。另外，《中国合伙企业法》还要求合伙企业办理设立登记，但在英美法系国家则不需要，在英国，只要事实上已经形成合伙，如资金已经到位，业务已经开展，就视为合伙企业已经成立。

（3）共同出资、共同经营、共担风险、共负盈亏，（普通）合伙人承担无限连带责任。合伙企业由各个合伙人共同出资，在企业成立后，合伙企业的事务由全体合伙人共同管理、共同经营。当然，合伙企业也可以推选一人或数人作为企业的业务执行人负责企业的经营管理。合伙企业的利润由全体合伙人按照出资比例或者按照约定分享，同时，企业的经营风险也由全体合伙人共同承担，且各（普通）合伙人对企业的风险承担无限连带责任。

（4）合伙企业一般不具有法人资格。绝大部分国家都不承认合伙企业的法人资格（法国、荷兰、比利时等少数国家承认合伙组织具有法人资格），合伙企业并不是一个独立的主体，所以合伙成员中的全体或至少一人必须为企业的债务承担无限连带责任，这是合伙企业与公司的区别之处。合伙成员中只有一人或部分人对合伙企业的债务承担无限连带责任的合伙称为有限合伙，其中承担无限连带责任的合伙人被称为普通合伙人，他们对合伙企业享有经营管理权；其他合伙人被称为有限合伙人，他们对合伙企业的债务仅以出资额为限承担有限责任，他们有权分享合伙企业的利润，但不能以合伙企业的代理人、受雇人或保证人身份参与合伙企业的经营管理工作。合伙企业中全体成员都对企业债务承担无限连带责任的合伙称为普通合伙，普通合伙的各个合伙人均为普通合伙人，他们都有权参与合伙企业的经营管理工作。

典型案例 2-2

凯肯诉就业保障委员会案

由于两名曾在原告凯肯理发店中工作的理发师失业未获补偿，被告特拉华州就业保障委员会便对原告进行了罚款。原告不服，诉称：失业的两名理发师并非雇员而是其合伙人，他们所订的《合伙协议》的第一段即明确要建立合伙组织，并且该组织已经被登记为合伙企业，他们还按章缴纳联邦合伙税。

法院判决原告败诉。其理由是：原告所称的《合伙协议》的第二段虽规定了原告提供理发桌椅，两理发师提供理发工具，但同时规定在解散时这些东西各归提供者，这是违反合伙法规定的，因为合伙人投入合伙组织中的财产即为合伙财产，而合伙财产于解散时只有全部清偿了债务后才可分配给合伙人，该协议却没有规定合伙财产在分配给合伙人之前需要用来偿付合伙费用；该《合伙协议》第二段仅仅规定了原告和两理发师的收入分配方式，这并不能构成合伙关系，因为订约时利润尚不存在，谈不上利润的共享，且协议中也未规定共负企业的亏损，因此该收入分配模式实属支付工资方式；该协议的第四段规定合伙的一切政策都由原告制定，这意味着其他两理发师无经营决策权，因而他们不是普通合伙人;该协议的第五段规定了理发师的工作时间和节假日,这违反了合伙协议的通常做法;此外,在日常事务中总是由原告和所有的供给者打交道,购买技术许可,办理保险,并只以自己的名义出租理发店中的财产。

资料来源:张圣翠主编,《国际商法》(第四版),上海财经大学出版社,2006,第49页。

课堂讨论 2-1

本案是否存在合伙?

A与B为生意场上的朋友,一直希望有机会合伙做生意。

2006年5月,A与B签订了一份合伙合同,约定双方合伙经营黄金饰品加工与销售。合同规定,双方联合购买黄金等贵重金属及原料制成各类佩戴饰品出售。合同要求A投资1 000万元用于购买黄金等贵重金属及原料,B负责制作和销售各类佩戴饰品,并约定一年后,由B支付给A本金1 000万元及利润300万元。

合同签订一个月后,A即投入资金1 000万元。B因购不到黄金等贵重金属及原料,便将A投资的1 000万元挪作他用。A得知后,诉至法院,要求B履行合伙合同,返还1 000万元投资并支付利润300万元。

请问:本案A与B之间是否存在合伙关系?为什么?请讨论之。

三、合伙企业的设立

根据中国以及西方各国的合伙企业法,合伙企业的设立一般应该具备以下几个条件:

(1) 有两个以上的合伙人,并且至少有一名以上合伙人承担无限连带责任。承担无限连带责任的合伙人为普通合伙人,承担有限责任的合伙人为有限合伙人。《中国合伙企业法》也允许设立有限合伙企业。合伙人可以是自然人或法人,但有些国家禁止法人作为合伙人,《中国合伙企业法》允许法人作为合伙人。

关于合伙人的数量限制问题,从西方各国的情况来看,大陆法系国家都没有规定合伙人数量的上限,英美法系国家则一般都有相应的限制。例如英国法律规定,通常的合伙人数量不得超过20人;从事银行业的合伙,合伙人数量不得超过10人。另外,对于某些从事专门业务的合伙,如律师业、会计业、专利代理、股票事务等,经贸易部批准授权之后,其人数可以超过法定人数限额。再如澳大利亚法律规定,生产贸易型的合伙,合伙人数不得超过20人;职业或专业型合伙,则视职业与专业的不同,合伙人数量的上限也不同,律师与会计师事务所为20人,建筑师、药剂师和兽医事务所为100人,保险统计师、医生、股票经纪人事务所为50人。这些规定都非常值得我们借鉴。

(2) 有合伙协议。合伙协议是合伙的基础。《中国合伙企业法》要求合伙协议必须使用书面形式,但西方发达国家对合伙协议的形式一般并无限制性要求。

合伙协议包括如下内容:合伙企业的名称和主要经营场所的地点,合伙目的和合伙企业的经营范围，合伙人的姓名及其住所，合伙人出资的方式、数额和缴付出资的期限，利润分配和亏损分担办法，合伙企业事务的执行，入伙与退伙，合伙企业的解散与清算，违约责任，等等。合伙协议可以载明合伙企业的经营期限和合伙人争议的解决方式。合伙协议经全体合伙人签名、盖章后生效。合伙人依照合伙协议享有权利，承担责任。经全体合伙人协商一致，可以修改或者补充合伙协议。

(3) 有各个合伙人实际缴付的出资。合伙人的出资形式可以是货币、实物、土地使用权、知识产权或者其他财产权利。对货币以外的出资需要评估作价的，可以由全体合伙人协商确定，也可以由全体合伙人委托法定评估机构进行评估。经全体合伙人协商一致，合伙人还可以用劳务出资。

(4) 有符合要求的合伙企业名称。关于合伙企业的名称，各国合伙法都有相应的要求，比较普遍的是合伙企业的名称中不得使用“有限”“有限责任”字样。

(5) 有经营场所和必要的经营条件。

此外，关于合伙企业的设立程序，英美法系国家对普通合伙一般不要求办理批准登记，但要求所有的合伙组织都必须有合法的目的。大陆法系国家则要求设立合伙组织时须履行申请登记手续。

四、合伙企业的内、外部关系

(一) 合伙企业的内部关系

合伙企业的内部关系包括合伙人之间的权利和义务两个方面。需要说明的是，以下论述合伙企业的内、外部关系都以普通合伙为基础。有限合伙（隐名合伙）将在本节最后单独加以介绍。

各国合伙法一般规定合伙人的权利包括以下四个方面：

(1) 分享利润。合伙人根据合伙协议的约定分享合伙利润。若合伙协议没有约定，则按照出资比例分配或者平均分配。

(2) 参与经营管理。每个合伙人都平等地享有参与合伙企业管理的权利，并有权对外以合伙企业名义进行活动。除非协议另有约定，每个合伙人都有权参与企业决策。

(3) 监督和查账。每个合伙人都有权了解、查询合伙企业的经营状况、企业账目，并提出质询。但也有些国家为了保证企业的经营管理能够顺利进行，会对合伙人的这一权利加以限制。

(4) 获得补偿。对合伙人为处理合伙企业业务、维持企业经营而垫付的个人费用或者因此遭到的损失，合伙企业和其他合伙人应予以补偿。

各国合伙法一般规定合伙人的义务包括以下四个方面：

(1) 缴纳出资。如前所述，合伙人在签订合伙协议之后，应该按照协议约定出资。如果合伙人违反合伙协议的约定不缴纳出资，致使合伙企业无法成立或者给其他合伙人造成损失的，其他合伙人有权要求该合伙人予以赔偿。

(2) 忠实诚信。这是指合伙人必须为合伙企业的利益服务；不得擅自利用合伙企业的财产为自己牟取私利；不得违反竞业禁止的义务；不得隐瞒或虚报有关企业的各种情况和信息；等等。

(3) 谨慎和注意。合伙企业的事务执行人在执行合伙企业的事务时,应以自己的技能和经验尽力维护合伙企业的利益,必须谨慎和小心,尽到应有的注意。如果合伙事务执行人因为其故意或重大过失导致合伙企业受到损失,该合伙人应对其他合伙人承担赔偿责任。

(4) 不随意转让出资。因为合伙企业是建立在各个合伙人相互信任的基础之上的,因此,合伙人未经其他合伙人同意,不得随意将其在合伙中的出资及权利转让他人。

(二) 合伙企业的外部关系

合伙企业的外部关系是指合伙企业与第三人的关系,具体有以下几个特点:

(1) 因合伙人之间存在相互代理的关系,故每个合伙人在执行合伙企业业务的过程中所做出的行为,对合伙企业和其他合伙人都具有约束力。除非该合伙人无权处理该项事务,而且与之进行交易的第三人也知道该合伙人没有得到授权,否则,合伙企业和全体合伙人都要就该合伙人的行为对第三人负无限连带责任。

(2) 合伙人之间对某一合伙人的权利限制不得对抗不知情的第三人。合伙人经常会在合伙协议等内部文件中对某一合伙人的权利进行限制,这种限制不得对抗善意的第三人;但如果第三人在同该合伙人进行交易时,已经得知该合伙人的权利受到限制而无权处理该项事务,则该合伙人的行为就不能约束合伙企业和其他合伙人。

(3) 合伙人在从事正常业务过程中的侵权责任应由合伙企业承担。因为合伙人之间存在相互代理的关系,所以合伙人在从事正常业务过程中实施侵权行为而引发的后果,也应该由合伙企业来承担。但同时,合伙企业也有权要求故意或疏忽的有关合伙人赔偿合伙企业由此遭受的损失。

(4) 除非合伙协议对入伙和退伙有特别约定,否则新合伙人入伙时,对合伙企业以前的债务不承担责任,但合伙人退伙时,要对合伙企业以前的债务负责。对已退出合伙企业的原合伙人,如果日后发生的债务是其退伙之前的交易结果,则他仍需对该项债务负责;如果该项债务与其退伙之前的交易无关,则他退伙后对第三人的债务不承担责任。

五、合伙企业的解散

合伙企业的解散有两种情况,一种是自愿解散,另一种是依法解散。

自愿解散是指合伙企业依合伙协议而解散,如合伙事业已经完成或存续期限届满。

依法解散是指合伙企业依法律规定而解散,主要有以下几种情况:

(1) 除另有约定外,合伙人之一退出合伙或死亡,合伙企业即告解散;

(2) 合伙企业因违反法律规定而被撤销;

(3) 因爆发战争而使合伙人之一成为敌国的公民,合伙企业也应解散。

另外,还有一些国家的法律规定:只要合伙人中有一个被宣告无行为能力、死亡或宣告破产,或者合伙标的物被出卖或消灭,合伙也应终止。

合伙企业解散必然导致业务终结,对内外债权债务进行清算,主要包括了结现行的合伙业务、收取债权、清偿债务、返还出资、分配剩余财产。清算期间,合伙仍视为存续,但其业务执行权丧失。多数国家规定合伙人可先推举清算人,在清算目的范围内,实施了结合伙尚未终结的事务,处理合伙债权债务,并分配剩余财产。清算人可为一人或数人,也可为合伙人全体。

清算人在清偿合伙企业债务时,应按以下方法进行:

(1) 先以合伙财产清偿合伙债务。如果某项债务还没有到清偿期或正在诉讼中,应在合伙财产中将清偿债务所必需的部分划出保留。如果合伙财产不足以清偿合伙债务,合伙人应以个人财产对其承担无限连带责任。

(2) 以剩余的合伙财产偿还各个合伙人的出资。为了便于清偿债务和偿还出资,可将合伙财产变换或折合为现金给予偿还。偿还实物出资应以出资时的价格为准。如果剩余的合伙财产不足以偿还各个合伙人的出资,则不足部分应由各个合伙人按分配亏损的比例负担。

(3) 在清偿合伙债务和偿还合伙人出资后,如果合伙财产还有剩余,就应按分配盈余的比例分给各个合伙人。

六、特殊的普通合伙和有限合伙概述

于 2006 年 8 月 27 日修订、2007 年 6 月 1 日施行的《中国合伙企业法》增加了对特殊的普通合伙和有限合伙的相关规定。一方面,中国经济发展迅速,中小企业发展需要资金,而当前金融机构发展难以适应这种需要;另一方面,中国经济发展了,百姓手里有了大量的闲余资金,需要有良好的引导机制和操作平台,使这些资金进入直接投资市场。毕竟,在现实社会中,能够管好投资的人不一定有钱,而有钱的人不一定会投资。特殊的普通合伙和有限合伙,在某种意义上顺应了经济发展的需要。

(一) 特殊的普通合伙

普通合伙企业(General Partnership)作为一种传统的组织形式,其基本特点是合伙人共同出资、共同经营、共享收益、共担风险,合伙人对合伙企业债务承担无限连带责任。很多会计师事务所、律师事务所等专业服务机构采用这种组织形式。随着社会对各项专业服务需求的迅速增长,专业服务机构的规模扩大,合伙人数目大增,以致合伙人之间并不熟悉甚至不认识,各自的业务也不重合,与传统普通合伙中合伙人数量较少及共同经营的模式已有不同,因而让合伙人对其并不熟悉的合伙人的债务承担无限连带责任有失公平。自 20 世纪 60 年代以来,针对专业服务机构的诉讼显著增加,其合伙人要求合理规范合伙人责任的呼声也越来越高。为此,许多国家进行专门立法,规定采用普通合伙形式的专业服务机构的普通合伙人可以对特定的合伙企业债务承担有限责任,以使专业服务机构的合伙人避免承担过度风险。

为了降低专业服务机构中普通合伙人的风险,促进专业服务机构的发展壮大,《中国合伙企业法》在“普通合伙企业”一章中以专节“特殊的普通合伙企业”对专业服务机构中合伙人的责任作出了特别规定。

1. 特殊的普通合伙企业的适用范围

特殊的普通合伙企业(Special General Partnership)是有限责任合伙企业(Limited Liability Partnership)的一种形式。《中国合伙企业法》规定:以专业知识和专门技能为客户提供有偿服务的专业服务机构,可以设立为特殊的普通合伙企业,适用本法关于特殊的普通合伙企业的责任规定。

此外,《中国合伙企业法》只规范注册为企业的专业服务机构,而很多专业服务机构如律师事务所并未注册为企业,不适用《中国合伙企业法》的规定,但在责任形式上可以采用《中国合伙企业法》规定的特殊的普通合伙的责任形式。因此,《中国合伙企业法》在附则中专门作出规定:非企业专业服务机构依据有关法律采取合伙制的,其合伙人承担责任的形式可以适用本法关于特殊的普通合伙企业合伙人承担责任的规定。

2. 对特殊的普通合伙企业的公示要求

特殊的普通合伙企业,其合伙人对特定合伙企业债务只承担有限责任,为保护交易相对人的利益,应当对这一情况予以公示。《中国合伙企业法》第五十六条规定:特殊的普通合伙企业名称中应当标明"特殊的普通合伙"字样。

3. 特殊的普通合伙企业合伙人的责任形式

这是特殊的普通合伙企业制度最关键的内容。《中国合伙企业法》借鉴国外的立法经验,并结合我国实际,在第五十七条规定:一个合伙人或者数个合伙人在执业活动中因故意或者重大过失造成合伙企业债务的,应当承担无限责任或者无限连带责任,其他合伙人以其在合伙企业中的财产份额为限承担责任。合伙人在执业活动中非因故意或者重大过失造成的合伙企业债务以及合伙企业的其他债务,由全体合伙人承担无限连带责任。

4. 对特殊的普通合伙企业债权人的保护

在特殊的普通合伙企业中,合伙人对特定合伙企业债务只承担有限责任,对合伙企业的债权人的保护相对削弱。为了保护债权人的利益,《中国合伙企业法》专门规定了对特殊的普通合伙企业债权人的保护制度,即执业风险基金制度和职业保险制度。第五十九条规定:特殊的普通合伙企业应当建立执业风险基金、办理职业保险。执业风险基金用于偿付合伙人执业活动造成的债务。执业风险基金应当单独立户管理。具体管理办法由国务院规定。

(二)有限合伙

有限合伙企业(Limited Partnership),是指由至少一名普通合伙人和至少一名有限合伙人组成的合伙企业,其中普通合伙人负责执行企业事务,对外代表合伙企业,并对合伙企业的债务承担无限连带责任;而有限合伙人不参与合伙企业业务的经营,不对外代表合伙企业,只按一定的比例分配利润和分担亏损,且仅以出资额为限对合伙企业债务承担责任。

有限合伙企业是由普通合伙企业发展而来的一种合伙形式。两者的主要区别是,普通合伙企业的全体合伙人(普通合伙人)负责合伙企业的经营管理,并对合伙企业债务承担无限连带责任。有限合伙企业由两种合伙人组成,一是普通合伙人,负责合伙企业的经营管理,并对合伙企业债务承担无限连带责任;二是有限合伙人,通常不负责合伙企业的经营管理,仅以其出资额为限对合伙企业债务承担有限责任。

有限合伙企业融合了普通合伙企业和公司的优点。一方面,有限合伙企业中的普通合伙人直接从事合伙企业的经营管理,使合伙企业的组织结构简单,有利于节省管理费用和运营成本;另一方面,普通合伙人对合伙企业要承担无限责任,可以促使其对合伙企业的管理尽职尽责。同时,对有限合伙企业本身不征收所得税,而直接对合伙人征收所得税,避免了公司的双重税负。与普通合伙企业相比,有限合伙企业允许投资者以承担有限责任的方式参加合伙成为有限合伙人,解除了投资者承担无限责任的后顾之忧,有利于吸引投资。由于有限合伙企业的上述特点,实践中为资本与智力的结合提供了一种便利的组织形式,即拥有财力者作为有限合伙人,拥有专业知识和技能者作为普通合伙人,两者共同组成以有限合伙为组织形式的风险投资机构,从事高科技项目的投资。国外这种做法较为普遍。

以下对有限合伙的有关规定做一个简单介绍。

1. 有限合伙企业合伙人的责任形式

《中国合伙企业法》第二条第三款规定:有限合伙企业由普通合伙人和有限合伙人组成,普通合伙人对合伙企业债务承担无限连带责任,有限合伙人以其认缴的出资额为限对合伙企业债务承担责任。

2. 有限合伙企业合伙人的人数

为防止有人利用有限合伙企业形式进行非法集资活动,并体现合伙企业人合法的特性,为今后的实践留有必要的空间,《中国合伙企业法》第六十一条第一款规定:有限合伙企业由二个以上五十个以下合伙人设立;但是,法律另有规定的除外。

3. 对有限合伙企业的公示要求

有限合伙企业中的有限合伙人只对合伙企业债务承担有限责任,为了保护交易相对人的利益,有限合伙企业的一些情况应当公示,让交易相对人知悉。因此,《中国合伙企业法》第六十二条规定:有限合伙企业名称中应当标明“有限合伙”字样。第六十六条规定:有限合伙企业登记事项中应当载明有限合伙人的姓名或者名称及认缴的出资数额。

4. 有限合伙人的权利

有限合伙企业的特点,就是有限合伙人以不执行合伙企业事务为代价,获得对合伙企业债务承担有限责任的权利。因此,在有限合伙企业中,有限合伙人的权利是受到一定的限制的,《中国合伙企业法》规定:有限合伙人不得以劳务出资;有限合伙人不执行合伙事务,不得对外代表有限合伙企业。

同时,《中国合伙企业法》第六十八条对有限合伙人的权利也作出了规定。有限合伙人的下列行为,不视为执行合伙事务:

(1) 参与决定普通合伙人入伙、退伙;

(2) 对企业的经营管理提出建议;

(3) 参与选择承办有限合伙企业审计业务的会计师事务所;

(4) 获取经审计的有限合伙企业财务会计报告;

(5) 对涉及自身利益的情况,查阅有限合伙企业财务会计账簿等财务资料;

(6) 在有限合伙企业中的利益受到侵害时,向有责任的合伙人主张权利或者提起诉讼;

(7) 执行事务合伙人怠于行使权利时,督促其行使权利或者为了本企业的利益以自己的名义提起诉讼；

（8）依法为本企业提供担保。

5. 有限合伙人有限责任保护的免除

有限合伙人对合伙企业债务承担有限责任也不是绝对的，当出现法定情形时，有限合伙人也会对合伙企业债务承担无限连带责任。《中国合伙企业法》第七十六条规定：第三人有理由相信有限合伙人为普通合伙人并与其交易的，该有限合伙人对该笔交易承担与普通合伙人同样的责任。

6. 有限合伙企业不同于普通合伙企业的其他规定

针对有限合伙企业的特点，《中国合伙企业法》对有限合伙企业作出了一些不同于普通合伙企业的规定，主要包括：

（1）如果合伙协议有约定，有限合伙企业可以将全部利润分配给部分合伙人；

（2）除合伙协议另有约定外，有限合伙人可以同本有限合伙企业进行交易；

（3）除合伙协议另有约定外，有限合伙人可以自营或者同他人合作经营与本有限合伙企业相竞争的业务；

（4）除合伙协议另有约定外，有限合伙人可以将在有限合伙企业中的财产份额转让或者出质；

（5）作为有限合伙人的自然人在有限合伙企业存续期间丧失民事行为能力的，其他合伙人不得因此要求其退伙；

（6）作为有限合伙人的自然人死亡、被依法宣告死亡或者作为有限合伙人的法人及其他组织终止时，其继承人或者权利承受人可以依法取得该有限合伙人在有限合伙企业中的资格。

同时，《中国合伙企业法》第六十条规定：有限合伙企业及其合伙人适用第三章“有限合伙企业”规定；本章未作规定的，适用本法第二章第一节至第五节关于普通合伙企业及其合伙人的规定。

第四节　公司法

一、定义及其法律特征

公司的重要性在整个经济社会中是无与伦比的。我们甚至可以这样说，是公司制度推动了近代整个经济史、社会史的发展。如果说公司是这个社会中最重要的商事组织，公司法则是商事组织法乃至整个商法的核心。

各国法律文化及公司法律制度的差异，造成了各国对公司这一概念解释的不同，但基本都集中在三个方面，即法定性、营利性和法人资格。因此，公司一般是指依公司法的规定成立的，以营利为目的的企业法人（Corporate Body）。英美法系国家一般没有法定的公司定义。但英国的《公司法》和美国的《标准公司法》对公司的法人性质和商事公司的概念作了规定。如美国的《标准公司法》第 2 条规定：公司是指受法令管辖的营利公司。大陆法系国家对公司的概念也有所规定。如《法国民法典》第 1832 条规定：公司由两人或数人通过契约约定将其财产或技艺集于一共同企业，以分享由此产生的利润和自经营所得的利益，公司得在法律规定的情况下依一人的意志而设立，股东负分担损失的义务。《日本商法典》第2编第52条以及《有限责任公司法》第1条将公司规定为依法设立的营利性社团。综合各国对公司的解释，我们将公司定义为：依照法定程序设立的，以营利为目的的社团法人。

尽管各国对公司的定义有着诸多不同，对于公司的特征，各国都基本认可以下五个方面：

（1）公司承担有限责任（Limited Liability）。公司是股东以其出资额为限，对公司承担有限责任，这是各国公司法的共同规定，也是公司区别于其他企业形式的关键。

（2）公司具有独立的财产所有权（Ownership of Property）。公司的初始财产来源于股东的投资，但一旦股东将投资的财产移交给公司，这些财产从法律上便属于公司了，而股东则丧失了直接支配使用这些财产的权利，他们所换来的是按照出资比例享受一系列利益的权利。

（3）公司是法人，独立地享有民事权利和承担民事责任，包括起诉和应诉（Sue and to Be Sued）。

（4）公司实行统一的集中管理制（Centralized Management）。公司的管理体制由公司章程规定，一般应采取股东大会、董事会（监事会）以及经理层三位一体的管理方式，而不是采取合伙企业那种分别管理的管理方式。

（5）公司具有永久存续性（Perpetual Existence or Continuity of Life）。相对于合伙企业而言，公司具有永久存续性。公司强调资本的联合，因此股东的股份转让、股东的死亡或破产都不影响公司的存续，即公司不受个人生死进退（加入公司、退出公司）的影响。

二、公司立法

公司的起源可以追溯到古罗马时代。但现代意义上的公司法则产生于17世纪初欧洲英国、荷兰等国出现的殖民公司，如东印度公司、西印度公司等。到18世纪，公司在银行、铁路、航运等部门得到了很大的发展，同时公司也极大地促进了社会经济的繁荣。

公司法是与公司的产生和发展紧密相连的。世界上最早的公司立法是1673年法国路易十四年代的商事条例中关于公司的规定。1807年颁布的《法国商法典》中，第一编“商事通则”的第三章就是“公司”，这是世界上最早规定公司的成文法。法国现行的公司法是1966年颁布的《商事公司法》，之后经过多次修订。另外，《法国民法典》第9编也对公司作了规定。

德国最早的公司立法始于1861年的旧商法。之后1897年的新商法对公司作了较为详细的规定。1892年，德国制定了世界上第一部有限责任公司法。1998年6月22日修订的《德国商法典》也对公司作了详细规定。

日本1890年旧商法和1899年新商法都对公司作了规定。第二次世界大战后，日本主要吸收美国法律对公司法进行了大规模且频繁的修订。

英国在19世纪以前只有关于特许公司的法律规定；1856年的公司法确立了公司的有限责任制，在公司立法史上具有划时代的意义；1948年制定了新公司法，经过多次修订后沿用至今。

美国的公司法主要是州法,没有统一的联邦公司法。最早的是1807年纽约州公司法。1950年拟定的《标准公司法》,作为公司立法范本向各州推荐并作为各州立法的参考,但其本身不具有普遍约束力。

1904年1月21日,清政府颁布了《公司律》,这是中国最早的公司立法(但公司在此之前已经出现了)。中华人民共和国成立后,国民党政府的一切旧法均被废除,当然也包括公司法。

1950年,中央人民政府政务院公布《私营企业暂行条例》;1951年公布了具体实施办法,对大陆法系国家的五种公司类型都作了规定。但是,在1956年针对私有制经济的改造完成后,公司立法被带有计划经济特征的企业立法取代。

1979年,《中华人民共和国中外合资经营企业法》的问世可以说具有划时代意义,这是自中华人民共和国成立以来实行了几十年的计划经济之后第一次出现的法律形态上的企业——有限责任公司,之后相继出现了一系列企业立法。

1993年12月29日,第八届全国人民代表大会第五次会议通过了《中华人民共和国公司法》,并于1994年7月1日正式实施。该法于1999年12月25日进行了第一次修正,于2004年8月28日进行了第二次修正,于2013年12月28日进行了第三次修正,于2018年10月26日进行了第四次修正。

三、公司的种类

(一)有限责任公司

有限责任公司是指股东人数较少,不发行股票,股份不得随意转让,股东对公司债务承担有限责任的公司。《中国公司法》第三条规定:公司以其全部资产对公司的债务承担责任。有限责任公司的股东以其认缴的出资额为限对公司承担责任。

有限责任公司的基本法律特征可以归纳为如下六个方面:①公司法禁止有限责任公司向公众招募股本;②股份证书一般允许转让,但有较为严格的限制;③股东人数有法定人数限制;④公司行政管理机构比较简单;⑤具有较明显的人合性质;⑥公司财务不对外公开。

(二)股份有限公司

股份有限公司是指将公司的全部股份分成等额的股份,股东以其所认购的公司的股份为限对公司承担有限责任,公司以其全部财产对外承担有限责任的公司。

股份有限责任公司的基本法律特征可以归纳为如下六个方面:①全部资本分成等额的股份;②股份以股票的形式公开发行并可以自由流通;③实行所有权和经营权相分离;④公司的账目必须公开;⑤公司的规模一般较大。

在西方发达国家,股份有限公司与我国的上市公司的基本法律特征是一致的,其在国民经济、政治和社会生活中起着举足轻重的作用。

揭开公司面纱制度可称作剥掉公司外衣制度、刺破公司外衣制度,也可称作公司法人人格否定(Disregard of Corporate Personality)制度,是指当公司的独立人格和股东的有限责任被公司背后的股东滥用时，可就具体法律关系中的特定事实，否定公司的独立法人人格，将公司与其背后的股东视为一体并追究其共同的连带法律责任，以保护公司债权人或其他利益相关群体的利益以及社会共同利益，实现公平与正义的一种法律措施。

如前所述，公司的产生为社会化大生产提供了适当的企业组织形式，并在更广泛和更深层领域中促进了市场经济的发展，从而使资本主义在短时期内创造出了比以前所有社会都大得多的生产力。然而，公司是以有限责任为其显著特征的，公司制度正是通过有限责任等制度发挥作用的。

从历史上看，有限责任制度的产生曾为公司在社会经济生活中发挥重要作用奠定了基础，它释放出一股神奇的魔力，推动了投资的增长和资本的积累，促使公司在发展过程中实现了巨大的进步。在公司法中，有限责任制度居于核心地位，并被一些学者称为公司法的“传统奠基石”(Traditional Cornerstone)，公司法的许多规则在很大程度上是由有限责任制度决定的。所以，按照一般的理解，现代企业制度的主要内容就是有限责任制度。有限责任制度自产生以来，就逐渐成为促进经济发展的有力的法律工具。

因此，美国哥伦比亚大学前校长尼古拉斯·巴特勒(Nicholas Butler)曾指出，有限责任公司是当代最伟大的发明，其产生的意义甚至超过了蒸汽机和电的发明。[①] 哈佛大学前校长查尔斯·艾略特(Charles Eliot)则认为“有限责任是基于商业的目的而产生的最有限的法律上的发明”[②]。许多学者认为，有限责任制度改变了整个经济史。那么，有限责任制度到底有哪些优点呢？我们总结如下：

（1）降低风险。市场竞争充满了风险，风险总是与投资的利润相伴随的。如果对股东的责任没有限制，而单个股东又不能完全控制公司，那么当公司欠下大笔债务时，有可能使众多的单个股东破产。所以有限责任制度是降低风险的最佳形式。

（2）鼓励投资。有限责任制度的最大优点在于通过使股东负有限责任来鼓励股东投资。它不仅降低了投资风险，使投资者不会承担巨大的风险，而且使股东的投资风险能够预先确定，即投资者能够预先知道其投资的最大风险仅限于其出资的损失，这就给予投资者一种保障。

（3）促使所有权和经营权的分离。在有限责任情况下，由于风险的事先确定性和有限性，因此股东没有必要实际参与管理进而控制公司，从而促进了劳动的合理分工。

（4）增进市场交易。投资风险的有限性增强了股份在市场上的可转让性，从而增进了证券市场上的股份交易，促使资源实现优化配置。因此，有限责任制度也极大地促进了证券市场的发展。

（5）减少交易费用。有限责任制度避免了债权人直接针对单个股东提起诉讼的情况，债权人只是在公司不履行其义务时直接对公司提起诉讼，而不必对每个股东提起费用高昂的、程序烦琐的诉讼。

有限责任制度所具有的上述功能使其在历史上发挥了巨大的作用。正因为如此，有

---

① 珍妮特·丹恩,《公司法》(第四版),法律出版社,2003。

② Phillip L. Blumberg, *The Law of Corporate Aroups*(Boston and Toronto:Little Brown and Company,1987), p. 3.

限责任制度曾经被视为公司法中的“帝王原则”。

但有限责任制度并非完美无瑕，它也存在种种问题，我们来看一个案例：萨洛蒙诉萨洛蒙公司案（Salomon v. Salomon & Co., Ltd.），该案可以说将有限责任制度的异化推向了顶峰。

典型案例 2-3

Salomon v. Salomon &Co. Ltd

The appellant, Aron Salomon, for many years carried on business, on his own account, as a lathermerchant and wholesale boot manufacturer. With the design of transferring his business to a joint stock company, which was to consist exclusively of himself and members of his own family, he, on July 20, 1892, entered into a preliminary agreement. A memorandum of association was then executed by the appellant, his wife, a daughter, and four sons, each of them subscribing for one share. The memorandum was registered on July 28,1892, and the effect of registration, if otherwise valid, was to incorporate the company, under the name of "Aron Salomon and Company, Limited", with liability limited by shares, and having a nominal capital of 40 000, divided into 40 000 shares of 1001 each. The company adopted the agreement on August 2, 1892. In terms thereof, 100 debentures, for 1001 each, were issued to the appellant, who, upon the security of these documents, obtained an advance of 50 001, from Edmund Broderip. In February 1893 the original debentures were returned to the company and cancelled, and in lieu thereof, with the consent of the appellant as beneficial owner, fresh debentures to the same amount were issued to Mr. Broderip, in order to secure the repayment of his loan, with interest at 8 percent.

The appellant applied for and obtained an allotment of 20 000 shares, and the share register of the company remained unaltered, 20 001 shares being held by the appellant, and six shares by his wife and family. It was all along the intention of these persons to retain the business in their own hands, and not to permit any outsider to acquire an interest in it.

Default having been made in the payment of interest upon his debentures, Mr. Broderip, in September 1893, instituted an action in order to enforce his security against the assets of the company. Thereafter a liquidation order was made, and a liquidator appointed, at the instance of unsecured creditors of the company. It has now been ascertained that, if the amount realized from the assets of the company were, in the first place, applied in extinction of Mr. Broderip's debt and interest there would remain a balance of about 10 551, which is claimed by the appellant as beneficial owner of the debentures.in the event of his claim being sustained there will be no funds left for payment of the unsecure creditor, whose debts amount to 77 331.

The liquidator lodged a defence, in name of the company, to the debenture suit, in which he counter-clamed against the appellant. Vaughan Williams J. made an order for a declaration in the terms of the new and alternative counter-claim above stated, without making any order on the original counter-claim. Both parties having appealed. Although Mr. Salomon's appeal was dismissed with costs, the Appellate Court did not entirely accept the view of the Court below, Lord Macnaghten considered the purpose for which Mr. Salomon to the memorandum were associated was "lawful".

[**案例解读**]本案中,萨洛蒙先生的公司发行给萨洛蒙先生本人的公司债是有担保的,也就是说萨洛蒙先生的公司债是可以优先于其他股东获得清偿的债权。该判例使股东仅负有限责任的思想在法律上获得了最高的体现。但正是基于这一原因,该判决也被评价为后患无穷的、不幸的判决。因为其导致的弊端是股东有可能滥用公司独立人格而逃避债务。

资料来源:沈四宝、王军,《国际商法教学案例(英文)选编》(第二版),法律出版社,2007,第 43 页。

从以上案例中我们可以发现,有限责任制度的弊端之一是,在股东滥用公司人格而损害债权人的利益时,债权人不能对股东直接提出赔偿的请求。现实生活中,许多股东在公司面纱的遮掩下,滥用公司独立人格逃避债务、过度转嫁风险,采用转移公司财产、将公司财产与本人财产混同的手段,造成公司可以用于履行债务的财产大量减少,严重损害了公司债权人的利益。这对公司债权人极为不公平。正因为如此,我们要"撩开"公司这层有限责任的"面纱",让真正应该承担责任的人承担其相应的责任。

事实上,有限责任制度的主要弊端是对债权人保护的薄弱。公司的有限责任制度和独立人格像罩在公司头上的一层面纱,它把公司与股东隔开,保护股东免受债权人的追索,这样当公司的资产不足以清偿债务时,不仅使债权人的利益得不到保护,而且在一定程度上也损害了社会经济利益。当然,法律可以通过规定行政责任甚至刑事责任来制裁不法行为人,但这些责任并不能使债权人所遭受的损害得到恢复。借鉴国外的立法和司法经验,在此情况下,可以允许司法审判人员根据具体情况即不考虑公司的独立人格,直接追究股东的个人责任,此种措施在英美法系中被称为"撩开公司的面纱",在大陆法系中被称为直索责任。

综上所述,所谓"撩开公司的面纱",就是指当公司的股东特别是董事在管理公司的事务中从事各种不正当行为,并对公司债权人的利益造成损害时,司法审判人员应不考虑公司的独立人格,而要求公司的股东向债权人直接承担责任。

《中国公司法》在 2005 年修订时,增加了"公司人格否认制度"。现行《中国公司法》第二十条规定:公司股东应当遵守法律、行政法规和公司章程,依法行使股东权利,不得滥用股东权利损害公司或者其他股东的利益;不得滥用公司法人独立地位和股东有限责任损害公司债权人的利益。公司股东滥用股东权利给公司或者其他股东造成损失的,应当依法承担赔偿责任。公司股东滥用公司法人独立地位和股东有限责任,逃避债务,严重损害公司债权人利益的,应当对公司债务承担连带责任。

我们来看两个案例:

典型案例 2-4

Bartle v. Home Owner Coop. 127 N. E. 2d 832, N. Y. 1955

FROESSEL, Judge

Plaintiff, as trustee in bankruptcy of Westelea Builders, Inc., has by means of this litigation attempted to hold defendant liable for the contract debts of Westerlea, defendant's wholly owned subsidiary. Defendant, as a co-operative corporation composed mostly of veterans, was organized in July, 1947, for the purpose of providing low-cost housing for its members. Unable to secure a contractor to undertake construction of the housing planned, Westerlea was organized on June 5, 1948. With building costs running considerably higher than anticipated, Westerlea, as it proceeded with construction on some 26 houses, found itself in a difficult financial situation. On January 24, 1949, the creditors, pursuant to an extension agreement, took over the construction responsibilities. Nearly four years later in October, 1952, Westerlea was adjudicated a bankrupt. Meanwhile, defendant had contributed to Westerlea not only its original capital of $24 000 but additional sums amounting to $25 639.38.

Plaintiff's principal contention on this appeal is that the courts below erred in refusing to "pierce the corporate veil" of Westerlea's corporate existence; as subordinate grounds for recovery he urged that the defendant equitably pledged its assets toward the satisfaction of the debts of the bankrupt's creditors, and that the doctrine of unjust enrichment should apply.

The trial court made detailed findings of fact which are clearly supported by the evidence. The defendant, as owner of the sock of Westerlea, controlled its affairs, the outward indicia of these two separate corporations was at all times maintained during the period in which the creditors extended credit; that the creditors were in no wise misled; that there was no fraud; and that the defendant performed no act causing injury to the creditors of Westerlea by depletion of assets or otherwise. The trial court also held that creditors were estopped by the extension agreement from disputing the separate corporate identities.

We agree with the courts below. The law permits the incorporation of a business for the very purpose of escaping personal liability. Generally speaking, the doctrine of "piercing the corporate veil" is invoked "to prevent fraud or to achieve equity". But in the instant case there has been neither fraud, misrepresentation nor illegality. Defendant's purpose in placing its construction operation into a separate corporation was clearly within the limits of our public policy.

The judgment appealed from should be affirmed, without costs.

资料来源：沈四宝、王军，《国际商法教学案例（英文）选编》（第二版），法律出版社，2007，第 119 页。

（三）无限责任公司

无限责任公司简称无限公司，是指全部由无限责任股东组成的公司。由于一些国家要求无限公司必须将股东姓名列于公司名称之中,因此又称之为“合名(开名)公司”,如法国称之为“合名公司”、德国称之为“开名公司”、日本称之为“合名会社”等。无限责任股东除对公司负有一定的出资义务外,还对公司债权人负无限责任,而且各股东相互间是连带责任。无限公司是建立在股东相互信赖的基础上的少数人的共同企业形态,其股东所负责任最重。因为无限公司的股东对公司债务承担无限连带责任,故从公司内部来说,股东之间事实上是一种合伙关系。无限公司的股东可以是自然人,也可以是法人,还可以是其他组织形式。

无限公司的股东原则上都执行公司业务并都对外代表公司(股东大会兼执行机构与代表机构,三种机构合一),公司重大事项的决定须经全体股东同意。事实上,无限公司与合伙企业只有一步之遥,两者的实质内容和内外法律关系均没有差别,甚至有的国家法律规定无限公司内部关系适用合伙企业的有关规定。两者的区别只在于无限公司具有法人人格,而合伙企业不具有法人人格。

(四) 两合公司

两合公司是指由无限责任股东与有限责任股东两种成员组成的公司。有限责任股东以其对公司的出资额为限对公司债权人负有限责任,无限责任股东则对公司债务承担无限责任。

两合公司是无限公司的一种变形,是有限责任股东向无限责任股东的经营提供资本而据此分享利益的一种公司企业形态。

两合公司具有如下特点:有限责任股东没有业务执行权和代表权,只有一定的检查权,公司重大事项的决定须经全体无限责任股东同意;有限责任股东出让其股权要经全体无限责任股东同意而不必征得其他有限责任股东的同意。

两合公司是大陆法系国家特有的一种组织形式,从其法律特点来看,与英美法系中的有限合伙非常相似。两合公司的优点在于它能弥补其公司形态和资本市场的不足,这对发展中国家尤其有吸引力。目前许多发展中国家,如泰国、印度、巴西、阿根廷、墨西哥、埃及、埃塞俄比亚等都有关于两合公司的规定。

四、公司的设立

(一) 设立条件

关于公司设立的条件,多数国家的公司法中均没有专门的规定,而只是明确股东或发起人的人数,或者最低要求。一般作出规定的往往是大陆法系国家。例如法国,其规定股份公司的股东人数应在 7 人以上,有限公司的股东人数则不作要求;发起设立的股份公司的股本至少要 25 万法郎,募集设立的股份公司的股本至少要达到 150 万法郎。2003 年 8 月 1 日,法国颁布了《经济创新法令》[①],彻底取消了有限公司最低注册资本的要求。

德国在 20 世纪 90 年代取消了对股份公司人数的限制,但对股本仍有要求,其中有限

---

① 《经济创新法令》是法国政府于 2003 年 8 月 1 日颁布的旨在促进就业、鼓励创立中小企业的法律。该法律一经颁布,就得到了法国社会的普遍关注和欢迎。该法律为法国社会营造了一个鼓励经营意愿的良好环境,并使人民的创造性能量得以释放。

公司的股本为2.5万欧元以上；股份公司则为5万欧元以上。

日本参考了德国法律，规定有限公司的股本应在300万日元以上；股份公司则应在1 000万日元以上。

英美法系国家一般对以上内容不作具体规定。

《中国公司法》第二十三条规定，设立有限责任公司，应当具备下列条件：①股东符合法定人数；②有符合公司章程规定的全体股东认缴的出资额；③股东共同制定公司章程；④有公司名称，建立符合有限责任公司要求的组织机构；⑤有公司住所。

《中国公司法》第七十六条规定，设立股份有限公司，应当具备下列条件：①发起人符合法定人数；②有符合公司章程规定的全体发起人认购的股本总额或者募集的实收资本总额；③股份发行、筹办事项符合法律规定；④发起人制订公司章程，采用募集方式设立的经创立大会通过；⑤有公司名称，建立符合股份有限公司要求的组织机构；⑥有公司住所。

（二）设立程序

有限公司的设立通常比较简单，各国多采用准则主义或登记主义，即只要符合法定条件，股东订立章程，经全体股东签名盖章，附出资证明，即可向登记机关申请设立登记，无须审批。中国绝大部分有限责任公司也采取这种方式成立。但有两类有限责任公司除外，一类是国有独资公司，另一类是外商投资企业。这两类公司都需要经过批准才可以办理设立登记手续。

股份公司的设立程序不同于有限公司。西方国家对于股份公司的设立，早期采取特许主义，在经历了核准主义、准则主义阶段后，现在大多采取严格的准则主义，即对成立要件进行严格规定，但一般在登记之前不进行专门的审批，而只有那些关系国计民生的特定公司，须经事先核准才可以登记成立。

中国公司制度实施的时间不长，《中国公司法》仍规定实行国家主管机关事先审批的核准主义，而不同于有限公司的准则主义。

股份有限公司的设立方式一般分为两种：一是发起设立，二是募集设立。发起设立是指由发起人认购公司发行的所有股份，不对社会公开募集股份。募集设立一般要求发起人认购一定的股份数，其余部分向社会公开募集。关于发起人认购的最低股份数，西方国家一般规定是25%，中国规定是35%。

（三）公司章程和公司的内部细则

1. 公司章程的概念和特征

如果把公司比作国家，则公司章程就是公司的宪法，是公司的“根本大法”。因此，起草并提交公司章程在公司设立过程中具有重要意义，也是律师的重要工作内容。章程，在美国，被称为“articles of corporation”，在欧洲被称为“status”。它是指规范公司宗旨、业务范围、资本状况、经营管理以及公司与外部关系的公司准则，是组建公司必备的核心文件，必须提交政府的登记机关进行核准并备案，在我国，章程等相关公司文件提交的登记机关是工商管理部门。

公司章程主要有以下三个方面的特征：

（1）公司章程是公司内部的基本行为规范。有限责任公司和股份有限公司的章程规定了公司的类型、宗旨等重大事项，为公司的设立和活动提供了一个基本的行为规范。从实质意义上来说，公司章程是关于公司组织及行动的基本准则。

（2）公司章程是多数人的共同行为。公司章程必须经全体制定人同意才能形成。制定公司章程是一种要式行为，公司章程应形成书面文件，制定人应在公司章程上签名或者盖章。有些国家的公司法规定，公司章程要经过公证机关或者法院的公证才能发生效力。公司章程生效后，必须保持其内容相对稳定，不得随意更改。公司章程是全体发起人共同的书面意思表示，根据《中国公司法》规定，章程修改必须经出席股东会会议的股东所持表决权三分之二以上通过。

（3）公司章程只对公司内部人员具有约束力。公司章程只对公司内部人员具有约束力，而不能对抗外部善意第三人。保护善意第三人的合法权益，是为了防止公司被他人利用，损害社会正常的商业秩序。公司不能以其对经理人或者其他负责人的任命不符合公司章程的规定为由，对抗善意第三人，这是世界各国的普遍做法。例如，根据英国公司法律，只要代表公司进行交易的人是实际上有权或者应该有权的公司机构或负责人任命的，无论该职员的任命是否符合公司章程的规定，善意第三人都有权要求公司对该职员的行为负责。

2. 公司章程的内容

各国法律对公司章程都有规定，其内容一般应包括以下几项：

（1）公司的名称。多数国家关于公司名称方面的限制性规定主要有以下三点：①公司的名称必须能反映其性质，即除无限责任公司和两合公司外，公司的名称中必须包括“有限责任公司”或“股份有限公司”或它们缩写的字样；②公司的名称不得与本国（地）现有公司或经授权在本国（地）从事经营活动的外国（地）的其他公司的名称相同或相似，经其他公司名称拥有者事先许可的除外；③不得含有违反公司法和其他法律所禁忌的名字，包括不得使用与本国或外国的中央或地方政府机关、立法或司法机关、国际政府间或民间组织有联系的名称，也不得基于欺诈目的使用与其资本规模或营业范围极不相称的浮夸名称。

（2）公司的存续期限。许多国家规定，公司可在其章程中自由地决定其存续期限。但是，法国、比利时等国规定，公司章程中所载明的期限不得超过法定期限，法国所规定的公司存续期限为99年，比利时为30年。不过，法国、比利时等国皆规定，公司临近期限届满时可延长这一时限。

（3）注册地址。这是公司登记的地方。注明注册地址是为了便于公司与第三人之间的交往及公司收受诉讼或行政文书等。很多国家还将注册地址视为公司的住所而在该地向公司征税。

（4）公司的经营范围。关于公司的经营范围，发达资本主义国家现在几乎无限制性规定，一切合法的商事活动，公司都可开展。但公司须在章程中载明其经营范围，其目的有二：其一，保护公司股东的利益，使之知悉其投资流向；其二，保护第三人利益，便于他们了解公司的权限，公司成立后超越其载明的经营范围所为的行为属于越权行为。关于公司越权的后果，各国现行的规定大体一致，即公司的越权行为对第三人而言仍视作公司的行为而约束该公司，但是公司的股东可以越权指控公司与作出越权决定的董事会。

(5) 公司的具体形式。公司须在章程中注明其属于股份有限公司还是有限责任公司,抑或是无限责任公司或两合公司。

(6) 资本总额及各类股份的权限。只要不违反公司法中关于公司最低资本金的规定,创办人可以任意决定公司的资本总额,但应当在公司章程中载明。此外,各国还要求公司须在其章程中载明股份的类别、数量、票面值及各类股份的权限等。

(7) 公司组织的构成及权限。

(8) 公司章程的修改规则。

此外,创办人还可以在公司章程中列入其他一些与法律不相抵触的规章。

《中国公司法》第二十五条规定了有限责任公司章程应当载明的事项,具体包括:①公司名称和住所;②公司经营范围;③公司注册资本;④股东的姓名或者名称;⑤股东的出资方式、出资额和出资时间;⑥公司的机构及其产生办法、职权、议事规则;⑦公司法定代表人;⑧股东会会议认为需要规定的其他事项。

3. 公司的内部细则

公司的内部细则是关于公司内部事务准则的基本文件。公司初始的内部细则也是由创办人签名起草的,但它只能等公司成立后经董事会或股东(大)会认可才能生效,董事会或股东(大)会有权修改或废除该内部细则。公司内部细则在美国被称为"by-law""articles of association",是指由公司制定的、用以规定和调整公司业务活动以及公司的股东、董事、管理者及普通员工的权利与义务关系的文件。《中国公司法》对此没有提及,但实际上每个公司都有其内部细则。

五、公司的机构

(一) 股东和股东(大)会

公司的股东可以是自然人,也可以是法人,但法人股东须指定代表人。有些国家对外国股东人数作出限制,且一般都规定一个上限,但大多数国家对外国股东不加以限制。中国也不加以限制,但规定股份公司的发起人须为 2～200 人,且必须要有过半数发起人在中国境内有住所。另外,我国相关法律还规定,外国股东所占的股份达到 25%以上的,属于外商投资企业,包括外商投资有限责任公司和外商投资股份有限公司。

成立公司一定要有创办人,这是西方国家公司法的一项基本规定。创办人也称发起人,英文中称为"incorporator""founder""sponsor",是指在公司初始章程上的签名者。关于创办人的具体规定主要有:创办人的资格;创办人活动的内容;创办人的责任;创办人不一定是自然人,可以是法人;等等。

公司的股东会或股东大会由公司的全体股东构成,是公司的最高权力机构。

关于股东会的职权,大多数国家都不加以具体列举,有些国家甚至干脆只规定股东的权利,而对股东会的权利不作任何规定,如德国。

中国的情况比较特殊,《中国公司法》第三十七条用列举的方式具体规定了股东会的职权,共 11 项内容:①决定公司的经营方针和投资计划;②选举和更换非由职工代表担任的董事、监事,决定有关董事、监事的报酬事项;③审议批准董事会的报告;④审议批准监事会或者监事的报告;⑤审议批准公司的年度财务预算方案、决算方案;⑥审议批准公司的利润分配方案和弥补亏损方案；⑦对公司增加或者减少注册资本作出决议；⑧对发行公司债券作出决议；⑨对公司合并、分立、解散、清算或者变更公司形式作出决议；⑩修改公司章程；⑪公司章程规定的其他职权。

股东大会分为两种，分别是年会（也叫定期股东大会）和临时股东大会。年会每年至少召开一次，且须在每年年度终了后6个月内召开。临时股东大会又称特别股东大会，是根据公司特殊情况而召开的不定期股东会议。《中国公司法》也作了类似的规定。

股东大会由董事会召集，董事长主持。《中国公司法》规定，首次会议由出资最多的股东召集和主持，以后则由董事会召集、董事长（一般是出资最多的股东，当然也并非一定如此）主持。

根据决议事项的不同，股东大会作出的决议分为两种：普通决议和特别决议。普通决议须1/2以上表决权通过，特别决议须2/3以上表决权通过。

另外，在中国的外商投资企业中，中外合资经营企业、有限责任形式的中外合作经营企业和外资企业，其最高权力机关不是股东会，而是董事会。国有独资公司也不设股东会，由董事会代行股东会的一部分职权。

（二）董事会

董事会是公司的执行机构，且是常设性的（股东会是非常设性的）。

虽然从理论上说，股东大会是股份公司的权力机构。但是实际上，在西方发达国家，股东大会的权限在不断地缩小，或被不断地加以限制，股东大会的地位日益下降。许多国家的公司法都以不同方式将公司的经营管理权利交给经营管理机构、董事会或执行委员会，而对股东大会的权利进行限制。

1. 董事会的产生

董事一般是由股东大会或者监事会选举产生的。

《中国公司法》规定董事是由创立大会选举的。但股东会或者创立大会一般不选举董事长，董事长是由董事会选举产生的。

根据公司初始章程的有关规定，由董事组成的集体领导班子，就是董事会。在西方国家，董事可以是自然人，也可以是法人，但如果是法人担任董事，则必须指定一名代表。

2. 董事人数

各国公司法都对董事的人数有规定，但不尽相同，一般都规定上限（尤其在公司章程和内部细则里），还有一个惯例就是董事的数目往往是单数，目的是避免董事会内部表决僵局的出现。

董事会通常由3名以上的董事组成，《中国公司法》规定有限责任公司的董事会人数为3～13人，股份有限公司为5～19人。规模小的有限责任公司可以不设董事会，只设立一名执行董事，该执行董事就是公司的法定代表人。

3. 董事的选任资格

由于董事的水平、能力和素质在相当大程度上会影响董事会的效率，进而影响公司绩效，因此各国对董事的任职资格（包括积极资格、消极资格等）都有详细的规定。英国、德国、日本等国的公司法中对董事的消极资格都作了规定。例如《德国公司法》规定，董事必须是具有完全民事行为能力的自然人;被判决犯罪的,自判决生效之日起5年内不得担任董事。

《中国公司法》的规定更加严格,如第一百四十六条规定,有下列情形之一的,不得担任公司的董事、监事、高级管理人员:①无民事行为能力或者限制民事行为能力;②因贪污、贿赂、侵占财产、挪用财产或者破坏社会主义市场经济秩序,被判处刑罚,执行期满未逾五年,或者因犯罪被剥夺政治权利,执行期满未逾五年;③担任破产清算的公司、企业的董事或者厂长、经理,对该公司、企业的破产负有个人责任的,自该公司、企业破产清算完结之日起未逾三年;④担任因违法被吊销营业执照、责令关闭的公司、企业的法定代表人,并负有个人责任的,自该公司、企业被吊销营业执照之日起未逾三年;⑤个人所负数额较大的债务到期未清偿。公司违反前款规定选举、委派董事、监事或者聘任高级管理人员的,该选举、委派或者聘任无效。董事、监事、高级管理人员在任职期间出现本条第一款所列情形的,公司应当解除其职务。

英国公司法对董事的资格作了如下限制:

(1)关于破产者担任董事的限制。非经判决破产的法院许可,未还清债务的破产人不得担任董事,也不得直接或间接参加或参与任何公司的管理工作,否则将被处以两年有期徒刑或罚金。

(2)关于在法院有前科者当选董事的限制。

(3)关于年龄的限制。比如规定非经股东大会特别决议,公开招股公司或附属于公开招股公司的非公开招股公司不得任命年龄已达70岁者为董事。

(4)关于董事资格股的限制,即要求董事必须拥有一个最低数额的公司股份作为他们担任董事的资格股。这样做的原因有二:一是可以直接刺激他们在为公司服务的过程中贡献出其最大的才智和能力,以使自己在公司的投资中获得尽可能大的收益;二是作为他们担任董事职务的品质担保,如果董事玩忽职守,违反法令和股东大会的决议擅自行动,并给公司造成损失的,其资格股就作为对公司损失的赔偿,最低数额由各公司内部细则规定。

美国的公司内部细则中,还有对董事其他方面的限制,主要是对其居住地、国籍、法人能否担任公司董事作出规定。例如,美国的南达科他州要求至少有一个董事为本州居民。另外,美国还对董事的品行和能力有一定要求,主要有三点:服从公司的最高利益、勤奋和忠诚。美国法律还规定,如果一个董事符合上述要求而被选任,则应当在注册地办事处详细登记其简况,特别是要写上年龄和出生日期,以便按时退休。

4. 董事的任期

各国规定一般为2~5年。《中国公司法》规定不超过3年。

5. 董事的责任

各国法律在赋予董事会广泛权力的同时,也规定了董事对公司的严格责任。西方国家一般认为董事与公司之间是一种信托关系,董事兼具公司的代理人和受托人双重身份。

作为公司的代理人,董事首先应在法律和公司章程及公司内部细则授权的范围内行使职权,否则,其行为即被视为越权行为,须对公司承担个人责任。同时,董事不能为其个人利益而使公司的利益受损，包括不得接受贿赂而损害公司利益，以及不得违反关于竞业禁止的规定，即公司的董事、监事、经理不得自营或者为他人经营与其所任职公司同类的业务或者从事损害本公司利益的活动。从事上述业务或活动的，所得收入应归公司所有。除公司章程规定或股东大会同意外，不得同本公司订立合同或进行交易。

作为公司的受托人，董事负有为公司的最高利益而尽忠诚、勤勉和谨慎之责，否则，该董事即被视为有渎职行为。

董事如违反上述责任（违反受托人义务），各国一般都规定了相应的经济责任和刑事责任。例如英国法律规定，对欺骗债权人或本公司股东的董事不仅要罚款，严重的还要判处七年以下的监禁。

此外，董事还应该对董事会的决议承担责任。《中国公司法》第一百一十二条第三款规定：董事应当对董事会的决议承担责任。董事会的决议违反法律、行政法规或者公司章程、股东大会决议，致使公司遭受严重损失的，参与决议的董事对公司负赔偿责任。但经证明在表决时曾表明异议并记载于会议记录的，该董事可以免除责任。

典型案例 2-5

迪士尼公司股东诉董事会案

1995 年 10 月 1 日，迪士尼公司雇用 Qvitz 为公司的总经理。身为迪士尼公司主席和 CEO 的 Eisner 是 Qvitz 的好朋友，雇佣合同由 Eisner 单方协商，在听取迪士尼公司雇用的财务专家 Crystal 意见的基础上，迪士尼公司董事会批准了该合同。该合同规定，迪士尼公司同意支付 Qvitz 每年 100 万美元的基本工资、无限制的奖金和两组公司购股期权，总额可以购买 500 万股迪士尼公司的普通股票。该合同还规定基本雇用期为 5 年，若合同非因 Qvitz 的过失而终止，迪士尼公司将支付 Qvitz 一揽子的离职金，包括直到 2000 年 9 月 30 日的工资。1996 年 12 月 27 日，迪士尼公司董事会批准 Qvitz 无过失离职，并依据合同支付给他大量的离职费。

迪士尼公司的股东认为董事会没有计算 Qvitz 无过失离职费的价值额就通过了该雇佣合同，没有适当注意，违反了受托人义务。法院判决支持被告。原告股东上诉。

特拉华州高级法院认为：根据州公司法的规定，董事会的成员或者董事会任命的任意委员会成员，在履行职责的过程中善意地信赖公司精心挑选的或者代表公司的人在其职业和专业知识范围内提供给公司的信息，应该受到充分的保护。Crystal 是公司雇用的财务专家，董事会基于对 Crystal 专业知识的信赖而作出的决定，符合经营判断原则（指在经营决策时，如果尽了应有的注意，不是为了自己的私利，而是根据已知的信息为公司的利益善意尽力，公司管理人员即董事会成员或高级职员可免责的规则），没有违反受托人义务，应该受到保护。被告再次胜诉。

资料来源：张圣翠主编，《国际商法》（第六版），上海财经大学出版社，2012，第 24 页。

6. 累积投票制

1870 年，累积投票制第一次写入美国伊利诺伊州宪法中，距今已有一百多年的历史。美国证券市场发展早期到处充斥着大股东损害中小股东利益、管理层损害公司股东利益的现象，在总结大量案例的基础上，该州于 1870 年在州宪法第 3 章第 11 条规定，任何股东在法人公司选举董事或经理人的任何场合，均得亲自或通过代理人行使累积投票权，而且此类董事或经理不得以任何其他方式选举。随后，该州公司法第 28 条也规定了累积投票制。至 1955 年，美国已有 20 个州在其宪法或制定法中规定了累积投票制度，这是由于累积投票制在维护中小股东利益、防止控股股东全面操纵董事会、降低集中决策风险和实现"公司民主"等方面具有重要价值。之后，该制度在世界各地得到推广运用，日本等亚洲国家和地区的公司法也相继采纳了累积投票制。

中国最早引入累积投票制是在 2002 年 1 月 7 日中国证监会〔2002〕1 号文件《上市公司治理准则》之中，其第三十一条规定：在董事选举的过程中，应充分反映中小股东的意见，股东大会在董事选举中应积极推行累积投票制度。控股股东持股比例在 30%以上的上市公司，应当采用累积投票制。采用累积投票制度的上市公司，应在公司章程里规定该制度的实施细则。

累积投票制是一种与普通的直接投票制相对应的公司董（监）事选举制度。《中国公司法》第一百零五条规定：股东大会选举董事、监事，可以依照公司章程的规定或者股东大会的决议，实行累积投票制。本法所称累积投票制，是指股东大会选举董事或者监事时，每一股份拥有与应选董事或者监事人数相同的表决权，股东拥有的表决权可以集中使用。

在累积投票制下，每一有表决权的股份享有与拟选出的董（监）事人数相同的表决权，股东可以自由地在各候选人间分配其表决权，既可分散投于多人，也可集中投于一人，然后根据各候选人得票多少的顺序决定董（监）事人选。

累积投票制在一定程度上为中小股东的代言人进入董（监）事会提供了保障。

试举一个例子：某上市公司股东大会准备选举 9 名董事，假设某股东持有该公司股票 1 股，则该股东在参加股东大会时的表决权票数是 9 票而不是 1 票，这是其一；其二，该股东可以将他持有的表决权票数集中投给 1 名候选人，也可以分散投给多人。也即，该股东可以给 9 名董事候选人每人投上 1 票，则 9 名董事候选人每人得 1 票；该股东也可以将 9 票全部投给 1 名候选人，则该董事候选人得 9 票。

累积投票制的独特作用在于：一方面，它通过投票数的累积计算，扩大了股东表决权的数量；另一方面，它通过限制表决权的重复使用，限制了大股东对董事、监事选举过程的绝对控制力。换句话说，在累积投票制下，股东的表决权只能使用一次，而不能多次重复使用，这就给中小股东"集中优势兵力"，选出自己的董事、监事提供了可能。

继续用上面的例子，假如有 1 个大股东持有公司股票 8 股，需选举 9 名董事，则它的累积表决权票数就是 72 票，如果他将 72 票分散投给 9 名董事候选人，则每名候选人得 8 票。而刚才的小股东虽然只持有 1 股，但由于票数累积，他得到了 9 个表决权票数，当他将 9 票全部投给 1 名董事候选人时，该名董事候选人就得到了 9 票，小股东投票的候选人成功当选。

从以上的例子可见，累积投票制可以帮助小股东"把钢用在刀刃上"，从而促成小股东将其代言人选入董事会和监事会，提升小股东的话语权，增加小股东表决权的含金量，弱化控股股东的话语霸权。

关于累积投票制，要注意两个问题：第一，累积投票制在中国并非硬性规定，但因新修订的《中国公司法》已实施，我们可以推定，绝大部分的上市公司都会实行；第二，该制度仅仅适用于股东会选举董事或监事，而非股东会所有的决议。

（三）经理

公司一般设有经理。经理由董事会或股东会聘任和解聘。德国法律规定经理由监事会聘任和解聘。经理对董事会负责，可以列席董事会会议。此外，规模大的公司可能还要设立数个执行委员会来负责公司各个方面的事务（如市场营销、投资或信贷审计等），这些执行委员会的委员大多也是由董事会任命的。

《中国公司法》第四十九条规定了有限责任公司经理的职权，总共有八项，包括：①主持公司的生产经营管理工作，组织实施董事会决议；②组织实施公司年度经营计划和投资方案；③拟订公司内部管理机构设置方案；④拟订公司的基本管理制度；⑤制定公司的具体规章；⑥提请聘任或者解聘公司副经理、财务负责人；⑦决定聘任或者解聘除应由董事会决定聘任或者解聘以外的负责管理人员；⑧董事会授予的其他职权。

经理的权利是按照公司章程、股东大会或董事会决议及服务合同领取薪金，其义务是对公司服从、忠诚和对职责范围内的业务做到合理的谨慎。

典型案例 2-6

Earthgrains 公司被诉案

Beracha 是 Earthgrains 公司下属公司 Campbell 的首席执行官。该分公司在美国北卡罗来纳州夏洛特市经营了一家生产谷类面包的工厂。Beracha 在某年 8 月该工厂的一次职工会议上告诉雇员，目前工厂业绩良好，大家可以安心工作。而到 12 月，雇员们却得到通知，工厂将在次年 2 月被关闭，而他们也将失去工作。于是，工厂雇员以虚假陈述为由起诉 Beracha 及 Earthgrains 公司。

初审法院驳回原告起诉。上诉法院维持原审裁决。上诉法院认为，作为 Campbell 公司的首席执行官，Beracha 对公司负有注意义务，但没有向其雇员报告精确的公司财务状况的义务，并且雇员在诉讼中也未能证明：①Beracha 在商业交易中向他们提供了信息引诱；②Beracha 所宣称的信息是错误的；③被告 Beracha 引诱原告继续工作是出于其个人金钱上的利益驱使；④原告合理地依赖于被告所称信息。

资料来源："Jordan v. Earthgrains Companies", assessed July 19,2023, https://casetext.com/case/jordan-v-earthgrains-cos.

（四）监事会

监事会，又称监察委员会、监察人会、监察会等。

监事会是对公司的财务会计或业务活动进行监督的机构，一般由三人以上组成，它的主要作用是监督和检查。《中国公司法》规定，设立监事会的，其成员应该在三人以上。有限责任公司规模小的，可以不设立监事会，设一至二名监事。监事的任期一般与董事相同。但有些国家规定的监事任期比董事要长，如日本。《中国公司法》规定监事的任期是三年。

西欧大陆国家的公司法大多规定，股份有限公司的股东大会之下应设立监事会和董事会两个机构，由于这些国家的监事会职权很大，这种制度事实上是一种"双重董事会制"。其中，尤以德国最为典型。《德国公司法》强制性规定：股份有限公司必须设立监事会。监事会成员的人数根据公司的雇员人数和资本总额确定，并且其中雇员代表和股东代表应占一定的比例。监事必须为自然人，其任期为四年。董事会必须接受监事会的监督，并执行监事会的决议。根据《德国公司法》的规定，监事会的职权主要包括以下几项：选举董事会成员、监督董事会活动、决定董事的酬金、决定公司的经营方针、为公司的利益而在董事会不能召集时召集股东大会、代表公司与本公司董事进行交易等。由此可见，德国监事会的职权是非常大的。

根据《中国公司法》的规定，有限责任公司和股份有限公司都必须设监事会（或监事）。有限责任公司设监事会，其成员不得少于三人。股东人数较少或者规模较小的有限责任公司，可以设一至二名监事，不设监事会。监事会应当包括股东代表和适当比例的公司职工代表，其中职工代表的比例不得低于三分之一，具体比例由公司章程规定。监事会中的职工代表由公司职工通过职工代表大会、职工大会或者其他形式民主选举产生。监事会设主席一人，由全体监事过半数选举产生。监事会主席召集和主持监事会会议；监事会主席不能履行职务或者不履行职务的，由半数以上监事共同推举一名监事召集和主持监事会会议。《中国公司法》还规定，董事、高级管理人员不得兼任监事。这个规定扩大了不得兼任监事人员的范围，因为高级管理人员不仅包括经理、财务负责人，还包括副经理、上市公司董事会秘书和公司章程规定的其他人员。

关于监事会的职权，《中国公司法》第五十三条规定，监事会、不设监事会的公司的监事行使下列职权：①检查公司财务；②对董事、高级管理人员执行公司职务的行为进行监督，对违反法律、行政法规、公司章程或者股东会决议的董事、高级管理人员提出罢免的建议；③当董事、高级管理人员的行为损害公司的利益时，要求董事、高级管理人员予以纠正；④提议召开临时股东会会议，在董事会不履行本法规定的召集和主持股东会会议职责时召集和主持股东会会议；⑤向股东会会议提出提案；⑥依照本法第一百五十一条的规定，对董事、高级管理人员提起诉讼；⑦公司章程规定的其他职权。

《中国公司法》第五十四条规定：监事可以列席董事会会议，并对董事会决议事项提出质询或者建议。监事会、不设监事会的公司的监事发现公司经营情况异常，可以进行调查；必要时，可以聘请会计师事务所等协助其工作，费用由公司承担。

六、公司股份和股票

1. 股份、股票和股权

股份是股份公司资本的构成单位，是构成公司资本的"细胞"。股票是股份的表现形式，是表示股东所持股份并享受权利承担义务的书面凭证。两者是内容和形式的关系。

股权，也称为股东权，具体包括自益权和共益权。自益权是指股东为自己的利益而行使的权利，包括分红权、配股权、股份转让权、剩余财产分配权等；共益权是指股东为公司、全体股东或者某类股东的利益而行使的权利，如股东大会参与权、投票表决权、董事监事选举权、临时股东大会召集权、公司报表查阅权等。

2. 股份的种类

（1）普通股和优先股。

这是按照股东的权利和风险责任不同所作的分类。普通股是指对公司的财产权利平等的股份，它是公司资本构成的最基本的股份，也是公司中风险最大的股份。它有三个特点：一是持有普通股的股东有权获取股息，但必须在支付了公司的债息、优先股的股息后才能分配；二是股息不固定，根据股票的净利润的多少来决定，因此它的股息率可以超过50%，也可以是0，还可能为负数；三是公司因破产或其他因素终止经营时，它的分配在最后，所以可以形象地说，普通股与公司同命运、共沉浮。目前在上海证券交易所和深圳证券交易所中交易的股票都是普通股。

优先股是指对公司资产、利润享有更优越或更特殊权利的股份。根据有些国家的法律，优先股可以在公司成立时发行，也可以在公司增募股本时发行。西方国家一般都规定：优先股可以优先获得股息，而且股息是固定的，它不因公司经营的好坏而变化，人们形象地称之为"旱涝保收"的股票。但优先股的股东一般在股东大会上没有表决权，不能参与公司的经营管理。

优先股常又被分成以下几种类别：①累积(Cumulative)优先股。这类股份除拥有一般优先股的权利外，还拥有另一项特权，即如果在某个分红年度内，公司的获利不够分配规定的股息，则在以后的盈利年份里，公司须优先给予补足。各国法律一般规定，只有经过董事会的决议或股份证书上有明确的规定，该优先股才被认为是累积的。②非累积(Non-cumulative)优先股。它是指其固定股息的偿付仅以当年的公司盈利为限的股份，如果当年的利润不足以分配该股息，则在以后的年份里也不会补足。除非公司股份发行时另有明确的说明，一般的优先股皆为非累积优先股。③参与(Participating)优先股。它是指在分得固定股息后，还有权与普通股一道参与分享公司剩余利润的优先股，其参与程度可以是同等的，也可以是有一定比例的。优先股所享有的参与权也必须以明文规定为依据。④非参与(Nonpaticipating)优先股。它是指分配股息仅以事先规定的比例为限的优先股。如无特别规定，一切优先股都将被视为非参与优先股。在美国，还有一种累积可转换优先股，它同时具备累积性和可转换的双重特征。⑤清算(Liquidation)优先股。它是指在公司清算时按规定的条件有权优先于普通股分得公司剩余财产的股份。

（2）记名股和不记名股。

记名股是指股票上记载股东的姓名，并载入公司股东名册的股份；不记名股是指股票上不记载股东姓名的股份。

《中国公司法》第一百二十九条第二款规定：公司向发起人、法人发行的股票，应当为记名股票，并应当记载该发起人、法人的名称或姓名，不得另立户名或者以代表人的姓名记名。

（3）面额股和无面额股。

这是根据股票是否记载金额所作的分类。面额股是指股票票面上记载股份金额的股票；无面额股是指股票票面上不记载股份金额的股票。《中国公司法》不允许发行无面额股，此种股票仅仅表示所占公司全部资产的比例，它的价值随公司财产的增减而增减，由于公司始终处于动态变化之中，其资产值也一直是变化的，因此所占公司全部资产的比例也是一个变数。允许发行无面额股的国家不多，到目前为止，只有美国、加拿大、卢森堡等少数国家。

（4）其他一些股票的类别。

绩优股就是业绩优良公司的股票，但对于绩优股的定义，国内外却有所不同。在我国，投资者衡量绩优股的主要指标是每股税后利润和净资产收益率。一般而言，每股税后利润在全体上市公司中处于中上地位，公司上市后净资产收益率连续三年显著超过10%的股票当属绩优股。绩优股具有较高的投资回报和投资价值。

垃圾股指的是业绩较差的公司的股票。这类上市公司或者由于行业前景不好，或者由于经营不善等，有的甚至进入亏损行列。

蓝筹股是指股票市场上那些在其所属行业内占有重要支配性地位、业绩优良、成交活跃、红利优厚的大公司股票。“蓝筹”一词源于西方赌场。在西方赌场中，蓝色筹码最为值钱，红色筹码次之，白色筹码最不值钱。投资者把这些行话套用到股票市场上就有了这一称谓。

（5）具有中国特色的两种分类。

其一，按照持股的主体不同，分为国家股、法人股、个人股、外资股。这一分类，《中国公司法》中没有作出规定，但在《股份有限公司规范意见》里面有规定。

其二，根据投资对象的不同，分为A股、B股、H股等。

3. 股份的发行和交易

股份的发行和交易，应属于证券法的内容，在我国，在《中华人民共和国证券法》颁布之前，曾专门制定了一个《股票发行与交易惯例暂行条例》。但因为证券法和公司法的关系非常密切，所以我们习惯把证券法作为动态的公司法看待。

前面提到，公司的设立方式有两种：发起设立和募集设立。股份的发行也因此分为两种，一种是由发起人全部认购；另一种是发起人认购一部分，其余部分向社会公开募集。后者需要与证券公司签订承销协议，由证券公司代销或者包销。如果发行量很大，则往往由一个实力雄厚的大证券公司牵头，组成一个承销团来承销。

另外，从发行目的来看，公司的股份发行可以分为设立发行和增资发行。设立发行也称原始发行，是指为了设立公司而发行股票；增资发行也称新股发行，是指为了增加资本而发行股份。

4. 股份转让的限制

股份有限公司可以通过转让股票的方式转让公司的股份。有限责任公司不发行股票，其转让股份可以通过协议进行，股东之间可以任意转让全部或者部分股份，股东向股东以外的人转让股份时，一般应经二分之一以上股东同意。

《中国公司法》第七十一条规定：有限责任公司的股东之间可以相互转让其全部或者

部分股权。股东向股东以外的人转让股权，应当经其他股东过半数同意。股东应就其股权转让事项书面通知其他股东征求同意，其他股东自接到书面通知之日起满三十日未答复的，视为同意转让。其他股东半数以上不同意转让的，不同意的股东应当购买该转让的股权；不购买的，视为同意转让。经股东同意转让的股权，在同等条件下，其他股东有优先购买权。两个以上股东主张行使优先购买权的，协商确定各自的购买比例；协商不成的，按照转让时各自的出资比例行使优先购买权。公司章程对股权转让另有规定的，从其规定。

关于对股份转让的限制，《中国公司法》第一百四十一条规定：发起人持有的本公司股份，自公司成立之日起一年内不得转让。公司公开发行股份前已发行的股份，自公司股票在证券交易所上市交易之日起一年内不得转让。公司董事、监事、高级管理人员应当向公司申报所持有的本公司的股份及其变动情况，在任职期间每年转让的股份不得超过其所持有本公司股份总数的百分之二十五；所持本公司股份自公司股票上市交易之日起一年内不得转让。上述人员离职后半年内，不得转让其所持有的本公司股份。公司章程可以对公司董事、监事、高级管理人员转让其所持有的本公司股份作出其他限制性规定。

七、公司资本

（一）公司资本的含义和意义

对于公司而言，资金犹如人之血液，具有特殊而重大的意义。人无血液则亡，公司资金枯竭则垮；人的血液得病往往属于不治之症，公司出现资金问题则通常属于重大事件，必须予以披露。

所谓公司的资金来源，是公司取得资金的合法渠道和途径。在西方国家，公司的资金来源主要有两个途径：一是股本（Stock Capital），但人们更愿意称之为资本；另一个是债（Liabilities）。与资金来源相对的一个概念是资金运用。

（二）公司的出资

公司资本又称公司股本、公司注册资本，是公司成立时章程确定的、股东出资构成的财产总额。它是资合公司最低的财产担保基础，也是股东承担财产责任的最高限度。

英美法系国家采用授权资本制，即公司股本不必在设立时认足，故公司注册时的资本并不一定是实缴资本，而是一种授权资本。只要认缴了其中的一部分，公司就可以成立，其余部分可以根据公司业务发展的需要募集。

而大陆法系国家则实行法定资本制。该制度要求，公司必须募足全部资本才能够成立；如果不能募足，公司就不能成立。如果公司成立之后发现出资不足，则股东应补交差额，其他股东还要负连带补足责任。但现在许多国家的规定已经比较灵活。

（三）公司的资本三原则

大陆法系传统的公司法中，公司资本有三个基本原则，即资本确定原则、资本维持原则和资本不变原则。

1. 资本确定原则

资本确定原则是指，公司设立时，必须将公司资本总额明确记载于公司章程，并须由股东全部认足,否则公司不能成立。这一原则又被称为法定资本制。这一规定的好处是,可以保证公司成立时注册资本全部到位,与实缴资本保持一致,充实公司的财产基础,防止假借设立公司进行诈骗活动。其缺点是缺乏灵活性,增加了公司设立的难度,尤其是很容易造成公司成立之初资金的积压和浪费。目前,这一原则已逐渐被一些大陆法系国家抛弃。

认可资本制是法定资本制和授权资本制折中调和的产物,是指在设立公司时,虽然还是需要在章程中明确规定公司的资本额,但不必一次性认足,即可以先认购一个法定的比例,其余的在公司成立一段时间内募足。

2. 资本维持原则

资本维持原则是指在公司存续期间,必须经常保持与其资本额相当的财产。这一规定的好处是,能保证公司的清偿能力,维护债权人的利益。为了确保这一原则,各国公司法都规定了许多具体措施,如出资不足的,发起人负有连带补足责任;禁止股票折价发行;公司原则上不得收购本公司股票(《中国公司法》还规定公司不得接受本公司股票作为质押权的标的等)。

3. 资本不变原则

资本不变原则是指,公司章程确定的资本额不得任意变动,即资本不能随意地增加或者减少。如果确实情况特殊需要变动,也必须经过严格的法定程序。

(四) 资本的增加和减少

资本的增加和减少,简称增资和减资,是指公司依照法定的条件和程序,增加和减少公司的资本总额。

增加公司资本,对公司债权人来说只有好处而没有坏处,但对公司股东来说却不一定。例如,一个注册资本为 1 000 万元的公司,分为 1 000 万股,某股东持有 100 万股,占总股本的 10%,就拥有提议召开临时股东大会的权利。当注册资本增加到 5 000 万元时,该股东要想保持在公司的相对地位,就必须再出资购买 400 万股,否则就有可能失去原先的权利。而假如公司发展前景不乐观,这新买入的 400 万股就很有可能发生亏损。因此,各国公司法大多规定,公司增资必须经过股东会或者股东大会审议通过,并修改章程,同时办理变更登记手续。

减少公司资本,就会削弱公司的财力,加大公司的经营风险,从而危及公司债权人的利益,并最终影响到公司股东的利益。所以,资本三原则中的资本不变原则主要是限制公司任意减少资本。但是,当公司资本确实过剩,或者公司严重亏损时,经过减资,反而能够使公司资本和实际的营运资本相符合,从而有利于公司经营。相比较而言,减资在程序上比增资要更加严格,一般要股东大会作出决议,而且要经有表决权的股东三分之二以上同意才能通过,并且要通知或者公告债权人。有些国家还需要取得债权人同意,对不同意的债权人,公司要么清偿其债权,要么提供担保,否则不得减资。

(五) 中国的相关规定

2005 年之前的《中国公司法》规定,中国的公司设立采用严格的资本制度。

首先,既不允许授权发行资本,也不允许分期缴纳股款。原《中国公司法》不仅要求设立公司时须在章程中明确规定资本的数额，而且要求该资本数额一次性全部认缴完毕。

其次，规定了过高的最低注册资本额。原《中国公司法》第二十三条和第七十八条规定的资本额比欧洲国家一般要高出10—20倍（考虑到人民币与有关外汇的比价因素）。其基本特点是强调公司资本的真实与可靠。但因其固守资本的确定、不变和维持的理念，往往导致公司设立周期过长、设立成本过高及公司成立后增减资本非常麻烦。

因此，在2005年《中国公司法》修订之前，想自己投资办公司，并不是件容易的事。公司设立门槛过高，难以满足社会资金的投资需要，这正是2005年《中国公司法》修订的重要动因之一。从2005年修订后的《中国公司法》来看，我国已经从严格的法定资本制转为以授权资本制为基础、以法定资本制为补充的资本制度。

我们来看看公司法的相关条文：

关于有限责任公司的设立条件，现行《中国公司法》第二十六条规定：有限责任公司的注册资本为在公司登记机关登记的全体股东认缴的出资额。法律、行政法规以及国务院决定对有限责任公司注册资本实缴、注册资本最低限额另有规定的，从其规定。

关于股份有限公司的设立条件，现行《中国公司法》第八十条规定：股份有限公司采取发起设立方式设立的，注册资本为在公司登记机关登记的全体发起人认购的股本总额。在发起人认购的股份缴足前，不得向他人募集股份。股份有限公司采取募集方式设立的，注册资本为在公司登记机关登记的实收股本总额。法律、行政法规以及国务院决定对股份有限公司注册资本实缴、注册资本最低限额另有规定的，从其规定。

关于出资方式，现行《中国公司法》第二十七条规定：股东可以用货币出资，也可以用实物、知识产权、土地使用权等可以用货币估价并可以依法转让的非货币财产作价出资；但是，法律、行政法规规定不得作为出资的财产除外。对作为出资的非货币财产应当评估作价，核实财产，不得高估或者低估作价。法律、行政法规对评估作价有规定的，从其规定。

按照法律规定，债权、股权、采矿权、探矿权等他物权均可作为出资财产。此举将会鼓励成千上万的投资者拿出闲置多年的资本进行投资创业。出资方式的扩大与其说是危害了债权人利益，不如说是强化了公司的资本和资产信用，最终造福了广大债权人。

现行《中国公司法》第二十八条规定：股东应当按期足额缴纳公司章程中规定的各自所认缴的出资额。股东以货币出资的，应当将货币出资足额存入有限责任公司在银行开设的账户；以非货币财产出资的，应当依法办理其财产权的转移手续。股东不按照前款规定缴纳出资的，除应当向公司足额缴纳外，还应当向已按期足额缴纳出资的股东承担违约责任。

八、公司的解散和清算

（一）公司的解散

公司的解散（Dissolution）是指公司在经营过程中，因出现公司章程规定事由或其他法定事由而停止公司的对外活动，并清算处理未了结事务的法律行为。公司一经解散，就应停止对外的一切经营活动。

公司解散分为两种情况：一是法人资格并不立即消灭，公司解散以后，仍需处理未了结事务，如清理债权、债务等。此时，公司的法人资格仍然存在。二是公司法人资格消灭，如公司合并、分立，在这种情况下无须进入清算程序。

公司解散因其原因或条件不同，可分为任意解散和强制解散两种。任意解散是指由发起人或股东约定或决议引起的公司解散，主要有以下几种情形：公司的营业期届满；股东会作出解散决议；公司合并或分立；公司章程中规定的某些解散事由出现等。强制解散是指因主管机关决定或法院判决所导致的公司解散，主要有：主管机关命令其解散；法院判定解散；公司宣告破产；等等。

公司一旦宣布解散，就会给其带来以下法律后果：

(1) 公司解散，其法人资格并不立即消灭，但公司的权利能力受到限制，只能在清算范围内进行活动，超越清算范围的经营活动，不具有法律效力。

(2) 公司解散后，应依法律规定进行清算，进入清算程序。

(3) 公司进入清算程序后，原公司法定代表人不能代表公司对外进行经营活动，而应由公司清算组进行有关活动。

（二）公司的清算

公司的清算（Liquidation）是指公司在解散过程中清理公司的债权债务，并在股东间分配公司剩余财产，最终结束公司所有法律关系的一种法律行为。依各国公司法和《中国公司法》规定，公司清算包括以下内容：

1. 成立清算组

公司清算事务的执行人是清算人，其既可以由公司执行业务的股东或董事担任，也可以由公司股东担任，还可以由法院指派。清算组在清算期内对外代表公司，其职权主要有：①清算公司财产，分别编制资产负债表和财产清单；②通知或公告债权人；③处理与清算有关的公司未了结的业务；④清缴所欠税款；⑤清理债权债务；⑥处理公司清偿债务后的剩余财产；⑦代表公司参与民事诉讼活动。

2. 公告或通知债权人

清算组成立后，应在法定期间内通知或公告债权人，以便债权人在法定期间内向清算组申报债权。逾期未申报的债权不列入清算范围。

3. 清理债权债务

清算组应及时清理公司的债权债务，编制资产负债表和财产清单，制订清算方案，并报股东（大）会或有关主管机关确认。

4. 清偿债务

清算方案经批准后，公司财产能清偿债务时，应按规定清偿公司债务。清偿后剩余的财产，有限责任公司按股东出资比例分配，股份有限公司按股东持有比例分配。

5. 注销登记

公司清算结束后，清算组应制作清算报告，报股东（大）会或有关主管机关确认，并报送公司登记机关，申请注销登记。

思考与练习

1. 什么是个人独资企业？
2. 个人独资企业有哪些特点？
3. 什么是合伙企业？
4. 合伙企业有哪些特点？
5. 什么是公司？
6. 公司有哪些特点？
7. 简述有限责任制的优缺点。

案例分析

雷格尔有限公司纠纷

雷格尔有限公司拥有一家电影院，打算再购买两家以便将三家电影院一并出售。为此雷格尔有限公司设立了一家子公司，由其出面购买。因雷格尔有限公司资金不足，该公司董事便认购了子公司的股份，凑足了购买电影院的资金，买卖合同成交。后来，雷格尔有限公司及其子公司的股权易主，包括上述公司董事在内的原股东有所获利。雷格尔有限公司的新股东起诉上述董事，要求其返还所获利润。英国上议院认为，董事是因其担任公司特定职务，才能了解购股机会并因此获利，故须向公司返还利润。

资料来源：丹尼斯·吉南，《公司法》，朱羿锟等译，法律出版社，2005，第 298 页。

【思考与讨论】

1. 本案购股董事的行为属于公司法上规制的哪种行为？
2. 如果该董事的购股行为获得了公司其他股东的认可或系公司要求而做出的呢？

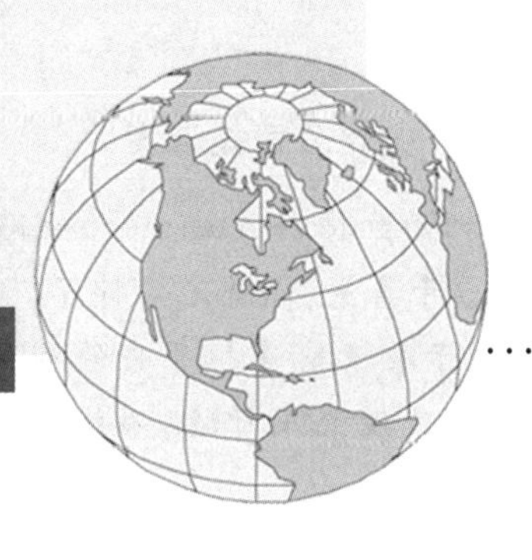

第三章

国际商事代理法

【教学目标】

通过本章学习,学生将能够:

1. 了解代理的概念和法律特征。
2. 了解代理的种类及两大法系对代理的不同分类。
3. 掌握代理人和被代理人的义务。
4. 掌握两大法系对代理的外部关系的不同规定。

【关键术语】

代理　代理人的义务　显名代理　隐名代理　不披露代理关系的代理　无权代理

【引导案例】

铁路公司被诉案

铁路公司(被告)替原告运一批西红柿到A地,由于铁路工人罢工,西红柿被堵在半路上,眼看西红柿将腐烂,铁路公司出于善意,遂就地卖掉了。

法院认为:虽然铁路公司是出于善意地保护原告的利益,但当时是可以通知原告的,在可以联系而未联系的情况下私自处理他人货物,不能算是具有客观必需的代理权。因此,法院判决被告败诉。

此案涉及本章所要讨论的代理人的义务问题。

资料来源:张文博等,《英美商法指南》,复旦大学出版社,1995,第43页。

第一节 概述

本章的代理法,主要涉及代理的概念、代理人及本人的义务以及第三人与本人、代理人的关系等。从当今世界的商事交易实践来看,商事代理起到了非常重要的作用,有许多交易甚至发展到了离开代理人就寸步难行的地步。这些代理人包括普通代理人、经纪人、运输代理人、保险代理人、广告代理人以及银行等。从各国的进出口业务来看,一半以上是通过代理进行的,有些国家的比例甚至更大,如日本,其进出口总额中有80%以上是通过代理进行的。

自改革开放以来,我国商事交易异常活跃,各种新的代理业务不断出现,如外贸代理、运输代理、保险代理、房产中介和代理、股票发行和交易代理、期货经纪和代理等,已经遍及我国城乡各地。《中国民法典》总则第七章及合同编第二十三章、第二十五章,对代理、委托合同、行纪合同均作了较为详细的规定。但我国的代理制度中依然存在诸多问题需要解决。

一、代理与国际商事代理的定义

根据世界上大多数国家的立法规定,所谓代理(Agency),是指代理人(Agent)按照被代理人(即委托人或本人,Principal)的授权(Authorization),代表被代理人同第三人订立合同或从事其他法律行为,由此而产生的权利与义务直接对被代理人发生法律效力的一种法律行为。其中,经他人授权或依照法律规定代表他人完成某项法律行为的人称为代理人,由代理人依照自己的授权或法律规定代表自己完成某项法律行为的人称为被代理人或本人。

国际商事代理是指代理人按照被代理人的授权或法律规定,代表被代理人同第三人签订国际商事合同或从事其他国际商事行为,由此产生的权利和义务直接对被代理人发生法律效力的一种法律行为。

从上述代理的概念可知,代理具有以下四个法律特征:

(1) 代理人必须以本人的名义或者为本人的利益以自己的名义与第三人从事民事行为。

(2) 代理人必须在本人的授权范围内从事民事行为,只有这样,他的代理行为对本人才有约束力。

(3) 代理人在授权范围内所作的意思表示是一个独立行为。代理人虽然是代理本人从事法律行为,但他不是一个简单的传话工具,而是要根据第三人提出的交易条件,审时度势,独立思考,以便作出对本人最为有利的决策。

(4) 代理行为的法律后果归属于本人。代理人在授权范围内从事的一切行为,只要是合法的,法律后果都由本人来承担。如果从事违法行为或者进行违法代理,则要看本人是否知情或者是否得到本人的授意;如果本人要求代理人作违法代理或者明知代理人违法代理但不表示反对,则本人与代理人须承担连带责任。

二、调整国际商事代理关系的法律规范

(一) 国际法规范

由于两大法系以及世界各国代理法的差异对国际商事交易的发展非常不利,法律界和商业界都致力于寻求建立统一的国际代理法。国际社会各界经过努力,已经取得了一定的成果,主要包括:

1.《商业代理合同起草指南》

这是国际商会在1960年拟定的。该法律为促进国际商事活动中本人与代理人间内部关系提供了一些建议,但并不像《国际贸易术语解释通则》或《跟单信用证统一惯例》那样明确规定当事人之间的权利义务,而且其适用范围仅限于直接代理关系。因此,目前国际社会尚不存在规范的、专门适用于国际商事代理关系的国际惯例。

2.《代理统一法公约》《代理合同统一法公约》《运输代理人公约》

《代理统一法公约》《代理合同统一法公约》于1961年由国际统一私法协会制定,《运输代理人公约》于1967年由国际统一私法协会制定,它们因吸纳了很多国家的共同规定而受到国际商法学界的重视。

3.《国际货物销售代理公约》

该公约于1981年由国际统一私法协会起草,1983年在日内瓦外交会议上通过,被认为是国际代理法方面最为成功的国际公约。

4.《关于协调成员国自营商业代理人法指令》

该法律于1985年12月18日由欧共体(后发展为欧盟)制定。欧盟所有成员适用于自营商业代理人与本人之间的关系的法律规则自1994年1月1日起都必须符合该法律。

(二) 国内法规范

关于调整国际商事代理关系的规范主要还在国内法方面。大陆法系国家主要在民商法典中加以规定,但也有一些国家制定了专门的单行法,如德国的《商业代理法》(1953)等。在英美法系国家,除了作为主要立法渊源的判例,也有不少国家制定了专门的代理法,如英国的《商业代理人法》(1889)、《不动产及商业代理人法》(1970)、《代理权利法》(1971)、《不动产代理人法》(1979),以及1993年为实施欧盟《关于协调成员国自营商业

代理人法指令》而制定的《商业代理人条例》。美国法律协会主编的《代理法重述Ⅱ》也经常成为法官判例援引的根据。

中国没有单行的代理法，关于国际商事代理法的相关规定主要体现于《中国民法典》等相关法律规定中。

三、代理的种类

关于代理的种类，各国法律及其理论上的差别很大。

（一）大陆法的规定

1. 按照代理人是否以本人的名义行事，可将代理区分为直接代理和间接代理两种

直接代理（Direct Representation），是指代理人以本人的名义，在代理权限范围内与第三人从事法律行为。故合同的当事人是本人而不是代理人，代理行为的法律后果也直接归属本人。

间接代理（Indirect Representation），是指代理人以自己的名义，在本人的授权范围内与第三人从事法律行为。在这种情况下，虽然代理人最终要将由此而产生的权利义务转让给本人，但本人不能直接向第三人主张权利，同样地，第三人也不能直接向本人主张权利。如经纪人的行为就可以看作是间接代理。

2. 根据代理权产生的原因，可以把代理分为法定代理和意定代理（委托代理）两种

法定代理（Statutory Representation），是指以法律规定为依据而取得代理权的代理。比如法律规定，未成年人的父母作为其法定代理人，精神病患者的父母（或者配偶）作为其法定代理人；又如，公司法一般均规定董事长是公司的法定代表人，这也是一种法定代理的表现形式。

意定代理（Voluntary Representation），是指基于本人的意思表示而产生的代理。由于它是根据本人委托的意思表示产生的代理，所以也称委托代理。这是在商事交易中运用最为广泛的一种代理方式。

另外，大陆法还区别了委托代理与授权代理行为，该学说被称为“区别论”。区别论认为，委托代理是指本人与代理人之间的内部关系；授权代理则是指代理人获得代表本人与第三人订立合同的权力，是本人和代理人同第三人的关系。这样，本人与代理人之间合同所规定的对代理人权限的限制，并不能削弱代理人的权力，原则上对第三人没有拘束力。本人不得指望通过对代理人授权的限制来减轻他的责任，也不能因委托关系无效而否认代理人同第三人订立的合同的效力（该规定对保护善意第三人的利益起到很好的作用）。例如律师代理就是这样的例子。

（二）英美法的规定

普通法的代理制度中没有直接代理与间接代理的划分，但较早确立了本人与第三人有直接合同关系的原则。这一原则体现在1389年伦敦市政厅审理的“柯斯特思诉福特恩案”（Costace v. Forteneye）中。

典型案例 3-1

柯斯特思诉福特恩案

原告柯斯特思曾是伦敦商人福特恩(被告)的学徒,在此期间,福特恩令柯斯特思到英格兰的桑德维奇(地名)从一法国商人那里采购了10吨酒,但未支付货款。法国商人起诉到法院,得到了令柯斯特思付款的判决。由于柯斯特思没有偿还这批货款的能力,于是被投入监狱。

柯斯特思不服,在伦敦市政厅对其老板福特恩提起诉讼,诉称是福特恩派他到桑德维奇买酒,并同意了这批交易。

伦敦市长和市政厅的官员们审理此案后认定,根据商人习惯法和本市的惯例,既然原告买酒是供被告使用,并且完全是为了被告的利益,因而被告必须向法国的货主支付这批货物的货款,并宣布原告无罪释放。

1689—1710年,霍尔特法官在担任王座法庭首席大法官期间,把代理制度发展为普通法上的一个分支。

资料来源:赵秀文,《国际商事代理制度研究》,《中国法学》1993年第2期:57—63。

普通法上的代理制度建立在“等同论”(Theory of Identity)的基础上。这一理论可表述为“通过他人为的行为视为自己亲自为的行为”。

普通法上关于代理制度的“等同论”,打破了大陆法上把委托与授权严格区别开来的“区别论”,从整体上发展了代理的完整的概念。

普通法所关心的并不是代理人究竟是以代表的身份还是以本人的名义与第三人签约这一表面上的形式,而是商业交易的实质内容,即由谁来承担代理人与第三人签订的合同的责任。

英美法认为,代理权可以由下列原因产生:

(1) 明示的指定(Express Authority)。所谓明示的指定,是指本人通过清楚的语言或书面文件指定某人为他的代理人。根据英国《代理权利法》(1971)的规定,代理人与委托人之间可以通过口头或书面形式的协议确定代理关系,其核心就是对代理权的授予要以语言或文字的方式进行,以便起到证据和解释的效力。代理权的授予,既可以采用书面形式,也可以采用口头形式。

(2) 默示的授权(Implied Authority)。所谓默示的授权,是指本人以他的言行使另一个人有权以他的名义签订合同,他就要受到该合同的约束。默示代理包括明示代理以外的因双方身份关系或特别的行为而产生的代理。在英美法上,这又被称为“不容否认的代理”(Agency by Estoppel)。例如,英国法律在相当一个时期内,确认妻子具有代理其丈夫购买生活用品的绝对原则,这在英美法中即为“不容否认的代理”。

(3) 客观必需的代理(Agency of Necessity)。客观必需的代理是指在紧急情况下,代理人为了维护被代理人的利益所采取的事先未明示授权的代理。例如,承运人在紧急情况下,可以采取超出其通常权限的行为,如出售容易腐烂或有可能发生灭失的货物等。

但是,英美法对这种代理是严格加以限制的,根据英美法的规定,要实施这种代理,需具备三个条件:第一,必须是在商业必需的紧急情况下;第二,代理人必须证明他在行使这种行为时,无法通知被代理人;第三,代理人的行为必须是从善意出发,并且必须考虑到所有有关各方的共同利益。

典型案例 3-2

E 公司诉 R 公司案

E 公司对 R 公司的授权范围是从波兰购买一批皮货。由于其间第二次世界大战爆发,在无法与 E 公司取得联系的情况下,R 公司便以高价卖出该批皮货并将所得价款以 E 公司的名义存入银行。第二次世界大战结束后,皮货价格暴涨。E 公司指控 R 公司未经授权出售其货物的行为是侵权行为,为此要求 R 公司给予赔偿,R 公司则以存在客观必需的授权作为抗辩。英国法院认为,皮货并不是一种不易保存或者经储存即大大减损其价值的物品,因此不能认为被告有客观必需的代理权,被告应对其越权行为所造成的原告损失负责。

资料来源:张圣翠主编,《国际商法》(第四版),上海财经大学出版社,2006,第 109 页。

(4) 追认的代理(Agency by Ratification)。所谓追认的代理,是指代理人事先没有代理权,被代理人事后批准或承认事先没有授权的代理行为。追认的效果就是使该合同对本人具有约束力。

关于代理的种类,与大陆法不同,英美法没有直接代理与间接代理的概念。英美法中的代理有三种,分别为:

(1) 指明本人的代理,也称显名代理(Named Agency),是指代理人明确表明本人存在并公开本人名称的代理。在这种情况下,代理人既不享有合同的权利,也不承担合同的义务,合同对本人和第三人具有约束力。

(2) 申明代理身份但不指明本人的代理,也称隐名代理(Unnamed Agency),是指代理人在进行代理活动时只表明有本人存在但不公开本人的名称的代理。

(3) 不披露代理关系的代理(Undisclosed Agency),是指代理人在进行代理活动时,根本不披露代理关系的存在,更不公开本人的名称,而是以自己的名义与第三人从事交易的代理。

英美法中的不披露代理关系的代理与大陆法中的间接代理有何区别?简单来说,两者的区别有以下两点:

第一,对本人来说,在大陆法的间接代理中,本人与第三人无直接的合同关系,故本人如果要对第三人行使权利,则必须通过代理人;而在英美法中,未被披露的本人享有介入权,他不需要通过代理人,就可以直接向第三人主张权利。

第二,对第三人来说,在大陆法的间接代理中,第三人也因与本人无直接合同关系而不能直接向本人主张权利,他只能向代理人主张权利;但在英美法中,一旦第三人发现有本人存在后，他就享有一个选择权，即他可以选择向代理人主张权利，也可以选择向本人主张权利，但第三人一旦选定其中一人后，就不得改选另一人。例如，如果第三人选定起诉代理人，则败诉后不得再起诉本人。

（三）中国法律的规定

1.《中国民法典》中的代理

此种代理即为民法学上公认的代理，包括委托代理、法定代理和指定代理。

委托代理是指基于委托人的授权，以委托人的名义从事法律行为，法律后果直接归属于委托人的代理。这就是前述的直接代理，一般在经济活动中运用较为普遍。

法定代理是指基于法律的规定而产生的代理，如前述的父母为未成年子女的代理，配偶为精神病患者的代理等。

指定代理是指基于法院或者其他单位的指定而产生的代理。

2. 外贸代理制中的代理、隐名代理和行纪

这是指我国外贸代理制中外贸公司为无外贸经营权的当事人进行的代理，以及《中国民法典》中规定的隐名代理和行纪行为（经纪行为）（见《中国民法典》合同编第二十三章、第二十五章）。这类代理实际上属于间接代理。

3. 信托、行纪与居间

我国民法上的信托制度，是指信托人基于对受托人的信任，为了达到某种社会经济目的而转移其财产所有权，由受托人为他人利益而加以管理和处分的法律制度。而居间是指居间人按照委托人的要求，为委托人提供订立合同的机会或者充当其订立合同的中介人，但其本身并不实际参与交易或缔约的法律制度。

所谓行纪合同，是指行纪人以自己的名义为委托人从事贸易活动，由委托人支付报酬的合同。所谓居间合同，是指居间人向委托人报告订立合同的机会或者提供订立合同的媒介服务，由委托人支付报酬的合同。

这里需要注意了解行纪、信托、居间与代理的主要区别。

（1）行纪与代理的主要区别在于，行纪人以自己的名义从事法律行为并承担行为后果，再转移给委托人。

（2）信托与代理的主要区别在于，信托受托人以自己的名义，依自己的意志从事法律行为，行为后果由受托人承担后，再转移给其他人（受益人，往往不是委托人），且受托人是以信托财产所有权人的身份与第三人发生商事交易的。由此可见，信托与行纪是完全不同的概念，绝对不能混为一谈。

（3）居间与代理的主要区别在于，居间人仅仅是个中介人，他只起到“红娘”的作用，而并不代表任何一方的利益，也不参与交易。而代理人则是实际业务的参与人，他虽然代表的是别人的利益，但实际参与交易。

4. 表见代理

表见代理是无权代理的一种，属于广义的无权代理，它是指行为人没有代理权，但交易相对人有理由相信行为人有代理权的无权代理。此种场合下，该种无权代理可产生与有权代理同样的法律效果。如果善意的交易相对人不愿该无权代理产生与有权代理同样

的法律效果，也可经由撤销权的行使，使其归于无效。

《中国民法典》第一百七十二条规定了表见代理制度，该条内容为：行为人没有代理权、超越代理权或者代理权终止后，仍然实施代理行为，相对人有理由相信行为人有代理权的，代理行为有效。表见代理的规定，主要目的是保护动态的交易安全。

表见代理制度的构成要件为：第一，交易相对人有理由相信行为人拥有代理权，即交易相对人为善意。此时，交易相对人应就其善意负举证责任。第二，无权代理人与第三人所为的民事行为，符合法律行为的一般有效要件和代理行为的表面特征。

表见代理的发生原因主要包括：第一，被代理人以书面或口头形式直接或间接地向第三人表示以他人为自己的代理人，而事实上他并未对该他人进行授权，第三人信赖被代理人的表示而与该他人进行交易。第二，被代理人与代理人之间的委托合同不成立、无效或被撤销，但尚未收回代理证书，交易相对人基于对代理证书的信赖，与代理人进行交易。第三，代理关系终止后被代理人未采取必要措施，公示代理关系终止的事实并收回代理人持有的代理证书，造成第三人不知代理关系终止而仍与代理人进行交易。

典型案例 3-3

汉宁顿诉宾夕法尼亚大学案

汉宁顿是宾夕法尼亚大学（以下简称宾大）的研究生，因与宾大在拖欠学费方面的纠纷而起诉宾大。开庭审判前，双方律师表示将在庭外达成和解协议。不久，原告律师向被告律师递送了最后的和解方案，并通知法庭双方已经达成和解。法庭随即取消了开庭。但此时汉宁顿突然拒绝在和解协议上签字，并聘请新的律师打算继续诉讼。法庭拒绝了原告的请求，认为原告汉宁顿的律师享有权限（采用和解方式）来解决纠纷。之后汉宁顿上诉。

二审法院维持原判。理由是：如果第三方合理地相信原告的律师即代理人有和解权，那么根据表见代理原则，该和解协议应当予以执行，即便原告律师在采用和解方式上没有明示的授权或者骗取第三方相信他有和解权。在原告与律师的代理关系中，作为第三方的宾大是无辜的、无过错的，宾大及其律师有理由相信原告律师对案件有和解权，即便原告律师进行和解的行为超越了其代理权限，也应归属于原告和其律师之间的纠纷，而不应当对抗善意第三人——宾大。

资料来源：张圣翠主编，《国际商法》（第四版），上海财经大学出版社，2006，第106页。

第二节　代理法律关系

代理关系中的本人、代理人和第三人之间形成的是一种三角关系，即本人与代理人之间的关系、代理人与第三人之间的关系以及本人与第三人之间的关系。其中，本人与代理人之间的关系是内部关系，后两者均为代理的外部关系。

一、代理的内部关系

代理的内部关系体现为本人与代理人之间的权利义务关系，一般由合同加以确定。大陆法系与英美法系在这一方面的规定基本趋于一致。

（一）代理人的义务

1. 勤勉谨慎的义务

在某些大陆法系国家也称之为“善良管理人的注意义务”，要求代理人应以勤勉、谨慎和小心的态度，尽自己的能力履行自己的职责。否则，代理人须对因其疏忽、敷衍而造成的本人的损失承担赔偿责任。

2. 忠诚的义务

这是各国对代理人所规定的法定义务。本人是基于对代理人的高度信任，才将本来要亲自去做的事情委托给代理人，故代理人理应不负所托，为本人的最大利益服务。

代理人忠诚的义务具体表现为：①竞业禁止的义务，即不得与本人进行竞争性的商业活动；②保密的义务，不得泄露在代理业务中获得的保密情报和相关资料；③不得与第三人恶意串通，损害本人的利益，或从代理行为中牟取私利、收受贿赂，或以自己的名义与第三人订立合同；④及时披露的义务，即及时地将其掌握的有关客户的一切资料通知和披露给本人。

典型案例 3-4

马里兰钢铁有限公司诉明特纳案

马里兰钢铁有限公司（原告）雇了明特纳（被告）从事废旧钢铁的买卖交易，当生意兴隆时，被告与公司另一职员准备也成立一个类似的钢铁公司并在业余时间积极准备。后两人辞职，并于一年后正式成立了一家钢铁公司。原告认为被告在任职期间不忠诚，应赔偿原告损失，并要求法院禁止被告开业。

法院认为：被告在任期内并未开类似的公司与原告竞争，业余时间准备是合理的；辞职一年后才开业，也不违反商业信誉的原则，故不涉及不忠诚的问题，判原告败诉。

资料来源：张文博等，《英美商法指南》，复旦大学出版社，1995，第 46 页。

3. 服从本人的指示

代理人应在被代理授权的范围内行事，否则本人不受代理人行为的约束。

典型案例 3-5

盖雷温斯诉 B 保险公司案

盖雷温斯为自己的一份产业（Sunnoco 服务站）从 B 保险公司购买了一份保单，其最高保额是 20 000 美元。不久服务站被盗，实际损失超过了保额。盖雷温斯聘请了一位律师向B保险公司请求追加赔偿。盖雷温斯没有与律师讨论过他愿意接受调解的数额，也没有授权律师在未经他同意的情况下进行调解。当律师与B保险公司就18 000美元的赔偿达成协议时，盖雷温斯否认了该协议，同时聘请另一位律师向法院提起诉讼。上诉法院认为：律师必须在委托人授权或同意的范围内行事，所以原告不受该调解协议的约束。

资料来源：张圣翠主编，《国际商法》（第六版），上海财经大学出版社，2012，第79页。

---

4. 亲自履行的义务

在订立代理合同时，代理人的身份往往是本人考虑的极为重要的因素（有些合同，如劳务合同，更加需要代理人亲自履行）。正是基于这种信任关系，本人作出了委托行为。故除非本人同意，代理人不得随意将代理事务转托他人。

5. 报账的义务

代理人有义务就代理的所有交易事项，按照代理合同的规定或者应本人的指示，向本人申报账目。

（二）本人的义务

1. 支付佣金

这是本人的一项最基本的义务。英美法一般规定，如果本人与第三人达成的交易是代理人努力的结果，代理人就有权得到佣金；如果本人没有经过代理人的介绍而直接同代理地区的买方达成交易，代理人一般就无权索要佣金。但这些规则均可以通过双方的代理合同加以改变。特别是在指定地区的独家代理协议中，时常规定：代理人对所有来自代理地区的订货都可以获取佣金。关于代理人所介绍的买方再次向本人订货时，代理人是否有权要求支付佣金的问题，主要取决于代理合同的规定，特别是在代理合同终止以后，买方再次向本人订货，是否仍应支付代理人佣金的问题。如果代理合同没有明确规定，则往往会在本人与代理人之间引起争议，因为在代理合同终止之后，本人仍然可以利用代理人为他建立的商业信誉和工作成果。根据英美法判例，如果代理合同没有规定期限，只要本人在合同终止后接到买方再次订货，仍需向代理人支付佣金；如果代理合同规定了一定的期限，则在期限届满合同终止后，代理人就不能要求本人基于买方的再次订货支付佣金。但即使是在代理人对再次订货有权要求佣金的情况下，代理人也只能要求对再次订货的佣金损失给予金钱补偿，而不能要求取得未来每次订货的佣金。因此，对佣金的取得，英美法倾向于用协议加以约定。

大陆法则有所不同。许多大陆法系国家对代理人佣金的取得和计算方法是通过法律来加以规定的。有些大陆法系国家为了保护商业代理人的利益，在法律中甚至还规定，在本人终止代理合同时，商业代理人对在其代理期间为本人建立的商业信誉，有权要求给予赔偿。如有些大陆法系国家的法律规定，凡是在指定地区有独家代理权的独家代理人（Sole Agent），对于本人同指定地区的第三人所达成的一切交易，不论代理人是否参与，该代理人都有权要求佣金。《德国商法典》第87条还有一项强制性规定，即商业代理人一经设定，就有权收取佣金，即使本人不履行订单，或者履行的方式同约定有所不同，代理人也有权取得佣金。但是如果由于不可归咎于本人的原因出现了履约不能的情况，则不能适用上述规定。

2. 偿还代理人因履行代理义务而支出的费用

一般来说,除合同规定外,代理人因履行代理业务而支出的费用是不能向本人要求偿还的,因为这是属于代理人的正常业务支出。但是,如果代理人因执行本人指示的任务而支出了费用或遭到损失,则有权要求本人予以赔偿。例如,代理人根据本人的指示在当地法院对违约的客户提起诉讼,对于代理人因此所遭受的损失或支出的费用,本人必须予以补偿。

3. 让代理人核查账册

这主要是大陆法系国家的规定。有些大陆法系国家在法律中明确规定,代理人有权查对本人的账目,以便核对本人付给他的佣金是否准确无误,这是一项强制性规定,双方当事人不得在代理合同中作出相反的规定。

4. 雇主责任原则

最后一项义务涉及本人对代理人业务负责的问题,即雇主责任(Respondeat Superior)原则,有时也称替代责任(Vicarious Liability)原则,即雇主对雇员在雇佣期间的侵权行为负责,例如一百货商场的职员在商场里打伤了与之争吵的顾客,商场就要对此侵权行为负责。

该原则的适用条件如下:

(1) 此原则只适用雇佣关系的代理,不适用被代理人与独立合同人之间的代理关系,雇主对雇员在履行代理义务期间的侵权负责,然后再向雇员要求赔偿损失。

(2) 雇员指的是其行为可被控制的人,雇主不仅可指示其做什么,还可以指示其怎么做。

(3) 侵权必须发生在履行代理义务的工作中。

典型案例 3-6

北爱尔兰运输公司被诉案

被告是北爱尔兰运输公司的一名油罐车司机,负责运送汽油到加油站。在卸油过程中,该司机点燃一支香烟,引起了爆炸。

法院认为:司机的侵权发生在履行代理义务的工作中,故运输公司要对此侵权行为负责。

资料来源:张文博等,《英美商法指南》,复旦大学出版社,1995,第 48 页。

典型案例 3-7

斐奥考诉卡芜案

被告卡芜雇用了一名司机,负责用卡车运送一批货物到 A 地。在途中,司机绕道去看望他的母亲,不幸撞伤了斐奥考。斐奥考遂起诉了司机的雇主卡芜。

法院认为：雇主对雇员的侵权行为负责的一个条件是，侵权须发生在履行代理义务的工作中。司机绕道去看望他的母亲，即脱离了原工作路线，在此期间发生的侵权行为，雇主无须负责。

资料来源：张文博等，《英美商法指南》，复旦大学出版社，1995，第 48 页。

二、代理的外部关系

代理的外部关系包括本人与第三人的关系以及代理人与第三人的关系。在这一类关系中，本人与代理人结成“统一战线”，作为法律关系的一方，而第三人为另一方。在这一法律关系中，一个关键的问题是：第三人到底是与谁订立合同，是与代理人，还是与本人？或者进一步讲，是“第三人到底应该向谁主张合同权利或者承担合同义务？”

（一）大陆法的规定

大陆法采用的标准是看代理人究竟是以本人的身份还是以自己的身份同第三人订立合同，根据该标准，可以把代理分为直接代理和间接代理两种。如果是直接代理，则权利义务直接归属于本人，代理人一般不承担个人责任；如果是间接代理，则本人就不能直接对第三人主张权利，因为该合同的双方当事人是代理人和第三人，本人并非合同的当事人。故只有代理人把他从该合同取得的权利义务再通过另一个合同转移给本人，本人才能对第三人主张权利。

（二）英美法的规定

英美法中没有直接代理和间接代理之分，而是依据谁对合同承担责任的标准，将代理分为显名代理、隐名代理和不披露代理关系的代理三种。

在显名代理中，代理人在与第三人订立合同时，已经指出了本人的名称，在这种情况下，这个合同就是本人与第三人之间的合同。合同责任归属于本人，代理人不承担个人责任。但有下列情况者除外：①如果代理人在签字蜡封式的合同（Deed）上签了自己的名字，他就要对此负责；②如果代理人在汇票上签了自己的名字，他就要对该汇票负责。按行业惯例认为代理人应承担责任的，代理人也须负责。例如，按运输行业的惯例，运输代理人替本人预订舱位时须负责向轮船公司交纳运费及空舱费。过去，英国的法律认为，英国的代理人代表外国的本人从事代理业务时，英国代理人须承担个人责任。但现在这项法律原则已经改变，英国代理人在为外国的本人在授权范围内从事代理活动时，已无须承担个人责任。

在隐名代理中，代理人在与第三人订立合同时，明确表示有代理关系存在，但没有指出本人的名称，在这种情况下，这个合同仍然被认为是本人与第三人之间的合同，合同责任也同样归属于本人，代理人对合同不承担个人责任。按照英国的判例，代理人在同第三人订立合同时，如仅在信封抬头或在签名之后加列“broker”（经纪人）或“manager”（经理人）的字样是不足以排除其个人责任的，而必须以清楚的方式表明他是代理人，如写明“as agent for buyer”（买方代理人）或“as agent for seller”（卖方代理人）等。至于他所代理的买方或卖方的姓名或公司的名称则可不在合同中载明。

在不披露代理关系的代理中,代理人在与第三人订立合同时,根本就没有披露有代理关系的存在,即该代理人属于未被披露的本人(Undisclosed Principal)的代理人,在这种情况下,第三人究竟是同本人还是同代理人订立了合同,他们当中谁应当对该合同负责,这是一个比较复杂的问题。毫无疑问,在这种情况下,代理人对合同是应当负责的,因为他在同第三人订约时根本没有披露有代理关系的存在,他实际上就是把自己置于本人的地位同第三人订立合同,所以他应当对合同承担法律上的责任。问题在于,在这种情况下,未被披露的本人能否直接依据这个合同取得权利并承担义务?英美法认为,未被披露的本人原则上可以直接取得这个合同的权利并承担其义务。具体来说有以下两种方式:①未被披露的本人有权介入合同并直接对第三人行使请求权,或在必要时对第三人起诉,如果他行使了介入权,他就要对第三人承担个人的义务。②第三人在发现了本人的存在后,享有选择权,他可以要求本人或代理人承担合同义务,也可以向本人或代理人起诉。但第三人一旦选定了要求本人或代理人承担义务之后,他就不能改变主意对他们当中的另一方起诉。第三人对他们中的任何一方提起诉讼程序就是他作出抉择的初步证据;这种证据可以被推翻,且如果被推翻,则第三人仍可对他们中的另一方起诉。但一旦法院作出了判决,就成为第三人作出抉择的决定性证据,即便第三人对判决不满意,他也不能对他们当中的另一方再行起诉。按照英国的法律,未被披露的本人在行使介入权时有两项限制:第一,如果未被披露的本人行使介入权会与合同的明示或默示的条款相抵触,就不能介入合同;第二,如果第三人是基于信赖代理人的才能或清偿能力而与其订立合同,则未被披露的本人不能介入该合同。

(三)中国法律的规定

《中国民法典》第九百二十五、九百二十六条对委托人的介入权、第三人的选择权作了较为详细的规定。《中国民法典》第九百二十五条规定:受托人以自己的名义,在委托人的授权范围内与第三人订立的合同,第三人在订立合同时知道受托人与委托人之间的代理关系的,该合同直接约束委托人和第三人;但是,有确切证据证明该合同只约束受托人和第三人的除外。

《中国民法典》第九百二十六条规定:受托人以自己的名义与第三人订立合同时,第三人不知道受托人与委托人之间的代理关系的,受托人因第三人的原因对委托人不履行义务,受托人应当向委托人披露第三人,委托人因此可以行使受托人对第三人的权利。但是,第三人与受托人订立合同时如果知道该委托人就不会订立合同的除外。受托人因委托人的原因对第三人不履行义务,受托人应当向第三人披露委托人,第三人因此可以选择受托人或者委托人作为相对人主张其权利,但是第三人不得变更选定的相对人。委托人行使受托人对第三人的权利的,第三人可以向委托人主张其对受托人的抗辩。第三人选定委托人作为其相对人的,委托人可以向第三人主张其对受托人的抗辩以及受托人对第三人的抗辩。

三、无权代理问题

首先需要区别"无权代理"和"无效代理"两个概念。

无权代理并不一定是无效代理，除不能追认的无权代理当然无效外，其他经过被代理人追认后，即可产生法律效力。无权代理如果没有得到被代理人的追认，则为无效代理。例如，《中国民法典》第一百七十一条第一、二款规定：行为人没有代理权、超越代理权或者代理权终止后，仍然实施代理行为，未经被代理人追认的，对被代理人不发生效力。相对人可以催告被代理人自收到通知之日起三十日内予以追认。被代理人未作表示的，视为拒绝追认。行为人实施的行为被追认前，善意相对人有撤销的权利。撤销应当以通知的方式作出。

可见，没有追认的无权代理，对被代理人不产生效力。简而言之，无权代理就是指没有代理权的代理行为，具体包括未经授权的代理、授权行为无效的代理、超越代理权限的代理、代理权已终止的代理四种。

但要注意的是，如果无权代理人对善意第三人造成了损失，则善意第三人可以向该无权代理人要求赔偿。如果第三人明知该“代理人”属于无权代理而与之签订合同，则属于咎由自取，法律不予保护。如果无权代理人与第三人恶意串通，损害被代理人的利益，则恶意串通的双方应承担赔偿责任。

英美法中将无权代理称为违反有代理权的默示担保，该代理行为对被代理人不产生效力，由此对第三人造成的损害由无权代理人予以赔偿。但应遵循下列规则：

(1) 提起这种求偿权诉讼的只能是第三人，被代理人无权起诉。

(2) 不论无权代理人实施的行为是出于故意还是过失，有无主观恶意，均需对第三人承担责任。

(3) 在第三人知道代理人欠缺代理权，或知道代理人未提供有代理权的担保，或合同已排除代理人的责任的情况下，代理人可不承担责任。

(4) 尽管代理权限不明确，但代理人出于善意并以合理方式从事代理行为，此时代理人可不承担责任，即由被代理人承担哪怕是超出其本意的代理行为的后果。

(5) 代理人对违反有代理权的默示担保所承担的责任，原则上依照第三人所受到的实际损失来计算。

四、代理关系的终止

(一) 代理关系可依约定或者法律规定而终止

1. 根据双方当事人的约定终止代理关系

(1) 根据代理合同期限而终止。如果双方当事人在代理合同中约定了期限，则代理关系于合同规定的期限届满时终止。如果合同中没有具体期限的规定，则代理关系将延续到一个合理的时间，但可以根据双方任何一方的意思终止。

(2) 根据双方当事人的同意而终止。由于代理关系是建立在双方同意的基础上，因此当事人可以经协商一致终止代理关系。

(3) 根据本人的撤回而终止。本人解除代理人时，代理关系即告终止。即使代理关系没有明确期限，根据双方的意愿或者代理人因错误的行为导致犯罪，本人也可以解除代理人并且不承担义务。

(4) 根据代理人的放弃而终止。如果代理关系是建立在意愿的基础上，则代理人在任何时候都有权放弃代理权。如果代理人拒绝继续作为代理人,代理关系即告终止。如果本人因提出错误的要求或因具错误的行为而导致犯罪,则代理人在任何情况下对于代理关系都有撤销的权利。但是如果代理关系在合同中载明了一个确定的期限,则只要本人没有因错误的行为而导致犯罪,直到期限届满以前,代理人都没有撤回的权利。如果代理人撤回是错误的,则代理人应承担责任。

2. 根据法律规定终止代理关系

(1) 死亡。无论本人还是代理人死亡,代理关系都将自动地终止,即使在一方不知道另一方死亡的情况下也是如此。

(2) 精神错乱。无论本人还是代理人,一旦发生精神错乱,代理授权即告终止。但如果本人的无民事行为能力只是暂时的,则代理人的授权可以中止,直到本人的民事行为能力恢复后继续行使。

(3) 破产。如果本人或代理人遭遇破产,则代理关系通常要终止。但是代理人破产并不能终止代理人处理他所管理的本人的财产、货物的权利。同宣告破产不同,无清偿债务能力者,通常不终止代理关系。

(4) 履行不可能。当代理人无论如何都不可能履行代理行为时,代理关系即告终止。如代理的客观事物的毁坏,同代理人订立合同的第三人民事行为能力的丧失或者死亡,法律的变更而使代理人无法行使代理权,等等。

(5) 战争。如果本人所在国家与代理人所在国家处在战争中,则代理授权通常要终止,或者至少中止直到和平的恢复。一般情况下,如果受战争影响,代理行为无法进行,则代理关系即告终止。

(6) 偶然事件与环境变化。偶然事件的发生或者代理货物的价值和商业条件的变化,往往会导致代理关系的终止。例如,一个代理人被授权以特定价格出卖土地,当因在这些土地上发现石油而使土地价格大幅上涨时,代理授权即告终止。

(二) 代理关系终止的法律效果

1. 对代理人和本人的效果

代理关系一经终止,代理人对本人即不再拥有代理权,但是,除非双方协议另有明示或默示规定或存在法定的免责事由,任何一方单独终止代理关系即属于违约行为,对此违约行为给对方造成的损失,违约方应予以赔偿。

2. 对第三人的效果

本人取消代理权而导致代理关系的终止对第三人是否有效,取决于第三人是否知情或者应当知情。如果第三人不知情,两大法系的国家都规定,第三人仍可合理地认为代理权存在,有关的交易对本人仍有拘束力。《1983 年国际货物销售代理公约》第 19 条也规定,第三人不受代理权终止的影响,除非他知道或应当知道该项终止或造成终止的事实。

第三节　中国的代理法

一、我国的代理法律制度

《中国民法典》第一编总则的第七章对代理制度作了规定。根据《中国民法典》规定,民事主体可以通过代理人实施民事法律行为。代理人在代理权限内，以被代理人名义实施的民事法律行为，对被代理人发生效力。

此外，《中国民法典》对代理权的产生、无权代理、代理人与第三人的责任以及代理的终止等都作了规定。例如，《中国民法典》第一百六十三条规定：代理包括委托代理和法定代理。委托代理人按照被代理人的委托行使代理权。法定代理人依照法律的规定行使代理权。第一百六十四条规定：代理人不履行或者不完全履行职责，造成被代理人损害的，应当承担民事责任。代理人和相对人恶意串通，损害被代理人合法权益的，代理人和相对人应当承担连带责任。第一百六十七条规定：代理人知道或者应当知道代理事项违法仍然实施代理行为，或者被代理人知道或者应当知道代理人的代理行为违法未作反对表示的，被代理人和代理人应当承担连带责任。第一百六十九条规定：代理人需要转委托第三人代理的，应当取得被代理人的同意或者追认。转委托代理经被代理人同意或者追认的，被代理人可以就代理事务直接指示转委托的第三人，代理人仅就第三人的选任以及对第三人的指示承担责任。转委托代理未经被代理人同意或者追认的，代理人应当对转委托的第三人的行为承担责任；但是，在紧急情况下代理人为了维护被代理人的利益需要转委托第三人代理的除外。上述《中国民法典》的这些规定，确立了我国处理代理关系的基本准则。

二、我国的外贸代理制

外贸代理制是指具有进出口经营权的受托人应委托人的委托，代理委托人办理涉及经济贸易合同的订立及履行事宜，并收取手续费，而因交易所产生的法律后果由委托人承担的法律制度。从该制度的法律性质来看，应属于间接代理。

如前所述，《中国民法典》第一编关于代理的规定属于直接代理的范畴，并不能直接适用于我国的外贸代理制，因为在我国的外贸代理制中，外贸公司接受国内企业的委托后，往往以自己的名义作为买卖合同的一方同外商签订进出口合同。针对这种情况，《中国民法典》第九百二十五条规定：受托人以自己的名义，在委托人的授权范围内与第三人订立的合同，第三人在订立合同时知道受托人与委托人之间的代理关系的，该合同直接约束委托人和第三人；但是，有确切证据证明该合同只约束受托人和第三人的除外。

上述条款适用于外贸公司接受委托后必须以自己的名义而不能以委托人的名义与外商签订进出口合同。虽然委托人与外商之间无直接合同关系，但因委托人与外贸公司之间存在法律上的特殊代理关系，故进出口合同中外贸公司的权利、义务及责任最终由委托人享有和承担。外商本来就知道或是在订立合同时知道受托人与委托人之间的代理关系的，以及受托人为自己的利益与外商签订合同即自营进出口的，不适用上述条款规定。

在出口方面，外贸公司在实践中的通常做法是：外贸公司接受国内供货部门的委托，以外贸公司自己的名义同国外买方签订出口合同，收取约定的佣金。在采用这种做法时，由于外贸公司不是以委托人（国内供货部门）的名义，而是以外贸公司自己的名义对外签订出口合同，外贸公司作为出口合同的卖方，就必须对出口合同承担责任。因此，即使由于国内供货部门未能按时、按质、按量提供货源，致使外贸公司不能履行其对外签订的出口合同,但外贸公司作为出口合同的卖方仍须对外承担责任。国外买方也只能根据出口合同向外贸公司要求赔偿,而不能越过外贸公司向国内供货部门要求赔偿,因为国内供货部门不是出口合同的一方当事人,它们同国外买方之间并无直接的合同关系。至于外贸公司同国内供货部门之间的争议,则只能通过它们之间签订的委托代理出口合同来解决。

在进口方面,外贸公司在实践中的通常做法是:由外贸公司接受国内用货部门的委托,以外贸公司自己的名义同国外卖方签订进口合同,收取约定的佣金或手续费。在采用这种做法时,由于外贸公司不是以委托人(国内用货部门)的名义,而是以外贸公司自己的名义对外签订进口合同,外贸公司作为进口合同的买方,就必须对进口合同承担责任。如果国外卖方违约,只能由外贸公司根据进口合同以买方的名义对外交涉索赔;如果国内用货部门违约,例如无理拒付进口货款或失去偿付能力,外贸公司作为进口合同的买方,仍须根据进口合同的规定对国外卖方负责。至于外贸公司同国内用货部门之间的争议,同样只能根据它们之间签订的委托代理进口合同来解决。

上述两种情况都有一个共同之处,即外贸公司都是以自己的名义同外商签订进出口合同,而不是以委托人的名义(国内用货或供货部门)订立进出口合同。这样一来,外贸公司在这种进出口合同中所处的就不是代理人的地位,而是合同当事人的地位(卖方或者买方),为此外贸公司就必须对这种进出口合同承担法律责任。

《中国民法典》第九百二十六条规定:受托人以自己的名义与第三人订立合同时,第三人不知道受托人与委托人之间的代理关系的,受托人因第三人的原因对委托人不履行义务,受托人应当向委托人披露第三人,委托人因此可以行使受托人对第三人的权利。但是,第三人与受托人订立合同时如果知道该委托人就不会订立合同的除外。受托人因委托人的原因对第三人不履行义务,受托人应当向第三人披露委托人,第三人因此可以选择受托人或者委托人作为相对人主张其权利,但是第三人不得变更选定的相对人。委托人行使受托人对第三人的权利的,第三人可以向委托人主张其对受托人的抗辩。第三人选定委托人作为其相对人的,委托人可以向第三人主张其对受托人的抗辩以及受托人对第三人的抗辩。

上述条款显然借鉴了英美法中未被披露本人的代理的法律制度。该条第二款与第三款分别体现了英美法中关于第三人选择权及被代理人的抗辩权的相关规定。

? 思考与练习

1. 什么是代理?代理有哪些特点?
2. 大陆法与英美法对代理的分类有何不同?
3. 代理人有哪些义务?
4. 大陆法与英美法对代理的外部关系的规定有何不同?
5. 代理关系终止的情形有哪些?

案例分析

代理人义务案

原告A为一地产经纪人，被告B聘请A为其约181英亩[①]的土地寻找一位买主。后来A获悉该土地的地价会飙升，便决定自己买下该土地，B也同意以800美元/英亩的价格卖给他，双方签署了书面协议。但在执行该协议之前，B却以同样的价格将该土地卖给了第三人。与此同时，A自己找到了一位愿意以1 250美元/英亩的价格购买该土地的买主，当得知该土地已被卖给他人后，A起诉，要求B赔偿8万多美元的差价损失。

美国得克萨斯州上诉法院对此案作了最终判决。

资料来源：邹岿，《国际商事代理法案例讲解大全》，百度文库，https://wenku.baidu.com/view/546a2760e75c3b3567ec102de2bd960590c6d961.html?_wkts_=1688223128760&bdQuery=%E5%9B%BD%E9%99%85%E5%95%86%E4%BA%8B%E4%BB%A3%E7%90%86%E6%B3%95%E6%A1%88%E4%BE%8B%E8%AE%B2%E8%A7%A3%E5%A4%A7%E5%85%A8+%E9%82%B9%E5%B2%BF，访问日期：2023年7月1日。

【思考与讨论】

1. 原告A作为代理人有什么义务？
2. 如果你作为法官会判决哪一方胜诉，为什么？

---

① 1英亩约合4 047平方米。

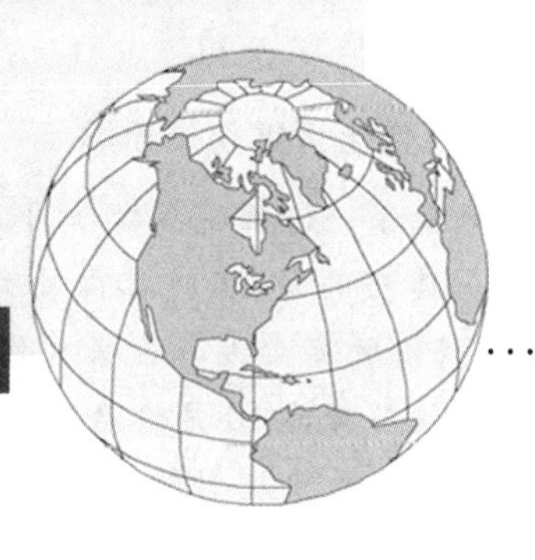

第四章

合 同 法

【教学目标】

通过本章学习,学生将能够:

1. 了解合同的概念与合同成立要素。
2. 掌握合同订立的程序。
3. 了解要约的概念、要约有效成立条件、承诺的概念。
4. 掌握要约撤回和撤销的条件、有效承诺的特点。
5. 了解对价的概念及有效条件、约因的概念。
6. 掌握各国对合同效力的不同规定。
7. 了解两大法系对违约责任形式的不同规定。
8. 掌握两大法系及国际公约对违约救济的不同规定。

【关键术语】

要约　承诺　对价　共同条件　合同的效力　违约　违约救济　诉讼时效

【引导案例】

莱佛士诉维切豪斯案

原告莱佛士与被告维切豪斯订立了一份棉花买卖合同，双方一致同意由 Peerless 号船将棉花从孟买运至买方所在地。但凑巧的是，当时在孟买有两艘船均叫 Peerless 号，一艘在 10 月份驶离孟买，另一艘在 12 月份驶离孟买。后双方因合同所称 Peerless 号不明确而发生争执。买方认为，Peerless 号应被解释为 10 月份启航的那艘船，而卖方则坚持 Peerless 号应被解释为 12 月份离港的那艘船。对于这种情况，怎么来处理呢？解决的办法有两种：一是认定其中的一方的意思属于双方的共同意思；二是因重大误解而宣告合同不成立——理由是双方不存在合意。法院采纳的是后一种方案。这就涉及对合同的解释问题，同时还涉及双方当事人意思表示是否真实一致对合同效力的影响问题。在本章合同的效力一节中将对此问题作详细阐述。

资料来源：邹岿，《国际商事代理法案例讲解大全》，https://www.360docs.net/doc/9917349531.html，访问日期：2023 年 8 月 4 日。

第一节　概述

当今社会是一个合同社会，我们每天进行的各种各样的经济活动大多建立在各式各样的合同之上。两百六十多年前，卢梭在其著作《社会契约论》中就提出：社会秩序，作为其他一切权利的神圣基础，只能“建立在契约之上”。因此，没有合同，社会的经济生活将无法顺利进行，我们的社会秩序也将无法维持。

如果要对合同作一个最简洁的定义，可以表述为：合同是有强制力的或有约束力的协议。根据国际权威的《布莱克法律辞典》（第五版）的定义：所谓合同，是指设立做或不做某一特别事务的协议。从这一定义可见，合同通常具有三个特征：第一，合同不是任何一种单方行为或事件，而是两个或多个人之间意思表示一致的协议。第二，合同的内容可以是做某种特别的事务，也可以是不做某种特别的事务。第三，合同在当事人之间设立了义务，且对当事人具有法律约束力，不得单方违反，否则将承担相应的法律后果。

英美法认为合同是一种具有法律约束力的允诺。比如，《美国合同法重述Ⅱ》认为合同是一个允诺或者一系列允诺，对于违反这种允诺，法律将给予救济，或者以某种方式承认履行该允诺是一项义务。

大陆法视合同为一种合意（法国）或一种法律行为（德国）。例如，《法国民法典》第 1101 条规定：契约为一种合意，依此合意，一人或数人对其他一人或者数人负担给付、作为或不作为的债务。

中国法律认为合同是一种协议。原《民法通则》第八十五条规定：合同是当事人之间设立、变更、终止民事关系的协议。1999 年颁布的《中华人民共和国合同法》（以下简称《中国合同法》）第二条规定：合同是平等主体之间设立、变更、终止民事权利义务关系的协议。《中国民法典》第四百六十四条第一款规定：合同是民事主体之间设立、变更、终止民事法律关系的协议。

虽然各国在合同的概念上存在一些分歧，但无论是英美法系国家还是大陆法系国家，都把双方当事人的意思表示一致作为合同成立的要素。只有双方当事人意思表示达成一致,才有可能存在合同。

关于合同法的编制体例,大陆法系国家的合同法是包含在民法典或债务法典中的。例如,《法国民法典》第三卷以及《德国民法典》的总则、第二编均对合同作了详细的规定。英美法系国家关于合同的规定主要包含在普通法中。此外,英美法系国家也制定了一些有关某种具体合同的成文法,比较有名的如《英国货物买卖法》(1893)、《美国统一买卖法》(1906)和《美国统一商法典》(1952)等。

中国关于合同领域的法律规定,除原《民法通则》外,1981 年颁布了《中华人民共和国经济合同法》,1985 年颁布了《中华人民共和国涉外经济合同法》,1987 年颁布了《中华人民共和国技术合同法》。同一个合同领域,由三部合同法律来调整,这种不规范的做法引发了诸多问题。1999 年《中国合同法》颁布后,将原先的三部合同法统一起来,并较多地参考了《联合国国际货物买卖合同公约》以及英美法、大陆法的一些通行的理念和规定,使中国的合同法制与国际基本接轨。2020 年 5 月 28 日,《中国民法典》颁布,并于 2021 年 1 月 1 日施行。《中国民法典》合同编承继了原先《中国合同法》的大部分内容,同时作了较多的补充和完善。

此外,国际统一私法协会和国际商会等民间国际组织也积极主持制定国际商事合同统一惯例工作,并取得了丰硕的成果。其中,国际统一私法协会在 2010 年修订的《国际商事合同通则》可以视作一部适用于所有类别国际商事合同的综合性惯例。另外,国际商会等组织在货物贸易和贸易结算等领域制定了一些具有普遍影响力的国际惯例,如修订后 2020 年生效的《国际贸易术语解释通则》等。这些惯例在相关领域起着非常重要的作用,本书后面章节将作详细介绍。

第二节　合同的成立

关于合同成立的有效条件,各国一般都规定需具备以下几个基本要素:①当事人具有合同能力;②当事人意思表示一致;③合同须有对价;④合同形式须合法;⑤合同内容须合法;⑥意思表示须真实。下面将对上述要素分别加以介绍。

一、当事人的合同能力

各国法律都规定了自然人和法人的民事行为能力。

在自然人方面,因未成年人和精神病人无民事行为能力或民事行为能力受到限制,他们所订立的合同中,有些是无效的,有些是可撤销的,有些是效力待定的。各国对成年的标准规定不同,有时会发生冲突。多数国家规定成年年龄为 18 岁,但也有许多国家有不同规定,比如,奥地利规定为 19 岁,瑞士规定为 20 岁,智利规定为 25 岁。[①]

1. 中国法

《中国民法典》根据公民的年龄、智力状态等因素,把公民的民事行为能力分为完全民

① 郭丽红,《论提高成年年龄的法律意义》,《太平洋学报》2008 年第 2 期:39—46。

事行为能力、限制民事行为能力和无民事行为能力三类。

完全民事行为能力，是指法律赋予达到一定年龄和智力状态正常的公民通过自己的独立行为进行民事活动的能力。《中国民法典》第十七条规定：十八周岁以上的自然人为成年人。不满十八周岁的自然人为未成年人。第十八条规定：成年人为完全民事行为能力人，可以独立实施民事法律行为。十六周岁以上的未成年人，以自己的劳动收入为主要生活来源的，视为完全民事行为能力人。何种状况才属于“以自己的劳动收入为主要生活来源”呢？最高人民法院《关于贯彻执行〈中华人民共和国民法通则〉若干问题的意见（试行）》第2条的规定依然可以作为解释：十六周岁以上不满十八周岁的公民，能够以自己的劳动取得收入，并能维持当地群众一般生活水平的，可以认定为以自己的劳动收入为主要生活来源的完全民事行为能力人。

限制民事行为能力，又称不完全民事行为能力或部分民事行为能力，是指法律赋予那些已经达到一定年龄但尚未成年和虽已成年但精神不健全，不能完全辨认自己行为后果的公民所享有的可以从事与自己的年龄、智力和精神健康状况相适应的民事活动的能力。享有限制民事行为能力的公民，可称为限制民事行为能力人。根据《中国民法典》第十九条和第二十二条的规定，限制民事行为能力人可分为两种：①八周岁以上的未成年人为限制民事行为能力人，实施民事法律行为由其法定代理人代理或者经其法定代理人同意、追认；但是，可以独立实施纯获利益的民事法律行为或者与其年龄、智力相适应的民事法律行为。②不能完全辨认自己行为的成年人为限制民事行为能力人，实施民事法律行为由其法定代理人代理或者经其法定代理人同意、追认；但是，可以独立实施纯获利益的民事法律行为或者与其智力、精神健康状况相适应的民事法律行为。

无民事行为能力，是指完全不具有以自己的行为从事民事活动以取得民事权利和承担民事义务的资格。无民事行为能力的公民，可称为无民事行为能力人。《中国民法典》第二十条和第二十一条规定了三种无民事行为能力人：①不满八周岁的未成年人为无民事行为能力人，由其法定代理人代理实施民事法律行为。②不能辨认自己行为的成年人是无民事行为能力人，由其法定代理人代理实施民事法律行为。③八周岁以上的未成年人不能辨认自己行为的，适用前款规定。

2. 德国法

德国法区别无民事行为能力与限制民事行为能力两种情况。根据《德国民法典》第104条的规定，凡是有下列情况之一者，即属于无民事行为能力人：①未满7岁的儿童；②处于精神错乱状态，不能自由决定意志，而且按其性质此种状态并非暂时者；③因患精神病被宣告为禁治产者。

其中，禁治产是大陆法的术语，指的是因精神病或因有酒癖不能处理自己的事务，或因浪费成性有败家之虞者，经其亲属向法院提出请求，由法院宣告禁止其治理财产。成为禁治产人的条件为：①须心神丧失或精神耗弱，不能自行处理事务；②须由本人或利害关系人（配偶、近亲属等）提出禁治产申请；③须由法院作出禁止治理其财产的宣告。法院作出禁治产宣告后，即剥夺了被宣告人的民事行为能力。当被宣告人心神或精神恢复后，经本人或有关人员申请，法院可经一定程序撤销禁治产宣告，恢复其民事行为能力。无民事行为能力人订立的合同无效。限制民事行为能力人订立的合同，需要经过追认或无民事行为能力人取得民事行为能力后方为有效。

3. 法国法

法国法把订约当事人的民事行为能力作为合同有效成立的必要条件,如果当事人没有民事行为能力,其所签订的合同不产生法律效力。根据《法国民法典》第 1124 条和第 1125 条的规定:无订立合同能力的人包括未成年人及受法律保护的成年人(禁治产人)。未成年人和受法律保护的成年人订立的合同必须取得监护人或管理人的同意,否则无效。

4. 英美法

英美法采用未成年人、精神病者和酗酒者等具体概念来判定不同人的合同能力。对于酗酒者,按照美国的判例,原则上其订立的合同具有强制执行力;但如果酗酒者在订立合同时因酗酒而失去民事行为能力,则可以要求撤销合同。而精神病者在其被宣告精神错乱之后所订立的合同无效;在被宣告精神错乱以前订立的合同,则可要求予以撤销。

在法人方面,法人的权利能力和民事行为能力是根据法人的章程确定的,法人不能越权订立合同。对于法人越权订立的合同的效力,各国也有不同的规定。有些国家认为无效,比如英国;有些国家则认为效力待定,在司法实践中如果没有违法经营则往往承认其效力,比如中国。

二、合同订立的程序:要约、承诺

(一) 要约

1. 要约的概念

要约(Offer)又可以称作发价、发盘、报价、报盘等,是指一方向另一方提出愿意根据一定的条件与对方订立合同,并且包含一旦该要约被对方承诺就对提出要约的一方产生约束力的意思表示。

提出要约的一方称为要约人(Offeror),其相对方称为受要约人(Offeree)。要约既可以采用书面的形式作出,也可以口头或用行动作出。

一项有效的要约必须符合以下三个条件:

(1) 要约必须表明要约人愿意根据要约中提出的条件与对方订立合同的意思。要约的目的在于订立合同,因此,凡不是以订立合同为目的的意思表示,就不能称为要约。

(2) 要约的内容必须明确、肯定。

(3) 要约必须传达受要约人才能生效。

这里需要注意的是应区分要约和要约邀请。要约邀请,又称要约引诱,俗称询盘(Inquiry/Enquiry)、询价、索盘等,是希望他人向自己发出要约的意思表示。因此,要约邀请的目的虽然也是订立合同,但是它本身不是一项要约,而只是为了邀请对方向自己发出要约。例如,外国买方向我国某进出口公司发来询盘:“PLEASE OFFER CHINESE BLACK TEA A GRADE MAY SHIPMENT 50MT CIF NEW YORK(请报中国红茶一级五月份装船 50 吨 CIF 纽约)”即属于此类。当然,询盘也可以由卖方发出,如“CAN SUPPLY NORTHEAST SOYABEAN PLEASE BID(可供东北大豆,请递盘)”等。

要约与要约邀请的主要区别在于:如果是要约,它一经对方承诺,合同即告成立,则要约人必须受其约束;如果是要约邀请,即使对方完全同意或接受该要约邀请提出的条件,那么，发出该项要约邀请的一方仍然不受其约束，除非他对此表示承诺或确认，否则合同仍然不能成立。寄送的价目表、拍卖公告、招标公告、招股说明书、商业广告等一般均视为要约邀请。

典型案例 4-1

吉卜逊诉曼彻斯特市议会案

1970 年 9 月，保守党占多数议席的英国曼彻斯特市议会（被告）决定出让该议会的房子，就写信给原告吉卜逊，称："市议会有可能出让房子，价格为 2 725 英镑，如果你想买，请正式写份申请。"原告按要求写好申请，并回了信。正在此时，市议会重新选举，工党占了上风，决定不出让房子了。原告遂要求法院强制执行。法院认为市议会信中的"如果你想买，请正式写份申请"属于要约邀请，原告的申请属于要约，市议会后来没有接受要约，所以没有意思表示一致，也就没有合同。原告因此败诉。

资料来源：赵梓凯，《解读丨浅谈英国合同法关于要约与要约邀请的溯源与区别》，https://www.bizchinalaw.com/archives/13076，访问日期：2023 年 7 月 1 日。

2. 要约的约束力及撤回与撤销的问题

要约的约束力包含两个方面的含义：一个是指对要约人的约束力；另一个是指对受要约人的约束力。

一般而言，要约对受要约人是没有约束力的。受要约人接到要约，只是在法律上取得了承诺的权利，但不受要约的约束，并不因此而承担必须承诺的义务。

所谓要约对要约人的约束力，是指要约人发出要约之后在对方承诺之前能否反悔，能否对要约的内容予以变更，或把要约撤销的问题。

这里涉及要约的撤回与撤销问题。所谓要约的撤回，是指在要约到达之前（生效之前）将其收回。要约的撤销则是指在要约到达之后受要约人接受之前将其取消。

要约对要约人的约束力问题，主要产生于要约已经到达受要约人之后至受要约人作出承诺之前这段时间，至于要约人在要约送达受要约人之前将其撤回或变更，则是没有疑问的。一旦要约已经到达受要约人，要约人是否必须受其约束，即在受要约人尚未作出承诺之前，要约人是否可以撤销要约或更改其内容，对于这种情况，英美法、德国法与法国法有各自不同的规定。

英美法认为，要约原则上对要约人没有约束力，要约人在受要约人对要约作出承诺之前，随时可以撤销要约或更改其内容。即使要约人在要约中规定了有效期限，他在法律上仍可以在期限届满以前随时撤销要约。

德国法认为，除非要约人在要约中注明了不受约束的词句，否则要约人必须受要约的约束。如果在要约中规定了有效期限，则要约人在有效期内不得撤回或修改要约；如果在要约中没有规定有效期限，则要约人根据通常情况在可望得到答复以前，不得撤销或修改要约。

法国法原则上认为,要约人在要约被受要约人承诺之前是可以撤销的。《法国民法典》对这个问题没有作出具体的规定,但是法国的法院判例认为,如果要约人在要约中指定了承诺期限,要约人也可以在期限届满以前撤销要约,但是必须承担损害赔偿的责任。即使在要约中未规定承诺期限,如果根据具体情况或正常交易习惯,要约视为应在一定的期限内等待回复,那么要约人不适当地撤销要约也必须负损害赔偿之责。

联合国国际贸易法委员会于 1980 年在维也纳通过了《联合国国际货物买卖合同公约》。根据该公约的规定,要约在被受要约人承诺之前原则上可以撤销,但是有下列情况之一者不能撤销:①要约写明承诺期限,或以其他方式表示要约是不可撤销的;②受要约人有理由信赖该项要约是不可撤销的,并已本着对该项要约的信赖行事。

3. 要约的失效

要约的失效,又称要约的消灭,是指要约失去效力,无论要约人还是受要约人都不再受要约的约束。

要约的失效或消灭主要包括三种情况:①要约因期限已过而失效;②要约因被要约人撤回或撤销而失效;③要约因被受要约人的拒绝而失效。

典型案例 4-2

美国国防部悬赏缉凶纠纷案

林肯是美国第 16 届总统,于 1865 年 4 月 14 日遭人暗杀。事后,警方锁定了三名犯罪嫌疑人,其中两人被逮捕,剩下一人怎么也找不到。为此,美国国防部悬赏 25 万美元搜捕这名犯罪嫌疑人。原来,这个人跑到意大利当兵去了。隐姓埋名许多年之后,有一天,该人酒后吹牛,把当年暗杀林肯的事说了出来。听到该话的意大利人大惊,就把消息通过意大利官方告知了美国国防部。由于长期没有音讯,美国国防部已经撤回了这个悬赏,但意大利方面并不知道。后来,通风报信的人要求美国支付这 25 万美元的悬赏。在美国本土撤回的悬赏,在不知情的意大利人看来并未被撤回,这起纠纷后来起诉到法院。最终双方达成妥协,美国国防部支付给意大利报信人 10 万美元了结此案。

资料来源:杨士富,《国际商法理论与实务》,北京大学出版社,2009,第 124 页。

典型案例 4-3

纽曼诉斯奇夫案(1985)

一个名叫斯奇夫的人,自称反税收者,有次在美国哥伦比亚广播公司凌晨 3:00—4:00 的一档电视节目中,声称联邦政府并未要求美国公民申报所得税,并说:“如果有人能从联邦税法中查到公民必须申报所得税的规定,并马上打电话给本档节目,我将付给他 100 000 美元。”哥伦比亚广播公司的早间新闻转播了这则报道。

一个名叫纽曼的律师看到报道后,在联邦税法中查到了要求公民必须申报所得税的规定,遂打电话给哥伦比亚广播公司,要求得到 100 000 美元。广播公司把这一要求转给斯奇夫，斯奇夫拒绝支付。纽曼上法院告斯奇夫违约，法院认为斯奇夫的要约是有时间期限的，即限于当日凌晨3:00—4:00的那档节目，在这期间如果有承诺，合同遂告成立，斯奇夫就要支付100 000美元；而节目结束后要约失效，无合同可言，故判原告败诉。

资料来源：张文博等，《英美商法指南》，复旦大学出版社，1995，第5页。

另外，我们来比较两个案例：

课堂讨论 4-1

南山丝绸进出口公司于6月1日向美国某公司发出要约。次日，美国公司表示接受，但提出该批丝绸必须降价5%。南山公司正在研究如何答复时，国际丝绸价格上涨，美国公司6月5日来电，表示无条件接受中方6月1日的发盘。

请思考：合同是否成立？为什么？

课堂讨论 4-2

中国某出口公司于2月19日向德国一公司报价。

收到发价后，德国公司2月22日回电："你能否同意每公斤价格稍稍有所降低？"

一日后又提出："这就是最便宜的价格了？"中方没有回复。

再一日后，德国公司再次来电："这个价格包括运输成本吗？"

又一日后，德国公司来电，表示接受。

但中方公司不再予以理睬。3月7日，中国公司将货物出售给韩国某公司。

德国公司认为其已作了承诺，合同已经成立，中国公司违约；中国公司则认为合同并没有成立。

请说说你的观点。

（二）承诺

1. 承诺的定义

所谓承诺（Acceptance），是指受要约人根据要约规定的方式，对要约的内容加以同意的一种意思表示。要约一经承诺，合同即告成立。

一项有效的承诺必须具备以下四个条件：①承诺必须由受要约人作出；②承诺必须在要约的有效期限内作出；③承诺必须与要约的内容一致；④承诺的传递方式必须符合要约所提出的要求。

课堂讨论 4-3

我国某出口公司于2月1日向美国一公司报出某农产品，在发盘中除了列明各项必要条件，还表示："Packing in sound bags。"

在发盘有效期内，美商复电："Refer to your telex first accepted packing in new bags。"

我方接到上述复电后，即着手按要求备货。

数日后，该农产品国际市场价格猛跌，美商来电称：我方对你方的要约作了变更，你方未确认，所以合同未成立。而我方则坚持认为合同已经成立。

请问：本案合同到底有没有成立？

---

2. 承诺生效的时间

承诺从什么时候起生效，这是合同法中一个十分重要的问题。因为根据西方各国的法律，承诺一旦生效，合同即告成立，双方当事人就应履行由合同所产生的权利与义务。

在这个问题上，英美法与大陆法，特别是德国法有很大的分歧。两者的不同规定表现为三种不同的主张：分别是"投邮主义"（Mail-box Rule）、"到达主义"（Received the Letter of Acceptance）和"了解主义"（Knowledge of the Letter of Acceptance）。

（1）投邮主义。这是英美法的主张。英美法认为，在以书信或电报作出承诺时，承诺一经投邮，立即生效，合同即告成立。

（2）到达主义。大陆法中的德国法，在承诺生效的时间问题上采用了与英美法不同的原则。德国法规定，承诺必须到达要约人才能生效。

（3）了解主义。过去，大陆法原则上采取了解主义，即不仅要求收到对方的意思表示，而且要求证明是真正了解其内容，该意思表示才能生效。

《中国民法典》第四百八十四条规定：以通知方式作出的承诺，生效的时间适用本法第一百三十七条的规定。承诺不需要通知的，根据交易习惯或者要约的要求作出承诺的行为时生效。

《中国民法典》第一百三十七条规定：以对话方式作出的意思表示，相对人知道其内容时生效。以非对话方式作出的意思表示，到达相对人时生效。以非对话方式作出的采用数据电文形式的意思表示，相对人指定特定系统接收数据电文的，该数据电文进入该特定系统时生效；未指定特定系统的，相对人知道或者应当知道该数据电文进入其系统时生效。当事人对采用数据电文形式的意思表示的生效时间另有约定的，按照其约定。

试比较以下两个案例：

课堂讨论 4-4

亨索恩诉弗雷泽建筑协会案

1891年6月7日上午，原告亨索恩打电话给英国弗雷泽建筑协会表达了购房意愿。该协会秘书发出了每所750英镑的口头要约，后又面交载明"授予你在14日内以750英镑的价格购买弗拉曼克街财产的优先权"的书面要约。第二天（8日）下午三点五十分，原告律师代其发出承诺信函。信函于当天晚上八点半到达该协会所在邮局，该协会秘书于9日凌晨收到，而早在8日上午，该协会已经承诺将上述房屋以同样的价格卖给了他人。该协会秘书于8日中午向原告发信函撤销要约，此信函在当天晚上五点送达原告住处，但因原告当时不在家，原告实际于当天晚上八点才收到信函。

原告向初审法院起诉要求被告履行合同，初审法院判决被告胜诉；衡平法院改判原告胜诉。

请问：本案合同有没有成立？原告的承诺何时生效？为什么？

课堂讨论 4-5

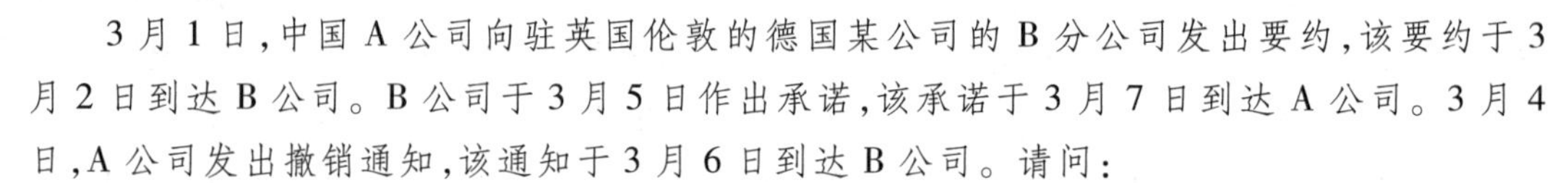

3月1日，中国A公司向驻英国伦敦的德国某公司的B分公司发出要约，该要约于3月2日到达B公司。B公司于3月5日作出承诺，该承诺于3月7日到达A公司。3月4日，A公司发出撤销通知，该通知于3月6日到达B公司。请问：

（1）根据英美法，合同是否成立？

（2）根据德国法或《联合国国际货物买卖合同公约》，合同是否成立？

---

3. 承诺的撤回

撤回承诺是承诺人阻止承诺发生效力的一种意思表示。承诺的撤回必须在其生效之前，承诺一旦生效，合同即告成立，承诺人就不得撤回其承诺。

根据英美法的有关判例，承诺的函电一经投邮，承诺就立即生效，因此，受要约人在发出承诺通知后就不能撤回其承诺。

根据德国法，承诺的通知必须送达要约人，承诺才能生效，因此，受要约人在发出承诺通知后，原则上仍然可以撤回承诺，只是撤回的通知必须与承诺的通知同时或提前到达要约人，才能将承诺撤回。

三、对价与约因

（一）对价

有些西方国家的法律要求，一项在法律上有效的合同，除了当事人之间意思表示一致，还必须具备另一项要件。对于这项要件，英美法称之为“对价”，法国法称之为“约因”，并以有无对价或约因作为区别有诉权的合同（Actionable Contract）与无强制执行力的约定（Unenforceable Pacts）或社交性的协议（Social Agreement）的一个根本标志。

下面我们简单介绍英美法的对价制度。

1. 对价的定义

对价是英美法中特有的法律制度，也是英美法中最为晦涩难懂的法律概念之一。根据考证，英美法的对价制度已经有四百多年的历史了，法院在司法实践中也发展了一系列的规则，但是对于对价的定义却一直有争论，至今没有一个令人满意的定义。对价一词是从英文中的“consideration”翻译过来的，按照1875年英国高等法院在“柯里诉米萨案”（Currie v. Misa）的判决中所下的定义：所谓对价，是指合同一方得到某种权利、利益、利润或好处,或者另一方克制自己不行使某项权利、遭受某项损失或承担某项义务。英美法在解释对价的含义时,主要是强调在当事人之间必须存在“我给你是为了你给我”的关系。为便于理解,我们把对价简单解释为:诺言的回报或诺言的代价。具体地说,对价包含三层意思:

(1) 从对价与诺言的关系看,对价是受诺人为使诺言人的诺言产生法律的约束力,向诺言人提供的一种与诺言相对应的报偿。

(2) 从交易条件看,对价是指合同标的物是互为有偿的,既可以是金钱,也可以是其他有价值的东西,例如,商品或服务就可以用价格计算或衡量。

(3) 从法律意义看,对价是指一种相互关系,即买卖双方在法定范围内互有权利与义务,都必须受法律规定的约束。

2. 对价的应用

英美法把合同分成了两类:一类是签字蜡封合同(Deed Contract under Seal),这种合同由当事人签字与加盖印戳,并把它交给对方(Signed, Sealed and Delivered),其有效性完全是由于它所采用的形式,不要求任何对价;另一类是简式合同(Simple Contract),它包括口头形式和非以签字蜡封形式作成的书面合同,这类合同必须有对价,否则就没有法律约束力,即对价是一种将当事人粘在一起的胶合剂。

3. 对价须符合的条件

(1) 对价必须合法。这是对价有效的基本要求。凡是以法律所禁止的东西作为对价的,这类对价均为无效对价。

(2) 对价须是待履行或已履行的对价(Executory Consideration or Executed Consideration),而不能是过去的对价(Past Consideration)。所谓待履行的对价,是指双方当事人允诺在将来履行的对价;如果当事人已经履行了他那部分义务,则他提供的对价就是已履行的对价。比如,A、B 订立了一个 20 000 美元的买卖合同。合同签订之后,买方 A 随即支付了 20 000 美元的价款,卖方 B 的货物则在 3 个月后交付。此时,A 的对价就是一个已履行的对价,B 的对价则是一个待履行的对价。

但是,过去的对价不是对价,这主要是指一方在对方作出允诺之前已支付的对价,不能作为对方后来作出的这项允诺的对价。例如,A 写了本书,他的好朋友 B 出于好意为他打成铅字,A 很满意,答应将 50%的稿费给 B。但后来 A 又反悔了,此时 B 是不能要求获得 50%的稿费的,因为 B 在 A 作出给予 50%的稿费允诺前就替 A 打完了手稿,所以 B 付出的打字对价是过去的对价,不能作为 A 后来作出允诺的对价。

不过,这一原则也有例外情况。例如,A 是公司会计,经理要求 A 在周末加班,事后经理答应支付 100 美元给 A。按照英美法规定,此时经理不能以过去的对价不是对价而拒付。英美法一般认为这种一方应对方请求为对方提供了某种服务,日后对方作出给予报酬的允诺,这项允诺是有约束力的。因为在商业服务中,一方的请求往往暗示有付款的意向,这是商业社会的惯例。美国许多州还把这种商业服务的例外原则推广到某些未经对方提出要求的行为,只要这种行为是在紧急情况下作出的,在完成此种行为之后,如果对方允诺给予报酬,该项行为就可以作为此项报酬的对价,此项允诺即具有法律约束力,不得反悔。

典型案例 4-4

纽伯格诉里夫金德案

原告纽伯格是公司的雇员，其所在公司允许其有股票选择权，该选择权五年内有效。在此后的五年里，该股票升值很多。在该公司的股东兼首席执行官里夫金德(被告)1964年去世后，原告欲行使其选择权，但被告的遗嘱执行人拒绝，遂引起纠纷。加利福尼亚州上诉法院法官支持了被告的主张，原告不服上诉，上诉法院法官最终支持了原告的主张。

在上诉中，原告主张，他们的选择权是有对价的。而被告认为，原告没有支付任何金钱或财产以换取这些选择权，因此，这些选择权是无对价的。

本案是有关承诺的方式的问题。法院对此的意见如下：

(1) 从先例来看，根据海格立斯面粉公司诉布鲁克菲尔德案(1949)，一方可以以自己的某种行为构成对价。

(2) 对价不仅限于财物。在确认抚恤金或其他福利的对价时，法院从不把诱使工人继续工作与诱使工人参加工作相区别。当购买股票的选择权被授予雇员，雇员意识到该选择权的存在而继续被雇用时，对价自然而然就存在了。此时，任何其他的以金钱或财产的形式表现出来的对价都是不必要的。红利并不是礼物或赏金，而是就劳务支付的报酬。

(3) 要确认一个合同为对价所支持，并不要求选择权授予人对选择权享有人发出明示的正规的请求，以便让后者作出继续受雇的许诺或实施继续受雇的行为。在本案中，整个背景向人们暗示，讨价还价是存在的。选择权授予人已经默示地要求，选择权享有人只有继续做公司的雇员，才能得到该选择权。任何正式的讨价还价或者要约都是不必要的。

简单概括之，上诉法院的法官认为已逝的被告已经提供给原告可于未来五年内选择是否购买股票的选择权，而原告继续在该公司供职就构成了接受，并成为股票购买选择权的对价。

综上所述，上诉法院认为对价存在，推翻了原判决，支持了原告的诉讼请求。

资料来源：张文博等，《英美商法指南》，复旦大学出版社，1995，第10页。

(3) 法律规定的义务或者已经存在的合同义务不能作为对价。

典型案例 4-5

斯蒂克诉马立克案

船方雇用一批海员作一次往返于伦敦与波罗的海的航行。途中两名船员逃跑，船长马立克找不到替代的人，于是允诺剩下的船员，只需他们努力把船开回伦敦，他就把那两名船员的工资平分给他们。事后船长食言，船员斯蒂克到法院起诉。法院认为船长的允诺是不能执行的，因为缺少对价，理由如下：船员在开船时，已承担了义务，包括在航行中遇到一般普通意外情况应尽力而为；而有两名船员逃跑属于普通意外情况，依据原来签订的雇佣合同，余下的船员有义务尽力把船安全开回目的港。简而言之，凡属于原来合同已经存在的义务，就不能作为一项新的允诺对价。

资料来源：冯大同主编，《国际商法》，中国人民大学出版社，1994，第52页。

（4）对价须是某种有价值的东西，但价值上不一定相称。

典型案例 4-6

蒙特夫特诉斯考特案

被告斯考特答应以1美元的价格把房子卖给原告蒙特夫特。但后来被告反悔了，声称1美元是个不充分的对价。法院认为，对价并不要求对等或充分，合同能否执行取决于有没有对价，而与对价充分与否无关；对价是否充分应由双方当事人在订约时自行考虑决定。最终被告败诉。

只有在欺诈、误会、不正当影响等案件中，法院才会把对价不充分作为证明欺诈、误会、不正当影响的一种证据，当事人才可以要求解除合同。

资料来源：张文博等，《英美商法指南》，复旦大学出版社，1995，第11页。

（5）对价必须来自受允诺人（Promisee）。

（6）公共义务的履行不能视为对价，但如果履行的义务超过了公共义务或合同义务的范围，则可视为对价。

斯蒂克诉马立克案是否表示，不管多少船员逃跑，剩下的船员都没有权利变更合同呢？并非如此，从下面的哈特立诉鲍生比案可见，法官在处理这类案件时是灵活且公平的。

典型案例 4-7

哈特立诉鲍生比案

在本案中，1/3的船员逃跑了，船长鲍生比答应把他们的工资分给剩下的船员。到了目的港，船长反悔了。法院认为这种情况与斯蒂克诉马立克案中的情况不一样，本案船员已走了1/3，已非普通意外事件，这时船员继续开船属于履行了合同义务范围外的义务，应视为对价，故应得到额外工资。最终被告败诉。

资料来源：张文博等，《英美商法指南》，复旦大学出版社，1995，第12页。

典型案例 4-8

葛莱斯布劳克诉葛莱摩根案

被告葛莱摩根是个煤矿业主，担心罢工的矿工会破坏煤矿设施，遂要求警察葛莱斯布劳克驻扎矿区。警察起初没同意，认为按常规的巡逻足以应对这一情况。被告遂承诺支付驻扎费。在警察驻扎矿区后，被告拒绝支付费用，警察提起诉讼。法院认为，警察的驻扎超出了常规的公共义务即巡逻，应视为对价。最终被告败诉。

资料来源：张文博等，《英美商法指南》，复旦大学出版社，1995，第 11—12 页。

典型案例 4-9

Hamer v. Sidway

Introduction

On March 20, 1869, William E. Story I had promised his nephew, William E. Story II $5 000 if his nephew would abstain from drinking alcohol, using tobacco, and playing cards or billiard for money until the nephew reached 21 years of age. Story II accepted the promise of his uncle and did refrain from the prohibited acts until he turned the agreed-upon age of 21. After celebrating his 21st birthday on January 31, 1875, Story II wrote to his uncle and requested the promised $5 000.

The uncle responded to his nephew in a letter dated February 6, 1875 in which he told his nephew that he would fulfill his promise. Story I also stated that he would perfer to wait until his nephew was older before actually handing over the extremely large sum of money (according to an online inflation calculator, $5 000 in 1890 would be worth approximately $118 000). The elder Story also declared in his letter that the money owed to his nephew would accrue interest while he held it on his nephew's behalf. The younger Story consented to his uncle's wishes and agreed that the money would remain with his uncle until Story II became older.

William E. Story I died on January 29, 1887 without having transferred any of the money owed to his nephew. Story II had meanwhile transferred the $5 000 financial interest to his wife; Story II's wife had later transferred this financial interest to Louisa Hamer on assignment. The elder Story's estate executor refused to grant Hamer the money, believing there was no binding contract due to a lack of consideration. As a result, Hamer sued the estate's executor, Franklin Sidway.

Opinion of the court

The Court of Appeals reversed and directed that the judgment of the trial court be affirmed, with costs payable out of the estate. Judge Alton Parker (later Chief Judge of the Court of Appeals), writing for a unanimous court, wrote that the forbearance of legal rights by Story II, namely the consensual abstinence from "drinking liquor, using tobacco, swearing, and playing cards or billiards for money until he should become 21 years of age" constituted consideration in exchange for the promise given by Story I. Because the forbearance was valid consideration given by a party (Story II) in exchange for a promise to perform by another party (Story I), the promisee was contractually obligated to fulfill the promise.

[案例解读]本案中,小威廉的叔叔老威廉曾答应向小威廉支付5 000美元,条件是小威廉在21岁之前不喝酒、不吸烟、不赌博。小威廉如实履行了叔叔的要求,但一直未能得到老威廉所答应的5 000美元。被告律师认为,老威廉与小威廉之间的合同没有对价,因而是无效的。具体而言,受约人小威廉并未因戒酒、戒烟而受到任何损害反而从中受益,即使没有叔叔的允诺,小威廉所做的一切也对他有益,因而除非要约人得到好处,合同是没有对价的。上诉法院认为:本案中,受要约人享有法律上的权利使用烟草或偶尔喝酒。为了得到要约人答应支付的5 000美元,受要约人在几年的时间里放弃了自己的合法权利,限制了自己的合法的行为自由,充分履行了要约人所提出的条件,这足以构成支持要约人约定的对价。

资料来源:http://legaldictionary.net/hamer-v-sidway/,访问日期:2023年8月4日。

(二) 约因

法国法把约因(Cause)作为合同有效成立的要件之一。根据法国法的解释,债的约因是指订约当事人产生该项债务所追求的最接近与最直接的(Most Immediate and Direct)目的。在双务合同中,存在两个约因,即双方当事人之间存在相互给付的关系。

事实上,法国法的约因有两种含义:一是指当事人订立合同的理由或者其所追求的最直接的目的;二是指当事人企图通过合同达到的最终最根本的目的。前者为"近因",后者为"远因"。举个例子:某人要卖牛,近因是为了取得卖牛的款项;远因有可能是为了还债,或者是想买车,也可能是其他原因。可见,远因可以被理解成一种动机。但是,针对某一方而言,同一类合同,不管其动机有多少种,其近因都是唯一的。这个近因就是最接近上述债的约因的解释。因此,在一个双务合同中,双方当事人各自只存在一个约因。

(三) 不当得利

德国法在合同成立的问题上没有采用约因原则。与法国法不同,德国法不以约因作为合同成立的必要条件。德国法有所谓"不当得利"(Unjust Enrichment)的制度,它指没有法律上的任何原因而取得他人财产或其他利益。德国法虽然不把"原因"(即约因)作为合同成立的要件,但是实际上"原因"在德国民法的其他方面仍然起着很大的作用。德国法中的不当得利,在英美法与法国法中被称为"准合同"(Quasi Contract),美国法有时称其为"偿还法"(Law of Restitution)。虽然名称不同,但是法律效果是一样的,都是由于缺乏法律上的原因或对价,双方当事人不能成立合同关系,受益人必须归还从他人处取得的财产或利益。

四、合同形式

从订立合同的形式的角度看，合同可以分为要式合同与不要式合同。要式合同是指必须根据法定的形式或手续订立的合同；不要式合同是指法律上不要求根据特定的形式而订立的合同。西方各国法律之所以对某些合同要求必须根据法定的形式订立，其目的有两个：一是用以作为合同生效的要件；二是用以作为合同存在的证据。

1. 英国法

英国法把合同分为签字蜡封合同与简式合同两种。其中，签字蜡封合同是要式合同，这种合同无需对价，但是必须以特定的形式订立；简式合同必须有对价，但需注意的是，简式合同并不等于不要式合同，两者不能混淆。

根据英国法，下列三种合同必须采用签字蜡封形式订立：①没有对价的合同；②转让地产或地产权益的合同，包括租赁土地超过 3 年的合同；③转让船舶的合同。

根据英国法，以下两种简式合同必须以书面形式作成，否则合同无效或者不能强制执行：①要求以书面形式作为合同有效成立要件的合同；②要求以书面文件或备忘录作为证据的合同。

2. 美国法

美国法也有类似规定，内容上大同小异，也对须以书面形式作为证据的合同种类作了明确的规定。此外，《美国统一商法典》第 2 条解释了美国境内的货品销售，并规定所有的 500 美元以上的货品销售合同和土地销售合同都必须强制以书面形式签署。

3. 法国法

法国法把要式合同分为两种情况：一种是以法定形式作为合同有效的要件（比如规定赠与合同、夫妻财产合同、债务代偿合同、抵押合同须经公证方能生效）；另一种是以法定形式作为证据要求。

在第一种情况下，法院有权不根据当事人的申请，而根据其职权宣告不按法定形式订立的合同无效。第二种情况是把某种法定形式作为证据，用以证明合同的存在及其内容，除了法律规定的形式，法院不接受其他形式的证据。

4. 德国法

《德国民法典》在总则中明确地规定，不具备法律规定形式的法律行为无效。但是，这并不是说，德国的法律要求一切合同都必须具备特定的形式。事实上，其要式合同只限于极少数合同类型，如赠与合同须经公证，土地转让合同须登记，其余均以不要式作为原则。

总的来说，西方国家对合同形式的要求基本上都是以不要式作为原则，以要式作为例外。

5.《联合国国际货物买卖合同公约》有关合同形式的规定

《联合国国际货物买卖合同公约》对于国际货物买卖合同的形式原则上不加以任何限制。无论当事人采用口头形式还是书面形式，都不影响合同的有效性，也不影响证据力。《联合国国际货物买卖合同公约》第 11 条明确规定：买卖合同无须以书面形式订立或证明，在形式方面不受任何其他条件的限制，买卖合同可以用包括证言在内的任何方法证明。这一规定是为了适应当代国际贸易的特点，因为许多国际货物买卖合同是以现代通信方法订立的,不一定存在书面形式的合同。中国在核准该公约时,对第 11 条提出了保留,声明订立国际货物买卖合同必须采用书面形式。

6. 中国法

《中国民法典》第四百六十九条规定:当事人订立合同,可以采用书面形式、口头形式或者其他形式。书面形式是合同书、信件、电报、电传、传真等可以有形地表现所载内容的形式。以电子数据交换、电子邮件等方式能够有形地表现所载内容,并可以随时调取查用的数据电文,视为书面形式。

具体来说,中国关于合同形式的要求有以下五种情况:

(1) 不必采取书面形式的合同,主要适用于国内民事流转。

(2) 应当采取书面形式的合同,主要是国际货物买卖合同、技术进出口合同、融资租赁合同、技术开发合同、技术转让合同、建设工程合同、证券承销合同等。

(3) 须经批准生效的合同,比如中外合资经营合同、补偿贸易合同、涉外技术转让合同、中外合作开采自然资源合同等。

(4) 以登记作为对抗要件的合同,具体包括记名股票和债券转让合同、不动产转让合同、车船转让合同。

(5) 以登记为生效条件的合同,具体包括房屋、船舶、进口物料设定抵押权的合同,记名股票、债券和知识产权的质押合同。

五、合同内容的合法性问题

1. 中国法

《中国民法典》等法律都规定了合同内容必须合法,不得违反法律,不得损害社会公共利益。凡是违法的合同,一律无效。

2. 大陆法

大陆法关于合同合法性问题的一个总的原则是违反法律规定、违反公序良俗的合同无效。其中,《法国民法典》第 6 条规定:个人不得以特别约定违背有关公序良俗的法律。法国法强调合同非法有两种:一种是标的物不合法;另一种是约因不合法,把违反法律、违背公序良俗的问题与合同的原因和标的联系起来。德国法与法国法的区别在于,前者不具体规定是合同的标的违法还是合同的约因违法,而着重于法律行为与整个合同的内容是否有违法的情况。

3. 英美法

英美法认为,一项有效的合同必须具有合法的目标或目的。凡是没有合法目标的合同都是无效的。在英美法中,违法的合同有两种情况:一种是成文法所禁止的合同;另一种是违反普通法的合同。根据英美法,以下三种合同是非法的[①]:①违反公共政策(Contrary to Public Policy)的合同;②不道德的合同(Immoral Contract);③违法的合同(Illegal Contract)。

① 根据一般的理解,违法是指直接违反现行的法律条文,非法则是指与法律精神或者法条相违背。

六、合同的解释

（一）各国的相关规定

什么时候需要对合同加以解释呢？当合同条款不清楚或者有重大缺漏，双方当事人又各执一词时，就会出现如何解释合同的问题。

美国纽约州法院审理“切芒钢铁公司案”时，就为合同约定的计量单位吨（Ton）伤透了脑筋。卖方竭力主张为美制的短吨（Short Ton），每吨为 2 000 磅；买方则竭力主张是英制的长吨（Long Ton），每吨为 2 240 磅。此时就要对合同作出解释。

合同解释有“意思说”（Will Theory）和“表示说”（Declaration Theory）之分。前者又称主观主义（Subjective Theory），强调探求表意人的真实意思（Intention or Will），把探寻双方当事人一致同意的意思放在首位，而不拘泥于文字；后者又称客观主义（Objective Theory），强调外部现象，即以当事人表示出来的意思（Expression or Declaration）为依据，以一个理性人在此情况下所用语言文字的含义为标准，即所谓合理的客观标准（Objective Standard of Reasonableness）。

“意思说”认为，当事人的内在意思是产生、变更和消灭他们之间的权利与义务关系的根本因素，是法律行为的核心，所以，应当把“意思”放在第一位，把“表示”放在从属的地位。“表示说”认为，当事人的内心意思非他人所能得知，只有表示出来的意思才能作为解释他们缔结合同的根据。

一般而言，在解释合同时，法国法采用“意思说”，英美法采用“表示说”，德国法原则上采用“意思说”，但是在涉及商事方面的问题时也有例外。从《中国民法典》第一百四十二条和第四百六十六条的规定来看，中国基本上采取的是表示说。《中国民法典》第一百四十二条规定：有相对人的意思表示的解释，应当按照所使用的词句，结合相关条款、行为的性质和目的、习惯以及诚信原则，确定意思表示的含义。无相对人的意思表示的解释，不能完全拘泥于所使用的词句，而应当结合相关条款、行为的性质和目的、习惯以及诚信原则，确定行为人的真实意思。《中国民法典》第四百六十六条规定：当事人对合同条款的理解有争议的，应当依据本法第一百四十二条第一款的规定，确定争议条款的含义。合同文本采用两种以上文字订立并约定具有同等效力的，对各文本使用的词句推定具有相同含义。各文本使用的词句不一致的，应当根据合同的相关条款、性质、目的以及诚信原则等予以解释。

（二）关于对“共同条件”的解释

共同条件（General Condition），又称附合合同（Contract of Adhesion）或标准合同（Standard Contract），《中国民法典》所规定的格式条款或格式合同与此类似。这类合同文件一般由一方当事人事先制定好，未与对方进行过协商，如果对方同意签字，合同即告成立。

从法律角度看，这种共同条件或附合合同有两个问题：第一，它能否成为合同的一部分，在什么情况下能成为合同的一部分？第二，如果这种合同的起草者把不应有的负担加在对方身上，法官能否以违反诚实信用或违反公共秩序等理由，宣布该合同或其中某条款无效？

各国对共同条件的规定各有差别。

1. 德国法

根据德国法,某些经济行业拟定的共同条件必须经过有关政府行政部门的批准,这些行业主要包括空运、保险与银行储蓄等。至于其他行业所拟定的共同条件,则由法院进行监督与解释。德国法院一般承认共同条件是合同的一部分,并认为当事人应当受共同条件的约束。

2. 法国法

法国法院在决定共同条件是否已被吸收入合同而成为合同的一部分时,主要是考虑对方当事人是否知道这些共同条件,或者是否只要加以注意就能够知道其内容,如果回答是肯定的,则该共同条件就成为合同的一部分。

3. 英国法

过去,英国成文法很少有关于合同条款无效的规定。但是自 20 世纪 60 年代以来,这方面的立法大大地加强了。例如,《英国公路运输法》(1960)规定:免除公共承运人对旅客人身伤害与死亡的责任的免责条款是无效的。又如,《英国货物供应默示条款法》(1973)规定:在消费性合同中,限制对货物的瑕疵提出请求救济的权利的条款属于无效条款。除成文法的规定外,英国法院对共同条件的审查主要集中于其中的免责条款。

4. 美国法

美国法对共同条件的态度及处理方法与英国法有所不同,其区别主要表现在两个方面:第一,对共同条件是否已被吸收入合同的问题,美国法院的要求比英国更加严格;第二,美国法院以共同条件的内容违反公共政策或显失公平(Unconscionab1e)为理由,宣告这种条款无效。美国法院认为,凡是违反公共政策的共同条件都是无效的。这项标准主要适用于公用事业企业,如电话电报公司、仓储公司、机场、托运公司与医院等。这些企业大多数是私营的。

5. 中国法

中国法中的格式条款即类似于上述的共同条件,其中《中国民法典》第四百九十六、四百九十七、四百九十八条对格式条款作了明确规定。《中国民法典》第四百九十六条规定:格式条款是当事人为了重复使用而预先拟定,并在订立合同时未与对方协商的条款。采用格式条款订立合同的,提供格式条款的一方应当遵循公平原则确定当事人之间的权利和义务,并采取合理的方式提示对方注意免除或者减轻其责任等与对方有重大利害关系的条款,按照对方的要求,对该条款予以说明。提供格式条款的一方未履行提示或者说明义务,致使对方没有注意或者理解与其有重大利害关系的条款的,对方可以主张该条款不成为合同的内容。

《中国民法典》第四百九十七条规定:有下列情形之一的,该格式条款无效:①具有本法第一编第六章第三节和本法第五百零六条规定的无效情形;②提供格式条款一方不合理地免除或者减轻其责任、加重对方责任、限制对方主要权利;③提供格式条款一方排除对方主要权利。

《中国民法典》第四百九十八条规定:对格式条款的理解发生争议的,应当按照通常理解予以解释。对格式条款有两种以上解释的,应当作出不利于提供格式条款一方的解释。

格式条款和非格式条款不一致的，应当采用非格式条款。

（三）合同中的免责条款

合同中往往会有免责条款的规定。免责条款指合同中规定了赦免一方当事人（往往是强的一方）因违反合同或侵权所负的责任。在很多时候，这一类条款类似于上述的共同条件（格式条款），有时干脆就作为上述共同条件的一部分。由于免责条款往往是强的一方当事人所制定的，因此法院在案件中对免责条款的适用偏向严格，主要有两个条件：

（1）免责条款必须进入合同才能有效，在合同签订后再加入的免责条款无效。

典型案例 4-10

克蒂斯诉洗染公司案

原告克蒂斯去洗染公司洗衣服，洗染公司规定对所洗衣服受损、受污概不负责，但雇员只对原告说衣服受损不负责。后来衣服受污，洗染公司想以免责条款为由推卸责任。法院认为，洗染公司虽规定有包括受损、受污的免责条款，但进入合同的只有受损免责条款，受污免责条款未进入合同，故不能免责。最终被告败诉。

资料来源：张文博等，《英美商法指南》，复旦大学出版社，1995，第 21 页。

典型案例 4-11

奥立诉马立波夫有限公司案

原告奥立进入被告马立波夫有限公司所经营的旅馆，在服务台办好手续走进房间时，发现一张注意事项，上面写着“本旅馆对被偷物品概不负责”。后原告东西被盗，被告以注意事项免责条款为由拒绝赔付。法院认为，原告在服务台办好手续，即订立了合同，注意事项免责条款在合同订立之后出现，因此未进入合同。最终被告败诉。

资料来源：张文博等，《英美商法指南》，复旦大学出版社，1995，第 21 页。

典型案例 4-12

苏顿诉休莱停车场案

原告苏顿开车到休莱停车场，他把钱塞入收款机后，得到一张入场票。入场票上写明“本停车场对造成的顾客损失概不负责”。后原告下车踩到一摊油，摔伤了，遂要求停车场赔偿损失。停车场以入场票声明免责为由拒绝赔付。法院认为，人是无法与收款机争辩的，要么不投入钱，要么投入钱，即注明 1 美元收费的收款机“张着嘴”是要约，钱塞入收款机属于承诺。由此可见，本案中原告投入钱时，合同已告成立；从收款机中吐出的入场票上的免责条款在合同订立以后出现，故无效。

资料来源：张文博等，《英美商法指南》，复旦大学出版社，1995，第 22 页。

(2) 免责条款进入合同的方式必须是合乎正常人思维的,不合乎正常人思维的往往不被法院认可。

典型案例 4-13

切佩顿诉佩雷案

原告切佩顿租了被告佩雷一张桌子。后桌子塌了,原告受伤,要求被告赔偿。被告认为出租的地方挂了注意事项(含免责条款),原告付钱后得到的收据上也有免责条款(但他没注意),所以出租方不负责任。法院认为,免责条款进入合同的方式必须是合乎正常人思维的,挂在墙上的注意事项,没人强调一定要看,是可看可不看的;收据是付款的凭证,不是合同正文,出租方也没有强调,故此案的免责条款无效。

资料来源:张文博等,《英美商法指南》,复旦大学出版社,1995,第22页。

第三节 合同的效力

合同成立和合同生效是两回事,合同成立并不等于合同生效。合同成立是指双方当事人意思表示一致。但双方意思表示一致,合同并不一定马上生效。例如,需要批准才能生效的合同,必须在获得批准时才能生效;附条件、附期限的合同,只有所附条件成就或者期限届至才能生效。

合同法的目的就是赋予当事人的合意以法律约束力。一般来说,合同的生效要件有四个:①行为人具有相应的民事行为能力;②意思表示真实;③不违反法律法规的强制性规定;④不违反公序良俗。

《法国民法典》第1134条甚至将合同的效力提升到法律效力的高度,该条规定:依法成立的契约,在缔结契约的当事人之间有相当于法律的效力。《中国民法典》第一百一十九条规定:依法成立的合同,对当事人具有法律约束力。

一、无效合同

无效合同是指因违反法律法规要求,国家不予承认和保护的,不发生法律效力的合同。无效合同自始不发生法律效力。

几乎所有国家都规定,依法订立的合同才有效。所以,凡是违反国家法律、公序良俗或者社会公共利益的合同,即使双方意思表示一致,也不发生法律效力。具体分为三大类:一是恶意串通的合同;二是损害社会公共利益的合同;三是违反法律强制性规定的合同。

前述讨论合同内容合法性问题时,我们提到,法国法把违反法律、违背公序良俗的问题与合同的约因和标的联系起来,认为标的物不合法和约因不合法的合同无效。德国法则认为法律行为与整个合同的内容违法的合同无效。英美法认为没有合法目标的合同无效,即违反公共政策的合同、不道德的合同和违法的合同无效。

《中国民法典》与《中国合同法》相比，减少了合同无效的法定事由。《中国民法典》第一百四十四、一百四十六、一百五十三和一百五十四条明确了合同无效的五种法定事由：①无民事行为能力人实施的民事法律行为无效；②行为人与相对人以虚假的意思表示实施的民事法律行为无效；③违反法律、行政法规的强制性规定的民事法律行为无效；④违背公序良俗的民事法律行为无效；⑤行为人与相对人恶意串通，损害他人合法权益的民事法律行为无效。《中国民法典》生效后，《中国合同法》第五十二条第一、第二、第三、第四款中“一方以欺诈、胁迫的手段订立合同，损害国家利益”“恶意串通，损害国家、集体或者第三人利益”“以合法形式掩盖非法目的”“损害社会公共利益”不再为合同无效的法定事由。该种立法上的变化，体现出《中国民法典》鼓励交易的立法宗旨。

二、效力待定合同

一般情况下，一个有效合同应具备主体合格（具有民事权利能力和民事行为能力）、意思表示真实、不违反法律或社会公共利益等条件，缺少其中的一个或几个，就会影响合同的效力。但法律允许在以下几种情况下可以采取补救措施，使之成为有效合同。

1. 主体不合格合同

这是指缺乏合同能力或者主体资格的人订立的合同。

《民法通则》第五十八条曾规定这种情况的合同为无效。但在这一规定上，法律强制干预合同的范围过大。而按照各国法律，主体不合格的合同一般都列入效力待定的合同的范围。因此，中国在 1999 年制定《中国合同法》时作出调整，规定限制民事行为能力人订立的合同，经法定代理人追认后，该合同有效，但纯获利益的合同或者与其年龄、智力、精神健康状况相适应而订立的合同，不必经法定代理人追认。相对人可以催告法定代理人在一个月内予以追认。法定代理人未作表示的，视为拒绝追认。合同被追认之前，善意相对人有撤销的权利。撤销应当以通知的方式作出。《中国民法典》第一百四十五条规定：限制民事行为能力人实施的纯获利益的民事法律行为或者与其年龄、智力、精神健康状况相适应的民事法律行为有效；实施的其他民事法律行为经法定代理人同意或者追认后有效。相对人可以催告法定代理人自收到通知之日起三十日内予以追认。法定代理人未作表示的，视为拒绝追认。民事法律行为被追认前，善意相对人有撤销的权利。撤销应当以通知的方式作出。

法国法、德国法对催告也都有规定，只是在催告的方式上，法国法规定必须采用书面形式；德国法则规定口头催告也可。

2. 欠缺代理权的合同

《中国民法典》第一百七十一条规定：行为人没有代理权、超越代理权或者代理权终止后，仍然实施代理行为，未经被代理人追认的，对被代理人不发生效力。相对人可以催告被代理人自收到通知之日起三十日内予以追认。被代理人未作表示的，视为拒绝追认。行为人实施的行为被追认前，善意相对人有撤销的权利。撤销应当以通知的方式作出。行为人实施的行为未被追认的，善意相对人有权请求行为人履行债务或者就其受到的损害请求行为人赔偿。但是，赔偿的范围不得超过被代理人追认时相对人所能获得的利益。

相对人知道或者应当知道行为人无权代理的,相对人和行为人按照各自的过错承担责任。《中国民法典》第一白七十二条规定:行为人没有代理权、超越代理权或者代理权终止后,仍然实施代理行为,相对人有理由相信行为人有代理权的,代理行为有效。

3. 无处分权的合同

《中国合同法》对无处分权人处分他人财产的问题作了规定,总体原则为:无处分权的人处分他人财产,经权利人追认或者无处分权的人订立合同后取得处分权的,该合同有效。

《中国民法典》颁布后,对此规定作了较大的调整。总体而言,《中国民法典》规定无处分权的合同有效,但无处分权人应承担违约责任。具体来看,《中国民法典》第五百九十七条规定:因出卖人未取得处分权致使标的物所有权不能转移的,买受人可以解除合同并请求出卖人承担违约责任。法律、行政法规禁止或者限制转让的标的物,依照其规定。《中国民法典》第三百一十一条规定:无处分权人将不动产或者动产转让给受让人的,所有权人有权追回;除法律另有规定外,符合下列情形的,受让人取得该不动产或者动产的所有权:①受让人受让该不动产或者动产时是善意;②以合理的价格转让;③转让的不动产或者动产依照法律规定应当登记的已经登记,不需要登记的已经交付给受让人。受让人依据前款规定取得不动产或者动产的所有权的,原所有权人有权向无处分权人请求损害赔偿。当事人善意取得其他物权的,参照适用前两款规定。《中国民法典》第五百九十七条规定实际肯定了无处分权合同的有效性,并与《中国民法典》第三百一十一条的善意取得制度相衔接,更有利于鼓励交易、维护善意买受人的利益。但是要注意这种制度与善意取得制度的竞合问题。

善意取得是指受让人因善意而取得无处分权人所处分的他人的动产的,可以取得该动产的权利。中国的司法实践中对善意取得制度是认可的。最高人民法院《关于贯彻执行〈中华人民共和国民法通则〉若干问题的意见(试行)》第89条规定:共同共有人对共有财产享有共同的权利,承担共同的义务。在共同共有关系存续期间,部分共有人擅自处分共有财产的,一般认定无效。但第三人善意、有偿取得该项财产的,应当维护第三人的合法权益;对其他共有人的损失,由擅自处分共有财产的人赔偿。可见,无处分权人处分他人财产的行为,原则上无效,例外情况下才适用善意取得制度。司法实践中以"善意"和"对价"作为条件。

三、合同意思表示的真实性问题

有效成立的合同,应当是当事人意思表示一致的结果,而且,这种意思表示必须是真实的。如果意思表示不真实,则在法律上称为意思表示瑕疵(Insufficiency of Will)。对于这类合同,当事人能否主张无效或者要求撤销该合同,在合同法上是一个非常重要的问题。以下讨论因错误、欺诈、胁迫、不当影响、乘人之危、心中保留、显失公平等情况下订立合同的效力问题。

1. 错误

合同法上的错误(Error/Mistake),是指行为人因对其行为的性质、对方当事人、标的物的性质等事实存在误解而作出的与其真实意思不一致的意思表示。各国法律一致认为，在某些情况下，作出错误意思表示的一方可以主张合同无效或要求撤销合同。

大陆法中一般都规定，错误可导致合同可撤销或无效。

法国法认为有两种错误可以构成合同无效的原因，分别是关于标的物的性质方面的错误，以及关与其订立合同的双方当事人所产生的错误，而动机上的错误原则上不能构成合同无效的原因。

德国法认为有两种错误可以产生撤销合同的后果：一是关于意思表示内容的错误，即表意人在订约时是在错误的影响下作出意思表示的；二是关于意思表示形式上的错误，例如，把美元误写作英镑。

英国普通法认为，订约当事人一方的错误，原则上不能影响合同的有效性，只有当该项错误导致当事人之间根本没有达成真正的协议，或者虽然已经达成协议，但是双方当事人在合同的某些重大问题（Vital Matters）上都存在同样的错误时，才能使合同无效。

美国法同样认为，单方面的错误原则上不能要求撤销合同，至于双方当事人彼此都有错误的，也仅在该项错误涉及合同的重要条款，认定合同当事人或合同标的物的存在、性质、数量或有关交易的其他重大事项时，才可以主张合同无效或者要求撤销合同。

另外，大陆法中还有传达的错误一说，如误将“买”传达为“卖”，电报局误将“二”译为“三”等。德国法认为传达的错误与前面提到的错误，在法律效力上是一样的。

此外，英美法中错误是指合同当事人对有关事实的误解。如果没有这样的误解，当事人就不会在现有条件下签约。例如，1903 年判决的“斯科特诉库尔森案”，本案中涉及的人寿保险单签发时，被保险人已经死亡，但投保人和保险人均不知情。法院判决，虽然该保单已经签发，但是保险人不必赔偿。

中国没有关于错误的规定，但中国民法理论所规定的重大误解则包括大陆法中的错误和误解两种情形。何谓重大误解？最高人民法院《关于贯彻执行〈中华人民共和国民法通则〉若干问题的意见（试行）》第 71 条规定：行为人因对行为的性质、对方当事人、标的物的品种、质量、规格和数量等的错误认识，使行为的后果与自己的意思相悖，并造成较大损失的，可以认定为重大误解。这一规定现在看来依然是对重大误解的一个较好的解释。严格来说，错误和误解是不同的。错误针对的是特定的事实；误解针对的是对事实的认识。

我们来看一个 1864 年发生在英国的案例。

典型案例 4-14

Great Peace 船运有限公司诉 Tsavliris 施救有限公司案

被告（Tsavliris 施救公司）的 Cape Providence 号轮在南印度洋发生了严重的结构损坏而面临沉船危险。被告委托其经纪人寻找最近的施救船只，后者获知原告（Great Peace 船运有限公司）所拥有的 Great Peace 号轮距离危船最近。根据该信息，原告和被告达成了雇用该轮至少 5 天的合同。据估计，Great Peace 号轮会在 12 小时内赶到危船所在之处。事后发现，关于 Great Peace 号轮的位置信息是错误的，该轮实际上在数百英里之外。鉴于此，被告取消了合同，并拒绝支付任何租金。英国法院判决支持原告索取 5 天租金的请求。理由是:本案中原告并不知道任何关于两船之间距离是合同的先决条件。原告仅仅知道有义务向被告提供租船和有权利获得5天的租金。本案中只有被告发生单方误解。

案例来源:张圣翠主编,《国际商法》(第六版),上海财经大学出版社,2012,第52页。

值得一提的是,美国芝加哥大学教授、法经济学的先驱理查德·A. 波斯纳(Richard A. Posner)对此案例提出了四种解决方法:

其一,探求当事人的真实意思。波斯纳认为这种方法成本最高,因为法院或仲裁机构需要动用合同规范内外的所有资源作合于当事人真实意思的解释;但这种方法的收益也是最大的,因为能够理解当事人的真实意思,从而使合同目标顺利实现,这对由无数交易环节构成的市场而言有着不言而喻的意义。

其二,从经济效率的角度着眼,考察当事人对该争议的可能意愿。波斯纳认为,较第一种方法,这种方法在成本上要低一些,也符合效率原则。但随即产生的问题是,法官或仲裁员毕竟不是当事人本身,法律人未必是经济人;现代社会认为个人是自身幸福的最佳判断者,在效率的判断问题上又何尝不是呢?

其三,适用某些规则,如作不利于试图强制执行合同一方的解释,或者作不利于合同起草人的解释。当然,这种方法并不寻求维持当事人的合同关系。

其四,兼采第一种与第三种方法。这种方法假设书面合同本身构成当事人的全部合意,文本之外不作考虑,这也是严格的形式主义解释方法。

总的来看,第一种方法与第二种方法能够降低当事人在缔约阶段的成本,因为法院或仲裁机构所遵循的是探求当事人真实意思的路径,当然,法院或仲裁机构为此付出的成本不菲;而第三种方法与第四种方法则促使当事人在缔约阶段尽可能详尽完整地对任何可能的事项作出约定。波斯纳认为,这与合同本身的价值有关,当事人会在合同价值与缔约成本之间进行权衡;如果当事人对法院或仲裁机构有充分的信心,也不妨策略性地将缔约成本往后一阶段转移,当然,如果不发生合同纠纷,也就不存在诉讼成本的问题。

另外,有些国家还区分共同错误和单方错误。共同错误指双方当事人在签订合同时,共同地对事实存在错误的认识,如前面所提到的人寿保险案件;单方错误指双方当事人在签订合同时,一方当事人对事实存在错误的认识。单方错误往往不影响合同的效力。

典型案例 4-15

经典案例的比较

在"伍德诉斯卡斯案"中,被告斯卡斯向原告伍德出租一个客栈,双方约定一年的租金是63英镑。除此之外,还增加一笔额外费用。被告以为他的雇员已经将该笔额外费用通知了原告,但事实上该雇员忘记通知了。法院判决,合同条件中不应该包括该笔额外费用,即被告的单方错误对合同效力不发生影响。

在"Beachcomber Coins 公司诉博斯克特案"中,原告 Beachcomber Coins 公司从被告博斯克特处购买了一枚面值为10美分的硬币,成交价为500美元。双方都认为这是一枚

1916年在丹佛铸造的硬币，而这种硬币现已成为稀有之物。之后，原告发现这是一件伪造品，于是要求解除这一交易。新泽西最高法院判决，该交易因双方对构成交易的基础事实在认识上发生共同错误而无效。

资料来源：沈四宝、王军，《国际商法教学案例（英文）选编》（第二版），法律出版社，2007，第358页。

单方错误合同有效的例外原则如下：

第一，如果相对方知道错误方的认识发生了错误，但将错就错地签约，则合同无效或者可撤销；在美国“切尔尼克诉美国政府案”中，建筑商在投标时将投标额写错了，仅为投标额的1/10。法院判决，业主有理由知道这是错误的，故判决该合同不能约束建筑商。

第二，如果一方的错误是另一方诱使的结果，则该合同不能约束错误方。

2. 欺诈

欺诈（Fraud），或称诈欺，是指一方当事人故意告知对方虚假情况，或故意隐瞒真实情况，诱使对方当事人作出错误意思表示的行为。简单地说，欺诈是以使他人发生错误为目的的故意行为。

各国法律都认为，凡是因受欺诈而订立的合同，受欺诈的一方可以撤销合同或主张合同无效。

大陆法规定，影响合同生效的欺诈必须符合一定的要件：①必须有欺诈行为的存在。②欺诈人主观上必须是故意的。德国学者甚至认为，一方有告知义务而忽略不作告知，也同样构成欺诈。③欺诈行为与表意人所陷入的错误以及因此所作出的意思表示有因果关系。④欺诈行为必须达到有悖诚实信用的程度。

根据《法国民法典》第1116条的规定：如果当事人一方不实行欺诈手段，他方当事人决不签订合同者，此种欺诈构成合同无效的原因。即欺诈的结果导致合同无效。

根据《德国民法典》第123条的规定：因被欺诈或被不法胁迫而为意思表示者，表意人可撤销其意思表示。根据这一规定，欺诈的结果导致撤销合同。

英美法把欺诈称为“欺骗性的错误陈述”（Fraudulent Misrepresentation）。《英国错误陈述法》（1976）把错误陈述分为两种：一种为“非故意的错误陈述（Innocent Misrepresentation）”；另一种为“欺骗性的错误陈述”。所谓错误陈述，是英美法的术语，指一方在订立合同之前，为了吸引对方订立合同而对重要事实所作的一种虚假的说明。它既不同于一般商业上的吹嘘（Puffing），也不同于正常的表示意见或看法（Opinion）。根据英国法的解释：如果作出错误陈述的人是出于诚实地相信有其事而作出的，就属于非故意的错误陈述；如果作出错误陈述的人并非出于诚实地相信有其事而作出的，则属于欺骗性的错误陈述。英国法对于欺骗性的错误陈述在处理上是相当严厉的，蒙受欺诈的一方可以要求赔偿损失，并可以撤销合同或拒绝履行其合同义务。

美国法与英国法不同，美国法将欺诈与错误陈述作了区分。法院的判例表明，欺诈的构成要件包括：①一方当事人故意给予对方虚假信息或对信息的真实性漠不关心；②对方当事人基于对信息的信赖采取了行动；③对方因此受到了损害。按照法律规定，欺诈通常仅限于事实问题。发表的可能不真实的意见或所做的吹嘘，不构成欺诈。根据《美国合同法重述Ⅰ》第 447 条的规定，基于欺诈订立的合同，由于双方之间没有真正的合意存在，因此，受欺诈一方可以撤销合同。

典型案例 4-16

奥茨加有限公司诉威廉姆案

被告威廉姆将其汽车卖给原告奥茨加有限公司时，称该车为 1948 年车型。原告后来发现，该车实际上是 1949 年车型。原告因此以被告作出欺诈性陈述为由，要求赔偿。

英国法官认为，原告是一家专门的汽车交易商，在了解真相方面与被告处于同样良好的地位（甚至比被告处于更好的位置），原告相信被告的陈述是违背合理常情的，因此，原告的赔偿请求被驳回。

资料来源：张圣翠主编，《国际商法》（第六版），上海财经大学出版社，2012，第 54 页。

《中国民法典》对“欺诈”没有明确作界定，但最高人民法院《关于贯彻执行〈中华人民共和国民法通则〉若干问题的意见（试行）》第 68 条对欺诈行为作了下列界定：一方当事人故意告知对方虚假情况，或者故意隐瞒真实情况，诱使对方当事人作出错误意思表示的，可以认定为欺诈行为。根据该界定，欺诈是指一方当事人故意告知对方虚假情况，或者故意隐瞒真实情况，诱使对方当事人作出错误意思表示的行为，所以，构成欺诈必须以故意作为主观要件，过失不构成欺诈。《中国民法典》第一百四十八条规定：一方以欺诈手段，使对方在违背真实意思的情况下实施的民事法律行为，受欺诈方有权请求人民法院或者仲裁机构予以撤销。《中国民法典》第一百四十九条规定：第三人实施欺诈行为，使一方在违背真实意思的情况下实施的民事法律行为，对方知道或者应当知道该欺诈行为的，受欺诈方有权请求人民法院或者仲裁机构予以撤销。

3. 胁迫、不当影响与乘人之危

胁迫（Threat or Duress），是指以使人产生恐惧为目的的一种故意行为。

由于当事人受胁迫所作的意思表示，不是其内心的真实意思，因此各国的法律都一致认为，凡是在胁迫之下订立的合同，受胁迫的一方可以主张合同无效或撤销合同。在受胁迫的情况下所作的意思表示，不是自由表达的意思表示，不能产生法律上的意思表示的效果。

德国法区分了胁迫和乘人之危。一般情况下，因胁迫订立的合同可撤销，乘他人穷困、无经验、缺乏判断能力等而订立的合同则无效。

《法国民法典》第 1112 条规定：如果行为的性质足以对正常人产生影响并使其担心自己的身体或财产面临重大且现实的危害，即为胁迫。根据该法典第 1111—1114 条的规定，对缔约人的配偶、直系亲属以及合同的义务承担人进行胁迫，也导致合同无效。

对于来自缔约双方当事人以外的第三方的胁迫，各国法律的处理略有不同。德国法认为如果胁迫来自第三方，即使合同的相对人不知情，受胁迫一方也有权撤销合同。法国、意大利、西班牙等国也有类似的规定。英美法则把第三方的胁迫与第三人所作的欺诈同样看待，即只有合同的相对人知道有胁迫时，受胁迫的一方才能撤销合同。

英美法中的胁迫是指对人身实施暴力威胁的行为。英美法认为对于因胁迫而订立的合同，蒙受不利的一方可以撤销。

此外，衡平法中还有所谓的不当影响（Undue Influence）的概念。现在，这两个概念已经合二为一。不当影响是英美法的特有规定，是为了弥补英美法中胁迫制度适用范围过窄的缺陷而建立的制度。

所谓不当影响，主要适用于滥用特殊关系以订立合同为手段从中牟取利益的场合，通常是指当事人由于非正当的间接压力或引诱，迫使对方订立合同。也即，一方当事人违背诚信原则，利用对方当事人的某种依赖关系、缺乏远见、无知、无经验或缺乏谈判技巧等诱使其签订合同的行为。例如，A 和律师 B 是好朋友，B 的一个客户 C 很有钱，A 就利用 B 是 C 的律师这一层关系，通过花言巧语，使 C 签署了一份对自身不利的合同。在该例子中，由于 C 对律师 B 十分信赖，A 利用这层关系对 C 施加了不当影响使其签署了合同。因此，当 C 了解真相后，可以以不当影响为由要求撤销合同。但国际统一私法协会 2010 年修订的《国际商事合同通则》规定，受不当影响所订立的合同，只有在对另一方当事人过分有利的情况下，才可以被宣告无效或者个别条款无效。

不当影响与胁迫的区别在于：不当影响通常是通过精神、智力或者道义上的间接形式实施，而不使用暴力或者以暴力相威胁。不当影响适用的场合，通常有家长与子女之间、律师与当事人之间、受托人与委托人及受益人之间、监护人与被监护人之间、教师与学生之间、医院与病人之间订立的合同，如果这类合同有不公正的地方，即可推定为有不当影响，蒙受不利的一方享有撤销权。

典型案例 4-17

北大西洋船舶公司诉海威汀造船厂案

原告北大西洋船舶公司和被告海威汀造船厂签订了一份造船合同。合同规定，价格为固定价格，不随市场波动，价款分五次付清。当原告支付第一笔款项时，正值通货膨胀，被告知道原告急需船，遂要求另加 10% 的款项，原告只好同意。在交船后，原告按规定付清了款项。后来原告要求被告偿还多付的款项。法院认为，在不当影响下订立的合同是可以撤销的，在被告交船前，原告受到被告有可能不交船的不当影响；但是在被告交船后，即不当影响解除后，原告仍然付款，直至全部付清，这就等于默认了附加的增加 10% 款项的合同，故不能撤销。最终原告败诉。

资料来源：张文博等，《英美商法指南》，复旦大学出版社，1995，第 26 页。

近些年来，英美法院经常援引胁迫原则来处理经济胁迫案件。所谓经济胁迫，是指一方当事人以经济或商业上的压力等非暴力手段，迫使处于劣势的对方与之缔约。如果存在施加压力行为，但施加压力的当事人并没有迫使对方接受对其明显不利的合同，或此压力并未影响对方自主缔约的平等地位，则不构成经济胁迫，所订立的合同仍视为有效。

《中国民法典》也没有对胁迫作出明确界定，但最高人民法院《关于贯彻执行〈中华人民共和国民法通则〉若干问题的意见（试行）》第69条对胁迫作了界定：以给公民及其亲友的生命健康、荣誉、名誉、财产等造成损害，或者以给法人的荣誉、名誉、财产等造成损害为要挟，迫使对方作出违背真实的意思表示的，可以认定为胁迫行为。《中国民法典》第一百五十条规定：一方或者第三人以胁迫手段，使对方在违背真实意思的情况下实施的民事法律行为，受胁迫方有权请求人民法院或者仲裁机构予以撤销。

此外，《中国民法典》颁布之前，中国法律还有对乘人之危的特别规定。最高人民法院《关于贯彻执行〈中华人民共和国民法通则〉若干问题的意见（试行）》第70条规定：一方当事人乘对方处于危难之机，为牟取不正当利益，迫使对方作出不真实的意思表示，严重损害对方利益的，可以认定为乘人之危。据此，乘人之危可以作两种解释：广义的解释是仅仅考虑原因而不考虑后果，即只要是乘人之危，不管合同的权利义务是否显失公平，只要违背相对人意愿，都构成乘人之危的合同；狭义的解释则是指不仅违背相对人的意愿，且合同的权利义务显失公平。从原先的《民法通则》和《中国合同法》的立法体例来看，中国法律是倾向于广义解释的。但《中国民法典》颁布后有较为明显的变化。《中国民法典》第一百五十一条规定：一方利用对方处于危困状态、缺乏判断能力等情形，致使民事法律行为成立时显失公平的，受损害方有权请求人民法院或者仲裁机构予以撤销。可见，《中国民法典》是倾向于狭义解释的，也即不仅要存在“一方利用对方处于危困状态、缺乏判断能力等情形”，还要满足“致使民事法律行为成立时显失公平”，受损害方才有权请求人民法院或者仲裁机构予以撤销。

4. 心中保留

心中保留（Real Reservation）是大陆法特有的规定。心中保留在德国又称意思保留，是指当事人一方在缔约过程中向对方作出不真实的意思表示。

基于心中保留而成立的合同，各国民法一般都视为有效，只有在相对人知道表意人有心中保留时，合同才无效。

5. 显失公平

显失公平（Unconscionable/Obvious Unjust/Obvious Unfair/Grossly Unfair）制度起源于罗马法，在罗马法中，有“短少逾半规则”，即买卖价金少于标的物价值的一半时，出卖人可以解除合同，返还价金并请求返还标的物。

《法国民法典》完全继承罗马法的规定，在第1674条中明确规定：当出卖人因低价所受损失超过不动产价金的7/12时，有权请求取消买卖。《德国民法典》第138条规定：法律行为系乘他人穷困、无经验、缺乏判断能力或意志薄弱，使其为对自己或第三人的给付财产上的利益的约定或担保，而此种财产上的利益相对于给付显然是不相称的，该法律行为无效。

英美法也特别强调对显失公平合同中受害人的保护。根据衡平法，如果合同内容显失公平且“触动了法官的良知”，则该合同不能得到执行。

《美国统一商法典》中关于显失公平的合同或条款的内容如下：①如果法院认定某项合同或合同中的某项条款在合同订立时已经是显失公平的，法院应当拒绝强制执行该合同，或者不执行显失公平的条款而仅执行合同的其余部分，或者限制任何显失公平的条款的适用，以避免显失公平的后果。②如果法院受理主张某项合同或合同的某项条款显失公平的案件，应当向当事人提供合理的机会，让其就商业背景、目的和后果等问题提出证据，以帮助法院作出判决。

《美国统一商法典》中所谓的显失公平，是指基于一般社会的或经济的观点（包括公共政策之类），或者就特定的商事交易的规矩惯例，认为在订立合同时，整个合同或者某项合同条款偏袒一方当事人（One-sided）到了可以视为不法的程度。现代意义上的显失公平包括"实质性显失公平"（Substantial Unconscionability）与"程序性显失公平"（Procedural Unconscionability）。前者主要强调合同的条件不合理，有利于一方而不利于另一方；后者主要强调另一方在订立合同时未作出有意义的选择（Meaningful Choice），包括由于自身以外的原因而未能理解合同的内容，或者由于其所处的地位完全没有与对方讨价还价的余地。

我们来看一个实质性显失公平的案例。

典型案例 4-18

琼斯诉讼案

原告琼斯是一个社会福利金领取人，他以分期付款方式从一家商店订购了一件家用制冷设备，产品售价为 900 美元，再加上信贷费、保险费和销售税等，买方共需支付 1 234.80 美元。但在初审阶段，有无可辩驳的证据表明，该制冷设备的最高零售价仅约为 300 美元。到诉讼发生时，原告作为买方已经支付了 619.88 美元，原告拒绝支付剩余款项。

纽约州最高法院在终审判决中说："问题在于，在本案中，把一台零售价为 300 美元的制冷设备按 900 美元出售，作为一个法律问题，是不是显失公平？本法院认为，答案是肯定的。可以肯定，300 美元已经包括了合理的利润；900 美元一听就知道很贵。这两个数字之差真是大得不能再大了，仅信贷费一项就比零售价高出了 100 美元以上。这笔费用本身就足以支持本法院作出这项买卖显失公平的判决。"

资料来源：王军、戴萍，《美国合同法案例选评》，对外经济贸易大学出版社，2006。

程序性显失公平判例如下：

典型案例 4-19

达纳汽车行诉宇宙保险公司案

本案是亚利桑那州最高法院 1984 年审理的案子。

原告是达纳汽车行，被告是宇宙保险公司。原告与被告签订了 A、B 两份保险合同。依 A 合同，适用于租车人的赔偿费限额为 15/30。依 B 合同，被告将为原告提供全套保险，其中一张保险单因规定了多种险别而被称为"雨伞保险单"。原告在为 A 合同中的保险单续期时发现该保险单规定的 15/30 限额与之前双方达成的协议不符，便请被告代理澄清此事。原告及其证人称，当时该代理表示"雨伞保险单"中的"一切险条款"将使得适用于租车人的赔偿费限额变更至 100/300。原告收到"雨伞保险单"后并没有阅读。事实上，该保险单并未更改15/30的限额。

最高法院指出:通常保险单是一种特殊的合同。在多数情况下是附意合同,其大多数条款由“锅炉钢板”[①]构成,当事人不可能完全阅读,即使看了也不可能像专业人员那样完全理解,也不能做出任何更改。普通投保人对保险的理解通常源于保险代理人的介绍,而非保险单。如果单以保险单为最终文本,则不利于保护普通投保人对交易的合理预期。因此,最终法院作出了有利于原告的判决。

资料来源:邹岿,《国际商事合同法案例讲解大全》,https://www.360docs.net/doc/9917349531.html,访问日期:2023年8月4日。

中国法律没有对显失公平规定量化标准。根据《民法通则》第五十九条的规定,民事行为显失公平的,一方当事人有权请求人民法院或者仲裁机构予以变更或者撤销。《中国合同法》中也有显失公平的规定,该法第五十四条规定显失公平的合同属于可撤销合同,且双方当事人都享有撤销权。

尽管《民法通则》《中国合同法》均有关于乘人之危、显失公平情形下民事法律行为效力的规定,但其中乘人之危和显失公平是影响民事法律行为效力的不同原因,二者相互独立,并无必然关联。

《中国民法典》改变了乘人之危和显失公平法律效果二分模式,采取合一模式,将乘人之危和显失公平整合为一条,即把乘人之危作为显失公平的原因,把两者结合起来共同作为影响合同效力的原因。《中国民法典》第一百五十一条规定:一方利用对方处于危困状态、缺乏判断能力等情形,致使民事法律行为成立时显失公平的,受损害方有权请求人民法院或者仲裁机构予以撤销。该条规定旨在为因身处危困状态或缺乏判断力等而为有瑕疵之意思表示的当事人,提供摆脱约束的可能性。从实践效果来看,新规定大幅收缩了原显失公平规则的适用空间。

第四节　违约责任及救济

一、违约责任的概念

1. 概念及特点

违约责任(Breach of Contract),是指合同成立后,合同当事人由于某种原因不履行或者不完全履行合同义务而应该承担的民事责任。我们可以简单称之为违反合同的民事责任。

确定合同当事人承担违约责任,通常须具备一定的条件。一般来说,行为人须有过错,且不履行或不完全履行合同义务;有财产上的损害事实,并且违约行为与损害结果之间必须存在因果关系。

一般地,违约责任具有如下四个特点:①有当事人不履行合同义务或者履行不符合约

① 锅炉钢板,指合同中无法协商的条款,且这些条款相互呼应,成为一个严密的体系,如同锅炉钢板一样。

定的事实；②具有相对性，即只能发生在合同当事人之间；③以补偿性为主；④可以由当事人约定。

2. 违约责任的归责原则

大陆法以过错责任原则作为基础。根据大陆法的解释，合同债务人只有当存在可以归责于他的过失时，才承担违约责任。英美法则不同，以无过错责任原则作为基础。英美法认为，一切合同都是“担保”，只要债务人不能达到担保的结果，即构成违约，就应负损害赔偿责任。

于1999年废止的《中华人民共和国经济合同法》第二十九条明确规定实行过错责任原则，这明显是受到大陆法的影响。该条规定：由于当事人一方的过错，造成经济合同不能履行或者不能完全履行，由有过错的一方承担违约责任；如属双方的过错，根据实际情况，由双方分别承担各自应负的违约责任。《民法通则》第一百一十一条实际上已经放弃了过错责任原则，该条规定：当事人一方不履行合同义务或者履行合同义务不符合约定条件的，另一方有权要求履行或者采取补救措施，并有权要求赔偿损失。之后《中国合同法》第一百零七条进一步明确：当事人一方不履行合同义务或者履行合同义务不符合约定的，应当承担继续履行、采取补救措施或者赔偿损失等违约责任。《中国民法典》第五百七十七条规定：当事人一方不履行合同义务或者履行合同义务不符合约定的，应当承担继续履行、采取补救措施或者赔偿损失等违约责任。可见，中国将无过错责任原则确定为一般的归责原则，只是在特定情况下实行过错责任原则。

大陆法和英美法之所以存在这种分歧，其原因主要在于两大法系对合同本质的理解不同。大陆法把合同视为一种债，认为债务人有义务履行其合同义务，否则，应受到法律的制裁。因此，在大陆法中，违约救济被认为是对违约行为的惩罚，而惩罚只能是针对有过错的行为。英美法则认为合同是一种具有约束力的允诺或保证，因为保证责任是一种无过错责任，所以如果合同当事人没有作出其允诺或保证的行为，或没有发生其所保证的结果，则该当事人就应向对方承担责任，无论他对此是否有过错。

3. 关于催告

所谓催告（Putting in Default），是指债权人向债务人请求履行合同的一种通知。催告是大陆法的一种制度，在合同没有明确规定确定的履行日期的情况下，债权人必须首先向债务人作出催告，然后才能让债务人承担延迟履约的责任。

根据大陆法的解释，催告的作用主要有以下三个方面：

（1）从催告之日起，不履约的风险完全由违约的一方承担；

（2）债权人有权就不履行合同请求法律上的救济；

（3）从送达催告之日起，开始计算损害赔偿及其利息。

如果债权人在清偿期届满后不向债务人作出催告，就表示他不打算追究债务人延迟履约的责任。

英美法中没有催告这个概念。英美法认为，如果合同规定了履行期限，则债务人必须根据合同规定的期限履行合同。如果合同没有规定履行期限，则应在合理期限内履行合同，否则即构成违约，债权人无须催告即可请求债务人赔偿因延迟履约而造成的损失。

《中国民法典》中也有关于催告的规定。在某些时候，催告甚至被作为采取违约救济时必不可少的程序,比如《中国民法典》第五百六十三条规定了合同当事人的单方解除权,其中第(三)项规定的解除情形为:当事人一方迟延履行主要债务,经催告在合理期限内仍未履行。

二、违约形式

关于违约形式,两大法系差异很大。

1. 英美法

英美法中的英国法区分违反条件(Breach of Condition)和违反担保(Breach of Warranty);美国法则有重大违约(Material Breach)和轻微违约(Minor Breach)之分,该分类与英国法所区分的违反条件和违反担保有许多相似之处。

根据英国法的解释,如果一方当事人违反了"条件",即违反了合同的主要条款,则对方有权解除合同,并可以要求赔偿损失。值得一提的是,在英美法中,"条件"一词还有另外一种意思。它用以指称根据某种不确定事件的发生与否来决定是否生效的那种合同规定。违反担保是指违反合同的次要条款或随附条款。在违反担保的情况下,蒙受损害的一方不能解除合同,只能向违约的一方请求损害赔偿。

英美法中的"履行不能"(Impossibility of Performance)有两种情况:一种是在订立合同时,该合同就不可能履行;另一种是在订立合同之后,发生了使合同不可能履行的情况。前者相当于大陆法中的"自始不能",后者相当于大陆法中的"嗣后不能"。

(1) 缔约时合同就不可能履行。根据英美法的解释,如果在订立合同时,双方当事人认为合同标的物是存在的,但是实际上该标的物已经灭失,那么合同是无效的,因为这是属于双方当事人的"共同错误",以共同错误为依据的合同是没有约束力的。

(2) 发生在合同成立后的履行不可能。根据英国判例的解释,即便在合同成立以后发生了某种意外事故,使合同不能履行,原则上也并不因此免除允诺人的履行义务,尽管这种意外事故不是由于允诺人的过失造成的,允诺人原则上仍然必须负损害赔偿的责任。

此外,在英美法中还有"预期违约"(Anticipatory Breach of Contract)这个独有的概念。

所谓预期违约,是指一方当事人在合同规定的履行期到来之前,就表示他届时将不履行合同。这种表示可以用行为作出,也可以用言语或文字作出。当一方当事人预期违约时,对方可以解除自己的合同义务,并可以立即要求给予损害赔偿,不必等到合同规定的履行期来临时才采取行动。

预期违约制度是在以下案件的判例中得以确立的。

典型案例 4-20

霍彻斯特诉德·拉·图尔案

1852 年 4 月,原告霍彻斯特与被告德·拉·图尔订立了雇佣合同,自 6 月 1 日起原告为被告的欧洲之行充当导游,为期 3 个月,并确定了酬金。

之后,原告一直为出行做准备。5 月 11 日,被告写信通知原告,取消他的服务,拒绝履行该合同。原告于次日向法院起诉。

在诉讼中，被告辩称，合同的履行期限未到，原告没有起诉的权利。

法院认为：被告的信件构成预期违约，应当允许原告解除合同，立即寻找新的工作。如果要原告等到6月1日再去寻找工作是不公平的。原告也有理由在此时请求损害赔偿，而不必等到实际违约之时。

这一案例确认：在一方当事人预期违约时，另一方当事人可以解除合同并立即行使损害赔偿请求权。

资料来源："Hochster v. De La Tour", accessed July 1, 2023, http://www.onelbriefs.com/cases/contracts/hochster_delatour.htm.

此外，在一方当事人预期违约的情况下，债权人（未违约方）有权拒绝对方的预期违约表示，包括用语言或行为甚至以沉默的方式表明他拒绝承认预期违约，而单方面坚持合同的效力，使合同继续存在并继续约束双方当事人。通过拒绝承认预期违约，一方当事人便保有了强制对方当事人履行合同的权利，还保持了不经法律诉讼获得合同实际履行的可能性。当然，拒绝承认预期违约，债权人就不能在履行期到来之前要求债务人赔偿损失，或者解除合同，而必须等到合同履行期到来之后，请求债务人继续履行合同或者根据实际违约的损害而要求对方赔偿损失。受损方的这种选择权是由以下案件的判例确定的。

典型案例 4-21

艾沃里诉鲍登案

该案中原告艾沃里与被告鲍登订立了一份为期45天的租船合同，合同规定原告应按约定将船开到俄国的敖德萨（今乌克兰境内）港口为被告装货。船抵达后，被告因货源不足而拒绝提供货物装船，同时被告建议原告离开港口。由于当时装船期限尚未届满，因此原告拒绝接受被告的建议而仍然留在港口要求被告履行合同。结果在装船期届满前，克里米亚战争爆发，合同因而无法履行。

原告以被告违约为由诉请赔偿。法院认为，在因战争而使合同无法履行前被告并未违约，虽然被告的行为构成预期违约，但是原告没有视此为预期违约而解除合同立即行使诉权；相反，他作了另外的选择，从而丧失了诉权。合同系因不可抗力的战争而被迫解除。

这一判例确立了预期违约发生后权利人的另一种选择，但同时也显示出权利人作出这种选择所要承担的风险，即因意外事件而丧失全部诉权的风险。

资料来源：石佳友、刘连炻，《国际制裁与合同履行障碍》，《上海大学学报（社会科学版）》2021年第1期：54—74。

法律承认债权人在预期违约的情形下的选择权，有利于债权人根据具体情况灵活地选择补救方式，体现了保护债权人利益、惩罚预期违约方违约的精神。

《中国民法典》第五百七十八条规定:当事人一方明确表示或者以自己的行为表明不履行合同义务的,对方可以在履行期限届满前请求其承担违约责任。很显然,《中国民法典》也赋予了债权人是否接受预期违约的选择权。这与英美法传统的预期违约制度相一致。

对于债权人选择拒绝承认预期违约的限制,来源于以下案件的判例。

典型案例 4-22

White & Carter 公司诉麦格雷戈案

该案的原告 White & Carter 公司是一家广告代理商,与被告麦格雷戈签订了利用垃圾箱做广告的合同,合同期限为 3 年。

在合同签订的第二天,被告即反悔,并取消了合同。

原告拒绝接受被告预告违反合同,继续制作并展示了广告。然后向法院起诉,要求被告赔偿合同价款。

英国上议院以 3∶2 的多数终审判决:原告可以收回全部合同价款。

判决理由如下:即使在一方当事人清楚地表明了预先违反合同的意图之后,无辜的当事人为了履行自己的合同义务,仍然可以合理地发生费用,而且,一旦到了合同的履行期限,他还可以请求对方补偿这些费用。

资料来源:石佳友、高郦梅,《违约方申请解除合同权:争议与回应》,《比较法研究》2019 年第 6 期:36—52。

这一判决在学术界和法官中遭到了强烈的批评,虽然这一判决仍然是有效的法律规则,但是法院都尽量不去利用这一规则。

《美国统一商法典》对债权人拒绝承认预期违约的选择权也施以相应的限制,以避免和防止债权人任意坚持合同效力而滥用预期违约的救济权。其第 2—610 条规定:合同任何一方在履约义务尚未到期时拒绝履行合同,如果造成的损失严重损害了合同另一方的价值,受损方可以:①在商业上合理的时间内,等待违约方履行合同义务;②寻求任何形式的违约救济,即使他已经通知违约方将等待履行合同和已经催促违约方撤回拒绝履行;③在上述任何一种情况下,均可以中止履行自己的合同义务。卖方也可以根据本编关于对方违约时的规定,将货物特定于合同项下,或者根据有关部门处理半成品货物的规定行事。法典这样规定是因为,如果受损方决定等待履约,则很可能产生一些其他问题。合同一方得知另一方违约后,法律赋予他一项基本的义务,即有义务采取所有必要的措施,以避免增加违约造成的损失。换言之,守约一方在法律上有减少违约损失的基本义务。

2. 大陆法

《德国民法典》把违约分为两类:履行不能和履行延迟(Delay in Performance)。

所谓履行不能,是指债务人由于种种原因不可能履行其合同义务,而不是指有可能履行合同而不去履行。

《德国民法典》把履行不能分为自始不能与嗣后不能两种情况。所谓自始不能，是指在合同成立时该合同就不可能履行；所谓嗣后不能，是指在合同成立时，该合同是有可能履行的，但是之后由于出现了阻碍合同履行的情况而使得合同不能履行。

根据《德国民法典》第 306 条的规定，凡是以不可能履行的东西为合同标的的，该合同无效。换言之，如果属于自始不能的情况，则合同在法律上是无效的。但是，如果一方当事人在缔约时已经知道或应当知道该标的是不可能履行的，则其应对信任合同有效而蒙受损害的对方当事人负赔偿责任。

针对嗣后不能的情况，必须区别是否有可以归责于债务人的事由：

(1) 非因债务人的过失而引起的履行不能。《德国民法典》第 275 条规定：在债务关系发生后，非因债务人的过失而引起履行不能者，债务人得免除履行的义务。

(2) 由于债务人的过失而引起的履行不能。《德国民法典》第 275 条规定：因债务人的过失而引起履行不能者，债务人应对债权人赔偿因不履行而产生的损害。

(3) 不可归责于任何一方引起的履行不能。根据《德国民法典》第 323 条的规定，合同双方当事人因不可归责于双方当事人的事由，致使自己不能履行应履行的义务的，双方均可以免除其义务。

所谓履行延迟，是指债务已届履行期，而且是可能履行的，但是债务人没有按期履行其合同的义务。这里同样要区别两种情况：一种是债务人没有过失的履行延迟；另一种是债务人有过失的履行延迟。根据《德国民法典》的规定，债权人必须向债务人提出催告，才能使债务人承担履行延迟的责任，但非由于债务人的过失而未履行者，债务人不负延迟责任。除合同另有规定外，催告是债权人就履行延迟请求损害赔偿的必要条件。

《法国民法典》以不履行债务与延迟履行债务作为违约的主要表现形式。《法国民法典》第 1147 条规定：债务人对于其不履行债务或延迟履行债务，应负损害赔偿的责任。对于双务合同，如果一方当事人不履行其合同义务，则对方有权解除合同。

3.《联合国国际货物买卖合同公约》的规定

《联合国国际货物买卖合同公约》（以下简称《公约》）将违约分为根本违反合同（Fundamental Breach of Contract）与非根本违反合同两种情况。《公约》第 25 条对根本违反合同所作的定义是：一方当事人违反合同，如果使另一方当事人蒙受损失，以至于实际上剥夺了他根据合同有权期待得到的东西，即为根本违反合同，除非违反合同的一方并不预知而且同样一个通情达理的人处于相同情况下也没有理由预知会发生这种结果。由此，构成根本违反合同的基本标准是，“实际上剥夺了他根据合同有权期待得到的东西”。《公约》对根本违反合同规定了相应的救济办法。如果卖方所交货物与合同不符构成根本违反合同，则买方可以采取以下救济办法：①要求卖方交付替代的货物；②解除合同，并请求赔偿损失。

《公约》对预期违约也作出了明确的规定，主要有以下两种情况：①在订立合同之后，一方当事人鉴于对方履行合同的能力或信用有严重的缺陷，或者从对方准备履行合同或实际履行合同的行为中看出对方显然将不履行其大部分重要的义务时，一方当事人可以中止履行其义务；②如果在履行合同期限届满之前，一方当事人显然看出对方将根本违反合同，则一方当事人可以解除合同。

三、违约救济

(一) 实际履行

实际履行(Specific Performance)是指在一方当事人不履行合同义务时,对方有权要求违约方仍按合同约定履行义务。

英美普通法中无实际履行这一救济方法,但在衡平法中可作为一种例外的救济方法,仅在损害赔偿不能满足债权人要求时适用。德国法把实际履行作为一种主要的救济方法。法国法则将实际履行作为一种可供选择的救济方法。

《美国合同法重述Ⅱ》的报告人法恩斯沃斯认为,合同救济制度并不是通过强迫允诺方(履约)的方式来阻止违约,而是通过允诺向对方提供救济的方式来补偿违约(损失)。[①]当一方违约时,原告在普通法上能得到的主要救济是金钱损害赔偿。只有在赔偿损失不充分的场合,才适用实际履行。实际履行又称特别履行或具体履行,是衡平法院认为普通法上的损害赔偿救济不充分或不公平时发展起来的替代救济。英美法主要将实际履行适用于独一无二的货物的买卖、不动产买卖以及为第三人利益的合同。不过现实案例中很少有判令实际履行的,因为在大多数案件中,诉讼结束时再考虑实际履行已经太迟,原告已对被告丧失信心,不再要求他履行。可见,实际履行这种违约救济方式,在英美法上有着各种严格的适用条件,并且往往由于现实情况的限制而不能适用。

大陆法认为违约责任只是债的关系的延伸,违约责任制度的作用在于使债的关系的实现获得国家强制力的保障。订立合同的最终目的是履行,一个完备的合同,只有得到严格的履行才能达到当事人立约的目的。在一方当事人违约后,只要对方当事人请求,实际履行就被作为首选的救济手段。

《中国民法典》第五百七十七条规定:当事人一方不履行合同义务或者履行合同义务不符合约定的,应当承担继续履行、采取补救措施或者赔偿损失等违约责任。第五百七十九条规定:当事人一方未支付价款、报酬、租金、利息,或者不履行其他金钱债务的,对方可以请求其支付。第五百八十条规定:当事人一方不履行非金钱债务或者履行非金钱债务不符合约定的,对方可以请求履行,但是有下列情形之一的除外:①法律上或者事实上不能履行;②债务的标的不适于强制履行或者履行费用过高;③债权人在合理期限内未请求履行。有前款规定的除外情形之一,致使不能实现合同目的的,人民法院或者仲裁机构可以根据当事人的请求终止合同权利义务关系,但是不影响违约责任的承担。

(二) 损害赔偿

损害赔偿(Damage Compensation)是一种对违约的主要救济方法,为各国法律所普遍采用。

1. 损害赔偿的条件

大陆法系国家中损害赔偿必须满足三个条件:①有损害的事实;②有归责于债务人的原因;③损害发生的原因与损害之间有因果关系,即损害是由于债务人应予以负责的原因

---

① 邢文娟、冯茜,《浅析英美法系合同法对价制度》,《商场现代化》2012年第36期:134。

所造成的。

英美法不同于大陆法。根据英美法的解释，只要一方当事人违反合同，对方就可以提起损害赔偿之诉，而不以违约一方有无过失为条件；无须证明违约方有过错，也不以是否发生实际损害为前提。如果违约的结果没有造成损害，则债权人虽然无权要求实质性的损害赔偿，但是他可以请求名义上的损害赔偿，即在法律上承认他的合法权利受到了侵犯。

中国法律中关于赔偿的认定原则上无需过错事实，但要有实际损害。

2. 损害赔偿的方法

损害赔偿的方法有恢复原状（Restitution）与金钱赔偿两种。

所谓恢复原状，是指恢复到损害发生之前的状态。这种方法可以完全达到损害赔偿的目的，但是实行起来不太方便，甚至不可能做到。

所谓金钱赔偿，是指以支付金钱弥补对方所受到的损害。这种方法便于实行，但是有时不能完全满足损害赔偿的本旨。

德国法对损害赔偿以恢复原状为原则，以金钱赔偿为例外。法国法以金钱赔偿为原则，以恢复原状为例外。英美法对损害赔偿采取金钱赔偿的方法，又称金钱上的恢复原状（Pecuniary Restitution）。

3. 损害赔偿的范围

在发生违约的情况以后，受损方在请求损害赔偿时应如何确定损害的范围，应根据什么原则确定损害赔偿的金额，对此有两种情形：一种是由双方当事人自行约定的，称为约定损害赔偿；另一种是在双方当事人没有约定时，由法律作出规定的，称为法定损害赔偿。

《德国民法典》认为，损害赔偿的范围应包括违约造成的实际损失与所失利益两个方面。所谓实际损失，是指合同规定的合法利益由于可归责于债务人的事由而遭受损害。所谓所失利益，是指如果债务人不违反合同本应能够取得的，但是因为债务人的违约而丧失了的利益。

法国法也有类似的规定。根据《法国民法典》第 1149 条的规定，对债权人的损害赔偿，一般应包括债权人所受现实的损害与所失可获得的利益。

英美法认为，计算损害的基本原则是使由于债务人违约而蒙受损害的一方，在经济上能处于该合同得到履行时同等的地位。

一般来说，损害赔偿的范围包括所遭受的损失和本来可以获得的利益，但非欺诈性违约仅以订约时可预见的损失为赔偿之限。在无任何损害的情况下，英美法院有时候判违约方给予名义上的赔偿（Nominal Damage）。但在既涉及违约又涉及侵权的场合，美国法院有时还会考虑当事人的惩罚性赔偿（Punitive Damage）。

典型案例 4-23

Surry 郡议会诉 Bredero 居家公司案

原告 Surry 郡议会将一块地皮卖给了被告 Bredero 居家公司。合同规定，被告在该地皮上不得建造超过 72 幢房屋。被告故意违约，总共建造了 77 幢房屋。原告起诉，并向被告索讨多建造房屋赚取的利润。英国上诉法院认为，被告的行为确实构成违约，但是由于原告并未遭受任何损失，因此，原告只能获得名义上的赔偿。

资料来源：张圣翠主编，《国际商法》（第六版），上海财经大学出版社，2012，第 67 页。

《中国民法典》第五百八十四条规定：当事人一方不履行合同义务或者履行合同义务不符合约定，造成对方损失的，损失赔偿额应当相当于因违约所造成的损失，包括合同履行后可以获得的利益；但是，不得超过违约一方订立合同时预见到或者应当预见到的因违约可能造成的损失。

可见，中国法律上关于违约损害赔偿范围的规定，体现了完全赔偿原则和可预见性原则。

典型案例 4-24

哈里森案

在该案中，被告同意为原告运送一批白糖到 A 港，被告没有按原定航道行驶，而是绕了一个弯，先去了 B 港，再赴 A 港，这样航期延误了 10 天。在这段时间里，白糖价格猛跌，原告因此损失了 4 000 英镑。

法院认为，被告船方应该预见到商品的市场价格是随时波动的，延误 10 天，白糖价格很可能会有大的变动。对于被告应预见而没有预见的损失，被告应该赔偿。故判决，被告赔偿原告 4 000 英镑。

资料来源：张文博等，《英美商法指南》，复旦大学出版社，1995，第 36—37 页。

典型案例 4-25

维克多洗衣中心诉纽蒙工业公司案

原告维克多洗衣中心从被告纽蒙工业公司处订了一个锅炉，以扩大洗衣业务。被告本该 6 月交货，却一直拖延至 11 月才交货。原告起诉。

原告认为被告应赔偿两笔损失：第一，按常规洗衣业务，每周损失 16 英镑；第二，洗衣中心为政府部门专门洗衣的特色项目，每周损失 262 英镑。

法院认为，按常规洗衣业务，每周的损失费用是可以预见的损失，被告应该予以赔偿；但特色项目的损失属于不可预见的损失，被告确实不知晓，故判决被告对这一损失不予赔偿。

资料来源：张文博等，《英美商法指南》，复旦大学出版社，1995，第 36—37 页。

关于因一方当事人违约而造成另一方的精神损失，只要是可预见的，违约方也应该赔偿。

典型案例 4-26

考克斯诉菲利普工业公司案

在本案中，被告菲利普工业公司违反雇佣合同，解雇了原告考克斯。原告忧虑成疾，卧床不起。

法院认为，被告应该预见到原告被解雇后的精神压抑。因此，判决被告所支付的违约金包括原告的精神损失费。

资料来源：张文博等，《英美商法指南》，复旦大学出版社，1995，第 37 页。

（三）违约金

违约金（Liquidated Damages）是指以保证合同履行为目的，由双方当事人事先约定，当债务人违反合同时，应向债权人支付的金钱。

依据违约金的性质，大陆法区分了两种不同的违约金：

（1）具有惩罚性质的违约金。例如，德国法认为，违约金是对债务人不履行合同的一种制裁，具有惩罚的性质。

（2）作为预定损害赔偿总额的违约金。例如，法国法认为，违约金的性质属于预先约定的损害赔偿金额。

关于违约金的增加或减少问题，德国法认为，法院有权对违约金予以增加或减少。法国法在过去一直认为，法院对于违约金的金额原则上不得予以增加或减少。但是，1975 年 7 月第 75—597 号法律对上述规定作出了重大的修改。修改后的第 75—597 号法律规定：如果赔偿数额明显过大或过小，则法官应减少或增加原约定的赔偿数额。一切相反的约定视为未订。《法国民法典》第 1231 条规定：凡主债务已经一部分履行的，法官应酌量减少约定的违约金。可见，在违约金过高或过低时，大陆法系国家是允许对违约金加以调整的。

英美法对违约金的规定与大陆法有些不同，英美法一般认为，对于违约只能要求赔偿，不能予以惩罚。因此，英国和美国法院对于双方当事人在合同中约定，当一方违约时应向对方支付一定金额的条款，首先要明确这一金额是作为罚金（Penalty），还是作为预先约定的损害赔偿金额。如果法院认定是罚金，则一方违约时，对方不能得到这笔金额；如果是预先约定的损害赔偿金额，则一方违约时，对方即可获得这笔金额。

联合国国际贸易法委员会制定了适用于这种条款的法律规则《关于在不履行合同时支付约定金额的合同条款的统一规则》（以下简称《统一规则》）。这项规则的适用范围及主要内容如下：

（1）适用范围。《统一规则》适用于当事人约定在一方不履行合同时，另一方有权取得约定金额的国际合同（International Contracts），不论此项约定的金额是作为罚金还是作为赔偿金（Compensation）。

(2) 主要内容。《统一规则》的主要内容有以下几项:

第一,如果债务人对不履行合同没有责任,则债权人无权取得约定的金额。

第二,如果合同规定,一旦延迟履行,债权人有权取得约定的金额,则债权人在有权取得约定金额的同时,还有权要求履行合同义务。

第三,如果合同规定,当出现延迟履行以外的不履约情况时,债权人有权取得约定的金额,则债权人有权要求履行合同,或者要求支付约定的金额。但是,如果约定的金额不能合理地补偿不履约造成的损失,则债权人有权在要求履行合同的同时,要求支付约定的金额。

第四,如果债权人有权取得约定的金额,则在该约定金额所能抵偿的范围内的损失,债权人不得请求损害赔偿。但是,如果损失大大地超过了约定的金额,则对于约定的金额不能抵偿的部分,债权人仍可以请求损害赔偿。

第五,除非约定的金额与债权人所遭受的损失很不相称,法院或仲裁机构均不得减少或增加合同约定的金额。

《中国民法典》第五百八十五条规定:当事人可以约定一方违约时应当根据违约情况向对方支付一定数额的违约金,也可以约定因违约产生的损失赔偿额的计算方法。约定的违约金低于造成的损失的,人民法院或者仲裁机构可以根据当事人的请求予以增加;约定的违约金过分高于造成的损失的,人民法院或者仲裁机构可以根据当事人的请求予以适当减少。当事人就迟延履行约定违约金的,违约方支付违约金后,还应当履行债务。根据以上规定,在违约金低于损失或者过分高于损失时,是可以向法院或者仲裁机构申请调整的。此外,《中国民法典》第五百八十八条规定:当事人既约定违约金,又约定定金的,一方违约时,对方可以选择适用违约金或者定金条款。定金不足以弥补一方违约造成的损失的,对方可以请求赔偿超过定金数额的损失。可见,在违约金和定金并存时,两者是不能并用的,当一方违约时,对方只能选择适用其一。这样的规定可以在一定程度上避免违约金和定金并用时给违约方带来过于不公平的负担。

(四) 解除合同

绝大多数国家都规定,一方违约时,另一方有权解除合同(Rescission)。根据《法国民法典》第1184条的规定,双务合同的一方当事人不履行其所约定的债务时,应视为有解除条件的约定。德国法也认为,在债务人不履行合同时,债权人有权解除合同。不履行合同包括履行不能、履行延迟、拒绝履行和不完全履行四种情况。英美法与大陆法有所不同。英国法把违约分为违反条件与违反担保两种情况,只有当一方当事人违反条件时,对方才可以要求解除合同;根据如果一方当事人仅仅是违反担保,则对方只能请求损害赔偿,不能要求解除合同。根据《国际商事合同通则》第7.3条的规定,如果一方当事人根本不履行或预期不履行合同,另一方当事人有权书面通知该一方当事人终止合同,而且对合同终止权利的行使并不排除另一方当事人对不履行要求损害赔偿的权利。

1. 解除权的行使

根据西方各国法律的规定,行使解除权的方法主要有两种:一种是由主张解除合同的一方当事人向法院起诉，由法院作出解除合同的判决；另一种是无须经过法院，只需向对方表示解除合同的意思即可。

法国法采取第一种办法。《法国民法典》第1184条规定：债权人解除合同，必须向法院起诉。但是，如果双方当事人在合同中订有明确的解除条款，则无须经过法院。

德国法采取第二种办法。《德国民法典》第349条规定：解除合同应向对方当事人以意思表示为之。合同当事人只需把解除合同的意思通知对方即可，不需要经过法院来解除。

英美法认为，解除合同是一方当事人由于对方的违约行为而产生的一种权利，他可以宣告自己不再受合同的约束，并且认为合同已经终止，无须经过法院的判决。

《国际商事合同通则》规定，受损方终止合同应在合理时间内，向违约方发出终止通知。

《中国民法典》第五百六十五条规定：当事人一方依法主张解除合同的，应当通知对方。合同自通知到达对方时解除；通知载明债务人在一定期限内不履行债务则合同自动解除，债务人在该期限内未履行债务的，合同自通知载明的期限届满时解除。对方对解除合同有异议的，任何一方当事人均可以请求人民法院或者仲裁机构确认解除行为的效力。当事人一方未通知对方，直接以提起诉讼或者申请仲裁的方式依法主张解除合同，人民法院或者仲裁机构确认该主张的，合同自起诉状副本或者仲裁申请书副本送达对方时解除。从这条规定来看，法律在赋予解除权人解除合同的权利的同时，也赋予了对方当事人知情权和异议权。

2. 解除合同时能否请求损害赔偿

关于解除合同时能否请求损害赔偿的问题，各国法律的规定有所不同。《法国民法典》第1184条规定：当双务合同一方当事人不履行债务时，债权人可以解除合同并请求损害赔偿。《日本民法典》第545条规定：解除权的行使不妨害损害赔偿的请求。英美法也认为，当一方当事人违反条件或构成重大违约时，对方可以解除合同并请求损害赔偿。以上国家都允许同时行使解除合同和请求损害赔偿的权利。

《德国民法典》的规定与上述各国法律的规定有所不同。根据《德国民法典》第325条与第326条的规定，债权人只能在解除权与损害赔偿请求权两者之间选择其一，而不能同时享有两种权利，即两者不能就同一债务关系并存。如果债权人要求解除合同，那么他就不能要求损害赔偿；反之，如果债权人要求损害赔偿，就不能要求解除合同。

《中国民法典》第五百六十六条规定：合同解除后，尚未履行的，终止履行；已经履行的，根据履行情况和合同性质，当事人可以请求恢复原状或者采取其他补救措施，并有权请求赔偿损失。合同因违约解除的，解除权人可以请求违约方承担违约责任，但是当事人另有约定的除外。主合同解除后，担保人对债务人应当承担的民事责任仍应当承担担保责任，但是担保合同另有约定的除外。可见，中国法律允许解除权与损害赔偿请求权同时行使。

3. 解除合同的法律后果

解除合同的法律后果是消灭合同的效力。合同一经解除，其效力即告消灭。但是，这种消灭的作用是溯及既往，还是指向将来，各国的法律对比有不同的规定。法国法认为，解除合同是使合同效力溯及既往的消灭,未履行的债务当然不再履行,即使是已经履行的债务,也因缺乏法律上的原因而应恢复原状。《德国民法典》第346条规定:在解除合同时,各方当事人互负返还其受领的给付的义务。如果已履行的给付是劳务的提供或以自己的物品供对方利用,因无法恢复原状,则应补偿其代价。英国法认为,由于违约造成的解除合同,并不使合同自始无效,而只指向将来,即只有解除合同时尚未履行的债务不再履行。美国法认为,解除合同应产生恢复原状的效果。各当事人均应把其从对方取得的东西归还给对方,尽可能恢复到原来的状态。

(五)禁令

禁令(Injunction)是英美法特有的一种救济方法。它由法院发出,强制当事人执行合同所规定的某项消极的规定(Negative Stipulation),即由法院判令被告不许做某种行为。禁令是衡平法上的一种救济方法。

根据英美法,法院仅在下列情况下才会给予这种救济:①采取一般损害赔偿的救济方法不足以补偿债权人所受的损失;②禁令必须符合公平合理的原则。

禁令在涉及提供个人劳务的案件中比较常见。在此类案件中,当债务人违反合同时,法院在某些情况下,可以用禁令的方式来补偿债权人所蒙受的损失。比如,一个演员与甲剧院签订了为期一年的演出合同,答应只在该剧院演出,不在别的任何剧院演出。但在此期间,该演员又与乙剧院签订了演出合同。在这种情况下,法院可以根据甲剧院请求,颁布禁令,禁止该演员在乙剧院演出。但是上述情况的前提是:该禁令是公平合理的。如果甲剧院的演出报酬很低,无法维持该演员的正常生活所需,而该演员又没有其他合理的生活来源,则法院将不会支持甲剧院的禁令请求。

《中国民法典》中也有禁令的规定,但并非针对合同,而是针对人格权。《中国民法典》第九百九十七条规定:民事主体有证据证明行为人正在实施或者即将实施侵害其人格权的违法行为,不及时制止将使其合法权益受到难以弥补的损害的,有权依法向人民法院申请采取责令行为人停止有关行为的措施。这条规定就是针对侵害人格权的禁令。它是指当侵害他人权益的行为已经发生或即将发生,如果不及时制止,将导致损害后果迅速扩大或难以弥补时,受害人有权依法请求法院颁发禁令,责令行为人停止相关侵权行为。虽然禁令并不能终局性地确定当事人之间的权利义务关系,但它能够有效保护受害人的人格权,有效防止损害的发生或者扩大。

典型案例4 27

首张唱片公司诉布雷顿流行歌手组案

原告首张唱片公司是被告布雷顿流行歌手组的独家代理人,被告同意五年内不用他人代理。

后来被告违反约定,不再聘用原告为代理人,而是另聘了第三人为代理人。

原告起诉要求法院发禁令。

法院认为:布雷顿流行歌手组的成员们均为高中刚毕业的学生,并不是什么大学毕业生；如果禁止被告用第三人为代理人，成员们就无法生存，而且他们又没有其他合理的生活来源。最终判决原告只能得到损害赔偿，其禁令的请求不予支持。

资料来源：张文博等，《英美商法指南》，复旦大学出版社，1995，第39页。

第五节　时效与诉讼时效

一、时效的概念

所谓时效，是指依照法律的规定，在一定期间内，由于一定事实状态的继续存在，引起民事法律关系的消灭或者发生的一种法律制度。

时效制度有两个作用：一是保持社会关系的稳定。例如占有他人财产，经过很长一段时间后，无人提出异议，法律即承认善意占有人的所有权，嗣后不得再提出异议。二是避免在举证责任上发生困难。因为年代越久远，证据越容易湮没，一旦涉诉，搜集证据和提出证据都会有很大困难。因此，法律对行使权利的时间作出限制，超过规定的时间，法律就不再予以保护。这就是时效制度的要旨所在。

大多数国家都把时效完成作为消灭合同和其他债的关系的原因之一。《法国民法典》第1234条规定：债的关系应因时效完成而消灭。英美法系的一些国家也把诉讼时效（Limitation of Action/Prescribed Period for Litigation）已经完成作为合同消灭的一个重要原因。

大陆法把时效分为两种：取得时效（Acquisition Prescription）和消灭时效（Extinction Prescription）。取得时效是关于取得物的所有权的制度，即占有人在取得时效期满后即可取得该物的所有权。消灭时效是关于诉权的制度，即债权人在诉讼时效期间内不行使权利，其诉权即归于消灭。英美法只有一种时效，即诉讼时效，意即“对诉讼的限制”。

各国法律对时效期间有不同的规定。大陆法把消灭时效期间分为普通期间和特别期间两种。普通期间一般较长，如《德国民法典》《法国民法典》规定为30年；特别期间一般较短，如2年、1年、6个月等。

英美法系国家则有不同的区分方法。根据《英国时效法》（1939）第2条的规定，简式合同的时效期间为6年，签字蜡封式合同的时效期间为12年。请求权中包括人身伤害请求权的，其时效期间为3年。英美法中关于时效的内容，是由时效法（英国）或者州法（美国）具体加以规定。

英美法认为时效属于程序法（往往由单行的时效法加以规定），而大陆法则认为时效属于实体法（在民法典或者商法典中加以规定）。

二、诉讼时效

诉讼时效是指因权利人不行使权利的事实状态超过法定期间而使其丧失在诉讼中胜诉权的法律事实。

一般而言，诉讼时效应当从请求权发生时开始计算。具体而言，有以下三种情况：①如果合同规定了履行期限，则自履行期限届满，债务人不履行义务时开始计算；②如果合同未规定履行期限,则从合同成立之日起开始计算;③由于侵权行为引起的损害赔偿请求权,从侵权行为发生时开始计算。

这里要注意区分诉讼时效的中止(Suspension)与中断(Interruption)。

诉讼时效的中止,是指权利人在诉讼时效期间,因发生不以自己的意志为转移的事故而阻碍了其向法院起诉,为了保护权利人的利益,法律允许中止诉讼时效的进行,即阻碍权利人不能行使诉权的这段时间不计入时效期间,等该事故消灭以后时效期间再继续进行。

诉讼时效的中断,是指在诉讼时效期间,如果发生了法律规定的情况,则以前经过的时效期间不算,等法定中断的情况终结之后,诉讼时效重新开始计算。时效中断主要有以下三种情况:①起诉;②确认(Acknowledgment);③部分履行。

三、国内外有关诉讼时效的规定

1.《联合国国际货物买卖时效期限公约》

1974 年 6 月 14 日,在联合国总部所在地纽约召开了外交会议,会上订立了《联合国国际货物买卖时效期限公约》(以下简称《时效公约》)。《时效公约》第一次在国际上为国际货物买卖中的时效期限作了较为详细的统一规定,其主要内容包括定义与适用范围、时效期限及其起算与计算、时效期限的变更与延长、时效期限的停止计算与重新计算和时效期限届满的后果等。

2.《美国统一商法典》

(1) 在"买卖"篇的最后一条,即第 75 条,专门就货物买卖合同的诉讼时效作出了四项规定。

(2) 一旦违约行为发生,诉因即发生,即使受损方不知悉违约行为的发生也作出如此处理。

(3) 基于货物买卖合同的诉讼,如果因实体法以外的理由被驳回,则在被驳回的 6 个月内,可以另提起诉讼。

(4) 关于诉讼时效的规定仅适用于本法典生效之后发生的诉因,沿用了国际上通行的"法律不溯及既往"原则。

3.《中国民法典》

《中国民法典》第一百八十八条规定:向人民法院请求保护民事权利的诉讼时效期间为三年。法律另有规定的,依照其规定。诉讼时效期间自权利人知道或者应当知道权利受到损害以及义务人之日起计算。法律另有规定的,依照其规定。但是,自权利受到损害之日起超过二十年的,人民法院不予保护,有特殊情况的,人民法院可以根据权利人的申请决定延长。

? 思考与练习

1. 什么是要约? 一项有效的要约要具备什么条件?
2. 要约的撤回和撤销有什么区别?
3. 各国对意思表示不真实时合同的效力有何不同规定?

4. 大陆法和英美法对违约形式有何不同规定？
5. 违约救济方法有哪些？

案例分析

某年7月18日，江苏扬州某进出口公司（仲裁申请人，以下简称中国公司）与美国旧金山一家公司（仲裁被申请人，以下简称美国公司）签订了一份国际货物买卖合同，标的为某种型号的角磨机，由美国公司向中国公司提供2 000只，价格为1 800美元/只，目的港是上海，交货期为当年8月15日。合同签订后，角磨机的国际市场价格上涨。美国公司8月1日发来传真，要求每只加价200美元，中国公司予以拒绝。8月12日，美国公司再次发来传真，提出每只加价100美元，中国公司再次予以拒绝。9月30日，鉴于当时的国内市场需求量较大，中国公司以每只2 100美元的价格从另一外商处购得，并顺利销出。11月20日，中国公司向中国国际经济贸易仲裁委员会提起仲裁，要求美国公司赔偿损失600 000美元[（2 100−1 800）×2 000]。

美国公司辩称：8月1日曾提出2 000美元/只的优惠价，8月12日又一次提出更优惠的价格1 900美元/只，但中国公司反而以2 100美元/只的价格向另一外商购买。放着低价不买，故意去购买高价，从而有意地扩大了损失，对于扩大的损失，根据法律规定美国公司不予以赔偿。

【思考与讨论】

1. 本案中，美国公司要不要对中国公司承担赔偿责任？为什么？
2. 以下几种赔偿意见，哪一种可以获得法律支持，为什么？

（1）（2 100−1 800）×2 000＝600 000（美元）
（2）（2 100−1 900）×2 000＝400 000（美元）
（3）（2 100−2 000）×2 000＝200 000（美元）
（4）（2 000−1 800）×2 000＝400 000（美元）
（5）（2 000−1 900）×2 000＝200 000（美元）
（6）（1 900−1 800）×2 000＝200 000（美元）
（7）（2）−（6）＝200 000（美元）

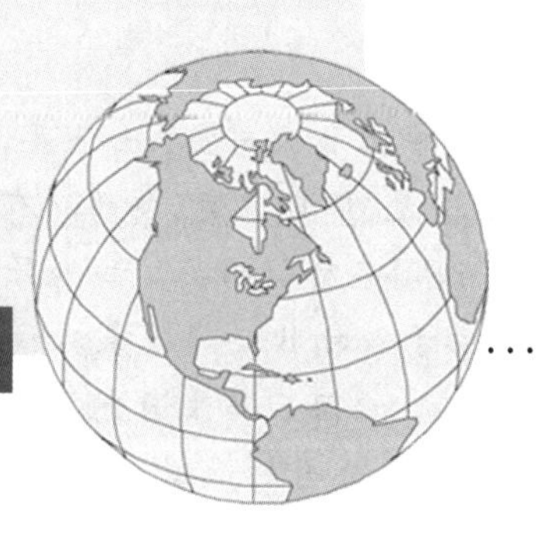

第五章

国际货物买卖法

【教学目标】

通过本章学习,学生将能够:

1. 了解《联合国国际货物买卖合同公约》。
2. 认知国际贸易术语的概念。
3. 熟练掌握并运用最新版《国际贸易术语解释通则》所规定的贸易术语。
4. 掌握《联合国国际货物买卖合同公约》对国际货物买卖合同成立的规定。
5. 了解买卖双方的义务。
6. 了解货物所有权与风险转移的相关规定。

【关键术语】

《联合国国际货物买卖合同公约》 国际贸易术语 卖方的品质与权利担保义务 根本违反合同 预期违约 违约救济 所有权与风险转移

【引导案例】

某年11月25日,德国A公司向中国B公司发出如下要约:Jettish彩色复印机2 000台,每台汉堡船上交货价(FOB)4 000美元,即期装运,要约的有效期截止到12月30日。

A公司发出要约后,又收到了法国某公司购买该种型号复印机的要约,报价高于A公司发给中国B公司的要约价格。由于当时B公司尚未对该要约作出承诺,故而A公司于12月15日向B公司发出要约撤销通知,而后与法国公司签约。

但是,12月22日,A公司收到了B公司的承诺,同意A公司的要约条件,并随之向A公司开出了不可撤销的信用证,要求A公司履行合同。后因A公司未履约,B公司诉诸仲裁庭,要求A公司赔偿损失。A公司的律师辩称,A公司于11月25日发出的要约已于12月15日撤销,该要约已失去效力,因而B公司12月22日的承诺没有效力,购销合同没有成立。那么,本案中A公司与B公司之间的买卖合同到底有没有成立呢?本章将在《联合国国际货物买卖合同公约》的框架下,结合上一章合同法的相关知识,进一步探讨国际货物买卖的相关法律问题。

第一节　概述

商品的买卖是国际贸易最重要的内容,对国际货物买卖的法律规定自然也是国际商法的核心内容之一。买卖是人类最早的经济活动之一。商品的买卖关系在各国的经济中起着极其重要的作用。各国基本上都制定了一套有关买卖的法律,用来调整商品买卖过程中所产生的买卖双方的权利义务关系。可以这样说,没有一部好的买卖法,就没有一个健康经济的发展。

广义的买卖法,包括调整动产和不动产买卖方面的法律规范;狭义的买卖法,仅指调整动产买卖方面的法律规范。本章所介绍的买卖法,以有形动产为限。

国际货物买卖法是调整国际货物买卖关系以及同国际货物买卖有关的其他经济关系的法律规范的总称。在市场经济中,当事人一般是通过合同形成国际货物买卖关系的。因此,国际货物买卖关系实质上是国际货物买卖合同关系,国际货物买卖法实质上主要是调整国际货物买卖合同关系的法律规范。

一、大陆法系国家的买卖法

大陆法系国家的买卖法均采用成文法的形式,在民法、商法或者债务法典中加以规定。法国、德国、日本,实行民商分立;意大利、瑞士、荷兰,实行民商合一。

在大陆法系民商合一的国家,货物买卖法通常编入民法典,作为民法典的一个组成部分;在民商分立的国家,除民法典以外,还有单独的商法典,民法的规定适用于商法,而商法典作为民法的特别法,对商务行为作了补充规定。

二、英美法系国家的买卖法

英美法没有民法和商法之分,货物买卖法由两部分组成:一是以法院判例形式所确定的普通法规则，属于不成文法；二是通过颁布单行法规的形式制定的货物买卖法，属于成文法或制定法。典型的有《英国货物买卖法》(1893)和《美国统一商法典》(Uniform Commercial Code, UCC)。

《英国货物买卖法》是西方国家第一部货物买卖法，是英国在总结了数百年来法院关于货物买卖案件中的判例的基础上制定的，它自1894年2月正式施行以来，经过多次修改。该法包括契约的成立、契约的效力、契约的履行、未收货款的卖方对货物的权利、违约的诉讼、补充等六大部分，共64条。《英国货物买卖法》至今仍对英美法系国家乃至世界各国有着重要的影响。

《美国统一买卖法》(1906)是以《英国货物买卖法》为蓝本制定的。该法曾经被美国36个州所采用。但随着时间的推移，该法已经不能适应美国经济的发展，故从1942年起，《美国统一商法典》的起草即进入议程。

《美国统一商法典》是世界著名的法典之一，是在《美国统一票据法》(1896)、《统一信托收据法》(1933)等七个成文法的单行法规的基础上，由美国法学会和统一州法全国委员会编纂的，最早公布于1952年，之后几经修订。和《英国货物买卖法》不同，《美国统一商法典》不是由美国的联邦立法机关——美国国会通过的，而是由美国法学会和美国统一州法全国委员会起草、供各州自由采用的一部法律。《美国统一商法典》共10篇，分别为：总则，买卖，商业票据，银行存款和收款，信用证，大宗转让，仓单、提单和其他所有权凭证，投资证券，担保交易、账债和动产契据的买卖，生效日期和废除效力。该法是美国国内商贸的商法主体。虽然《美国统一商法典》具有民间性，但目前美国50个州都采用了该商法典(路易斯安那州是部分采用)。

《美国统一商法典》的第二篇为买卖，是该法典的核心与重点。该篇共分为7章，包含104条规定，是《美国统一商法典》各篇中篇幅最长的，内容相当丰富。买卖篇的一个重要特点是，从过去的统一货物买卖法强调所有权转向强调债权。该篇主要是规范以商品买卖为目的的合同所产生的买卖双方权利与义务的法律制度，同时集中概述了美国合同法的主要规定，包含许多合同法的内容，如对买卖合同的成立、履行、变更与解释等一系列重要问题作了具体规定。

著名国际贸易法学家克利夫·M. 施米托夫(Clive M. Schmitthoff)称赞《美国统一商法典》是“世界上最先进的商法，尽可能地接近商业现实”。甚至有学者认为，任何一个对《美国统一商法典》体例和内容较为熟悉的律师，都会发现《联合国国际货物买卖合同公约》中几乎没什么新东西。《美国统一商法典》包含的许多主题都是美国各个大学商法课程所涵盖的传统内容。

三、中国的货物买卖法

中国对货物买卖的相关规定主要体现在《中国民法典》中。其中《中国民法典》第五百九十五条至第六百四十七条对买卖合同作了详细规定。

四、关于国际货物买卖的国际公约

在国际货物买卖法方面，目前有三项公约：由国际统一私法协会编纂的《国际货物买卖统一法公约》和《国际货物买卖合同成立统一法公约》,以及联合国国际贸易法委员会制定的《联合国国际货物买卖合同公约》。其中,前两项公约因概念晦涩难懂、受大陆法传统影响较深等而未被广泛接受和采用,在其通过后的二十多年里,仅有七八个国家批准和参加,这一事实表明这两项公约没能起到统一国际货物买卖法的作用。

为了使国际货物买卖法得到不同法律制度和不同社会经济制度国家的认可,1966 年联合国国际贸易法委员会成立后,组建了专门工作组——国际货物买卖工作组。此后,工作组对上述两个公约进行了修改,制定了《联合国国际货物买卖合同公约》(United Nations Convention on Contracts for the International Sale of Goods, CISG)。

(一) CISG 简介

CISG 是迄今为止有关国际货物买卖合同的一项最为重要的国际公约。它由联合国国际贸易法委员会主持制定,于 1980 年在维也纳举行的外交会议上获得通过,并于 1988 年 1 月 1 日正式生效。该公约分四个部分,共 101 条。具体为:第一部分,适用范围和总则;第二部分,合同的成立;第三部分,货物买卖;第四部分,最后条款。

截至 2020 年 12 月 24 日,CISG 共有 96 个缔约国。公约成员之间的贸易占世界贸易的 2/3 以上。中国是该公约的缔约国之一。

关于 CISG 的适用问题,主要有以下三方面内容。

1. 主体的适用

当事人的营业地须在不同国家,且具备下列两个条件之一:

(1) 双方当事人营业地所在国都是缔约国;

(2) 虽然当事人营业地所在国不是缔约国,但根据国际私法规则导致应适用某一缔约国法律;公约适用时,不考虑当事人的国籍、主体资格以及合同的性质。如缔约国甲国的 A 公司与其在缔约国乙国设立的 B 分支机构之间的货物销售合同,也可适用本公约。

2. 合同标的的适用

公约仅适用于普通的货物销售合同,不适用于劳务合同或其他服务合同,此外对于下列几种买卖合同也不适用:

(1) 直接供私人使用货物的销售,除非买方在订立合同前或订立时不知道且没有理由知道这些货物是用于该目的;

(2) 经由拍卖的销售;

(3) 根据法律执行令状或其他令状的销售;

(4) 公债、股票、投资证券、流通票据和货币的销售;

(5) 船舶、气垫船或飞行器的销售;

(6) 电力的销售;

(7) 卖方绝大部分义务是提供劳务或其他服务的销售。

3. 合同内容的适用

公约只适用于销售合同的订立以及买卖双方因合同而产生的权利义务。下列事项除非公约有明文规定,一般不适用:

(1) 合同的效力,或其任何条款的效力,或任何惯例的效力;

（2）合同对所售货物所有权可能产生的影响；

（3）货物对人身造成伤亡或损害的产品责任问题。

（二）中国对 CISG 的保留

中国于 1986 年 12 月加入 CISG，对该公约的态度是：基本上赞同公约的内容，但在公约允许的范围内，根据中国的具体情况，提出了以下两项保留：

1. 关于国际货物买卖合同必须采用书面形式的保留

按照 CISG 的规定，国际货物买卖合同不一定要以书面形式订立或以书面形式来证明，在形式方面不受限制。也就是说，无论是采用书面形式、口头形式还是采用其他形式都认为是有效的。这一规定同中国当时《涉外经济合同法》关于涉外经济合同（包括国际货物买卖合同）必须采用书面形式订立的规定是相抵触的。因此，我国在批准该公约时对此提出了保留。我国坚持，国际货物买卖合同必须采用书面形式，不采用书面形式的国际货物买卖合同是无效的。1999 年 10 月 1 日，《中国合同法》生效，《涉外经济合同法》随之废止。《中国合同法》规定合同可以采用书面形式和口头形式，而且在《中国合同法》分则部分"买卖合同"一章并未规定国际货物买卖合同必须采用书面形式，因此关于该条的保留事实上已无意义。2013 年 1 月，中国政府正式通知联合国秘书长，撤回对 CISG 所作"不受公约第十一条及与第十一条内容有关的规定的约束"的声明。

2. 关于 CISG 适用范围的保留

CISG 在确定其适用范围时，是以当事人的营业地处于不同国家为标准，对当事人的国籍不予考虑。按照 CISG 的规定，如果合同双方当事人的营业地是处于不同的国家，而且这些国家又都是该公约的缔约国，该公约就适用于这些当事人之间订立的货物买卖合同，即 CISG 适用于营业地处于不同缔约国当事人之间订立的买卖合同。对于这一点，我国是同意的。但是，CISG 又规定，只要当事人的营业地是分处于不同的国家，即使他们的营业地所属国家不是 CISG 的缔约国，但如果按照国际私法的规则指向适用某个缔约国的法律，则该公约也将适用于这些当事人之间订立的买卖合同。这一规定的目的是要扩大 CISG 的适用范围，使它在某些情况下也可适用于营业地处于非缔约国的当事人之间订立的买卖合同。对于这一点，我国在核准该公约时提出了保留。根据这项保留，在我国，该公约的适用范围仅限于营业地分处于不同缔约国的当事人之间订立的货物买卖合同。

关于适用范围的保留，表明我国当事人与非缔约国当事人订立的合同将不适用 CISG。此举的目的是限制该公约的适用范围，从而扩大中国国内法适用的机会。根据这一保留，中国当事人与来自非 CISG 缔约国当事人之间订立的国际货物买卖合同争议，没有就法律适用问题达成协议的，法院将根据冲突法的指引决定适用中国的法律时，只能适用中国国内法，而不是 CISG。这一声明属于法律上的强制规范。

由于我国是 CISG 的缔约国，而且参加该公约的国家日益增多，该公约在国际货物买卖领域所起的作用肯定会越来越大。因此，本章在介绍国际货物买卖法时将以该公约作为重点。《中国民法典》中有很多内容参考了该公约，这在很大程度上体现了我国法律与国际法及国际惯例的接轨。

五、国际贸易惯例

国际贸易惯例是国际商法的重要渊源，也是国际货物买卖法不可缺少的重要内容。虽然国际贸易惯例本身不具有普遍的约束力，但国际贸易的当事人一旦采用该惯例，就会对相关当事人产生类似于法律的约束力。目前的国际贸易惯例主要有《华沙—牛津规则》(1932)、《美国对外贸易定义》(1941)、《跟单信用证统一惯例》、《国际贸易术语解释通则》(以下简称《通则》)等。其中，《华沙—牛津规则》《美国对外贸易定义》有一定的局限性，如前者仅仅涉及 CIF 合同；后者包含了 CIF、FOB 等六种术语，除在美洲国家有较大的影响外，作用不及《通则》。

《通则》在国际贸易领域内应用最广泛，影响也最大。《通则》由国际商会(International Chamber of Commerce)在 1936 年正式制定，并于 1953 年、1967 年、1976 年、1980 年、1990 年、2000 年、2010 年、2019 年作了修订。2020 年 1 月 1 日，新修订的《通则》正式施行。

六、国际贸易术语

(一)国际贸易术语概述

国际贸易术语，又叫价格术语交货条件，是指在长期的国际贸易实践中形成的，用于确定买卖双方在交货中的责任、费用和风险负担的国际贸易惯例。由于这些惯例的存在，商人之间的摩擦减少、交往更加顺利，从而促进了国际贸易。

国际贸易术语用缩写的几个字母来表示，简单、明了、快速地表达了双方的协议。但是，如果当事人在合同中使用了贸易术语，他们就必须加以定义。如果没有定义，一旦发生争议，法院或者仲裁机构就会根据适用的法律或者(当事人所在国家)加入的国际公约来加以解释并作出判决或者裁决。

在不同的贸易术语下，买卖双方须承担不同的义务。采用何种贸易术语，既关系到双方的利益所在，也关系到能否顺利履约。所以在洽谈交易时，双方应恰当地选择贸易术语。目前在国际贸易中，较多使用象征性交货的术语，即以装运港或装运地交货的方式成交。

我国外贸企业在进出口业务中，对贸易术语的选用主要考虑下列因素：

(1) 有利于我国海洋运输业和保险业的发展，增收减支。我国在进口贸易中大多使用 FOB 或 FCA 术语，在出口贸易中则争取按 CIF 或 CIP 术语成交。

(2) 有利于发展双方的合作关系。有些国家规定进口贸易必须在本国投保，有些买方为了谋求保险费的优惠，与保险公司订有预保合同，则我国外贸企业可同意按 CFR 和 CPT 方式出口。在大宗商品出口时，国外买方为谋求以较低运价租船，我国外贸企业也可按 FOB 或 FCA 方式与之成交。

(3) 与运输方式相适应。FOB、CFR、CIF 只适合于海洋运输和内河运输。在航空运输和铁路运输情况下，应采取 FCA、CPT、CIP 术语。但即使是海洋运输，在以集装箱方式运输时，出口商在货交承运人后即失去了对货物的控制，因而作为出口方，应尽量采用 FCA、

CPT、CIP 方式成交。此类贸易术语还有利于出口方提早转移风险,提前出具运输单据,早日收汇,加快资金周转。

(4) 重视规避风险。我国外贸企业进口大宗货物需以租船方式装运时,原则上应采用 FOB 方式,由我国外贸企业自行租船、投保,以避免卖方与船方勾结,利用租船提单骗取货款。

(二)《通则》的特点

由国际商会制定的《通则》,是有关贸易术语定义影响最为广泛、也是最为重要的一种,并得到许多重要商业团体的支持,包括全球制造商、运输商及银行业等。

作为国际贸易惯例的《通则》,不是国际条约,也不是有关国家的国内立法,但是它具有类似法律规范的性质,只有通过国家或当事人之间的认可,才可以产生法律的约束力。因此,《通则》在适用中,有可能被双方当事人部分地废弃、修改或完全采用,这也是国际贸易惯例的一个重要特点。

与 2010 年版《通则》相比,2020 年版《通则》主要在以下六个方面进行了改动:

(1) FCA 术语下就提单问题引入了新的附加选项,明确要求买方配合签发已装船提单。

根据该新引入的附加选项,买方和卖方同意买方指定的承运人在装货后向卖方签发已装船提单,然后再由卖方向买方作出交单(可能通过银行链)。

2010 年版《通则》中 FCA 术语存在的一个主要问题是该术语的效力在货物装船前就已经随货交承运人而截止,这就导致卖方无法获得已装船提单。但是在一般情况下,已装船提单是银行在信用证项下的常见单据要求,因此对 FCA 术语的修订充分考虑到这一市场上的实际情况。

我们知道,FCA 术语是由买方与其选择的承运人订立运输合同,卖方按照买方指示的时间、地点和方式将货物交给其指定的承运人,承运人收货后即完成交货的一种贸易术语。这一术语可以适用于任何运输方式,也包括海运。FCA 是一种比较典型的象征性交货术语,即卖方将货物交给买方指定的承运人,承运人收货后卖方的交货任务就完成了,货交承运人后货物运输过程中的风险转移给买方。

如果货物后续将用海运方式运往目的地,使用 FCA 术语与最传统的 FOB 术语相比有以下两个明显的好处:①卖方风险可以提前转移给买方(FCA 术语下货物交给承运人后风险就转移;而 FOB 术语下货物装上船后风险才能转移);②买方购买的货物运输保险可以提早覆盖(FOB 术语下买方购买运输保险,实际责任起讫范围是装船后到进入收货人仓库;FCA 术语下同样是买方购买运输保险,实际责任起讫范围是货交承运人后到进入收货人仓库),也就是在货交承运人后到实际装船的这一段时间也覆盖进去了。

出于对这两点好处的考量,一般在面临 FOB 术语与 FCA 术语的选择时,卖方都会优先选择 FCA 术语。

但使用 FCA 术语会出现一个问题:卖方将货物交给承运人后,虽然卖方交货责任已经完成,但此时货物尚未装船,如果卖方需要提单,承运人只能签发备运提单,导致卖方不能取得已装船提单;而等货物实际装船后再要求承运人签发已装船提单就可能遇上对方不配合的情况。

尤其是双方约定使用信用证付款时，这一问题会更加明显。信用证通常要求卖方提交全套清洁已装船提单，如果卖方无法取得已装船提单，就无法顺利交单议付。而在使用FCA术语时，卖方的交货义务在货物交给承运人时也就是在货物装船前已经完成，因此，如果承运人不配合，卖方就无法从承运人处获得已装船提单。

为了解决这个矛盾，2020年版《通则》在FCA术语A6/B6中增加了一个附加选项，即买卖双方可以约定“买方有义务指示其承运人在货物装船后向卖方签发已装船提单”，卖方随后才有义务向买方（通过银行）提交已装船提单。这个新增的附加选项可以确保卖方在货物装船后能顺利取得已装船提单，卖方通过这种约定就能够保障自己的正当权益。这一新增的附加规定是对买方作为合同托运人时对卖方（实际托运人）的一种保护措施。

（2）各个贸易术语项下买卖双方的费用承担改列在A9（卖方承担）和B9中（买方承担）中详细载明，该部分为每一个贸易术语都提供了“一站式费用清单”。

这一改变最大的好处是在A9/B9中统一列明了买方或卖方所有的费用项目，相关方可以在同一个条款中找到他选择的贸易术语所对应的所有费用项目，这样的改动能够使卖方和买方对各自所负担的费用一目了然，卖方在报价时可以做到心中有数，报价有理有据。在履行合同过程中，这一改变也令双方对各自应负担哪些费用清清楚楚，能够有效地减少履约过程中可能出现的分歧和争议。

（3）CIP术语的默认保险险别调整为《协会货物条款》（Institute Cargo Clauses，ICC）（A）。

2020年版《通则》对CIF和CIP术语中的最低保险范围的规定有所不同。CIF术语继续要求卖方购买符合ICC（C）要求的货物保险。但是，在适用CIP术语的贸易中，最低保险范围已经提高到ICC（A）的要求（即“一切险”，不包括除外责任）。

也就是说，2020年版《通则》对CIF术语维持现状，即默认保险险别为ICC（C），但当事人可以协商选择更高级别承保范围的险种；但是对于CIP术语，则变更为卖方须投保符合ICC（A）承保范围的保险，但当事人可以协商选择更低级别的险种。

ICC（A）的承保责任范围比ICC（C）要大，所以费率也比ICC（C）高，通常约为ICC（C）的两倍。这一改变对于保险的实际受益人买方而言当然是有利的，但卖方在投保时会因这一改变而多支付保险费。

因此，出口商采用CIP术语时一定要注意这个变化：一是报价时要注意保险费率的不同，在计算出口报价时应相应调高报价，并向买方说明调价的理由；二是注意在投保时保险险别一定不能出错，在合同没有另外特别约定时必须投保ICC（C）险。尤其是用信用证结算时更要注意这个变化，否则很可能因为投保险别不符合新规则的要求而被银行拒付。后续《跟单信用证统一惯例》会不会做出相应的修订值得关注。

（4）当采用FCA、DAP、DPU和DPP术语进行贸易时，买卖双方可以使用自有运输工具，而不再像2010年版《通则》那样推定使用第三方承运人进行运输。

由于在传统的进出口业务中，进出口双方基本没有自行负责运输的情形，所以2020年之前的《通则》版本中都默认国际货物运输一定是由第三方承运人来完成的。但近些年来这种情况有所变化,卖方或者买方使用自己的运输工具运输货物的情形变得越来越常见,尤其是一些大的跨国公司在多样化经营后都开始设立自己的运输和物流公司。2020 年版《通则》充分考虑到了这种情况:卖方和买方之间的货物运输可能不涉及第三方承运人,而由自己负责运输。因此,在 FCA 术语中,买方可以使用自己的运输工具(汽车尤为常见)收货并运输至目的地。同样地,DAP、DPU 及 DDP 术语中,也允许卖方使用自己的运输工具将货物运至指定的目的地完成交货。

这一改变体现了国际商会与时俱进的精神,它们一直在关注国际贸易方方面面的变化,及时在新版本中作出相应的更新。

(5) DAT 术语被重命名为 DPU。这是为了反映作为目的地的交货地点可以是任何地方而不仅仅是终点。2010 年版《通则》中,D 开头的术语有三个:DAT、DAP 和 DDP,DAT 与 DAP 这两个术语都是 2010 年版《通则》新增加的术语。其中 Terminal(运输终端)一词含义模糊,国际商会的使用指南为此专门作了解释,但是在使用过程中还是容易产生歧义。并且 DAT、DAP 这两个术语的区别不大,容易混淆,2020 年版《通则》在这个术语上作出改变是早就可以预期的。

在 2020 年版《通则》中,国际商会去掉了 DAT 术语,新增了 DPU 术语,并且将它置于 DAP 之后。国际商会强调这里的 Place(目的地)可以是任何地方而不仅仅是运输终端,这一改变更加符合买卖双方的交易习惯和表达。新的排序也使卖方的责任递进更加一目了然:DAP→DPU→DDP,卖方的责任层层递进,非常容易接受和理解。并且 DAP 和 DPU 的区别从术语的英文全称及缩写都可以清晰辨别,不容易混淆。

(6) 各个贸易术语在运输责任及费用划分条款中增加安保要求。

2010 年版《通则》各术语的 A2/B2 及 A10/B10 中也简单提及了安保要求。但由于近年国际安全形势及反恐等需求的不断提升,对国际货物运输的安保要求越来越严格,与之相对应的费用支出和责任也不容忽视。为了应对这种情况,2020 年版《通则》在各个术语的 A4“运输合同”及 A7“出口清关”中对安保要求作出了更加明确的规定;因安保要求增加的成本,也在 A9/B9 费用划分条款中作了更明确的规定。例如,FOB 术语项下的 A4 部分载明“卖方必须遵守任何与运输安全有关的要求,直至交付”。这些规定反映了当前国际贸易领域对安全问题日益增长的关注。

可以预期的是,随着全球安全形势的多变和各国各地区对安保的要求越来越严格,安保费用的支出会越来越高。出口商在报价时要充分了解这些费用导致的成本增加和货物可能面临的额外风险。

2020 年版《通则》中其余部分的规定较 2010 年版《通则》并未有实质性变化。在此次修订中,国际商会旨在通过对各个贸易术语项下规则的介绍性和解释性说明,以及对排版和术语排列顺序的调整,使各个术语的内容更加清晰明确,进而鼓励使用者根据其所从事的贸易采用最合适的贸易术语,尤其是避免在非海运贸易中使用海运术语。

总体而言,此次针对国际贸易术语进行的修订,比外界预测的要保守,并且依然存在一些缺失。分析人士曾预测 DPP 术语将被拆分为两个不同的术语,而 FAS 术语则将被完全移除,也有部分评论曾预测在此次修订中“Cost and Insurance”(CNI)将会作为新术语被引入,最终上述预测均未成真。

应该说，2020年版《通则》的这几个变化对买卖双方均有比较实质性的影响。这些比较明显的变化对外贸从业人员来说也是必须了解和跟进的。

（三）《通则》的内容

根据2020年版《通则》，十一个贸易术语总共分为两大类：一类适用于任何运输方式，包括多式运输，有EXW、FCA、CPT、CIP、DPU、DAP、DDP七个贸易术语；另一类适用于水上运输方式，包括海洋运输和内河运输，有FAS、FOB、CFR、CIF四个贸易术语。

1. EXW术语

EXW（Ex Work, named place of delivery）：工厂交货，卖方在其所在地点把货物交给买方。

卖方义务：在指定地点将货物置于买方的支配之下。

买方义务：办理出口海关清关、运输、保险、进口清关等手续。

风险转移：在指定地点将货物置于买方支配之下时转移。

说明：这一术语常用于买方用火车或者汽车运输方式，直接到卖方工厂提取货物的情况。因此，在国际运输中，这一术语常常用于欧洲国家。因为这些国家的货物从一国运往另一国常可比较方便地通过陆路运输。在加拿大、美国、墨西哥的贸易往来中，EXW的使用也非常普遍。

但是，要注意的是，除非是买方首先提出使用该术语，否则，使用这一术语会表明卖方对出口不感兴趣，并且不愿意去满足外国买家的需要。

由于此术语要求买方办理出口手续，故在买方不能直接或间接地办理出口手续时，不应使用这一术语，而应考虑使用FCA。此外，在EXW术语项下，风险和费用通常一起转移，有时也可以提前转移。风险提前转移的前提是，货物已经完成“特定化”。所谓货物的特定化，一般是指在货物的包装上刷唛头，打上适当的标记，向买方发出通知。这表明该批货物已被划归于本合同下，与其他货物清楚地分开。如果货物没有完成特定化，是不能发生风险的提前转移的。

课堂讨论5-1

中国A公司与美国B公司签订一份鞋类买卖合同，EXW宁波，货物是2 000箱运动鞋，合同约定2023年1月12日交货。

请根据2020年版《通则》，分析以下问题：

（1）本案中负责托运货物的是谁？哪一方承担托运费用？

（2）本案的交货地点在哪里？

（3）货物在中国办理出口时的手续及费用由谁来承担？

（4）货物在美国办理进口时的手续及费用由谁来承担？

（5）如果货物在运输过程中遭遇轮船火灾，损失由谁来承担？

课堂讨论 5-2

有一份出售茶叶的合同,按卖方仓库交货条件(EXW)交货,数量为 10 000 千克,总价为 25 万美元。合同规定买方应在 10 月份提取货物。

卖方于 10 月 1 日将提货单交付给买方,买方也付清了货款。但是买方直到 10 月 31 日尚未将货物提走。于是卖方将货物搬至另一处存放(此处为不恰当处,因为同时还堆放了大量的牛皮)。由于茶叶与牛皮堆放在一起,当买方于 11 月 15 日来提货时,发现有 30%的茶叶已经与牛皮发生了串味而失去了商销价值。

双方因此发生争议。

请问:这 30%茶叶的损失应由谁来承担?

2. FCA 术语

FCA (Free Carrier, named place of delivery):货交承运人,卖方将货物在指定地点交给买方指定的承运人或其他人处置时即完成交货。

卖方义务:办理出口清关手续,在指定地点将货物交给买方指定的承运人。

买方义务:办理运输、保险和进口清关手续。

2020 年版《通则》增加了一个附加选项,即买卖双方可以约定买方有义务指示其承运人在货物装船后向卖方签发已装船提单,卖方随后才有义务向买方(通过银行)提交已装船提单。这个新增的附加选项可以确保卖方在货物装船后能顺利取得已装船提单。

风险转移:当货物交给承运人或运输站操作人员时,风险发生转移。

适用运输方式:本术语适用于任何运输方式(包括航空运输、海洋运输、公路运输、铁路运输、多式联运等)。

FCA 术语与 FOB 等以装运港船舷为界的传统术语不同,其风险转移是以货交承运人为界(不过,2020 年版《通则》取消了"船舷"的概念,取而代之的是"装运港安全装船"的概念,即要求将货物安全装在船舶的甲板上,风险才从卖方转移给买方)。这不仅仅是在海洋运输以外的其他运输方式下如此,即使在海洋运输方式下,卖方也是在将货物交给承运人时即算完成交货,风险就此转移。随着电子数据交换技术不断普及,数字贸易、数字经济的进一步推进,滚装滚卸的普及,以船舷为风险划分界限的概念不断被淡化。但是,在 FCA 贸易术语条件下,只有买方负责订立运输合同,并将承运人名称及有关事项及时通知卖方,卖方才能如期完成交货义务,并实现风险的转移;而如果买方未能及时通知卖方,或由于买方的责任,使卖方无法按时完成交货,其后的风险是否仍由卖方承担呢?按 2020 年版《通则》的解释,如发生上述情况,则自规定的交付货物的约定日期或期限届满之日起,买方要承担货物灭失或损坏的一切风险。可见,在 FCA 术语下,风险转移的界限问题不能简单化理解。一般情况下,是在承运人控制货物后,风险由卖方转移给买方,但是如果由于买方的责任,使卖方无法按时完成交货义务,只要"该项货物已正式划归合同项下",风险转移的时间就可以前移。

课堂讨论 5-3

美国 TT 公司是一家食品加工公司，1996 年 3 月与巴西劳斯公司签订购买 1 000 吨咖啡豆的国际货物买卖合同，交货条件为 FCA 布宜诺斯艾利斯，每吨 950 美元，由 TT 公司在签约后 20 天内交付劳斯公司 40%的定金；同时规定，所余货款由 TT 公司在收到货物之后汇付给劳斯公司。

合同签订后，TT 公司按合同规定交付了定金，劳斯公司也开始将货物装运，于 5 月 5 日将 100 个集装箱的货物交付给了布宜诺斯艾利斯的一家运输代理公司。劳斯公司在布宜诺斯艾利斯交货后，即电告 TT 公司，要求 TT 公司支付所余的 60%货款。

当天晚上，布宜诺斯艾利斯市突遇罕见大雨，致使堆放货物的仓库进水，100 箱咖啡豆受水浸泡损坏，失去了商销价值。由于货物损坏，美国 TT 公司拒绝汇付所余货款。

巴西劳斯公司于 1996 年 7 月向瑞典斯德哥尔摩商事仲裁院提起了仲裁。

请问：如何处理本案？

3. FOB 术语

FOB (Free On Board, named port of shipment)：装运港船上交货。

卖方义务：办理出口清关手续，按照约定的时间、地点，依照港口惯例将货物装上买方指定的船舶并给买方充分的通知。如果货物以集装箱装载并在集装箱码头交货，则应采用 FCA 贸易术语。具体来说，卖方需根据合同规定的时间将符合合同的货物交至买方指派的船上，并及时通知买方。卖方需负责取得出口许可证或其他官方批准的证件（商检证、原产地证等），并办理货物出口所需的一切海关手续。

买方义务：办理运输（包括指定海运承运人和安排运输事宜）、保险、进口清关等手续。

风险转移：卖方承担货物在指定的装运港交到船上之前的一切费用和风险。

适用运输方式：本术语适用于海洋运输和内河运输。

在实际业务中，使用 FOB 术语时需注意以下问题：

第一，在约定的时间，买方拟派的船只未到，导致码头仓储费用或货物停留造成损失，此时风险应提前转移给买方。

第二，船只虽按约定的时间到港，但是停靠码头时因排队耽误了装运，此时卖方的风险应提前转移给买方。

第三，如果只约定装运期，未约定买方何时派船到装运港，过了装运期船只才到，那么在装运期届满时，货物受损的风险就提前转移给买方，而不管买方所派船只到否。

第四，买方按时派船，但是由于各种原因（船不适航或不适货）不能装货上船，或者提前结束装船，此时风险应提前转移给买方。

第五，船按时到港，但是卖方没能及时装船，如果原因在于买方未给卖方留出足够的时间装运货物，则由买方承担责任。

课堂讨论 5-4

有一份 FOB 合同,规定交货期为某年 3 月份装船,卖方同意在买方无法及时派船的情况下保留货物 28 天。事后,买方在 3 月份未能派船,卖方因此向买方发出警告,如在 4 月 28 日仍未能派船,卖方将撤销合同并保留索赔权。结果买方直到 5 月 5 日才将船开至装运港。卖方拒绝交货,并提出索赔。

请问:

(1) 卖方能否拒绝交货? 能否解除合同?

(2) 卖方能索赔哪些损失?

典型案例 5-1

A. M. Knitwear 公司诉泛美进出口公司案

泛美进出口公司(以下简称泛美)向 A. M. Knitwear 公司购买了几千磅的纱线。泛美使用它们自己的订单格式,订单上表示“从贵公司工厂提取货物运到 Mccormak,再装运至巴西的桑托斯(Santos)”。在价格一栏中,泛美印着“FOB 工厂每磅 1.35 美元”,但贸易术语 FOB 后具体地点一栏空着,没有填写。卖方把货物装载入买方提供的集装箱后,通知买方货物已装好。买方于是通知其货物运输代理人(承运人),到卖方工厂提取集装箱并把货物运至 Mccormak。那天晚上,一个货车司机到卖方所在地,签发提单后就提取集装箱开车走了。过了不久,买方的承运人来提货,这才发现第一个司机是个贼。买方遂停止付款。

纽约上诉法院的法官库克受理此案。

库克认为,“FOB 工厂”只能意味着卖方把货物交付给承运人,而没有其他意思。如果试图将其作为其他意思解释,则必须要有明确的改变其本来意思的规定。如果在合同中使用 FOB 术语,含义改变了,又没有在合同中注明,那么是违反《美国统一商法典》目的的。

法院最终作出判决:买方胜诉。

法院认为贸易术语的含义应该根据《美国统一商法典》的解释,除非双方另有约定。根据《美国统一商法典》的规定,FOB 合同中,只有在货物交付给承运人之后货物的风险才转移给买方。

资料来源:邹岿,《国际货物买卖法案例讲解大全》,https://wenku.baidu.com/view/7a39fe457fd184254b35eefdc8d376eeaeaa1728.html? _wkts_ = 1691138621996&bdQuery = % E6% B3% 9B% E7% BE% 8E% E8% BF% 9B% E5% 87% BA% E5% 8F% A3% E5% 85% AC% E5% 8F% B8% E6% A1% 88,访问日期: 2023 年 8 月 2 日。

4. FAS 术语

FAS (Free Alongside Ship, named port of shipment):装运港船边交货,是指卖方在指定的装运港将货物交到买方派来的船舶的船边或驳船内交货,并在需要办理海关手续时办理货物出口所需的一切海关手续，买方承担自装运港船边（或驳船）起的一切费用和风险。

在大宗货物贸易中，特别是小麦、棉花、大豆、矿石等初级产品贸易中，出口商通常采用该术语。

卖方义务：办理出口清关手续，按照约定将货物置于买方指定船舶的船边，并给予买方充分的通知。

买方义务：办理运输、保险、进口清关手续。

风险转移：货物运至买方指定的船边，风险发生转移。

适用运输方式：本术语适用于海洋运输和内河运输。

在实际业务中需要注意，FAS 术语项下，船边通常是指船舶装卸设备的吊货机或岸上装卸索具可触及的范围。当装货港口拥挤或大船无法靠近时，卖方征得买方同意可将交货条件改为“驳船上交货”（Free on Lighter），此时，卖方的责任仅在货物越过驳船船舷时为止，驳船费用及其风险可由买方承担。

在 FAS 术语项下，当买方没有及时向卖方发出关于装运船舶、装运地以及交货时间等通知，或所指定的船舶没有按时抵达装运港，或船舶按时抵达却无法完成装货工作或提前停止装货时，在货物完成特定化后风险和费用可提前转移。

关于船货衔接问题，如果买方指派的船只未按时到港接收货物，或者比规定的时间提前停止装货，或者买方未能及时发出派船通知，只要货物已被清楚地划出，或以其他方式确定为本合同项下的货物，由此产生的风险和费用均由买方承担。

5. CFR 术语

CFR（Cost and Freight, named port of destination）：成本加运费，是指卖方在指定的装运港按合同规定的日期或在规定期限内，将货物装上船或通过取得已交付至船上货物的方式交货，并支付将货物运至指定目的港所需的运费。

卖方义务：办理出口清关、运输手续，自费租船，在约定的时间在装运港将货物交付至船上，并给予买方充分的通知。

买方义务：办理保险、进口清关手续。

风险转移：将货物装上船或通过取得已交付至船上货物的方式完成交货后，发生风险转移。

适用运输方式：本术语适用于海洋运输和内河运输。

这里还要注意 CFR 术语的变形问题。由于世界各港的惯例不同，对于卸货费用也有不同的规定，有的港规定由船方负担，有的港规定由收货人负担。如属于前者，对于大宗货物，船方如果不愿承担卸货费用，势必将卸货费用转移给租船人，这样就会增加卖方的负担。因此，买卖双方必须在贸易合同中明确由谁负担卸货费用。实践中，通常是在 CFR 贸易术语或 CIF 贸易术语后加附加条件来说明，由此便产生了 CFR 或 CIF 的变形。CFR 或 CIF 的变形各有以下四种：①CFR Liner Terms（CFR 班轮条件）或 CIF Liner Terms（CIF 班轮条件），即卸货费用按班轮办法处理，由船方或卖方承担，即买方不负担卸货费用；②CFR Landed（CFR 卸到岸上）或 CIF Landed（CIF 卸到岸上），即由卖方负担卸货费用，包括因船不能靠岸，需将货物用驳船卸到岸上所支出的包含驳运费在内的费用；③CFR under Ship's Tackle（CFR 吊钩下交货）或 CIF under Ship's Tackle（CIF 吊钩下交货），即卖方负担将货物从船舶起卸到吊钩所及之处(码头或驳船上)的费用;④CFR Ex Ship's Hold(CFR舱底交货)或CIF Ex Ship's Hold(CIF舱底交货),即货物运到目的港后,由买方自行启舱,并负担货物从舱底卸到码头上的费用。以上CFR和CIF的变形,只是为了表明在使用航次租船运输时卸货费用由谁负担,并不改变这两种术语的交货地点及风险、责任的划分。总之,在订立航次租船合同时,应注意贸易合同中的贸易术语要与航次租船合同中的装卸费用条款相衔接。这样才能明确装卸费用及相关费用由谁负担,避免在国际货物运输中产生争议或纠纷。

课堂讨论 5-5

有一份CFR合同,A公司出售1 000吨小麦给B公司,当时在港口装运的3 000吨散装小麦中,有1 000吨是卖给B公司的,双方约定待货物运抵目的港后,再由船公司负责分拨。但该船在途中遭遇风险,使该批货物损失了1 200吨,其余的1 800吨小麦全部安全抵达。抵达后,A公司宣布出售给B公司的1 000吨小麦已经在运输途中全部损失,根据CFR合同的规则,A公司对此项损失不承担风险。

请问:A公司的宣布是否具有法律效力?

6. CIF术语

CIF (Cost, Insurance and Freight, named port of destination):成本、保险费加运费,是指卖方在指定的装运港按合同规定的日期或在规定期限内,将货物装上船或通过取得已交付至船上货物的方式交货,并支付将货物运至指定目的港所需的运费和保险费。

卖方义务:办理出口清关、保险、运输手续。具体包括自负风险和费用办理出口许可证和出口手续,交纳出口捐税和费用;自费租船,在约定的时间在装运港将货物交付至船上,并给予买方充分的通知;自负费用,按合同的约定办理保险,向买方提供保险单证。

买方义务:办理进口清关手续。

风险转移:与FOB、CFR一样,CIF术语中交货点及风险点都是在装运港的船上,卖方在装运港将货物安全地装到船上即完成卖方义务,风险也相应发生转移。

适用运输方式:本术语适用于海洋运输和内河运输。

说明:与CFR的唯一不同之处在于,CIF要求卖方购买以买方为受益人、承保风险转移后的货物保险。需要注意的是,这里规定的是最基本的保险项目,卖方只需按最低责任范围的保险险别办理保险,买方可要求增加保险项目来保证其自身利益。

课堂讨论 5-6

巴德瓦尔诉科罗拉多州燃油公司案

美国科罗拉多州燃油公司以CIF方式向印度孟买的买主巴德瓦尔出售苛性钠。在货物全部装上船舶后,由于发生罢工事件,船只无法启航。结果,货物迟延六个月到达孟买,导致部分货物损坏。买主起诉科罗拉多州燃油公司。

请问：科罗拉多州燃油公司是否应承担责任？

课堂讨论 5-7

甲公司与乙公司签订了一份 CIF 合同，由甲公司出售 200 箱番茄酱罐头给乙公司。合同规定“每箱 24 罐×100 克”，即每箱装 24 罐，每罐 100 克。但甲公司在出货时，却装运了 200 箱，每箱 24 罐×200 克。货物的重量显然比合同规定的多了一倍。乙公司拒绝收货，并主张解除合同。

请问：

(1) 乙公司有没有权利拒绝收货？

(2) 乙公司有没有权利解除合同？

---

7. CPT 术语

CPT（Carriage Paid To, named place of destination）：运费付至指定目的地，指卖方将货物交给其指定的承运人，并且须支付将货物运至指定目的地的运费，买方则承担交货后的一切风险和其他费用。该术语适用于各种运输方式，包括多式联运。

风险转移：货交指定承运人后，风险发生转移。

将 CFR 术语与 CPT 术语作一个比较，我们发现二者的相同之处在于：都由卖方安排货物运输，支付有关运费，并办理出口手续，提交有关单据；都是货交承运人后风险即转移，货物在运输途中的风险由买方承担；都属于装运合同。

二者的不同之处在于：首先，适用的运输方式不同，CFR 术语仅适用于海洋运输和内河运输，属于港口到港口的运输；CPT 术语适用于各种运输方式（包括集装箱运输、多式联运、海陆空运），属于门到门的运输。其次，交货和风险转移的地点不同，CFR 术语的风险划分以装运港货物装上船为界限，CPT 术语的风险划分以货交承运人为界限。最后，提交的单据不同。CFR 术语提供的是海运提单，属于物权凭证，可以转让，可以出售；CPT 术语通常提供的是联运单据，只是交接货物的凭证，不能转让，不能出售。从发展趋势来看，CPT 术语有取代 CFR 术语的趋势。

8. CIP 术语

CIP（Carriage and Insurance Paid to, named place of destination）：运费、保险费付至指定目的地，指卖方将货物交给其指定的承运人，支付将货物运至指定目的地的运费，为买方办理货物在运输途中的货运保险，买方则承担交货后的一切风险和其他费用。与前述 CIF 术语相比较，CIF 术语只适用于海洋运输和内河运输，而 CIP 术语适用于各种运输方式，包括多式联运。

这里要注意，2020 年版《通则》对于 CIP 术语，已变更为卖方须投保符合 ICC（A）承保范围的保险，差不多比 ICC（C）贵一倍，但当事人可以协商选择更低级别的险种。

9. DPU 术语

DPU (Delivered at Place Unloaded, named terminal at port or place of destination):运输终端交货,指卖方在指定目的地或目的港集散站卸货后将货物交给买方处置即完成交货,卖方承担将货物运至买方指定目的地或目的港集散站的一切风险和费用(除进口费用外)。

需注意的是,2020年版《通则》将DAT术语改为DPU术语,DPU术语的交货地点仍旧是目的地,但这个目的地不再限于运输的终点,而可以是任何地方。

卖方义务:卖方承担用运输工具把货物运送到目的地,并将货物卸载到目的地指定的终点站交付给买方之前的所有风险和费用,包括出口货物时报关手续和货物装船所需的各种费用和风险。

买方义务:承担自收货之时起一切关于货物损坏和灭失的风险,支付自交货之时起与货物有关的一切费用,包括进口清关手续。

风险转移:卖方在指定目的地的终点站将货物交给买方处置后,风险发生转移。也即,在卖方将货物交给买方或其代理人处置之前,所有出口清关、运输与保险、目的港或目的地卸货手续均由卖方办理,由此产生的费用及风险也由卖方承担。

10. DAP 术语

DAP(Delivered At Place, named place of destination):目的地交货。该术语指卖方在指定的目的地交货,只需做好卸货准备无须卸货即完成交货。当使用DAP术语成交时,卖方要负责将合同规定的货物按照通常航线和惯常方式,在规定期限内将装载与运输工具上准备卸载的货物交由买方处置,即完成交货,卖方负担将货物运至指定地为止的一切风险。该术语适用于任何运输方式。

卖方义务:签订运输合同,支付将货物运至指定目的地或指定目的地内的约定地点所发生的运费;承担在指定目的地运输工具上交货之前的一切风险、手续和费用。

买方义务:承担在指定目的地运输工具上交货之后的一切风险和费用,包括办理进口清关手续。

实际业务中,使用DAP术语需注意的问题:

第一,DAP术语是2010年版《通则》新增术语,旨在替代2000年版《通则》中的DAF、DES和DDU术语。也就是说,DAP术语的交货地点既可以是在两国边境的指定地点,也可以是在目的港的船上,还可以是在进口国内陆的某一地点。

第二,卖方在指定目的地交货,但卖方不负责将货物从到达的运输工具上卸下,这一点与2000年版《通则》中的DAF、DES和DDU术语类似。买方负责在指定目的地将货物从到达的运输工具上卸下,但卖方要保证货物可供卸载。

第三,卖方对买方没有订立保险合同的义务,但由于整个运输过程的风险要由卖方承担,卖方通常会通过投保规避货物运输风险。

11. DDP 术语

DDP (Delivered Duty Paid, named place of destination):完税后交货,指卖方在指定目的地办完清关手续,将在交货的运输工具上尚未卸下的货物交给买方处置,即完成交货。卖方承担将货物运至目的地的一切风险和费用,包括办理海关手续时需在目的地交纳的所有进口税费。

DDP 术语是 11 种贸易术语中卖方承担的责任最大、负担的费用最多的一个术语，卖方必须承担将货物运至指定目的地的一切风险和费用，包括办理海关手续时需在目的地交纳的所有税费。

如果卖方不能直接或间接地取得进口许可证，则不应使用此术语。但是，如果当事方希望将进口所要支付的一切费用（如增值税）从卖方的义务中排除，则应在买卖合同中明确写明。该术语适用于任何运输方式。

卖方义务：承担将货物运至指定目的地的一切风险、手续和费用，包括办理出口清关、运输、进口清关手续，在指定目的地将货物交给买方处置。

买方义务：接收货物，承担按照规定自交货时起货物灭失或损坏的一切风险。

风险转移：在指定目的地将货物交给买方处置后，风险发生转移。

同样地，虽然卖方对买方没有订立保险合同的义务，但由于整个运输过程的风险要由卖方承担，卖方通常会通过投保来规避货物运输风险。

第二节　国际货物买卖合同的成立

国际货物买卖在法律上体现为签订国际货物买卖合同。因此，国际货物买卖合同是国际货物买卖法律的核心，某种意义上，我们甚至可以说国际货物买卖法就是国际货物买卖合同法。由于买卖合同的很多问题在本书第四章合同法中已经进行了详细的论述，本章原则上只就国际货物买卖中的特殊问题进行阐述。所谓国际货物买卖合同，是指两个营业地分处于不同国家的当事人之间对一笔或数笔货物在进出口交易中买卖双方的权利义务所达成的协议。因此，国际货物买卖合同中“国际”含义的界定，是以“营业地”而不是以“国籍”作为标准的。根据 CISG 的规定，如果当事人没有营业地，则以其惯常居住地为准。公约适用范围的确定不考虑当事人的国籍。也就是说，即使当事人国籍不同，如果营业地处于同一国家，则它们之间的货物买卖合同依然被视为国内货物买卖合同。双方当事人意思表示一致或依法成立的合同具有法律约束力，这是各国合同法的一般原则，同样适用于国际货物买卖合同。在国际贸易中，双方当事人取得一致意见的过程，就是合同成立的过程。国际货物买卖合同的订立，必须经过要约和承诺两个必经程序。因为我们在合同法章节中，对要约和承诺问题作了较为详细的介绍，为了避免重复，这里只是有侧重地对其中的几个问题进行介绍。

一、CISG 对要约、承诺的规定

CISG 第二部分对要约和承诺的问题作了详细的规定。从该部分内容来看，CISG 力图采取折中的办法来调和各国（尤其是两大法系）的法律分歧，使其所确立的原则能被各国普遍接受。以下对 CISG 的相关内容作一个介绍。

（一）要约

1. 要约的含义

要约又称发价、发盘、报盘等，根据 CISG 第 14 条第 1 款的规定，凡向一个或一个以上

特定的人(Specific Persons)提出的订立合同的建议,如果其内容十分确定,并且表明要约人有当其要约一旦被接受就将受其约束的意思,即构成要约。

按照这项规定,要约应符合以下要求:

(1) 要约应向一个或一个以上的特定人发出。按照 CISG 第 14 条第 2 款的规定,凡不是向一个或一个以上特定的人提出的订约建议,仅应视为要约邀请,而不是一项要约。但是,如果此项建议符合作为要约的其他要求,而且提出该建议的人明确表示有相反的意向,则这项建议也应视为要约。

(2) 要约的内容必须十分确定。所谓十分确定(Sufficiently Definite),是指必须符合公约所提出的最低限度的要求。该要求包括:①应当载明货物的名称;②应明示或默示地规定货物的数量或规定如何确定数量的方法;③应明示或默示地规定货物的价格或规定如何确定价格的方法。前者称为固定价,后者称为活价。

(3) 要约人须有一旦其要约被接受即受约束的意思。按照这项规定,我国外贸公司在外贸业务中所发出的"实盘"(Firm Offer)是完全符合公约关于要约的要求的,但是我国外贸公司所发出的"虚盘"(Offer without Engagement)一般都附有保留条件,只是一项要约邀请。

2. 要约生效的时间

CISG 第 15 条第 1 款规定:要约于其到达受要约人时生效。各国法律对此没有分歧。

3. 要约的撤回与撤销

(1) 要约的撤回(Withdrawal)。CISG 第 15 条第 2 款规定:不可撤销的要约,都可以撤回,只要撤回的通知能在该要约到达受要约人之前或与其同时送达受要约人。

(2) 要约的撤销(Revocability)。各国法律特别是英美法和大陆法对此存在严重的分歧。英美法认为,要约原则上对要约人没有约束力,不论要约是否已经送达受要约人,要约人在受要约人作出接受之前,随时都可以撤销其要约或变更其内容。大陆法特别是德国等国的法律则认为,要约原则上对要约人具有约束力,除非要约人已表明其不受约束,否则,要约一旦生效,要约人就要受到约束,不得随意将其撤销。

为了解决这个分歧,CISG 作了以下两项规定:①第 16 条第 1 款规定,在合同成立以前,要约应予撤销,但撤销的通知须于受要约人作出接受之前送达受要约人。②第 16 条第 2 款规定,在下列两种情况下,要约一旦生效,即不得撤销:其一,在要约中已经载明了接受的期限,或以其他方式表示它是不可撤销的;其二,受要约人有理由信赖该要约是不可撤销的,并且本着对该项要约的信赖行事。

如果说第 16 条第 1 款的规定反映了英美法的原则,则第 16 条第 2 款的规定反映了大陆法的原则。

4. 要约的终止或失效

CISG 第 17 条规定:一项要约,即使是不可撤销的要约,也应于拒绝该要约的通知送达要约人时终止。要约的终止有以下几种情况:

(1) 要约因被拒绝而终止。

(2) 要约因被要约人撤销而终止。

(3) 要约因其所规定的接受期限届满而终止。

(4) 要约因合理期限已过而终止。

(二) 承诺

1. 承诺的含义

CISG 第 18 条规定:受要约人以作出声明(Statement)或以其他行为(Conduct)对某项要约表示同意,即为承诺。

2. 承诺生效的时间

CISG 对承诺生效的时间,原则上是采取到达生效的原则,但也有一些例外规定。

(1) 受要约人以作出承诺通知表示承诺时,承诺于通知到达要约人时生效。CISG 第 18 条第 2 款规定:对要约所作的承诺,应于承诺通知到达要约人时生效。

(2) 受要约人以作出某种行为表示承诺时,承诺于作出该项行为时即告生效。CISG 第 18 条第 3 款规定:如果根据要约的要求或依照当事人间已经确立的习惯做法或惯例,受要约人可以通过作出某种行为,例如以发运货物或支付货款的行为对要约表示承诺,而无须向要约人发出承诺通知,承诺于受要约人作出这种行为时即告生效。

3. 有效承诺应具备的条件

从 CISG 的定义和有关其他要求来看,一项能够导致合同订立的有效承诺应具备以下几方面的条件:

(1) 承诺必须是受要约人作出的。

张三向李四发出要约,结果王五作了一个承诺,这个承诺是无效的,因为承诺必须要由受要约人作出。这里的受要约人可以是受要约人本人,也可以是受要约人授权委托的代理人,而受要约人以外的任何第三人的任何意思表示均不构成有效的承诺。

(2) 承诺必须是对要约的明示接受。

这一条件涉及承诺的表达方式问题。从 CISG 的规定来看,所谓的"明示接受"有两种方式:一种是受要约人向要约人发出一个表示同意或接受要约的专门通知或声明。这种明示的接受可称为"通知承诺",也是实践中常用的一种承诺表达方式。另一种是 CISG 第 18 条第 3 款规定的方式,即根据要约本身或依据当事人之间确立的习惯做法或惯例,受要约人可以作出某种行为。例如,买方致电卖方:"需购××货物 100 箱,300 英镑/箱,CIF 伦敦。若接受请在三天内发货。"卖方于次日即将上述货物发运给买方。本例中根据要约本身的要求,受要约人(卖方)可以用发货这种行为来表示接受。因此,卖方作出的发货行为本身就已构成了承诺,而无须再向买方发出表示承诺的专门通知。又如,买卖双方是老客户关系,双方在长期交易业务中已确立了由买方作出与付款有关的开立信用证行为来表示对卖方要约的同意,而无须逐笔交易发出同意通知。因此,当买方接到卖方的销售要约后,一旦买方按要约内容及时开立了信用证,这种开证行为本身就构成了承诺,买方同样无须再发一个专门通知去表达承诺。

为了与前一种明示接受(即通知承诺)相区别,我们可以将后一种明示接受称为行为承诺。尽管行为承诺较通知承诺来看是一种特殊的承诺表达方式,但这种方式的有效性已被公约明确确认。

为了强调"承诺必须是对要约的明示接受"这一承诺有效条件,CISG 第 18 条第 1 款还明确指出:缄默或不行为本身不等于承诺。这就意味着受要约人接到一项要约后,如果既未发出承诺通知,也未作出行为承诺方式所要求的任何行为,则不能视为他已承诺。

(3) 承诺必须是一种对要约完全和无条件的接受。

CISG 第 19 条第 1 款规定:对要约表示接受但载有添加、更改或限制的答复,即为拒绝了该项要约,并构成反要约(Counter-offer)。这里的“添加”是指受要约人在作出的接受中增加了原要约中没有的内容;“更改”主要是指受要约人在作出的接受中改变了原要约中已有的某些内容;而“限制”则是指受要约人在作出的接受中对原要约的某些内容表示了有条件的接受。

从第 1 款的要求来看,公约认为原则上一项有效的承诺在内容上应与原要约本身的内容保持一致,而不应包含上述的添加、更改或限制。但是,如果受要约人对要约所表示的接受中含有上述添加、更改或限制,那么这种在内容上与原要约不一致的接受能否成为有效的承诺呢?对于这一问题,CISG 第 19 条第 2 款又作了较为灵活的规定。具体如下:对要约表示接受但载有添加或不同条件的答复,如所载的添加或不同条件在实质上并不变更该项要约的条件,除要约人在不过分迟延的时间内以口头或书面通知反对其间的差异外,仍构成承诺。如果要约人不提出这种反对,合同的条件就以该项要约的条件以及接受通知内所载的更改为准。

可见,公约认为发生了上述不一致时,首先应判定这种不一致是实质性的还是非实质性的。如果属于实质性的不一致,则这种接受便自动地成为一项反要约,而不再是有效的承诺;如果是非实质性的不一致,则这种接受的最终效力要取决于要约人的表态,即如果要约人对这种不一致及时地以口头或书面形式表示反对,则这种接受便不能成为有效的承诺,否则这种包含了与原要约非实质性不一致内容的接受仍构成有效的承诺,并且在双方事后订立的合同中,受要约人所作的各种非实质性的添加、更改或限制将取代原要约中与之不一致的内容而成为双方合同中的条款或内容。

那么究竟哪些添加、更改或限制是实质性的,哪些又是非实质性的呢?

CISG 第 19 条第 3 款规定:有关货物价格、付款、货物质量和数量、交货地点和时间、一方当事人对另一方当事人的赔偿责任范围或解决争端等的添加或不同条件,均视为在实质上变更要约的条件。这一条款的规定有两层含义:

第一,该条款明确指出,凡针对原要约在以下六个方面发生的“不一致”则为实质性的不一致:①货物的价格;②货物的质量和数量;③付款,主要包括付款时间、地点、支付手段(货币或票据)和支付方式(信用证、托收或汇付);④交货地点和时间;⑤赔偿责任的范围,如违约金或赔偿金的计算与支付;⑥争议的解决。

第二,由于公约并未从正面对非实质性的不一致作出明确说明或列举,因此可以认为除第 3 款列举的六个方面以外,发生在其他方面的不一致应属于非实质性的不一致。

(4) 承诺必须在要约规定的承诺期限内作出并送达要约人方为有效;如果要约人未规定承诺期限,则承诺必须在一段合理时间内作出或作出并送达要约人方为有效。

这一条件在 CISG 第 18 条第 2 款中作了明确规定。此处所说的“一段合理时间”应该是多长呢?公约并未作进一步的具体规定。但依照该条款要求来看,这种“合理时间”长短的确定应“适当考虑交易的情况”。所谓“交易的情况”,从国际贸易实践来看应主要包括交易货物的性质、货物的市场价格波动以及要约人在发出要约时使用的通信手段。比如，要约人使用较快速的通信手段发出要约，货物属于时令性很强的或活鲜商品而且其国际市场价格波动很大，此时承诺的“合理时间”就应短一些，反之则可以长一些。

在分析和掌握这一条件时有必要分两种情况：①如果受要约人采用行为承诺，则这种行为必须在要约人规定的承诺期限内或一段合理时间内（如果要约未规定承诺期限）作出方为有效的承诺。②如果受要约人采用通知承诺，则这种通知必须在要约规定的承诺期限内或一段合理时间内（如果要约未规定承诺期限）作出并送达要约人方为有效承诺。公约还规定，除非要约本身另有约定，否则针对口头要约的承诺必须立即作出方为有效。

4. 逾期的承诺

逾期的承诺是指承诺通知到达要约人的时间已经超过了要约所规定的有效期，或者已超过了合理时间。按照 CISG 的有关规定，逾期的承诺原则上是无效的。

这里首先要了解一个问题，即要约中规定的承诺期限是如何计算的？根据 CISG 的规定，这种计算应区别两种情况：

（1）如果要约人在要约中既规定了承诺期限，又指明了该期限的计算方法，则应按要约本身的方法来计算。例如，要约人在要约中规定“2018 年 7 月 1 日前复到有效”或“10 日内复到有效，从你方收到之日起算”便属于这种情况。

（2）要约人在要约中虽规定了承诺期限，但未指明该期限的计算方法。例如，要约中仅规定“限 10 日内复到有效”，而未进一步指明这 10 日从何时起计算。针对第二种情况，CISG 第 20 条规定了以下计算规则：①凡以电报或信件发出的要约，其规定的承诺期限从发电或信中落款的发信之日起计算，如果信中没有落款时间则以发信邮戳日期为发信日。②凡以电传、传真、电话等快速通信方法发出的要约，其规定的承诺期限从要约传达受要约人时起算。

总之，承诺作出时（指行为承诺）或送达要约人（指通知承诺）时超过了上述所要求的承诺期限或一段合理时间的，均视为逾期承诺。

根据 CISG 第 21 条的规定，关于逾期承诺的效力即逾期承诺是否构成有效的承诺，应根据逾期的原因不同而取决于要约人的不同表态：

（1）CISG 第 21 条第 1 款规定：逾期的承诺仍具有承诺的效力，只要要约人毫不迟延地以口头或书面形式将其认为逾期的承诺仍属有效的意思通知受要约人即可。可见，如果承诺作出时（包括行为承诺和通知承诺）已经逾期，或者作出时未逾期但送达要约人时势必逾期（指通知承诺），对于此类逾期承诺，除要约人及时以口头或书面形式向受要约人表示承认外，原则上是无效的。

（2）CISG 第 21 条第 2 款规定：如果载有逾期承诺的信件或其他书面文件表明，依照它寄发时的情况，只要邮递正常，它本来应当是能够及时送达收件人的（但事实由于传递的延误而迟到了），则此项逾期承诺应认为具有承诺的效力，除非要约人毫不迟延地以口头或书面形式通知受要约人，表示他的要约已因承诺逾期而失效。可见，如果一项承诺（仅指通知承诺）在作出时并未逾期也不会势必逾期，而是由于载有承诺的信件或其他文件传递不正常，使得承诺在送达要约人时逾期了；对这种因传递延误而逾期的承诺，除非要约人及时以口头或书面形式向受要约人表示反对，否则仍构成有效承诺。

通过以上对承诺有效条件所进行的分析，我们已清楚地看到，无论对要约人还是受要约人来说，一旦发现某项承诺不符合上述有效条件，均应作为反要约对待，而不能作为有效的承诺处理；否则一旦发生误解，就会给误解一方造成极为不利的后果或损失。

5. 承诺的撤回

根据 CISG 的规定，承诺是可以撤回的，只要撤回的通知于该项承诺原应生效之前或与其同时送达要约人即可。

二、关于要约、承诺的格式之战

在现代商业交易中，使用标准格式合同的优点是显而易见的。其最大的一个优点就是可以最大限度地节省时间和费用。但这里有一个问题：双方在各自的格式单中都想方设法地设计各种将自己责任减到最小而将对方责任增到最大的标准条款，以期自己的利益得到最大限度的保护。因此，在一项商事交易的达成阶段，双方往往各自设计自己的格式单，双方一旦发生争执，就会出现一个问题：究竟应以哪一方的格式为准？这就是国际商法中的“格式之战”。

1. 镜像规则

镜像规则（Mirror Image Rule）是普通法上的传统制度，1887 年的“兰格利尔诉谢弗案”（Langellier v. Shaefer）中曾对这一规则作出经典的归纳：一方对另一方所发出的交易要约不能施加责任于前者，除非后者根据要约的条款对其予以承诺。任何对这些条款的修改和背离都将使要约无效，除非要约方同意这种修改和背离。英国法至今还一直沿用传统的镜像规则，要求承诺严格地与要约相符，否则将被视为反要约。

传统的镜像规则与合同法一般理论中追求当事人意思表示一致的价值取向相符，而且在实践中具有两方面的优势：一方面，它提供了某种程度的确定性，合同的形式与真实的合同条款没有差别，从而给当事人判断他们的行为提供了一个确切的标准；另一方面，这一规则提供了一个适用于所有类型合同的统一标准。

但传统的镜像规则在面对现代商业交易中的格式之战时，则显得过于严格和机械。它所采取的“全有或全无”的方式使得法官只能在买方或卖方的格式单中选择其一而不能从真正的意义上去判断双方达成一致的条款，而且将会鼓励当事人竞相使用格式单并通过履行合同条件下的“最后一枪”理论争取自己的格式单得以适用。

2. “最后一枪”规则

英国法中对格式之战问题的处理方法不少，其中“最后一枪”规则（Last Shot Rule）仍然有一定市场。该规则是指，当合同双方坚持各自的条款时，如果一方继续坚持不让步，而另一方出于某种原因不再坚持了，甚至开始履行合同，那么坚持到最后的一方就是“开最后一枪的人”，合同条款则以其条款为准。例如，买卖双方就合同某条款有分歧，卖方这时发现市场正向着自己利好的方面变化，接着明确告诉买方，如果买方不接受卖方的条款，卖方就要另择买主了，买方此时不再坚持，也没有明确回答，却开来了信用证，此时应该认为卖方是“开最后一枪的人”，合同应以其条款为准。

从传统法理上讲，这一规则作为采用合同条款的依据是符合逻辑的，但在现代国际商务中还不是很科学，容易引起混乱。发展中国家的商人应加倍注意，因为发达国家的商人有较丰富的商务经验,精通西方有关法律,他们的销售条件常常包括一些不公平条款,埋设“地雷”。而发展中国家的商人缺乏必要的商务经验,对西方法律往往一知半解,防范能力差,极易上当受骗。

3. CISG 的规定

因镜像规则的要求过于严格,许多国家的立法以及国际公约、国际惯例在坚持镜像规则的同时又对其进行了微调,其中以 CISG 的规定较为典型。

CISG 第 19 条第 1 款在一般规则层面上严格坚持镜像规则,规定:对要约表示接受但载有添加、更改或限制的答复,即为拒绝了该项要约,并构成反要约。第 2 款对一般规则进行了变通处理,规定:对要约表示接受但载有添加或不同条件的答复,如所载的添加或不同条件在实质上并不变更该项要约的条件,除要约人在不过分迟延的时间内以口头或书面形式通知反对其间的差异外,仍构成承诺。如果要约人不提出这种反对,合同的条件就以该项要约的条件以及接受通知内所载的更改为准。第 3 款对“实质性变更”进行解释,规定:有关货物价格、付款、货物质量和数量、交货地点和时间、一方当事人对另一方当事人的赔偿责任范围或解决争端等的添加或不同条件,均视为在实质上变更要约的条件。第 19 条规定反映了 CISG 一般情况下对格式之战的处理。从总体上看,公约对镜像规则的变通是非常有限的,虽然在第 19 条第 2 款中开了一个口子,允许对要约进行非实质性变更且要约人未及时反对的承诺生效,并依照该承诺对要约的变动确定合同条款,但第 19 条第 3 款对“实质性变更”的解释几乎涵盖了合同所有的主要条款,使得“非实质性变更”在事实上是相当困难的。

可见,公约的规定并没有解决传统的镜像规则在面对格式之战时所存在的弊端。一方面,格式之战下合同成立的限制条件过多;另一方面,“最后一枪”规则的采用更加剧了格式之战的激烈程度,当事人为使自己的格式单成为合同条款而竞相发出格式单以求自己赢得“最后一枪”,同时在确定合同条款时采取的非此即彼的方法仍无从确定双方的合意之所在。因此,不得不指出,CISG 对镜像规则的变通和改进在相当大的程度上是不成功的。

4.《美国统一商法典》的规定

《美国统一商法典》则在相当大程度上实现了对镜像规则的变革,集中体现在《美国统一商法典》第 2—207 条的规定上。该条第 1 款规定:明确且及时表示的承诺或者在合理时间内发出的确认书生承诺之效力,即使它规定了与要约条款或双方约定条款不同的附加条款,但承诺人明确表示其承诺以要约人同意该附加条款为条件的除外。该条款的规定废弃了镜像规则中承诺必须与要约相一致的要求,只要是明确且及时的非限定性承诺即可生效,使得格式之战下合同的成立较为容易。《美国统一商法典》考虑到,商人很少关心和阅读合同背面的一般条件,如果买方发出订单,卖方发回销售确认,只要双方文件中的正面条件(品种、数量、价格)相符,即使背面条款不符,合同仍可成立。《美国统一商法典》此种考虑在格式之战条件下是有其现实意义的,避免了大量正面条件已达成一致的合同因背面条款相歧而归于不成立,或将它们成立与否归因于此后捉摸不定的当事人行为,缓解了镜像规则所表现出来的僵硬和机械,有利于商业交易的进行。

5. 大陆法的规定

大陆法系国家的合同法理论强调双方当事人意思表示的一致，与镜像规则相符合，法律中的规定也多与 CISG 相近。

《欧洲合同法原则》第 2.208 条也是根据承诺对要约的变更是否具有实质性，以及要约人是否有条件限定或及时反对来判断该承诺是否有效。

在德国法上，只有对合同要约没有限制的同意的表示，法律才认为是一项承诺表示，将要约扩大、缩小或作其他变更的承诺，视为拒绝原要约而为新要约。[①]

6.《中国民法典》的规定

《中国民法典》的规定与 CISG 基本一致。《中国民法典》第四百八十八条规定：承诺的内容应当与要约的内容一致。受要约人对要约的内容作出实质性变更的，为新要约。有关合同标的、数量、质量、价款或者报酬、履行期限、履行地点和方式、违约责任和解决争议方法等的变更，是对要约内容的实质性变更。第四百八十九条进一步规定：承诺对要约的内容作出非实质性变更的，除要约人及时表示反对或者要约表明承诺不得对要约的内容作出任何变更外，该承诺有效，合同的内容以承诺的内容为准。

从以上规定可以看出，《中国民法典》第四百八十八条的规定与 CISG 第 19 条几乎一致，这说明中国合同法实质上采用了镜像规则和"最后一枪"规则。需要指出的是，《中国民法典》第四百八十八条中有关实质性变更的规定，比 CISG 的规定多了"标的"和"履行地点和方式"，该添加说明《中国民法典》的相关规定比 CISG 更严格、更保守，更容易导致合同生效概率的下降。

第三节 买卖双方的义务

国际货物买卖合同是双务合同，因此买卖双方的权利义务是相互对应的。卖方的权利就是买方的义务，反过来，买方的权利就是卖方的义务。买卖双方的义务是买卖法的核心内容。本节主要论述买卖双方的义务。

一、卖方义务

毫无疑问，卖方的义务就是交货(Delivery)。CISG 所规定的卖方的三项义务都是与交货有关的。根据 CISG 的规定，卖方的义务主要有三项：交付货物、移交与货物有关的单据、将货物的所有权转移给买方。

(一) 交货的时间和地点

1. 交货时间

(1) 如果合同中有约定或者可以从合同中确定交货时间，则从其约定；

(2) 如果合同中规定了一段交货时间，则通常情况下卖方可以在该段时间内的任一时间交货；

① 卡尔·拉伦茨，《德国民法通论(上下册)》，王晓晔等译，法律出版社，2003，第 731 页。

（3）在其他情况下，卖方应在订立合同后一段合理的时间内交货。

2. 交货地点

如果合同中规定了交货地点，则按照合同规定的地点交货；如果合同对交货地点没有作出规定，根据 CISG 的规定，卖方应按下述三种不同情况履行其交货义务：

（1）如果合同中没有规定具体的交货地点，而该合同又涉及货物的运输，即要求卖方把货物运送给买方，如经由铁路运输或海洋运输交给买方，则卖方的义务就是把货物交给第一承运人。在这种情况下，从货物按照合同规定交给第一承运人时起，风险即由卖方转移给买方。

（2）如果买卖合同中既没有规定具体的交货地点，又不要求卖方把货物运送给买方，即合同中没有涉及卖方应负责运输的事宜，则按照 CISG 的规定，如果该合同出售的货物是特定物，或者是从某批特定的存货中提取的货物，或者是尚待加工生产制造的未经特定化的货物，而双方当事人在订立合同时已经知道这些货物存放在某个地方，或者已经知道它们将在某个地方生产或制造，则卖方应在该地点把货物交给买方处置。

（3）除上述情况外，在其他的情况下，卖方的交货义务是在其订立买卖合同时的营业地把货物交给买方处置。所谓交给买方处置，是指卖方采取一切必要的行为，让买方能够取得货物。

但是，CISG 的上述规定只有在买卖合同中对交货地点没有作出规定时才适用。如果双方当事人已经使用某种贸易术语明确规定了交货地点，则卖方的义务就不是交到第一承运人或在特定货物的所在地交货，而是应把货物交到指定地点。

此外，CISG 还规定，如果买卖合同涉及货物运输事宜，即合同要求卖方通过承运人把货物运交给买方时，卖方还应承担下列义务：

（1）如果按照合同或 CISG 的规定，卖方要把货物交付给承运人以便运交给买方，但货物并未打上标志，或以填写装运单的方式或以其他方式，将货物确定在该合同项下，则卖方必须向买方发出具体注明此项货物的发货通知。所谓"把货物确定在该合同项下"，就是把货物特定化，指定以该项货物作为履行某一合同的标的。一般来说，卖方可以采取下列办法将货物特定化：①在货物上标明买方姓名和地址；②在提单上载明以买方为收货人或载明货物运到目的地时应通知买方。如果卖方未按上述办法或其他办法将货物确定在合同项下，他就必须向买方发出一份具体指明货物情况的发货通知。

卖方把货物特定化是一项具有重大法律意义的行为。按照许多国家的法律，卖方将货物特定化，乃是货物的风险和所有权由卖方转移给买方的必要条件。在货物特定化之前，其风险和所有权原则上不转移给买方。

（2）如果卖方有义务安排货物的运输，则他必须负责订立必要的运输合同，用适当的运输工具，按照通常的运输条件，将货物运到指定地点。

（3）如果卖方没有义务对货物运输办理保险（如 FOB 或 CFR 合同），则他必须在买方提出要求时向买方提供一切可供买方投保的必要资料，使买方能够顺利投保。

《中国民法典》对买卖合同的交货时间和地点作了如下规定：

（1）出卖人应当按照约定的时间交付标的物。约定交付期限的，出卖人可以在该交付期限内的任何时间交付（第六百零一条）。

（2）当事人没有约定标的物的交付期限或者约定不明确的，适用本法第五百一十条、第五百一十一条第四项的规定（第六百零二条）。

（3）出卖人应当按照约定的地点交付标的物。当事人没有约定交付地点或者约定不明确，依据本法第五百一十条的规定仍不能确定的，适用下列规定：①标的物需要运输的，出卖人应当将标的物交付给第一承运人以运交给买受人。②标的物不需要运输，出卖人和买受人订立合同时知道标的物在某一地点的，出卖人应当在该地点交付标的物；不知道标的物在某一地点的，应当在出卖人订立合同时的营业地交付标的物（第六百零三条）。

（二）移交与货物有关的单据

CISG 第 34 条规定：单据主要包括提单、保险单、商业发票、领事发票、原产地证书、重量证书、品质检验证书等。

该条还规定，如果卖方有义务移交与货物有关的单据，他必须依照合同规定的时间、地点和方式移交。如果卖方在规定时间以前已经办理了移交手续，则可以在此时间届满之前对单据中任何不符合合同之处加以修改，但不得因此而使买方遭受不合理的不便或承担不合理的开支，而且买方保留公约规定的损害赔偿请求权。

《中国民法典》第五百九十八条规定：出卖人应当履行向买受人交付标的物或者交付提取标的物的单证，并转移标的物所有权的义务。第五百九十九条规定：出卖人应当按照约定或者交易习惯向买受人交付提取标的物单证以外的有关单证和资料。

（三）卖方的担保义务

所谓卖方的担保，是指如果卖方保证其所出售的货物具备某种特征、性能以及他对货物享有完全的所有权，则一旦实际上货物未能达到这些标准，卖方就要承担相应的责任。

卖方的担保义务包括品质担保和权利担保两项。

1. 品质担保

大陆法把卖方对货物的品质担保义务称作对货物的瑕疵担保义务，即卖方应该保证他所出售的货物没有瑕疵（但买方在缔约时已经知道有瑕疵的除外）。英美法对卖方品质担保义务规定得更为详细。

大陆法系国家的有关规定

根据《德国民法典》第 459 条的规定，卖方应对买方担保其所出售的货物在风险转移给买方时没有灭失或减少其价值，或降低其通常用途或合同预定的使用价值的瑕疵。卖方应担保在风险转移给买方时货物确实具有他所担保的品质。但是，如果买方在订立买卖合同时已经知道出售的标的物有瑕疵的，则卖方可以不负瑕疵担保的责任。

英美法系国家的有关规定

英美法系国家关于卖方对货物的品质担保的规定更为详细和具体，而且使用了明示条件和默示条件、明示担保和默示担保等专门术语。其中，具有代表性的是《英国货物买卖法》和《美国统一商法典》。

英国法有关卖方的品质担保的规定，主要体现在《英国货物买卖法》的有关规定中。按照《英国货物买卖法》第 12—15 条的规定，卖方所出售的货物必须符合下列默示条件（Implied Condition）：

（1）如果货物是凭说明（Description）出售的，卖方所交付的货物必须与说明相符。

（2）如果卖方是在经营业务中（营业中）出售货物，则应承担该项货物必须具有商品销售品质的默示条件，除非该项货物的缺陷在缔约之前已经特别提醒过买方注意，或者买方在缔约之前已经对货物进行过检查，而此种缺陷通过检查是能够发现的。

按照英国法律的解释，如果依照对该项货物所作的说明、货物的价格及有关情况，该项货物符合这类货物通常所具有的用途，即应认为其具有商品销售的品质。

（3）如果卖方是在经营业务中出售货物，而且买方已经明示或默示地让卖方知道，他要求货物须符合某种特定的用途，即卖方按合同所提供的货物应当合理地符合这一特定用途，不论这种特定用途是不是属于通常所提供的这种货物所具有的用途。除非有情况表明，买方并不信赖也没有理由信赖卖方有技能和判断力去选供符合这种特定用途的货物。

（4）凭样品成交（By Sample）的买卖合同，应认为包含下列三个默示条件：①卖方所交的货物在品质方面必须与样品相符；②买方应有合理的机会将样品与整批货物进行比较；③卖方所交的货物应当没有任何对样品进行检验所不能发现的、不适合商品销售的缺陷。

（5）如果在交易中既有样品又有说明，则卖方所交的货物必须与样品及说明一致。

《美国统一商法典》把卖方对货物的担保义务分为明示担保（Express Warranties）和默示担保（Implied Warranties）两种形式。

所谓明示担保，是指卖方直接对其货物的品质作出保证。它是买卖合同的一个组成部分，并且是买卖双方达成交易的基础。它可以通过以下三种方式产生：

（1）如果卖方对买方就有关货物的品质作了事实的确认或许诺，并成为交易的一部分，就构成一项明示担保，即保证所出售的货物的品质与该项事实的确认或许诺相符。这种对事实的确认或许诺可以见诸货物的标签、商品目录，也可以载入合同。例如，在销售汽车轮胎的合同中载明："保证轮胎安全行驶 3 万千米"，出售服装的标签上写明"100%纯棉"，都属于卖方所作的明示担保。

（2）对货物所作的任何说明，只要是作为交易的一部分，就构成一种明示担保，即出售的货物应与该项说明相符。对货物的说明可以采取文字、图表、图画、蓝图等多种方式，产品的技术说明书如果是交易的一部分，也可以构成明示担保。

（3）任何作为交易一部分的样品、模型，也是一种明示担保，即出售的全部货物应与样品或模型相符。

根据《美国统一商法典》的规定，卖方在合同中并不需要使用诸如担保或保证等郑重其事的字眼或者必须要有成立担保业务的特别意思表示，才能产生明示担保的效果。即使卖方没有采用"担保""保证"之类的概念，只要符合上述三种情况之一，就可以产生明示担保的效力。但是，如果卖方只确认货物的价值，或者只对货物提出某些意见或表示赞许，则不能构成明示担保。

所谓默示担保，是指不是由双方当事人经过交易磋商订立的，而是法律规定应当适用于买卖合同的，只要买卖双方在合同中没有作出相反的约定，则法律上所规定的默示担保就可以依法适用于他们之间的买卖合同。按照《美国统一商法典》的规定，默示担保主要有以下两种：

一是关于商销性的默示担保。所谓商销性的默示担保，是卖方向买方保证，他所销售的货物必须符合以下几点要求:①合同项下的货物在该行业中可以无异议地通过检查;②如果出售的货物是种类物,则必须具有该规格范围内的良好平均品质;③货物应符合一般的用途;④除合同允许有差异外,货物的每一单位和所有单位在品种、品质和数量方面都要相同;⑤如果合同有此要求,则应把货物适当地装入容器,加上包装和标签;⑥货物须与容器或标签上所允诺和确认的事实相符。

卖方如果违反关于商销性货物的默示担保,可能会带来十分严重的后果。他不仅要对违约所造成的直接经济损失负责,而且要对由此引起的人身伤害和财产损害负责,其赔偿的对象不仅限于买方本人,还可以延伸到一切有关的人,如买方家属、亲友、客人等,这就是所谓的产品责任(Product Liability)。

二是关于符合特定用途的默示担保。《美国统一商法典》第2—315条规定,如果卖方在订立合同时有理由知道买方对货物所要求的特定用途,而且买方信赖卖方的技能和判断力来选供合适的货物,则卖方就承担了货物必须符合这种特定用途的默示担保。

按照《美国统一商法典》的规定,无论是明示担保还是默示担保,当事人都可以在合同中予以排除、限制或变更(产品责任除外)。

但是,实际上,卖方要排除明示担保的责任是相当困难的。因为按照《美国统一商法典》的规定,如果双方当事人在交易的过程中,既有关于形成明示担保的言辞或行动,又有否定或限制这种担保的言辞和行为,那么对于所有这些言辞和行为都应尽可能作一致的解释。如果两者之间有矛盾,就应认为卖方有明示担保的义务。例如,假如卖方已向买方作出一项明示担保,但又在书面合同中规定排除一切明示担保和默示担保,在这种情况下,排除担保的规定就是无效的,卖方所做的明示担保仍然有效。

如果卖方想要排除或限制商销性的默示担保,他在言辞上必须使用"商销性"这个字眼。如果排除默示担保的条款是载于书面合同的,则该条款必须醒目、显眼,并采用大号字体或不同颜色,以便引起买方的注意。美国法学院有些判例认为,如果排除默示担保的合同条款同其他条款在字体、颜色方面完全一样,那么它是无效的。

根据《美国统一商法典》的规定,除上述一般原则以外,在下列三种情况下,卖方也可以排除或限制其对货物品质的默示担保:

(1)如果在交易时卖方使用了"依现状"(As Is)、"含有各种残损"(With All Faults)或其他能引起买方注意的措辞,则表明卖方不承担任何默示担保义务。

(2)如果买方在订立合同以前已经检验过货物或样品、模型等,或者买方拒绝进行检验,则卖方对于通过此项检验本应能发现的缺陷,将不承担任何默示担保义务。

(3)根据双方当事人过去的交易习惯、履约做法或行业惯例,也可以排除卖方的默示担保义务。

但是,在任何情况下,卖方都不得在合同中事先排除因产品责任而引起的损害赔偿义务。

CISG 的规定

关于货物的品质担保,CISG 规定,卖方交付的货物必须与合同所规定的数量、质量和规格相符,并应按照合同所规定的方式装箱或包装。除双方当事人另有协议外,卖方所交货物应当符合下列要求,否则即认为其货物与合同不符。具体包括:①货物应符合同一规格货物通常所具有的用途；②货物应符合订立合同时买方曾明示或默示地通知卖方的任何特定用途，除非有情况表明买方并不依赖卖方的技能和判断力，或者这种依赖对他来说是不合理的；③货物的质量应与卖方向买方提供的货物、样品或模型相同。④ 货物应按同类货物通用的方式装入容器或包装，如无此种通用方式，则应按足以保全和保护货物的方式装入容器或包装。

但是，如果买方在订立合同时已经知道或不可能不知道货物有不符合合同的情况，卖方就无须承担上述与合同不符的责任。

中国法的规定

《中国民法典》合同编对此问题的规定如下：

（1）出卖人应当按照约定的质量要求交付标的物。出卖人提供有关标的物质量说明的，交付的标的物应当符合该说明的质量要求（第六百一十五条）。

当事人对标的物的质量要求没有约定或者约定不明确，依据本法第五百一十条的规定仍不能确定的，适用本法第五百一十一条第一项的规定（第六百一十六条）。

（2）凭样品买卖的当事人应当封存样品，并可以对样品质量予以说明。出卖人交付的标的物应当与样品及其说明的质量相同（第六百三十五条）。

凭样品买卖的买受人不知道样品有隐蔽瑕疵的，即使交付的标的物与样品相同，出卖人交付的标的物的质量仍然应当符合同种物的通常标准（第六百三十六条）。

（3）出卖人应当按照约定的包装方式交付标的物。对包装方式没有约定或者约定不明确，依据本法第五百一十条的规定仍不能确定的，应当按照通用的方式包装；没有通用方式的，应当采取足以保护标的物且有利于节约资源、保护生态环境的包装方式（第六百一十九条）。

典型案例 5-2

我国某公司从美国进口了一批美国东部黄松，合同对货物的品质标准规定："按美国西部 SCRIBNER 标准或东部 BRERETON 标准检验。"我国该公司对两种标准的具体含义并不清楚，未对该合同条款的货物品质提出异议。实际上，前述两个标准相差很大，前者是按松木实际体积计算数量；后者则是按松木所占船舱容积计算数量，两种标准计算体积之差在 40%以上。合同中又规定对货物的品质以美方的检验为最后依据。

合同履行中，美方在装船前委托 SGS 检验公司检验时，要求 SGS 按照对美方十分有利的美国东部 BRERETON 标准进行检验。本案中，我国该公司无法引用品质担保条款进行有效抗辩，最终遭受了重大的经济损失。

资料来源：段宝玫，《试析国际货物买卖中卖方的品质担保责任——兼议合同的品质条款与检验条款》，《上海商业职业技术学院学报》2002 年第 2 期：48—50。

2. 权利担保

卖方的权利担保义务，是指卖方应保证对其所出售的货物享有合法的权利，没有侵犯任何第三人的权利，并且任何第三人都不会就该项货物向买方主张任何权利，从而使买方可以“安安稳稳”地占有从卖方手中获取的货物。

卖方的权利担保义务包括三个方面的内容：①卖方应保证对其所出售的货物享有合法的权利；②卖方应保证在其所出售的货物上不存在任何未曾向买方透露的担保物权；③卖方应保证其所出售的货物没有侵犯他人的权利，包括知识产权。各国法律一般都规定以上三项是卖方的法定义务，买卖合同对此有无规定不影响卖方对此义务的承担。

CISG 第 41 条规定：卖方所交付的货物，必须是第三人不能提出任何权利或请求的货物，除非买方同意在受制于这种权利或请求的条件下收取该货物。例如，A 公司出售一批货物给 B 公司时，C 公司对此项货物主张权利或者提出一个请求，如果最终 C 公司胜诉，则作为出卖人的 A 公司必须对买受人 B 公司承担责任；如果 C 公司最终败诉，A 公司是否对 B 公司承担责任呢？根据公约的规定，A 公司也须对 B 公司承担责任。因为买卖合同的卖方有义务对买方保证其货物是第三人不能提出任何权利和请求的货物。

典型案例 5-3

Louis Dreyfus 公司诉 Reliance 公司案

原告 Louis Dreyfus 公司从被告 Reliance 公司处购买了一批蔗糖，缔约时后者知道前者将予转售。原告支付了货款，但是货物正在目的国卸货时，第三人以违反排他销售协议为由，在冈比亚法院获得了禁止继续卸货的禁令。该禁令一个月后被取消，英国法院仍然判决被告应向原告作出赔偿。理由是：被告作为卖方，违反了让原告“安安稳稳”地拥有货物的担保义务。

资料来源：张圣翠主编，《国际商法》，上海财经大学出版社，2012，第 105 页。

CISG 第 42 条规定：卖方所交付的货物，必须是第三人不能根据工业产权或其他知识产权提出任何权利或请求的货物。

在国内买卖中，一般只涉及侵犯本国所保护的工业产权或其他知识产权；而在国际交易中，侵犯工业产权或其他知识产权还涉及卖方国家以外的其他国家，像进口国或转售国。国际买卖也因此比国内买卖要复杂得多。例如，卖方所交付的货物可能既没有侵犯卖方国家所保护的工业产权，也没有侵犯买方国家所保护的工业产权，但由于买方把这批货物转销往其他国家而侵犯了该转售国所保护的工业产权或其他知识产权。

在国际货物买卖中，第三人以知识产权为基础就货物主张权利或要求的情形可能出自以下几种原因：①卖方交付的货物是没有得到作为专利技术拥有方的第三人许可而制造的；②卖方交付的货物冒用了第三人的商标，或即使卖方使用的是自己的商标但因未在销售国登记注册，而被第三人在该国抢注的；③卖方交付的货物侵犯了第三人的其他知识产权（如版权）等，或在保护服务标记、厂商名称、货源标记和原产地名称的国家，卖方未经第三人许可而冒用的。

针对上述情况，CISG 第 42 条规定：卖方所交付的货物，必须是第三人不能根据工业产权或其他知识产权提出任何权利或请求的货物。同时公约考虑到实际交易中的复杂情

况，也为了平衡买卖双方的利益，避免买方滥用权力，在第42条中还就买方行使权利规定了一定的限制条件：

（1）时间限制条件。卖方只有当其在订立合同时已经知道或不可能不知道第三人对其货物会提出知识产权方面的权利或请求时，才对买方承担责任。订立合同的时间就是时间限制条件。换言之，如果卖方在订立合同时不知道或不可能知道第三人会对其货物提出知识产权方面的权利或请求，则不承担责任。这里关键的一点就是要理解“已经知道或不可能不知道”这一术语的含义。联合国国际贸易法委员会秘书处对这一术语作了解释：如果卖方事先得知买方使用或转售货物的国家，且第三人在这些国家获得了知识产权的保护，就可推定卖方知道或不可能不知道。

（2）地域限制条件。卖方并不是对第三人依据任何一国的法律所提起的工业产权或其他知识产权的权利或请求，都要向买方承担责任，而只有在下列情况下才须向买方负责：①如果在订立合同时已知买方打算把该项货物转售到某一个国家，则卖方对于第三人依据该转售国法律所提出的有关工业产权或其他知识产权的权利或请求，应对买方承担责任。②在任何其他情况下，卖方对第三人根据买方营业地所在国法律所提出的有关侵犯工业产权或其他知识产权的权利或请求，也应对买方承担责任。

（3）如果买方在订立合同时，已经知道或不可能不知道第三人会对货物提出有关侵犯工业产权或其他知识产权的权利或请求，则卖方对由此引起的后果不承担责任。这里的买方“知道”可以是自己了解到的，也可以是卖方告知的。至于如何推定买方“不可能不知道”则是比较困难的。但如果买方同主张权利的第三人在相同货物上有过贸易往来，或因侵犯第三人的相同知识产权而遭受过指控，则可以认为买方在订立合同时“不可能不知道”第三人会对货物提出有关侵犯工业产权或其他知识产权的权利或请求。

（4）如果第三人所提出的有关侵犯工业产权或其他知识产权的权利或请求，是由于卖方按照买方提供的技术图纸、图案或其他规格为其制造产品而引起的，则应由买方对此负责，卖方不承担责任。

（5）在卖方应当承担知识产权担保义务的情况下，如果买方已经知道或理应知道第三人会对货物提出基于知识产权的权利或请求，而未在合理时间内通知卖方，那么买方就丧失了要求卖方对其承担责任的权利。除非买方对未及时通知卖方能提供合理的理由。

在国际货物买卖中，知识产权的担保问题涉及面很广。在发生第三人对货物提出有关侵犯知识产权之请求的各种情形中，有一个典型现象，即平行进口，又称灰色市场问题。专利产品的平行进口是指未经授权的进口商在某项专利已获进口国法律保护的情况下，仍从国外购得专利权人或其专利被许可人生产制造或销售的此项专利产品，并输入该进口国销售的行为。这里的进口国作为第三人专利权的授予国，可以是买方预往转售国或做其他使用国，也可以是买方营业地所在国。无论是哪种情况，只要发生第三人基于知识产权的请求，国际货物交易中的买卖双方关于知识产权的担保问题也就随之而来。如果CISG缔约国间的当事人在买卖合同中没有排除该公约的适用，该公约就自动地适用于该合同。对于第三人即专利权人提出的平行进口专利侵权，合同当事人就可以根据CISG第42条的规定与实际情况，要求对方为自己承担责任或者合理分担责任。

为避免或减少因知识产权引发的纠纷,国际货物交易中的买卖双方应当主动采取一些对策。对于卖方而言,在确定向买方国家出口其货物时,就要对货物可能涉及的知识产权进行检索或要求买方在这一方面给予协助,提供有关的资料,以尽量减少由于知识产权信息不灵而在日后产生的知识产权担保方面的责任纠纷。作为卖方,还应当就自己出口的名牌产品,尽快到主要进口国登记注册商标以防止被他人抢注。对于买方而言,在确定从卖方国家进口货物时,也要对货物可能涉及的相关知识产权问题有一个通盘了解。一方面应要求卖方提供与货物有关的专利、商标情况的资料;另一方面应就本国、预往销售国或做其他使用国是否有相同的专利技术、注册商标等问题进行调查,必要时可以向专利机构或专利律师进行咨询。

根据 CISG 第 6 条的规定,该公约的适用不具有强制性,双方当事人可以修改该公约任何条款的效力。买卖双方进行货物交易时可以在合同中订立有关知识产权担保问题的条款,以此来排除 CISG 第 42 条的效力。需要特别指出的是,CISG 第 42 条实际上仅就涉及"第三人能根据工业产权或其他知识产权主张任何权利或要求的货物"时,对买卖双方的权利与义务问题作出了规定,没有也不应该就买卖双方对第三人主张的权利和要求以及第三人是否和如何实施其主张作出规定。买卖双方在合同中订立有关知识产权担保条款时也应遵循上述原则。

《中国民法典》合同编对以上问题也作了规定,具体如下:

(1) 出卖人就交付的标的物,负有保证第三人对该标的物不享有任何权利的义务,但是法律另有规定的除外(第六百一十二条)。

(2) 买受人订立合同时知道或者应当知道第三人对买卖的标的物享有权利的,出卖人不承担前条规定的义务(第六百一十三条)。

(3) 买受人有确切证据证明第三人对标的物享有权利的,可以中止支付相应的价款,但是出卖人提供适当担保的除外(第六百一十四条)。

课堂讨论 5-8

中国 A 公司(买方)与日本 B 公司(卖方)订立一国际货物买卖合同,标的为某专利产品 10 000 件。A 公司将其中的 6 000 件出售给韩国 C 公司,但因为侵犯韩国某公司的专利权而被 C 公司索赔。问:

(1) 如果 B 公司在订立合同时不知道 C 公司会提出专利索赔,是否承担责任?如果 B 公司已经知道或者不可能不知道呢?

(2) 如果 C 公司依据中国法律对 A 公司索赔,而 B 公司不知道该批货物将出售给 C 公司,B 公司是否承担责任?

(3) 如果 A 公司在订立合同时,已经知道或者不可能不知道 C 公司会提出有关专利侵权赔偿,B 公司是否承担责任?

(4) 如果该产品是由 B 公司根据 A 公司提供的技术图纸制作的,B 公司是否承担赔偿责任?

（四）货物的检验问题

在国际货物买卖中，买方对于货物的检验权是其一项不可剥夺的权利。CISG 第 58 条规定：买方在未有机会检验货物前，无义务支付价款，除非这种机会与双方当事人议定的交货或支付程序相抵触。买方的这项权利是与卖方应当提交与合同相符的货物的义务相对应的。卖方必须提交与合同相符的货物，法律上称之为品质担保义务。按照买卖法的一般原则，如果合同已对货物的品质、规格有具体规定，卖方应按合同规定的品质和规格交货；如果合同没有具体规定，则卖方所交货物应符合法律规定的要求（CISG 第 35 条第 1 款）。根据合同或法律所作出的检验结果，是判断卖方提交的货物是否与合同相符的标准，也是买方据以向卖方索赔的依据。

根据 CISG 的有关规定及货物检验的具体操作，买方在货物检验中要注意以下几点：

1. 合同中的检验条款

在国际货物买卖合同中，通常订有内容详细的检验条款，主要包括以下内容：

（1）检验时间和地点。包括如下几种做法：工厂检验；装船前或装船时在装运港检验；进口国目的港检验；出口国装运港检验，进口国目的港复验；装运港检验重量，目的港检验品质。

（2）检验机构。一般是由具有专业资质的检验部门或检验企业来办理，包括官方机构（如中国国家出入境检验检疫局）、非官方机构（如 SGS）、工厂企业以及用货单位设立的化验、检验室。

（3）检验证书，如品质检验证书、重量检验证书等。检验证书一般由卖方根据信用证条款提交给银行，作为结汇的单据。

应该说，详尽的检验条款保护了买方的利益，并能督促卖方提交与合同质量标准相符的货物。

2. 买方检验权的丧失

买方对货物的检验权同其声称的货物质量与合同不符的索赔权有着密切的联系，如果索赔权已经丧失，则检验权也失去其意义。具体说来，检验权的丧失包括如下几种情况：①合同约定的检验期限已过；②合同约定的索赔期限已过；③买方没有在发现货物与合同不符之后的合理期限内向卖方提出索赔，丧失了声称货物不符合合同的权利；④买方表示无条件地接受货物；⑤买方所做的检验不符合合同的规定，如没有通过约定的商检机构进行检验。

3. 货物的检验与风险转移的关系

所谓风险，是指货物可能遭受的各种意外损失。这些损失是由意外事件造成的，而不是由一方当事人的行为或不行为造成的。风险转移是指在买卖合同的履行过程中，风险由卖方身上转移到买方身上。谁承担风险，谁就应当对意外事件所造成的损失承担责任。

CISG 第 36 条明确了卖方交货不符合合同的责任与风险转移之间的关系：

（1）如果在风险转移给买方时，货物就与合同不符，则卖方必须对此承担责任。

（2）在某些情况下，特别是货物有潜在缺陷的情况下，这种缺陷往往要在风险转移给买方之后，甚至要经过科学检验或投入使用一段时间之后，才能出现或显露出来，这时尽管风险已经转移给买方,但卖方仍然承担货物与合同不符的责任。因为这种缺陷在风险转移时实际上已经存在,只不过是当时还不明显,等到风险转移给买方之后才变得明显而已。

(3) 在某些情况下,卖方应对货物在风险转移给买方之后发生的任何不符合同要求的情形承担责任,如果这种不符合同情形的发生是由于卖方违反了其某项义务,包括关于货物在一定期间内将继续符合其通常用途或某种特定用途的保证。

4. 买方的检验时间

在实践中可以有以下几种做法:

(1) 买方可以在货物风险转移之前,对货物进行检验,如买方在卖方将货物装船前,到卖方的工厂、仓库对货物进行检验。但是,《美国统一商法典》规定,如果买方在订立合同以前,已经检验过货物或样品、模型,或者买方拒绝进行检验,则卖方对通过此项检验本应能发现的缺陷,就不承担任何默示担保义务。

(2) 买方可以在货物风险转移时对货物进行检验,但这种做法多用于实际交货的情形,如 EXW(工厂交货)、DDP(完税后交货)等情形。

(3) 双方可以在货物风险转移之后对货物进行检验,这是较为普遍的做法。虽然 CISG 第 38 条第 1 款规定:买方应当在实际可行的最佳时间内检验货物,但紧接着第 2 款规定:如果合同涉及货物的运输,检验可推迟到货物到达目的地后进行。而在第 2 款描述的情况下,买方就存在一定的举证责任:他必须证明货物在风险转移时就存在与合同不符的情况,且这种缺陷不是由承运人或其他任何外来原因造成的;或者证明货物在风险转移时符合合同,但由于其内在的缺陷,导致到目的地的货物与合同不符。例如,买方在收到货物时,外包装完好无损而货物质量与合同不符,或者出现的外包装损坏是由于卖方没有按合同规定进行包装所造成的。在一般情况下,这种举证责任是比较复杂的,有时甚至是难以履行的。

二、买方义务

根据 CISG 的规定,买方的基本义务主要有两项:按照合同和公约的规定支付价款以及接收货物。这一规定与各国的法律规定是基本一致的。《德国民法典》第 433 条规定:买方对卖方负有支付其约定的价金及受领货物的义务。《英国货物买卖法》第 27 条规定:买方有义务按合同的规定接收货物和支付价款。在这个问题上,大陆法和英美法似乎没有什么区别。

(一) 按照合同和公约的规定支付价款

根据 CISG 的规定,在合同有规定的情况下,买方应按合同的规定支付价款。只有在合同无规定时,才依公约的规定支付价款。下面即介绍 CISG 对买方支付价款的要求。

1. 履行必要的付款手续

国际货物买卖中的结算程序往往比国内货物买卖复杂得多。如果买方未能及时办理有关付款手续,则必然影响买方付款义务的履行,因此履行必要的付款手续是买方履行支付价款义务的前提。CISG 第 54 条规定:买方支付价款的义务包括根据合同或任何有关法律和规章规定的步骤和手续完成价款支付。为支付价款而需履行的手续,因具体交易情况不同而有所区别。比如,在实行外汇管制的国家,该国的买方必须在付款前申领到足够的外汇,以便履行付款的义务。

2. 待定货物价格的确定

在国际货物买卖关系中,价格问题是买卖双方最关心的问题之一。因此,价格条款也是合同实质性条款之一。如果合同已经对货物的价格作了明确规定,买方就应按合同规定的价格履行付款义务。但是,在国际货物买卖中,合同对货物价格不作规定的情形并不少见。这种合同称为漏缺价格条款的合同。在合同没有规定货物价格的情况下,买方应按什么价格来履行付款义务呢？对此,CISG 第 55 条规定:如果合同已有效订立,但没有明示的情况下,双方当事人应视为默示地引用订立合同时此种货物在有关贸易的类似情况下销售的通常价格。

因此,在国际货物买卖中,在合同没有明示或默示地规定货物价格的情况下,如果合同已有效订立,应适用订立合同时此种货物类似交易的通常价格。这里的关键问题是如何确定通常价格。在国际货物买卖中,对通常价格往往作广义的解释。如国际市场价格、买卖双方的习惯价格、卖方正常出售其货物的价格等均称为通常价格。为了确定一个比较合理的通常价格,CISG 第 55 条规定了确定通常价格的时间标准和交易标准。所谓时间标准,即以合同订立的时间为依据确定通常价格。根据这一标准,不管合同订立以后价格如何发生变化,均以合同订立时的通常价格为准。

3. 支付货物价款的地点

这主要是指买方在什么地方履行付款义务的问题。根据 CISG 第 57 条的规定,如果国际货物买卖合同对付款地点没有作出具体规定,则买方应在以下地点支付价款：

（1）以卖方的营业地作为付款的地点。这里卖方的营业地是指合同成立时卖方的营业地。如果在订立合同后,因卖方的营业地有变动而增加了买方的支付费用,则卖方须承担该项费用。CISG 第 57 条第 2 款规定:卖方必须承担因其营业地在订立合同后发生变动而增加的支付方面的有关费用。例如,订立合同时卖方营业地在瑞士。按合同规定,信用证开到瑞士,在瑞士的银行议付。但在开出信用证后,卖方的营业地改到了美国。卖方要求将信用证改开美国某银行议付。在这种情况下,买方可以在新地点履行付款义务,但同时可以要求卖方承担因此而增加的支付费用。

（2）以移交货物或单据的地点作为付款的地点。这主要适用于凭移交货物或单据支付货款的买卖。根据 CISG 第 57 条的规定,在凭移交货物或单据支付价款的情况下,买方应在移交货物或单据的地点履行付款义务。该条款实际上规定了两个付款地点,即卖方交货地点和卖方交单地点。

卖方交货地点一般有以下几种情况:①合同规定的交货地点。②如果合同没有规定交货地点,则货物所在地是卖方的交货地点。如果货物是尚待制造或生产的,则货物制造地或生产地是卖方的交货地点。③在合同没有规定交货地点的情况下,如果合同规定由卖方办理运输,则交货地点为卖方交给第一承运人的地点。

交单地点一般取决于支付的方式。也就是说,采用不同的支付方式,移交单据的地点就会有所不同。例如,在信用证支付方式中,卖方通常是向设在卖方所在地的议付行提交信用证要求的装运单据，由议付行审核单据后支付价款。然后，议付行再将单据转交给开证行，由开证行通知买方付款赎单。

4. 支付价款的时间

付款时间也是履行付款义务的实质性内容之一。对此，CISG 第 50 条作了详细规定。根据规定，在合同没有规定付款时间的情况下，买方付款时间由以下情况来决定：

（1）以买方付款作为卖方交货的条件。CISG 第 58 条第 1 款规定：买方必须于卖方按照合同或公约规定将货物或控制货物处置权的单据交给买方处置时付款。卖方可以以支付价款作为移交货物或单据的条件。根据这一规定，卖方履行交货义务的时间就是买方付款的时间，并且卖方要求在买方付款的情况下才履行交货义务。这里卖方履行交货义务包括两种形式，即实际交货和象征性交货。所谓实际交货，是指卖方向买方交付货物的实物来完成其交货义务；所谓象征性交货，是指卖方以向买方提供适当的装运单据来履行其交货义务；根据 CISG 的规定，无论是哪一种形式的交货，卖方在履行交货义务时都可以要求买方支付价款。实际上，就是"一手交钱，一手交货"的买卖。双方的义务可以说是同时履行。不过这一条款的规定对卖方更为有利，因为根据规定，卖方可以以买方交钱作为交货的条件。

（2）先付款，后发运。这是指在由卖方办理运输的情况下，卖方可以要求买方付款后再发运货物。CISG 第 58 条第 2 款规定：如果货物涉及运输，卖方可以将（买方）支付价款后把货物或控制货物处置权的单据移交给买方作为发运货物的条件。根据这一规定，卖方发运货物以买方付款为条件。也就是说，在买方未支付价款前，卖方可以不发运货物。

（3）先检验，后付款。这是指买方在未有机会检验货物之前，没有义务支付价款。CISG 第 58 条第 3 款规定：买方在未有机会检验货物前，无义务支付价款，除非这种机会与双方当事人议定的交货或支付程序相抵触。这一规定与英美法的规定比较接近。《英国货物买卖法》第 34 条规定：由卖方提交货物时，买方有权要求让其有合理的机会检验货物。《美国统一商法典》第 2—513 条规定：除另有约定外，货物经提交、交付或依合同确认时，买方在支付货款或接受货物前，有权在适当的时间和地点，以合理的方式进行验货。

但是，在国际货物买卖中，只有在实际交货的情况下，买方才有机会在付款之前对货物进行检验。在象征性交货中，买方要求在付款之前对货物进行检验几乎是不可能的。因为在象征性交货中，卖方只要呈交了符合合同要求的单据即可提取货款，买方也有付款的义务。这时，买方根本无法对货物进行检验。只有等货物到达目的港后，买方才有机会检验货物。为了解决这一问题，CISG 允许当事人在合同中作出与此相抵触的约定。例如，双方当事人可以在合同中约定："以装运港检验证明为付款依据，但货到目的港后买方有复验权，并以到岸品质、重量证书作为提出索赔的依据。"

（二）按照合同和公约的规定接收货物

接收货物是买方的另一项基本义务。买方的这一义务已为各国买卖法所确认。例如，《法国民法典》规定，对于货物买卖，如果买方逾期不受领货物，为了卖方的利益，无须催告，买卖合同即当然解除。CISG 第 60 条也明确规定了买方接收货物的义务。根据

CISG 的规定,买方履行接收货物义务包括两个方面:

1. 采取一切理应采取的行为,以期卖方能交付货物

在国际货物买卖中,因交易条件不同,买方应采取的接收货物的准备措施是不同的。一般说来有如下三个方面:

(1) 在买方负责安排运输的情况下,买方应按合同规定的要求办理租船或订舱手续,以便卖方在装运港能及时交货。例如,在 FOB 条件下,运输手续由买方办理。买方如果未能及时派船去装运港接货,就可能给卖方带来损失,如货物在码头仓库停放,过了期限,卖方要支付额外的费用,甚至货物还会出现其他风险。

(2) 在卖方负责办理运输手续的情况下,买方应及时做好目的港码头接货的准备。特别是在泊位拥挤的码头,如不及时办理手续,船到目的港可能出现无法靠岸的局面。另外,卸货的仓库存储手续等都应及时办妥。

(3) 办理货物进口手续。如果货物在进口国是限制进口的,则应办理进口许可证手续等,否则海关不让放行。

2. 接收货物

在卖方交货与合同相符的情况下,接收货物对买方来说是无条件的。也就是说,买方不得借故拒绝。不仅如此,买方还必须在合同规定的时间、地点接收货物。那么,什么行为才构成对货物的接收呢? 对此,CISG 没有明确规定。

根据《英国货物买卖法》第 35 条的规定,只要符合以下情况之一者,就视为买方已接收货物:①买方向卖方明示自己已接收了货物。②买方对货物行使了任何与卖方仍具有所有权相抵触的行为。③买方在超过合理期限后仍保留着所买货物,而未向卖方明示拒绝接收货物。根据英国法的规定,接收货物并不一定要明确通知卖方,只要买方采取了对货物行使所有权的行为即可构成接收货物。

中国法的相关规定主要体现在《中国民法典》合同编中。《中国民法典》第六百二十七条规定:买受人应当按照约定的地点支付价款。对支付地点没有约定或者约定不明确,依据本法第五百一十条的规定仍不能确定的,买受人应当在出卖人的营业地支付;但是,约定支付价款以交付标的物或者交付提取标的物单证为条件的,在交付标的物或者交付提取标的物单证的所在地支付。

此外,《中国民法典》第六百二十八条规定:买受人应当按照约定的时间支付价款。对支付时间没有约定或者约定不明确,依据本法第五百一十条的规定仍不能确定的,买受人应当在收到标的物或者提取标的物单证的同时支付。

第四节　违反国际货物买卖合同的救济措施

由于国际货物买卖合同属于合同的一种,因此,本书合同法章节中关于违约的救济措施,除禁令外,都可以具体地运用于国际货物买卖合同遭到违反的场合。合同签订后,买卖合同的双方都可能发生违约行为。卖方违约主要包括不交货和交货不符合约定两类;买方违约主要包括拒收货物和拒绝付款两类。按照各国法律规定,一方违约使另一方权益受到损害时,受损害一方有权采取适当措施,以维护自身的合法权益,这种救济措施在

法律上被称为对违反合同的补救(Remedies for Breach of Contract),简称违约救济。

需要注意的是,违约救济的主要目的不是惩罚违约的责任方,而是使受损害方得到一定的补偿。

一、中国法关于违约救济的规定

中国法关于违约的救济措施,主要包括以下几种:

1. 要求继续履行

《中国民法典》合同编在第五百七十七、五百八十条中对继续履行作了规定。其中第五百七十七条规定:当事人一方不履行合同义务或者履行合同义务不符合约定的,应当承担继续履行、采取补救措施或者赔偿损失等违约责任。第五百八十条规定:当事人一方不履行非金钱债务或者履行非金钱债务不符合约定的,对方可以请求履行,但是有下列情形之一的除外:①法律上或者事实上不能履行;②债务的标的不适于强制履行或者履行费用过高;③债权人在合理期限内未请求履行。有前款规定的除外情形之一,致使不能实现合同目的的,人民法院或者仲裁机构可以根据当事人的请求终止合同权利义务关系,但是不影响违约责任的承担。

2. 要求采取补救措施

《中国民法典》第五百八十二条规定:履行不符合约定的,应当按照当事人的约定承担违约责任。对违约责任没有约定或者约定不明确,依据本法第五百一十条的规定仍不能确定的,受损害方根据标的的性质以及损失的大小,可以合理选择请求对方承担修理、重作、更换、退货、减少价款或者报酬等违约责任。

3. 要求支付违约金

《中国民法典》第五百八十五条规定:当事人可以约定一方违约时应当根据违约情况向对方支付一定数额的违约金,也可以约定因违约产生的损失赔偿额的计算方法。约定的违约金低于造成的损失的,人民法院或者仲裁机构可以根据当事人的请求予以增加;约定的违约金过分高于造成的损失的,人民法院或者仲裁机构可以根据当事人的请求予以适当减少。当事人就迟延履行约定违约金的,违约方支付违约金后,还应当履行债务。

4. 要求赔偿损失

《中国民法典》第五百八十三条规定:当事人一方不履行合同义务或者履行合同义务不符合约定的,在履行义务或者采取补救措施后,对方还有其他损失的,应当赔偿损失。

《中国民法典》第五百八十四条规定:当事人一方不履行合同义务或者履行合同义务不符合约定,造成对方损失的,损失赔偿额应当相当于因违约所造成的损失,包括合同履行后可以获得的利益;但是,不得超过违约一方订立合同时预见到或者应当预见到的因违约可能造成的损失。

5. 适用定金罚则

《中国民法典》第五百八十六条规定:当事人可以约定一方向对方给付定金作为债权的担保。定金合同自实际交付定金时成立。定金的数额由当事人约定;但是,不得超过主合同标的额的百分之二十,超过部分不产生定金的效力。实际交付的定金数额多于或者少于约定数额的,视为变更约定的定金数额。

《中国民法典》第五百八十七条规定：债务人履行债务的，定金应当抵作价款或者收回。给付定金的一方不履行债务或者履行债务不符合约定，致使不能实现合同目的的，无权请求返还定金；收受定金的一方不履行债务或者履行债务不符合约定，致使不能实现合同目的的，应当双倍返还定金。

《中国民法典》第五百八十八条规定：当事人既约定违约金，又约定定金的，一方违约时，对方可以选择适用违约金或者定金条款。定金不足以弥补一方违约造成的损失的，对方可以请求赔偿超过定金数额的损失。

6. 解除合同

《中国民法典》第五百六十三条规定：有下列情形之一的，当事人可以解除合同：①因不可抗力致使不能实现合同目的；②在履行期限届满前，当事人一方明确表示或者以自己的行为表明不履行主要债务；③当事人一方迟延履行主要债务，经催告后在合理期限内仍未履行；④当事人一方迟延履行债务或者有其他违约行为致使不能实现合同目的；⑤法律规定的其他情形。以持续履行的债务为内容的不定期合同，当事人可以随时解除合同，但是应当在合理期限之前通知对方。

《中国民法典》第五百六十四条规定：法律规定或者当事人约定解除权行使期限，期限届满当事人不行使的，该权利消灭。法律没有规定或者当事人没有约定解除权行使期限，自解除权人知道或者应当知道解除事由之日起一年内不行使，或者经对方催告后在合理期限内不行使的，该权利消灭。

《中国民法典》第五百六十五条规定：当事人一方依法主张解除合同的，应当通知对方。合同自通知到达对方时解除；通知载明债务人在一定期限内不履行债务则合同自动解除，债务人在该期限内未履行债务的，合同自通知载明的期限届满时解除。对方对解除合同有异议的，任何一方当事人均可以请求人民法院或者仲裁机构确认解除行为的效力。当事人一方未通知对方，直接以提起诉讼或者申请仲裁的方式依法主张解除合同，人民法院或者仲裁机构确认该主张的，合同自起诉状副本或者仲裁申请书副本送达对方时解除。

《中国民法典》第五百六十六条规定：合同解除后，尚未履行的，终止履行；已经履行的，根据履行情况和合同性质，当事人可以请求恢复原状或者采取其他补救措施，并有权请求赔偿损失。合同因违约解除的，解除权人可以请求违约方承担违约责任，但是当事人另有约定的除外。主合同解除后，担保人对债务人应当承担的民事责任仍应当承担担保责任，但是担保合同另有约定的除外。

二、CISG 及西方国家的有关规定

（一）根本违反合同

根本违反合同（Fundamental Breach of Contract），或称根本违约，是从英国普通法上发展起来的一种制度，后来对美国合同法产生影响并最终为其所接受。CISG 则把根本违约作为合同解除的一个主要依据，从而使这一制度具有了国际性。

根本违约的概念最先出现在联合国国际贸易法委员会于 1978 年通过的《联合国国际货物买卖合同公约（草案）》中。按照该草案规定，如果一方当事人违反合同并给另一方造

成实质性损害,即为根本违约。由于这一规定实际上是美国法中“重大违约”的翻版,所以在 1980 年维也纳外交会议上,各国代表对这一问题进行了激烈的争论。这一方面反映出各国对根本违约这一概念在理解上的差异,另一方面反映出这一概念在国际贸易合同中的重要性。正如一位代表所说,根本违约事实上是 CISG 的重要支柱之一。

CISG 第 25 条对根本违约作了一个定义:如果一方当事人违反合同的结果,使另一方当事人蒙受损害,以致实际上剥夺了他根据合同有权期待得到的东西,即属于根本违反合同,除非违反合同的一方并不预知而且一个通情达理的人处于相同情况下也没有理由预知会发生这种结果。

根据英美等国法院的判例以及学者们的观点,下列情况属于违约后果严重:

(1) 违约部分的价值或金额(包括少交或交付与合同不符部分的价值)占全部合同金额的大部分。比如,卖方违约部分的货值约为 500 万元,而全部合同金额仅为 700 万元。此时,一般认为是违约后果严重,构成根本违约。

(2) 违约部分对合同目标实现的影响重大。在国际货物贸易中,有时尽管违约部分的价值很小,但对合同目标的实现影响重大。例如,在国际成套设备买卖中,某一部件或配件的瑕疵可能导致整台设备无法运转。在这种情况下,一般也认为是违约后果严重,构成根本违约。

(3) 迟延履行严重影响到合同目标的实现。迟延履行对合同目标实现的影响程度各不相同。对于一些时效性很强的商品(诸如季节性商品、活鲜商品等),交货迟延将使买方无法实现其商业目标,此时一般可认为是构成根本违约。圣诞节火鸡案就是一个很好的例子。由于卖方圣诞节后才交货,致使买方遭受严重损失,所以卖方构成根本违约。

按照 CISG 第 25 条的定义,根本违约是指违约方的这种违约直接损害了受损害方对合同的预期利益。当然,合同一方因不可抗力事件所造成的此类后果不在此列。然而,国际货物买卖的实践要求对根本违约有一个清楚而具体的认识,但事实上仅靠 CISG 第 25 条所下的定义人们还无法鉴别各种违约的具体情况,况且如何判断该条款内容的确切含义本身就是实践中的一个难题。甚至人们在实践中已经形成了这样一种看法,即任何成文法都无法对根本违约下一个确切的定义,这一问题看来只能由判例法解决。

联合国国际贸易法委员会秘书处对公约草案所作的评注指出,本公约明确反对以下看法:在国际货物买卖的商业合同中,仅仅因卖方没有按合同日期交货而宣告合同无效。这说明在国际货物贸易中,迟延履行并非必然导致根本违约。不过,该评注也没有否定迟延履行可能构成根本违约,“仅仅”二字足以说明这一点。当然,这一评注有其消极的一面,可能会助长当事人的违约行为,不利于保护受损害方的利益。

分析 CISG 第 25 条对根本违约所下的定义,可以看出这一定义包含以下几个要素:

(1) 违约的后果及损害无法或迟迟不能得到修补。CISG 对此吸收了《美国统一商法典》的做法,允许卖方在履行期限届满之后,自付费用对其违约行为进行修补,除非这种补救对买方是不合理的。因此,即使违约行为十分严重,可能导致剥夺受损害人所期待的东西,但只要这种违约是可以修补的,它就不构成根本违约。不过,当卖方迟迟不予修补,致使买方遭受重大损失或以后履行合同已完全不必要时,则构成根本违约,因为以后的补救“对买方是不合理的”。此外,CISG 没有规定买方无理拒绝卖方修补违约后果时所应负的法律责任。根据《美国统一商法典》,如果买方错误地拒绝卖方修补,那么他将丧失对卖方违约采取法律补救措施的任何权利,同时还应对卖方承担支付价金或赔偿损失的责任。

课堂讨论 5-9

上海某进出口公司受当地用户委托,从国外一家汽车厂订购了牵引头和半挂车共 40 组,作为运输专用车辆,总价 220 万美元,CIF 上海。

2001 年 8 月底,40 组车辆全部到货,用户即投入使用。数月后,发现其中 1 辆半挂车的前弯头焊接处有裂缝。买方立即将此事通知国外的卖方。2001 年年底,卖方技术人员到现场检查车辆,当时已经有 5 辆半挂车的相同位置出现裂缝。卖方技术人员准备对有裂缝的车辆进行修理和加固,并对其余存在裂缝隐患的半挂车也准备加固;但用户认为半挂车一经修理和加固就不是新车而是旧车了,需予以贬值或者予以赔偿,在这一问题未解决之前,不同意卖方对车辆进行修理。两名技术人员在中国待了 10 天,因无事可做,只好回国。不久,其余 35 辆半挂车也都在使用过程中陆续出现裂缝,经上海进出口商品检验局(现并入上海出入境检验检疫局)检验,认为半挂车裂缝是制造上的原因所致。

因双方纠纷无法协商解决,买方遂依合同规定,向中国国际经济贸易仲裁委员会上海分会提起了仲裁,要求:①卖方赔偿因裂缝引起的车辆停驶的损失;②对 40 辆半挂车予以贬值处理;③在贬值和赔偿问题解决后由卖方进行修理。

请问:你认为买方的三个要求能否全部获得支持?为什么?试用 CISG 或者我国相关法律解释之。

---

(2) 分批交货合同中,对某一批交货义务的违反对整个合同的影响重大。当合同为可分合同时,对某批交货义务的违反一般不构成根本违约;当合同为不可分合同时,某批交货与合同不符就可能导致整个合同的目标无法实现,此时一般认为构成根本违约。但是,必须注意的是,以上任何一种情况都不是绝对的。在实际操作中,必须坚持具体案例具体分析的原则,并充分参考有关的商业惯例。

(3) 预知性。认定根本违约的限定条件还包括违约方对违约后果的可预知性,即违约方或一个正常人处于违约人同一情况下同样不可能不知道违约后果的发生。这是 CISG 第 25 条为检测预知性提供的主、客观方法。这同时也意味着,实质损害的发生如果从违约方的角度看是非预期的,也就谈不上根本违约。

《中国民法典》五百八十四条规定:当事人一方不履行合同义务或者履行合同义务不符合约定,造成对方损失的,损失赔偿额应当相当于因违约所造成的损失,包括合同履行后可以获得的利益;但是,不得超过违约一方订立合同时预见到或者应当预见到的因违约可能造成的损失。从该条来看,《中国民法典》在关于违约的规定上也考虑到预知性问题。

(二) 根本违约的救济

在国际货物贸易中,合同当事人一旦根本违约,就必须承担根本违约的责任,受损害方由此便取得了法律上救济的权利。一般而言,在根本违约救济中,应坚持救济实际损失、救济财产损失、受损害方可选择救济方式三项原则。

1. 解除合同

在国际贸易中,当一方当事人根本违约时,另一方当事人可以选择解除合同。

解除合同虽然是一种较为严厉的法律救济措施,但也是受损害方在对方当事人根本违约时弥补或减少损失的一种最重要途径,是受损害方依法享有的一项法定救济权利。根据 CISG 的有关规定,当一方当事人根本违约时,另一方当事人有权宣告合同无效。但由于解除合同对双方当事人的影响很大,因此,各国合同法及相关立法对解除合同都持慎重态度,都在不同程度上对解除权的行使作了一些限制。如法国法规定,主张解除合同的当事人必须向法院起诉,由法院判决是否可以解除合同;英国、美国、德国以及我国法律规定,主张合同解除的当事人只要把解除合同的通知送达对方,即发生解除合同的效力。CISG 同样也是采取通知解除的办法,其第 26 条规定:宣告合同无效的声明,必须向另一方当事人发出通知,方始有效。

在解除权行使的时间上,买方行使解除合同的权利时应注意:

(1) 在卖方迟延交货的情况下,买方应在知情后一段合理时间内发出解除合同的通知。

(2) 在卖方所交货物与合同不符的情况下,买方应在知情后一段合理时间内发出解除合同的通知;在许可的修补、更换等补救期过后,卖方仍未履行义务,或者买方拒绝卖方所采取的补救措施,买方应在此后一段合理时间内发出解除合同的通知。

(3) 卖方在宽限期届满未履行义务,或声明他将不在宽限期内履行义务,买方应在此后一段合理时间内发出解除合同的通知。

2. 请求损害赔偿

CISG 第 81 条第 1 款规定:宣告合同无效解除了双方在合同中的义务,但应负责的任何损害赔偿仍应负责。由此说明,CISG 规定了对于一方当事人的根本违约行为,受损害方除了可以解除合同,还可以要求对方赔偿所受到的损害。

根据 CISG 的规定,损害赔偿的范围,应与另一方当事人因他违反合同而遭受的包括利润在内的损失额相当。但是 CISG 对损害赔偿的范围也作了两条限制:①赔偿的数额以订立合同时可以预见到的损失为限;②损害赔偿应扣除因受损害方未采取合理措施而造成的有可能减轻却未减轻的损失。

三、买卖双方均可采取的救济措施

(一) 损害赔偿

当事人要求损害赔偿这一救济方式可与其他的救济方式并用。一方当事人因违反合同而负责的损害赔偿额,应与另一方当事人因他违反合同而遭受的包括利润在内的损失额相当。但这种损害赔偿不得超过违反合同一方在订立合同时,依照他当时已知道或理应知道的事实和情况,对违反合同预料到或者理应预料到的可能损失。

但是,声称另一方违反合同的一方,必须按情况采取合理措施,减轻由于另一方违反合同而引起的损失。如果他不采取这种措施,则违反合同一方可以要求从损害赔偿中扣除本可减少的损失数额。

我们来看一个确立了英国法律关于损害赔偿范围原则的案例:

典型案例 5-4

哈德里诉巴辛达尔案

一家磨坊的机轴破裂了，磨坊主把坏轴交给承运人，委托他找一家工坊重做一个新的机轴，但承运人未及时办理，因而使磨坊停工的时间超过了必要的时间。磨坊主要求承运人赔偿由于迟延交付机轴所造成的利润损失。但由于磨坊主并未预先告知承运人如不能及时把机轴送到即将产生利润损失，因此，法院判决承运人对迟交期间的利润损失不承担赔偿责任。

法院作出这一判决时，对损害赔偿的范围提出以下两项原则：其一，这种损失必须是自然发生的（Arise Naturally），即按照违约事件的一般过程自然发生的损失；其二，这种损失必须是双方当事人在订立合同时，作为违约可能产生的后果已经合理地预见到或者应当合理地预见到的（Reasonably Foreseeable）。在上述案例中，由于磨坊主并未预先把迟交机轴可能产生的后果告知承运人，后者无从合理地预见到会产生因迟延交付而使磨坊主遭受利润损失这样的后果，他可能认为磨坊有备用机轴，不会因迟交新机轴而停工。因此，承运人对由于迟延交货所造成的利润损失不承担责任。但是，如果违约的一方可以预见到他的违约行为将引起利润损失，则受损害的一方对于违约者可以要求赔偿利润损失。

资料来源：沈四宝、王军，《国际商法教学案例（英文）选编》（第二版），法律出版社，2007，第 414 页。

英美法对于损害赔偿的范围还确立了如下原则：

（1）计算损害赔偿范围的基本原则：由于债务人违约而蒙受损害的一方在经济上能处于该合同得到履行时同等的地位，但赔偿应以该方在订立合同时能够合理地预见到的由该违约造成的损害为限。

美国法在该原则的前提下，区分期待权益和依赖权益，对如何计算损害赔偿作了具体规定，即让因另一方违约而蒙受损失的一方恢复本应处的地位。例如，甲与乙签约，约定甲向乙以 1 000 美元/吨的价格供应某农产品，后甲无法履行，此时市场价格是 1 200 美元/吨，则甲应对乙承担 200 美元/吨的价差损失，该利益即乙的期待权益。依赖权益是指，合同一方基于对另一方的诺言的依赖而改变了其地位，当另一方违背了其诺言时，为使依赖的一方恢复到其原有的地位而赋予该方的权益。《美国合同法重述Ⅱ》第 349 条规定：受损害的一方有权依其依赖权益得到赔偿，包括在准备履行或履行合同的过程中支出的费用，减去违约方能够用具有合理的确定性的证据证明的受损害方在合同得到履行时也会蒙受的损失。可见，所谓的期待权益类似于中国法中的利益损失，而依赖权益相当于中国法中的直接损失。

（2）不应让违约方通过违约而获利。无论违约的救济方法是实际履行，还是损害赔偿，抑或是其他方法，均不应使违约方通过违约而获得非法的利益。

如在买卖合同中，卖方因为标的物价格上涨而拒绝交付，将货物转而卖给其他客户，在此种情况下，考虑追究其违约责任时，不仅应包括守约方的直接损失，还应包括利润损失，乃至可以要求其实际履行。

只有通过这样的违约制裁,才可以使违约方因违约无法得到利益而最终放弃违约,这同时也维护了正常的交易秩序。

(3) 当合同的一方当事人违反合同时,受损害的另一方有付出合理的努力,减轻因对方违约而引起的损失的义务。

根据《美国合同法重述Ⅱ》的规定,当合同当事人一方违约时,另一方负有减轻该违约造成的损失的义务,但法律并不要求另一方在减轻损失时冒过大的风险,付出过多的支出或蒙受过分羞辱。比如在一笔易耗品的买卖中,在买方拒绝收货的情况下,如果某第三方有购买该批货物的意向,卖方应按照合理的价格及其他条件予以出售,以避免遭受更大的损失。

典型案例 5-5

耶顿诉 Eastwoods Froy 公司案

原告耶顿是被告 Eastwoods Froy 公司的 A 部门经理,被公司解职,转而让他去当 B 部门经理的助理,原告拒绝了。被告认为原告没有就新职以减轻损失。

法院认为,当一方当事人违约时,受损害的另一方当事人有义务采取合理措施,减轻由于对方违约所造成的损失。但这里所指的是"合理措施",受损害一方没有必要采取不合理的措施来减轻损失。在本案中,原告原来是 A 部门经理,被解职后,如果让他去当另一个部门的经理,而他不去,则属于没有采取合理措施。而这个案子中是让他去当 B 部门经理的助理,等于是叫他采取不合理的措施去减轻损失,原告无必要履行。因此,判决被告应赔偿违反雇佣合同解除原告职务所造成的全部损失。

资料来源:张文博等,《英美商法指南》,复旦大学出版社,1995,第 37—38 页。

(4) 损害赔偿不应导致经济上的浪费。

根据《美国合同法重述Ⅱ》的规定,违约的受损害方可以就完成合同履行的合理开支或弥补瑕疵的合理开支得到赔偿,只要这种开支与该方可能蒙受的损失的价值之间并不是显然不相称的。强调守约方支付的开支必须与承受的损失在价值上相对称,这符合社会的整体利益。没有必要为了挽救一个利益,而牺牲更大的利益。

《中国民法典》合同编也体现了类似的原则,比如规定定金、违约金不能并用,只能选择其一适用,等等。

典型案例 5-6

A 公司出租给 B 公司一台工程机械,租期为 2 年,月租金 50 000 欧元。

因 B 公司没有支付租金,6 个月后合同终止。

随后,A 公司成功地以月租金 55 000 欧元把同一机器租赁给他人。

也就是说,A 公司从原来合同留下的该机器的转租中,一年可多获得 60 000 欧元。

按照法国法,在计算 B 公司应支付给 A 公司的损害赔偿金时应当扣减这笔金额。

（二）预期违约

如前所述，预期违约（Anticipatory Breach of Contract）是指在合同规定的履约期限到来之前，合同一方当事人以言辞或行为向另一方表示，或一方当事人的客观情况显示出其将不能依照约定履行合同或合同的主要义务而在一定条件下被认定的一种违约形态。

预期违约可以这样理解：一方面，预期违约是合同当事人的一种行为，即一方当事人在合同义务履行期到来之前明确表示将不履行合同或合同的主要义务，或作出使自己丧失履行合同的能力的行为；另一方面，预期违约是由于上述行为所引致的在一定条件下被认定的一种区别于传统意义上违约（实际违约）的一种违约形态。

1. 预期违约制度的价值

预期违约制度的直接价值就是充分保护了合同当事人合理的履约期待权，在一方的履约期待落空或发生期待危险时给予救济。进一步分析，预期违约制度还有更深层次的价值：

首先，预期违约制度具有及时解决纠纷的功能。一方预期拒绝履行或预期履行不能预示在合同义务履行期届至时必然会发生纠纷，预期违约制度通过认定预期的违约，可使另一方及时行使违约救济权，不仅对另一方比较公平，而且可以及时解决双方的纠纷，并且解决纠纷的成本也比较低。

其次，预期违约制度具有防止损失进一步扩大的功能。一方接受了对方的预期违约表示行使救济权的同时就负有防止损失进一步扩大的义务，这有利于降低双方的损失。

最后，从法经济学的角度考虑，预期违约制度可以鼓励有效率违约。纯粹从法学的角度看，当事人应该遵守合同，努力防止违约的发生。但换一个角度，从法经济学的角度看，如果一方违约的收益大于其违约的成本，而且不对对方和其他第三人造成损失（对合同对方给予了充分救济），就是帕累托优化意义上的违约。因此，在某种程度上，我们可以说预期违约制度及时地了结了合同双方的权利义务关系，有利于一方实现其有效率违约的目标。

2. 预期违约与不安抗辩权的区别

与预期违约相对应的一个制度是不安抗辩权制度。不安抗辩权是大陆法所特有的。大陆法认为，双务合同的当事人之间有一种对价关系，即在合同中互为债权人和债务人，这就形成了合同债务的关联性。一方如果违约，没有履行对另一方的债务，那么另一方就产生一种抗辩权，可以拒绝履行他对对方所负的债务。不安抗辩权又称拒绝权，是在后履行一方有不能对待履行之虞时，法律出于公平的考虑，避免先履行一方蒙受损害而特别赋予先履行一方的对抗先履行义务的抗辩权。《法国民法典》第 1613 条规定：如买卖成立后，买受人陷于破产或处于无清偿能力致使出卖人有丧失价金之虞时，即使出卖人曾同意延期支付，出卖人亦不负交付标的物的义务。但买受人提供到期支付保证的，不在此限。《德国民法典》第 321 条规定：因双务合同负担债务并应向他方先为给付者，如他方的财产于订约后明显减少，有难为对待给付之虞时，在他方未为对待给付或提出担保之前得拒绝自己的给付。

设置不安抗辩权的目的是平衡合同双方当事人的利益，在有迹象表明后履行一方行将丧失履约能力,先履行一方很可能得不到对方履行时,出于公平的考虑,赋予先履行方以中止履行的权利。从法律逻辑上讲,大陆法认为,履行期限是为债务人的利益而设的,债务人可于履行期前履行而债权人则无权请求先期履行。大陆法侧重保护债务人的期限利益,合同履行期到来之前,债务人的任何行为和情况均不会构成违约,只是出于公平的考虑在一定情况下赋予先履行一方以中止履行的权利。

从一般意义上讲,预期违约和不安抗辩权都是针对合同订立后、履行期届至前发生的某些情况的制度设计,两者具有一定的共通性。但是,由于这两种制度分属不同的法系,因而两种法律制度仍存在很多区别。

(1)两者适用的主体不同。对于不安抗辩权而言,其目的就是针对双务合同中,一方先履行,一方后履行,而后履行方在其义务履行期届至前财产状况发生重大不利变化,可能导致丧失履约能力时,出于公平而给予先履行方的一种救济权。因此,不安抗辩权适用的主体限定于双务合同中先履行义务的一方当事人。预期违约制度则没有主体限制,可以适用于任何合同中的任何一方当事人。

(2)两者的原因事实不同。英美法中预期违约制度设定的原因事实包括两种情况:一是预期拒绝履行,有以言辞和以行为拒绝履行两种形式;二是预期履行不能,根据《美国统一商法典》,任何一方具有合理依据认为对方不能正常履约的,就可以行使预期违约制度中的权利,这种合理依据的范围较广,甚至包括了交叉违约的情况。但是,根据法国法和德国法,不安抗辩权产生的原因事实限定于"后履行方财产状况发生恶化,有难为对待给付之虞",严格解释起来,只涵盖了预期履行不能这一种情况。

(3)两者的救济方式不同。在预期违约制度中,预期拒绝履行,不管是以言辞还是以行为作出的,只要是明确的,就可以构成预期违约,对方当事人可以行使终止履行权、解约权、全面的违约救济权,当然也有等待对方履约的选择权;如果是预期履行不能,则被赋予中止履行权、要求提供履约担保权,如果对方没有在合理期限内提供合理担保,就构成预期拒绝履行,可以转而行使预期拒绝履行救济权。相比之下,不安抗辩权实质上只是给先履行一方以中止履行权。

(4)两者的法律效果不同。预期违约制度其实就是在一定情况下,确认一方在履行期到来之前已经构成违约,因此预期违约制度的法律效果是一方违约;而不安抗辩权只是出于公平考虑赋予先履行方中止履行权以对抗自己必须先履行合同的义务,产生的只是阻却违约的效果。

(5)两者的制度属性不同。从总体上看,预期违约是"授人以矛",使得一方可以在履行期届至前追究对方的违约责任,是一种进攻型的制度设计;而不安抗辩权是"授人以盾",使得一方可以对抗必须先履行合同的义务,是一种防御型的制度安排。

3. 中国法的相关规定

《中国民法典》合同编中关于不安抗辩权制度的规定如下:

《中国民法典》第五百二十七条规定:应当先履行债务的当事人,有确切证据证明对方有下列情形之一的,可以中止履行:①经营状况严重恶化;②转移财产、抽逃资金,以逃避债务;③丧失商业信誉;④有丧失或者可能丧失履行债务能力的其他情形。当事人没有确切证据中止履行的,应当承担违约责任。

《中国民法典》第五百二十八条规定:当事人依据前条规定中止履行的,应当及时通知对方。对方提供适当担保的,应当恢复履行。中止履行后,对方在合理期限内未恢复履行能力且未提供适当担保的,视为以自己的行为表明不履行主要债务,中止履行的一方可以解除合同并可以请求对方承担违约责任。

《中国民法典》的上述规定在性质上属于不安抗辩权的规定,显然是确立了不安抗辩权制度,同时又发展了大陆法传统上的不安抗辩权制度。

(1) 扩充了先履行方行使不安抗辩权的原因事实。传统大陆法上,不安抗辩权的原因事实仅限于“后履行方财产状况发生恶化,有难为对待给付之虞”,《中国民法典》除在第五百二十七条中规定了这种情况,还扩充规定了“转移财产、抽逃资金,以逃避债务”“丧失商业信誉”两种情况,同时作了一个弹性规定,以防挂一漏万。这样就扩大了先履行方行使不安抗辩权的机会,对先履行方的保护更加充分。

(2) 规定了“解约权”。按照《中国民法典》第五百二十八条的规定,中止履行后,对方在合理期限内未能恢复履行能力且未提供适当担保的,中止履行的一方可以解除合同。这是对不安抗辩权制度的重大补充,解决了传统不安抗辩权制度中的一些难题。但是从不安抗辩权的性质来看,它是不应当包括属于积极性权利的解约权的,因此笔者认为,先履行方一定条件下的解约权是《中国民法典》基于诚信原则赋予的一种“诚信解约权”,是对不安抗辩权制度的补充,而不是源于不安抗辩权制度自然发展。

当然,《中国民法典》规定的不安抗辩权制度也有遗憾,比如仍未能消除由于先履行方无权主动要求对方提供履约担保而带来的弊端。

值得一提的是,《中国民法典》事实上在引进不安抗辩权的同时,还引进了英美法上的预期违约制度。例如,《中国民法典》规定了一方拒绝履行时另一方的解约权,以及“预期违约”这种违约形态。《中国民法典》第五百六十三条规定:有下列情形之一的,当事人可以解除合同:①因不可抗力致使不能实现合同目的;②在履行期限届满前,当事人一方明确表示或者以自己的行为表明不履行主要债务;③当事人一方迟延履行主要债务,经催告后在合理期限内仍未履行;④当事人一方迟延履行债务或者有其他违约行为致使不能实现合同目的;⑤法律规定的其他情形。《中国民法典》第五百七十八条规定:当事人一方明确表示或者以自己的行为表明不履行合同义务的,对方可以在履行期限届满前请求其承担违约责任。

课堂讨论 5-10

广东省南方皮箱厂是一家乡镇企业,其生产的皮箱用料考究、款式新潮、美观大方,深受内地消费者喜爱。2002 年 3 月 2 日,香港隆安家具行发函南方皮箱厂,表示欲订购皮箱 5 000 只,交货期为 4 月 5 日,并对皮箱的款式、用料都提出了特殊要求。南方皮箱厂回函表示同意,随后双方在香港签订了合同。

3 月 20 日,香港隆安家具行派人到南方皮箱厂检查皮箱生产情况,发现南方皮箱厂原来只是一家乡镇小厂,企业设备简陋,且到目前为止只生产了 1 000 多只,按照这个进度,根本就不可能在 4 月 5 日之前生产出 5 000 只皮箱,遂提出南方皮箱厂将违约,要求终止合同,并要求南方皮箱厂承担违约责任。南方皮箱厂表示,可以想办法补救,尽量在4月5日前交货,希望继续交货。3月21日,隆安家具行发函表示解除合同,南方皮箱厂回函表示不同意,并声明可以按规定交货。

4月3日,南方皮箱厂发函香港隆安家具行,要求对方做好提货准备,隆安家具行声称因皮箱厂预期违约,合同早就解除了,不存在提货一说。

请问:香港隆安家具行的做法有无法律依据?

(三) 对分批交货合同发生违约的救济方法

(1) 如果一方当事人不履行对任何一批货物的义务,便对该批货物构成根本违反合同,则另一方当事人可以宣告合同对该批货物无效,但是不得宣告整个合同无效。

(2) 如果一方当事人不履行对任何一批货物的义务,使另一方当事人有充分理由断定对今后各批货物将会发生根本违约,则另一方当事人可以在一段合理的时间内宣告合同对今后各批货物无效,但对此前已经履行义务的各批货物不能予以解除。

(3) 如果各批货物是相互依存的,不能单独用于双方当事人在订立合同时所设想的目的,买方宣告合同对任何一批货物的交付为无效时,可以同时宣告合同对已交付的或今后交付的各批货物均为无效。

四、卖方违约时买方的救济方法

(一) 大陆法的有关规定

1. 对于不交付货物的卖方违约行为的救济方法

卖方拒绝交货时,买方可以采取下列救济措施:

(1) 实际履行。只要卖方实际履行其合同义务的可能性存在,买方就有权直接向卖方要求其按合同规定交货,或者向法院提起实际履行的诉讼。在大陆法中,特别是德国法认为,实际履行是对不履行合同的主要救济方法。

(2) 解除合同。《法国民法典》规定,解除合同的请求必须向法院提出,法院作出解除合同的判决时,方可行使。《德国民法典》规定,只要由买方向卖方作出解除合同的意思表示,就可解除合同。

(3) 损害赔偿。《法国民法典》规定,买方可以在解除合同的同时,请求卖方赔偿由于其不交货所造成的损失。而《德国民法典》规定,买方只能选择损害赔偿和解除合同中的一种救济方法。

2. 卖方迟延交货

《法国民法典》规定,迟延交货如果单独由卖方造成,则买方可以解除合同或请求占有标的物,同时卖方应当对迟延交货给买方造成的损失负赔偿责任。《德国民法典》规定,卖方迟延交货,只有当他收到催告后,或者买方已给他一段合理时间而此后仍未履行时,买方方可请求解除合同,或者请求损害赔偿。

3. 卖方交付的货物与合同不符

《法国民法典》规定,如果卖方所交货物含有隐蔽缺陷,且卖方不知情,那么买方可以返还货物并要求返还已付的货款,或者接收货物并按照公证人的鉴定结果要求卖方返还部分货款;如果卖方明知其所交货物有缺陷,除应返还其收取的货款外,还应赔偿买方的全部损失。《德国民法典》规定,当卖方违反对货物的瑕疵担保义务时,买方可以解除合同或减少价金。

（二）英美法的有关规定

1. 卖方不交付货物

《英国货物买卖法》规定,如果卖方错误地疏忽或拒绝交货,则买方可以对卖方提起因不履行交货义务而引起的损害赔偿的诉讼;如果合同所出售的货物是特定物或者是已特定化的货物,而且卖方能提供一般的金钱赔偿无法弥补买方损失的证明,则法院会依照买方请求,判令卖方实际履行交货义务。

《美国统一商法典》规定,当卖方未交货时,买方可以解除合同,也可以补进货物,并对所产生的损失请求赔偿,或者请求不交货的损害赔偿,或者请求实际履行。

2. 卖方迟延交货

《英国货物买卖法》规定,如果卖方迟延交货,则买方有权解除合同,并要求损害赔偿,或者接收迟交的货物,而只要求损害赔偿。

3. 卖方交付的货物与合同不符

《英国货物买卖法》规定,当卖方交付的货物在品质、规格或包装等方面不符合合同的规定时,买方可以拒收货物,解除合同,并请求损害赔偿;如果卖方所交的货物的数量大于合同规定的数量,则买方既可以拒收全部货物,也可以只拒绝多余的部分;如果卖方所交付的货物中混杂了合同规定以外的货物,则买方可以全部拒收或只接收符合合同约定的部分。

《美国统一商法典》规定,在卖方交付的货物与合同不符时,如果买方未正式接收货物,则买方可以拒收全部货物,或接收全部货物,或者接收其中符合合同部分的货物而拒绝其余部分,或者在货物具有独特性质时请求法院判令卖方实际履行,买方有权在选取上述救济方法的同时要求损害赔偿;如果买方已经接收了货物,则一般只能请求损害赔偿。

（三）CISG 的规定

卖方违反合同主要有以下几种情况:①不交货;②迟延交货;③交付的货物与合同规定不符。根据 CISG 的规定,如果卖方不履行其在合同和公约中的任何义务,则买方可以采取下列救济方法:

1. 要求卖方履行其合同义务

CISG 第 46 条规定:如果卖方不履行合同的义务,则买方可以要求卖方履行其合同或公约中规定的义务。但是,如果买方已经采取了与这一要求相抵触的其他救济方法,他就不能采取这种救济方法了。例如,如果买方已经宣告撤销合同,就不能再要求卖方履行其合同义务,因为撤销合同与要求卖方履行合同义务是相抵触的。CISG 所规定的这种救济方法同各国法律中所规定的实际履行的救济方法基本上是一样的。

但是,根据 CISG 第 28 条的规定,当一方当事人要求另一方当事人履行某项义务时,法院没有义务作出判决要求具体履行此项义务,除非法院根据自身法律(法院所在国的法律)，对不属于该公约范围的类似买卖合同也会作出实际履行的判决。CISG之所以作出这样的规定，是为了调和英美法和大陆法在实际履行问题上存在的分歧。

根据英美普通法，对违反合同的主要救济方法是损害赔偿，而不是实际履行，只有当金钱赔偿不足以弥补受损害一方的损失时，衡平法才考虑判定实际履行。所以，按照英美法，实际履行只是一种在例外情况下才采用的、辅助性的救济方法。一般来说，英美等国的法院对于一般的货物买卖合同，原则上不会作出实际履行的判决，而只判决违约一方支付金钱上的损害赔偿，除非买卖的标的物是特定物或者特别珍贵罕有，在市场上不容易买到的，法院才会考虑判定实际履行。

但大陆法特别是德国法认为，实际履行是对不履行合同的一种主要救济方法，当债务人不履行合同时，债权人有权要求债务人实际履行其义务。由于两个法系在实际履行问题上分歧较大，难以完全统一，因此CISG只好由各国法院按其自身的法律来处理这个问题。

2. 买方购进替代货物或要求卖方交付替代货物

CISG第46条第2款规定：如果卖方所交付的货物与合同规定不符，而且这种不符合合同的情形已构成根本违反合同，则买方有权要求卖方另外再交一批符合合同要求的货物，以替代原来那批不符合合同的货物。但是，买方在采用这种救济方法时，受一项条件的限制，即只有当卖方所交货物不符合合同的情形相当严重，已构成根本违反合同时，买方才可以要求卖方交付替代货物。

典型案例5-7

低绒灰鹅毛纠纷案

卖方出口低绒灰鹅毛45吨，3.1美元/千克，CIF汉堡，交货期为2009年1月。交货期届满，卖方因羽毛市场价格疲软，羽毛产量大幅减少，货源紧张，无法交货。于是买方于2009年1月2日从另一公司以3.5美元/千克的价格购进45吨低绒灰鹅毛，并为此支付了5 000美元的额外费用。买方要求卖方赔偿损失。

本案中，卖方没有交付合同约定的货物，构成根本违约。根据CISG规定，买方有权及时补进货物，并有权要求卖方赔偿合同价格和替代货物价格之间的差价，并索赔由于卖方违约所造成的其他损失。因此，本案中的差价损失及因及时补进货物额外支出的费用，均可要求卖方予以赔偿。

资料来源：金春主编，《国际商法》，中国财政经济出版社，2013，第138页。

3. 要求卖方对货物不符合合同之处进行修补

CISG第46条第3款规定：如果卖方所交的货物与合同规定不符，买方可以要求卖方通过修理对不符合合同之处作出补救。这项规定适用于货物不符合合同的情况并不严重，尚未构成根本违反合同，只需卖方加以修理，即可使之符合合同要求的情形。这样做对买卖双方都是比较方便的。

但是，如果根据当时的具体情况，要求卖方对货物不符合合同之处进行修理的做法是不合理的，则买方就不能提出该要求。例如，在货物的缺陷轻微，只需略加修理即可符合合同要求的情况下，买方可以自行修理或请第三人进行修理，所需费用或开支可要求卖方予以赔偿。

4. 给卖方一段合理的额外时间让其履行合同义务

CISG 第 47 条第 1 款规定：如果卖方不按合同规定的时间履行其义务，买方可以规定一段合理的额外时间，让卖方履行其义务。对于这项规定，说明如下：

（1）这是 CISG 针对卖方迟延交货而规定的一种救济方法，它的基本思想是，买方不能仅因卖方不按时交货就撤销合同，而应给卖方一段额外的合理时间让其交货。例如，如果买卖合同规定卖方应于 2019 年 9 月交货，届时卖方未能交货，则买方可以给卖方规定一段合理的额外时间，如 1 个月，让其在 10 月交货。这实际上是给卖方一个宽限期，让其在此期限内履行义务。一般不能仅因卖方未能在 9 月交货，就立即撤销合同。

（2）本条款的另一意义是为买方日后宣告撤销买卖合同提供依据。因为根据 CISG 第 49 条第 1 款 b 项的规定：如果卖方不按买方规定的合理的额外时间交货，或声明他将不在上述额外时间内交货，买方就有权宣告撤销合同。在上面的例子中，如果卖方不在 10 月交货，或声明他将不会在 10 月交货，买方就可以宣告撤销合同。

（3）当卖方不按合同规定交货时，如果卖方的违约行为致使买方的合同目的无法达到，则买方可以不必给予卖方一段合理的额外时间让其履行义务，而是可以解除合同并追究卖方的违约责任。

5. 卖方对不履行义务作出救济

按照 CISG 第 48 条的规定，除第 49 条的规定（关于撤销合同）外，卖方即使在交货日期之后，仍可自付费用，对任何不履行义务作出救济，但这种救济不得造成不合理的迟延，也不得使买方遭受不合理的不便，或无法确定卖方是否将偿付买方预付的费用。但是，买方保留本公约所规定的要求损害赔偿的任何权利。

CISG 第 48 条第 2 款还规定，如果卖方要求买方表明他是否接受卖方履行义务，而买方未在一段合理时间内对这项要求作出答复，则卖方可以按其在要求中所指明的时间履行义务。买方不得在该段时间内采取与卖方履行义务相抵触的任何救济办法。

这项规定包含以下两层意思：

（1）卖方在准备行使上述救济权利时，应事先将此意图通知买方。

（2）买方在收到卖方的上述通知后，应在合理时间内作出答复。如买方不予答复，卖方即可按其通知的内容履行其义务，而买方则不得采取与卖方履行义务相抵触的救济方法（例如，买方不得在通知所规定的时间内宣告撤销合同）。

6. 撤销合同

根据 CISG 第 49 条的规定，当卖方违反合同时，买方在下述情况下可以宣告撤销合同：

（1）卖方不履行其在合同中或公约中规定的任何义务，构成根本违反合同；

（2）卖方不交货，且在买方规定的额外时间内仍不交货，或卖方声明他将不在买方规定的额外时间内交货。

7. 要求减价

按照 CISG 第 50 条的规定,如果卖方所交的货物与合同不符,不论买方是否已经支付货款,买方都可以减少价金。但是,如果卖方已按公约规定对其任何不履行合同义务之处作出了补救,或者买方拒绝接受卖方对此作出的补救,买方就不得减少价金。

需注意的是,要求减价是针对卖方交货与合同不符而规定的救济方法。它主要适用于下列场合:卖方交货虽然与合同不符,但买方仍然愿意收取与合同不符的货物,而不愿撤销合同、退还货物。

8. 当卖方只交付部分货物或所交货物只有一部分符合合同规定时,买方可以采取的救济方法

根据 CISG 第 51 条的规定,当卖方只交付一部分货物,或者卖方所交付的货物中只有一部分与合同的要求相符时,买方只能对漏交的货物或对与合同要求不符的那一部分货物,采取上述第 46—50 条所规定的救济方法,包括退货、减价及要求损害赔偿等。但一般不能宣告撤销整个合同或拒收全部货物,除非卖方不交货,或者不按合同规定交货已构成根本违反合同。

9. 当卖方提前交货或超量交货时,买方可以采取的救济方法

CISG 第 52 条规定:如果卖方在合同规定的日期以前交货,买方既可以接收货物,也可以拒绝接收货物。但如果卖方在提前交货遭拒绝后,等到合同规定的交货期临近时再次向买方提交货物,买方仍须接收这批货物。CISG 还规定,如卖方所交货物的数量大于合同规定的数量,买方既可以接收全部货物,也可以拒绝接收多交部分的货物,而只接收合同规定数量的货物,但不能拒收全部货物。如买方接收多交部分的货物,他就必须按合同规定的价格付款。

但要注意:如果买方由于某种实际原因不能仅仅拒收多交部分的货物,例如,买方只提交了一份包括整批货物的提单,并需要凭提单对整批货物(包括多交的货物)付款,买方就不能仅收下合同约定数量的货物。在这种情况下,如果这种超量交货的做法已构成卖方根本违反合同,买方就可以宣告撤销合同;如果这种超量交货的做法并未构成根本违反合同,或者按照商业习惯买方不得不收下整批货物,则买方可以要求卖方赔偿他因此而遭受的损失。

10. 请求损害赔偿

CISG 认为,损害赔偿是一种主要的救济方法。根据 CISG 第 45 条的规定,如果卖方违反合同,买方就可以要求损害赔偿,而且买方要求损害赔偿的权利,不因其已采取其他救济方法而丧失。这就是说,即使买方已经采取了撤销合同、拒收货物、要求交付替代货物等救济方法,他仍然有权要求卖方赔偿因其违反合同所造成的损失。CISG 第 75 条和第 76 条作了相关的规定,此处略。

五、买方违约时卖方的救济方法

CISG 规定的买方违约时卖方的救济方法主要有:实际履行、请求损害赔偿、宣告合同无效、自行确定货物的品质规格、请求支付利息等。

1. 实际履行

买方违约时，卖方有权利要求买方立即履行其合同义务。CISG 第 62 条规定：卖方可以要求买方支付价款、收取货物或履行他的其他义务，除非卖方已采取与此要求相抵触的某种救济办法。CISG 第 63 条规定：卖方可以规定一段合理的额外时间，让买方履行义务。除非卖方收到买方的通知，声称他将不在所规定的时间内履行义务，卖方不得在这段时间内对违反合同采取任何救济办法。

2. 请求损害赔偿

按照 CISG 第 63 条的规定，虽然卖方可以给予买方一个额外时间，让其履行合同义务，而在此期限内卖方不得采取任何其他救济措施，但是这样的限制也不会使卖方丧失其对迟延履行义务可能享有的要求损害赔偿的任何权利。

3. 宣告合同无效

CISG 第 64 条规定，卖方在下列情况下，可以宣告合同无效：如果买方不履行合同或公约的义务已经构成根本违反合同，即买方的违约行为使卖方受到重大损失，以致实质上剥夺了他根据合同有权得到的东西，则卖方可以宣告撤销合同。但是在大多数情况下，买方不按合同规定履行支付货款或收取货物的义务，并不一定达到根本违反合同的程度。在这种情况下，卖方就不能立即宣告撤销合同，而应当给买方规定一段合理的额外时间，让其履行义务。如果卖方已经给买方规定了一段合理的额外时间，让买方履行其义务，但买方未在该段时间内履行义务，或买方声明他将不在所规定的时间内履行义务，则卖方可以撤销合同。

CISG 同时规定，如果买方已经支付货款，卖方原则上就丧失了宣告撤销合同的权利，除非他按照下面规定的办法去做：

（1）卖方在知道买方迟延履行义务前已宣告撤销合同；

（2）对于买方迟延履行义务以外的任何违反合同的事情，卖方必须在知道或理应知道这种违约事情的一段合理时间内宣告撤销合同，否则，卖方将失去宣告撤销合同的权利。

CISG 规定，当卖方或买方撤销合同后，就解除了双方在合同中的义务，但是并不终止违约一方对其违约所引起的一切损害赔偿责任，也不终止合同中关于解决争议的任何规定的效力。

4. 自行确定货物的品质规格

CISG 第 65 条规定：如果买方应根据合同规定订明货物的形状、大小或其他特征，而他在议定的日期或在收到卖方的要求后一段合理时间内没有订明这些规格，则卖方在不损害其可能享有的任何其他权利的情况下，可以依照他所知的买方的要求，自己订明规格。如果卖方自己订明规格，他必须把订明规格的细节通知买方，而且必须规定一段合理时间，让买方可以在该段时间内订出不同的规格。如果买方在收到这种通知后没有在该段时间内这样做，卖方所订的规格就具有约束力。

5. 请求支付利息

CISG 第 78 条规定：如果一方当事人没有支付价款或任何其他拖欠金额，那么另一方当事人有权对这些款额收取利息，但不妨碍要求按照第 74 条规定可以取得的损害赔偿。

第五节 货物所有权和风险的转移

买方取得货物的所有权与卖方取得货款一样,均为买卖合同的目的所在。在国际贸易中,货物所有权和风险的转移直接关系到买卖双方的切身利益。例如,对卖方来说,在货物的所有权转移至买方之后尚未收到货款,或者买方失去偿付能力,卖方就将遭受重大损失。又如,在实行货物所有权转移决定风险的国家,谁拥有货物,谁就应承担货物灭失的风险。因此,在国际货物买卖中,确定货物所有权和风险转移的时间和界限具有非常重要的意义。

但对于所有权何时由卖方向买方转移,各国法律没有统一的规定,但一般均承认当事人约定的效力。各国在民法或买卖法中针对所有权转移的问题作了具体的规定,但差异比较大。各国法律对所有权转移的主要原则有:原则上承认当事人约定优先、以合同成立的时间作为所有权转移的时间、以交货时间作为所有权转移的时间、以货物特定化作为所有权转移的前提等。

一、货物所有权的转移

一般来说,各国法律对所有权的转移不作强制规定,允许买卖双方当事人在订立合同时确定转移时间。但在实际业务中,买卖双方很少对此作具体的规定。为解决这一问题,各国法律规定了一些原则,包括以交货时间作为所有权转移的时间,以合同成立的时间作为所有权转移的时间,以货物特定化作为所有权转移的前提等。

(一)大陆法

在大陆法系国家,一部分国家规定以合同成立的时间作为所有权转移的时间,如法国、意大利、葡萄牙等国实行这一原则,另有部分国家规定货物所有权的转移不能仅通过双方当事人的意思表示加以实现,尚需由卖方实际交付货物的行为加以支持,否则无效,典型国家如德国、荷兰、西班牙等。

1. 法国法

法国法对货物所有权的处理比较特殊,原则上以买卖合同的成立时间为货物所有权转移的时间,但在司法实践中,法院往往对货物所有权转移问题作变通处理。根据《法国民法典》第1583条的规定,当事人就标的物及其价金相互同意时,即使标的物尚未交付,价金尚未支付,买卖合同亦告成立,标的物的所有权即依法由卖方转移于买方。但是,在审判实践中,法国法院会适用下列原则:①如果买卖的标的物是种类物,则必须经过特定化之后所有权才发生转移,但无须交付;②如果是附条件的买卖,则必须满足条件后所有权才转移于买方;③买卖双方可以在合同中约定所有权转移的时间。

2. 德国法

德国法对所有权转移的规定更加特殊,要求买卖合同的当事人订立独立的物权合同,转移货物使用权。德国法认为,所有权的转移属于物权法的范畴,而买卖合同则属于债权法的范畴,买卖合同本身并不起到转移所有权的效力。根据德国法的规定,动产所有权的转移，应以交付标的物为必要条件。在卖方有义务交付物权凭证的场合，卖方可以通过交付物权凭证而将货物的所有权转移至买方。

（二）英美法

依英国法的规定，在特定物或已特定化的货物买卖中，货物所有权转移由双方当事人转移所有权意思表示决定；在非特定物的买卖中，将货物特定化（把处于可交货状态的货物无条件地划拨于合同项下的行为），是实现货物所有权转移的前提条件。但无论是特定物还是非特定物的买卖，卖方都可保留对货物的处分权，只有在卖方要求的条件得以满足时（通常指在买方支付货款时），货物的所有权才转移至买方。

依美国法的规定，原则上，在把货物确定于合同项下以前，货物的所有权不能转移至买方。如交易双方对此有协议，可依协议处理；如无协议，则所有权必须在卖方完成交货时才转移至买方。

具体表现为：

（1）凡卖方需把货物交给买方，但未规定具体目的地的，货物的所有权于装运货物的时间和地点转移至买方；如果规定了目的地，则货物的所有权于目的地交货时转移至买方。

（2）凡无须卖方运输只需交付所有权凭证的，所有权在交付凭证的时间和地点转移。

（3）凡是合同订立时货物已特定化，卖方无须交付所有权凭证的，所有权在合同订立的时间和地点转移。

（三）CISG 的相关规定

由于所有权转移涉及当事人的经济利益，各国法律规定差异较大，难以达成一致协议，因此 CISG 未规定所有权转移问题。

（四）国际贸易惯例

在国际贸易惯例中，只有《华沙-牛津规则》对所有权转移至买方的时间作了明确规定。依该规则，在 CIF 合同中，货物所有权转移至买方的时间，应是卖方把装运单据交给买方的时刻。虽然《华沙-牛津规则》是针对 CIF 合同的特点制定的，但一般认为这项原则也适用于卖方有提供提单义务的其他合同，包括 CFR 合同和 FOB 合同。

（五）中国法的规定

《中国民法典》第二百二十四条规定：动产物权的设立和转让，自交付时发生效力，但是法律另有规定的除外。

《中国民法典》第二百零九条规定：不动产物权的设立、变更、转让和消灭，经依法登记，发生效力；未经登记，不发生效力，但法律另有规定的除外。

二、风险转移

在国际贸易中，如果货物的风险已由卖方转移至买方，则由于意外事件所遭受的货物损失就应由买方承担，即使货物灭失或损坏，买方也不能以此为理由拒绝支付货款及履行其他相应的义务。如果货物的风险尚未转移至买方，则遭受的货物损失仍由卖方承担，即使卖方已经托运交付货物,也不能以此为理由要求免除其交货义务,除非卖方能证明这是由于不可抗力事件造成的。正因如此,有人甚至认为,全部合同法特别是买卖法的主要目的,就是将风险在双方当事人之间进行适当的分摊。

1. 西方各国法律的有关规定

西方各国关于风险转移的规定可以区分为两大类:一类是采用物主承担风险的原则;另一类是以交货时间来决定风险转移的时间。

(1) 物主承担风险原则,即以所有权转移的时间来确定风险转移的时间。英国和法国等国的买卖法均采用这一原则,即在货物所有权转移至买方之前,货物风险由卖方承担;在货物所有权转移至买方之后,风险由买方承担。

(2) 以交货时间来决定风险转移的时间的做法,得到越来越多国家的支持,美国、德国、奥地利、中国等国家都采取这种做法,其中以《美国统一商法典》为代表。它们认为,以抽象的不可捉摸的所有权转移问题决定现实的风险转移这一问题是不妥的,因此,它们主张把两者区别开来,以交货时间来确定风险转移的时间。

2. CISG 中的规定

关于国际货物买卖中的风险转移,CISG 提出如下原则:

(1) 涉及货物运输的风险转移时间。

CISG 第 67 条对涉及货物运输的风险转移界限作了明确规定:如果销售合同涉及货物运输,但卖方没有义务在某一特定地点交付货物,自货物按买卖合同交付给第一承运人以转交给买方时起,风险就转移至买方。如果卖方有义务在某一特定地点把货物交付给承运人,在货物于该地点交付给承运人以前,风险不转移至买方。简言之,涉及货物运输的风险转移时间是货交承运人。具体来说,卖方将货物交给承运人以前,风险损失由卖方承担;货物交给承运人以后,风险损失由买方承担。

但是要注意,以上规定的风险转移界限必须同时具备两个条件:

第一,承运人在本质上必须是由买方委托的。这实际上排除了卖方用自己的运输工具运送货物的情况。但是当卖方有义务在某一特定地点把货物交付给承运人时,例如卖方的营业地位于内陆某地,而合同规定卖方有义务把货物在某装运港交给承运人,以便运往国外买方。这时,卖方可能用自己的运输工具将货物运往装运港交给承运人(这种情况已排除在外),也可能和运输公司签订合同,由该公司将货物运往装运港。尽管该运输公司也是承运人,但由于该承运人不是受买方的委托,并且不是特定地点上的承运人,因而风险不能在卖方将货物交给该公司时转移至买方。有时买方因某种不便,请求或委托卖方签订运输合同,而费用由买方支付,如第一承运人或特定地点上的承运人,该承运人在本质上仍然是买方委托的,货物交给该承运人后,风险即转移至买方。

第二,货物必须确定在合同项下。CISG 第 67 条第 2 款规定:但是,在货物以货物上加标记、或以装运单据、或向买方发出通知、或以其他方式清楚地划拨到有关合同项下以前,风险不转移至买方。在这里,CISG 广泛规定了可将货物确定在合同项下的行为。这些行为包括在货物上加标记,以装运单据或电传、电话、电报等方式向买方发出通知。货物通常是给特定的买方,即使承运人签发的可凭卖方指示转让的提单也同样如此。因为在这种提单中,买方、买方的银行或买方的其他代理人通常被确定为当事人,在装运货物后或货物到达时要向其发出通知。例如,甲在仓库存放了20万吨一级大豆,他把其中的5万吨出售给乙,在这5万吨一级大豆没有清楚分开和划拨至合同项下时,它就属于非特定货物;如果已从20万吨中清楚分开,并划拨至合同项下,它就成为特定化货物。要求将货物确定在合同项下是防止卖方在其货物遭受损害时提出欺骗性主张。

这里需要注意的是CISG的“一点排除”:卖方授权保留控制货物处置权的单据并不影响风险的转移。也就是说,货交承运人这一涉及货物运输的风险转移界限,并不因卖方保留控制货物处置权的单据而受影响或有所改变,即排除了所有权转移对风险转移的影响。在国际贸易中,没有收到价款的卖方,通常作为一种担保而保留运输单据,直至买方支付价款为止,但是有些国家的国内法将风险转移与所有权转移联系在一起,如《英国货物买卖法》规定:货物的风险在所有权转移至买方时发生转移,这就导致了风险转移的不确定性。CISG对此加以排除。CISG的这一规定既符合现代国际贸易惯例,也符合多数国家的国内法规定。

（2）涉及路货的风险转移时间。

路货是指已经装上运输工具,并在运输途中销售的货物。在国际贸易中,路货通常是指海上路货,即卖方将货物装上开往某一目的地的船舶,在运输途中寻找适当买主订立买卖合同进行销售的货物。

对于路货的风险转移时间,CISG规定了两个标准:①对于在运输途中销售的货物,从订立合同时起,风险就转移至买方承担;②如果情况表明有此需要,从货物交付给签发载有运输合同单据的承运人时起,风险就由买方承担。

为什么公约规定了这两个标准呢?这是因为路货的特点在于订立买卖合同时货物已在运输途中,要确定货物损害或灭失的准确时间,在有些情况下是可能的,如火灾、强台风、船舶碰撞、火车或飞机失事等;而在有些情况下是不可能的,如受潮、受热导致生锈、腐烂、变质或被盗等。例如,一中国卖方,于7月1日从上海港运出100吨优质白糖,同时寻找买方。7月10日与一买方签订了出售该批优质白糖的合同,规定该船7月25日到达英国伦敦。货到后经检验糖已变质,那么在这种情况下风险由谁承担呢?假定合同签订之后的7月11日,船舶遭遇强台风,海水浸入舱内使糖变质,那么按第一个标准,风险自然由买方承担,因为自7月10日签订合同起,风险就转移至买方。如果7月10日前后连续阴雨天,船舱反潮或渗水导致糖变质,那么要确定糖变质的具体时间就相当困难。这时可按第二个标准,把风险转移的时间提到订立合同之前,也就是提到货物交付给签发载有运输单据的承运人时。因为在订立合同时,中方手中通常持有两种单据,一是海运提单,二是该批糖的保险单。当订立合同时,中方通过背书将这两种单据转交给买方,买方可视货物灭损的原因向承运人或保险公司求偿。

那么,CISG为什么不将第二个标准确定为路货风险转移的唯一标准呢?这样不是更容易掌握、更简便易行吗?这是因为这样规定会使买方处于不利地位,使买方遭受不公平的损失。仍以上例为例,假定7月8日装糖的船舶遭遇海上强台风或与其他船舶碰撞、货物受损或灭失,而卖方知道或理应知道这一情况,但7月10日订立合同时并未告知买方。那么如果CISG只将第二个标准确定为路货风险转移的唯一标准,显然对买方极为不利,这样就会将本应由卖方承担的风险损失转嫁到买方身上,并从法律上为卖方实施欺诈敞开了方便之门。尽管买方可凭提单或保险单向承运人或保险公司求偿,但其意义与获得完好的货物是完全不同的。买方购买货物的目的是转售赢利或满足生产需要,绝不是为了自寻烦恼。为此,CISG 规定了一点例外,即“尽管如此,如果卖方在订立合同时已知道或理应知道货物已遗失或损坏,而他又不将这一事实告知买方,则这种遗失或损坏应由卖方负责”。

因此,CISG 将路货风险转移问题规定为“两个标准”“一点例外”是公平的,也是合理的。

(3) 其他情况下的风险转移时间。

其他情况下的风险转移时间在 CISG 第 69 条作了规定。它主要适用于以下两种情况:一是买方到卖方营业地接收货物(即买方提货);二是货物由仓库保管员保管或卖方送货到买方。这两种情况适用的前提条件都是货物必须确定在合同项下。

第一种情况下风险转移的时间规定:从买方接收货物时起,或如果买方不在适当的时间内这样做,则从货物交给他处置但他不收取货物从而违反合同时起,风险转移到买方承担。这里需要说明一点,买方有义务到卖方营业地接收货物,无论买方用自己的运输工具,还是委托承运人,其风险转移界限都不变。

第二种情况下风险转移的时间规定:如果买方有义务在卖方营业地以外的某一地点接收货物,当交货时间已到而买方知道货物已在该地点交给他处置时,风险方始转移。

(4) 卖方根本违反合同时对风险转移的影响。

CISG 第 70 条规定:如果卖方已根本违反合同第 67 条、第 68 条和第 69 条的规定,不妨害买方因此种违反合同而可以采取的各种救济办法。对这一规定,应作如下三点理解:

第一,该规定仅适用于“卖方根本违反合同”。所谓根本违反合同,是指一方当事人违反合同的结果,如使另一方当事人蒙受损害,以致实际上剥夺了他根据合同规定有权期待得到的东西,即为根本违反合同,除非违反合同一方并不预知而且一个同等资格、通情达理的人处于相同情况下也没有理由预知会发生这种结果。

第二,尽管卖方已根本违反合同,无论合同适用第 67 条或第 68 条或第 69 条,这三条规定的风险转移界限不变。

第三,买方有权采用 CISG 赋予的各种救济方法,如宣告解除合同、要求损害赔偿、交付替代物或降低价格等。

3. 中国法的相关规定

《中国民法典》对风险转移的规定如下:

第六百零四条规定:标的物毁损、灭失的风险,在标的物交付之前由出卖人承担,交付之后由买受人承担,但是法律另有规定或者当事人另有约定的除外。该条是对买卖合同风险转移的基本规定。

第六百零五条规定:因买受人的原因致使标的物未按照约定的期限交付的,买受人应当自违反约定时起承担标的物毁损、灭失的风险。

第六百零六条规定:出卖人出卖交由承运人运输的在途标的物,除当事人另有约定外,毁损、灭失的风险自合同成立时起由买受人承担。

第六百零七条规定:出卖人按照约定将标的物运送至买受人指定地点并交付给承运

人后，标的物毁损、灭失的风险由买受人承担。当事人没有约定交付地点或者约定不明确，依据本法第六百零三条第二款第一项的规定标的物需要运输的，出卖人将标的物交付给第一承运人后，标的物毁损、灭失的风险由买受人承担。

在我国的外贸业务中，一般都采用某种贸易术语来确定买卖双方的风险的界限。

第六百零八条规定：出卖人按照约定或者依据本法第六百零三条第二款第二项的规定将标的物置于交付地点，买受人违反约定没有收取的，标的物毁损、灭失的风险自违反约定时起由买受人承担。

第六百零九条规定：出卖人按照约定未交付有关标的物的单证和资料的，不影响标的物毁损、灭失风险的转移。

第六百一十条规定：因标的物不符合质量要求，致使不能实现合同目的的，买受人可以拒绝接受标的物或者解除合同。买受人拒绝接受标的物或者解除合同的，标的物毁损、灭失的风险由出卖人承担。

第六百一十一条规定：标的物毁损、灭失的风险由买受人承担的，不影响因出卖人履行义务不符合约定，买受人请求其承担违约责任的权利。

? 思考与练习

1. 什么是国际贸易术语？2020 年版《国际贸易术语解释通则》作了哪些修改？
2. CISG 对卖方的担保义务是怎么规定的？
3. CISG 规定的卖方的违约救济措施有哪些？
4. CISG 对货物风险的转移是怎么规定的？

案例分析

柠檬酸买卖争议仲裁案

某年 7 月 21 日，我国某进出口公司（买方）与美国某贸易公司（卖方）签订了两份购买柠檬酸的 CIF 合同（注：良好柠檬酸的标准为“无色结晶或结晶性粉末”），第一笔合同的货物于 10 月 18 日运抵目的地后，买方发现存在结块现象，遂于次日向卖方提出索赔，并称将安排 SGS 检验。卖方拒绝赔偿，称结块是普遍的正常现象，但对买方安排 SGS 检验没有提出异议。SGS 委托 SJH 公司出具检验报告，证明集装箱完好无损，但为数众多的袋内货物已结块，有些袋外有干的棕色锈斑。第二笔合同的货物也存在类似的情况。

由于买方客户的坚持，买方不得不安排重磨和重新包装，因此要求卖方承担加工费用并赔偿相关的损失。

仲裁结果：

1. 两笔合同的“商品名称、规格及包装”栏明确规定合同的标的物为 CITRIC ACID BP80，这样的规定说明卖方已经承诺所交货物应符合 BP80。根据 BP80，柠檬酸和一水柠檬酸的状态都应是“无色结晶或结晶性粉末”。因此，仲裁庭认为卖方所交付的柠檬酸有结块现象是不符合合同规定的。

2. 仲裁庭认为卖方用《通则》关于CIF合同的风险转移问题来证明对结块不承担责任的论点是不妥当的，因为买方的申请是基于卖方交付的货物不符合合同的规定，因而只有证明柠檬酸结块系海运所致，才有益于确定风险转移并免除卖方的责任。现已查明由于集装箱完好无损，可以排除海运中发生意外的可能，因此，柠檬酸结块同风险转移无关。

资料来源：http://www.doc88.com/p-074807024727.html，访问日期：2021年11月25日。

【思考与讨论】

1. 卖方对所交货物所承担的担保义务有哪些？本案所涉及的是哪一类担保义务？

2.《通则》对CIF术语的风险转移是怎么规定的？当该风险界定与卖方的担保义务存在竞合时，如何判定买卖双方的责任承担？

第六章

产品责任法

【教学目标】

通过本章学习，学生将能够：

1. 认识产品责任的概念与产品范围的界定。
2. 了解美国产品责任的诉讼依据的种类及特点。
3. 掌握严格责任的概念与特点。
4. 了解产品责任诉讼中被告可以提出的抗辩。
5. 美国“长臂法”及相关的背景知识。

【关键术语】

产品责任　产品　合同责任　疏忽责任　违反担保　严格责任　“长臂法”

【引导案例】

Grimshaw 诉福特公司案

这是一个著名的案例,且影响深远。1972 年,Lily Gray 驾驶的福特 Pinto 汽车在路上熄火,被后面的车辆追尾导致油箱着火。Lily Gray 死于撞击,而车上的另一名乘客 Richard Grimshaw 被严重烧伤。Grimshaw 起诉了福特公司,在案件审理过程中,浮现出了一个惊人事实:

在 Pinto 车型投入市场之前,福特公司就已经发现了油箱存在的隐患。福特公司进行了 40 多次撞击测试,在每一次来自后方、车速达到每小时 25 英里的撞击中,都出现了油箱裂缝的现象,这无疑可能导致汽油泄漏起火。也就是说,福特公司在投入生产 Pinto 汽车之前,就知道汽车设计是有缺陷的。

原告诉讼团的专家证言证实,Pinto 的油箱和后部结构设计存在事故隐患,当汽车在以每小时 20—30 英里的速度行驶过程中发生碰撞时,油箱会因碰撞起火爆炸,消费者将面临严重伤害或死亡的危险。如果改进设计(增添加固和减震装置),油箱因碰撞而爆炸起火的可能性将大大降低。但福特公司没有那样做。

结果不幸还是发生了,油箱被碰撞后爆炸起火,小孩被严重烧伤。

一辆汽车需要增加的安全装置花费 1.1 美元,总共有 1.25 亿辆汽车,减少安全隐患的总成本为 1.37 亿美元。改进后的安全装置可以减少 180 人死亡和 180 人严重烧伤。以 20 万美元计算生命的价值,以 7.5 万美元作为避免伤害的价值,最后安全成本的总额为 4 950 万美元,比 1.37 亿美元的改进设计成本少得多。

福特公司明知道缺陷存在,并很可能给消费者带来伤害,却为了降低成本,无视这个缺陷的存在。陪审团裁决惩罚性赔偿 1.25 亿美元,而实质性赔偿只有 2 500 万美元。可见,在产品责任案件中,产品投入市场前明知缺陷的存在是重要条件。

资料来源:宋中清,《美国产品责任中的惩罚性赔偿》,https://weibo.com/ttarticle/p/show? id=2309404269787357279414,访问日期:2022 年 2 月 27 日。

在本章中,我们将探讨产品责任及其赔偿,在产品责任赔偿中有一项惩罚性赔偿,涵盖了本案判决所涉及的内容。

第一节　概述

随着世界各国现代工业的发展及国际贸易数量和范围的不断扩大,产品买卖中因产品的缺陷及瑕疵而引发的责任问题也不断增多。为了解决消费者因使用有缺陷产品而蒙受损害的问题,产品责任制度逐步形成并得到发展。本章正是对产品责任的一个概括介绍。从许多国家的立法沿革来看,产品责任原先包括在货物买卖之中,是由货物买卖法规范的。前述货物的品质担保与产品责任同样紧密相连。同时,由于产品买卖一般是基于买卖合同进行的,而且某些产品责任的承担与当事人之间有无合同关系直接相关,因此产品责任法与买卖法、合同法密切相关。

产品责任法和买卖法虽有联系,但在法律性质方面两者却截然不同。买卖法属于私

法的范畴,它所调整的是卖方与买方之间基于买卖合同所产生的权利义务关系,它的规定大多数是任意性的,双方当事人可以在买卖合同中加以排除或更改;而产品责任法则属于经济法的范畴,是一个兼具公法和私法性质的领域,它主要调整产品制造者、销售者和消费者之间基于侵权行为所引起的人身伤亡和财产损害的责任,它的各项规定或原则大都是强制性的,双方当事人在订立合同时不得事先加以排除或变更。

本章所称的产品责任,是指产品本身存在缺陷或瑕疵,并对消费者造成人身伤亡或者财产损害时,由该产品的制造者、销售者对消费者所应承担的侵权损害赔偿责任。根据这个概念可知,产品责任具有以下三个特征:第一,产品责任是由产品的缺陷引起的;第二,产品责任是一种侵权(Tort)责任;第三,产品责任是一种损害赔偿责任。

产品责任法是调整产品的制造者、销售者和消费者之间基于侵权行为所引起的人身伤亡和财产责任的法律规范的总称。从西方国家的有关法律规定来看,产品责任法具有下列三个特征:第一,产品责任法实行侵权责任原则,突破了传统的契约原则;第二,产品责任法基本上属于带有强制性的公法范畴;第三,产品责任法的立法目的在于保护消费者的权益。

产品责任法在20世纪下半叶经历了巨大的变化。美国侵权法学者爱德华·J. 柯恩卡(Edward J. Kionka)认为,产品责任法从奉行买主自慎演变成严格责任,并且目前已经成为侵权法最重要的领域之一。还有学者指出,产品责任法发展的历史实际上是“契约当事人主义”崩溃的历史。①

在介绍本章的具体内容之前,我们先了解几个基本问题:①产品的范围;②缺陷与瑕疵的区别;③产品责任法的发展。

一、产品的范围

关于产品责任中所指的产品,各国的法律规定不尽一致。

在美国,产品一词的含义非常广泛,是指任何经过工业处理的物品,包括可以移动与不可以移动的各种有形物以及天然产品,无论此种物品是适合工业用途还是农业用途,只要因适用它而引发伤害就产生“产品责任”。

美国1979年《统一产品责任示范法》第102条(C)款将产品定义为:具有真实价值的、为进入市场流通而生产的、能够作为组装整件或者作为部件、零件而交付的物品,但人体组织、器官,包括血液及其组成成分除外;相关产品是指引起产品责任索赔的产品及其部件和零件。

然而,在司法实践中,法官出于各种对保护消费者和公共利益的考虑,常常会作出比法律条文更为宽松、灵活的解释。在美国,凡经过某种程序、某种方式加以处理的东西,包括任何可销售(有偿转让)、可使用或可移动的制成品,无论是工业用品还是农业用品,也不论是整件还是部件、原材料等,只要由于使用它们造成损害,都可归为产品责任法调整的“产品”范畴。

不仅如此,美国产品责任中的“产品”概念已扩展到无形资产及土地上,甚至为了使消费者能够依据严格责任原则获取赔偿,越来越多的法院把房屋和出租的公寓等不动产视

① 沈四宝、王军,《国际商法》(第二版),对外经济贸易大学出版社,2010,第375页。

为产品。

英国法认为任何物品或电力,同时包括组成另一产品的物品,无论这些产品是否以零配件或原材料或其他形式构成,都可以是产品。这些物品还包括建筑材料,以及固定在土地上的可移动的建筑物、添附的建筑物,如游乐场中的秋千和转椅,滑雪吊索运送设备的装置和器械等。

大陆法系国家与《斯特拉斯堡公约》定义相同:产品这个词系指所有可移动的物品,包括天然动产或工业动产,无论是未加工的还是加工过的,即使是组装在另一可移动或者不可移动的物品内。

中国法关于产品范围的规定,体现在《中华人民共和国产品质量法》(以下简称《中国产品质量法》)第二条:在中华人民共和国境内从事产品生产、销售活动,必须遵守本法。本法所称产品是指经过加工、制作,用于销售的产品。建设工程不适用本法规定;但是,建设工程使用的建筑材料、建筑构配件和设备,属于前款规定的产品范围的,适用本法规定。可见,中国的产品质量法在界定产品范围的时候,排除了天然产品和不动产。相比较而言,中国对产品规定的外延最为狭窄。

二、缺陷与瑕疵的区别

在《中国产品质量法》中,"质量不合格"化为两个名词:缺陷与瑕疵。

瑕疵一般泛指微小的缺点。实际上,瑕疵也是可大可小的。广义地说,产品不符合其应当具有的质量要求,即构成瑕疵。狭义地说,瑕疵仅指一般性的质量问题,如产品的外观、使用性能等方面。

缺陷则是针对较大的质量问题而言的。《中国产品质量法》第四十六条规定:本法所称缺陷,是指产品存在危及人身、他人财产安全的不合理的危险;产品有保障人体健康和人身、财产安全的国家标准、行业标准的,是指不符合该标准。英美等西方国家的相关法律中也一般以存在"不合理的危险"(Unreasonable Danger)作为缺陷的一个核心定义。

根据美国《侵权法重述》(第二版)第402条A款规定:凡销售有不合理的危险的缺陷产品者应对最终使用者或消费者因此而遭受的人身或财产损失承担赔偿责任。可见,不合理的危险是美国产品缺陷的核心概念。

关于产品缺陷的种类,美国《统一产品责任示范法》第104条有明确的规定:产品制造、设计上存在不合理的不安全性,未给予适当警示或不符合产品销售者的品质担保致使产品存在不合理的不安全性。具体包括:

1. 产品制造缺陷

产品制造缺陷(Manufacturing Defect)是指产品在制造过程中,因质量管理不善、技术水平差等原因而使个别产品中存在的不合理的危险性。一般可分为原材料、零部件及装配方面的缺陷。例如,1973年布兰登伯格诉丰田汽车案即涉及产品的制造缺陷。

典型案例 6-1

布兰登伯格诉丰田汽车公司案

在该案中,原告布兰登伯格驾驶丰田汽车,在高速公路上行驶时,不慎翻车,车顶发生破裂，乘客被抛出车外当场死亡。美国法官在审理此案时，认为车顶的构造有缺陷而最终导致死亡的发生。

法院最终判决制造商和销售商负赔偿责任。

资料来源：邹岿，《国际产品责任法案例讲解大全》，https://max.book118.com/html/2019/0525/5013230032002041.shtm，访问日期：2023 年 7 月 6 日。

典型案例 6-2

克拉格制衣公司被诉案

1969 年，克拉格制衣公司制造的木棉棉衣的棉花未经防火处理，小孩在穿着木棉棉衣玩火花玩具手枪时，因棉衣着火而受伤。法官认为小孩所穿衣料用的木棉只要经防火加工即可避免火花着火，遂判决制造厂商负赔偿责任。

法院的判决理由是：在今日广泛使用化纤合成物的时代，社会大众依赖生产者供应其衣料。合成纺织品的成分及其性质，一般人多不明了。销售者应予注意，维护所有使用人，尤其是儿童的利益。如果对儿童的衣服需要经过实验及研究，以确定其是否具有危险性，则不应在穿着夹克者的身上进行实验。

资料来源：https://easylearn.baidu.com/edu-page/tiangong/bgkdetail? id=233baacebb4cf7ec4afed016&fr=search，访问日期：2023 年 7 月 8 日。

---

2. 产品设计缺陷

产品设计缺陷（Defect in Design）是指产品的设计中存在不合理的危险性，它往往是导致整批产品存在潜在危险的根本原因。设计缺陷一般由配方、处方的错误，原理的错误，结构设计的错误等方面造成。与制造缺陷相比，一般来说产品设计缺陷造成的危害更为严重，判断较为困难且不被保险公司在责任险中承保。

典型案例 6-3

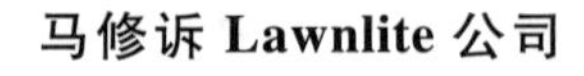

马修诉 Lawnlite 公司

案件发生在 1956 年，原告马修在观看 Lawnlite 公司产品的铝制椅子之后，在试坐旋转时，椅子回旋部分将原告手指切断。法官认为，切断原告手指的装置部分是椅子构造的必要部分，被告应在其危险部分装上保护装置，否则应负设计缺陷的责任。

资料来源：邹岿，《国际产品责任法案例讲解大全》，https://max.book118.com/html/2019/0525/5013230032002041.shtm，访问日期：2023 年 7 月 6 日。

典型案例 6-4

卡马乔诉本田汽车公司案

在科罗拉多州最高法院 1987 年判决的卡马乔诉本田汽车公司一案中，原告在驾驶被告生产的摩托车时发生车祸，其腿部严重受伤。原告在起诉时主张，该车没有安装腿部防护设施，属于设计上的缺陷。被告提出的辩护理由之一是，摩托车发生事故的风险，是每一个消费者都能预见到的，因此，根据美国《侵权法重述》（第二版）第 402A 条注释 i，未安装腿部防护设施不属于对消费者具有不合理危险的缺陷。该州最高法院认为：某一产品的危险是公开的和显而易见的这一事实，并不能构成对产品有不合理的危险的主张的辩护理由。我们注意到，采纳这样的原则，作为一个法律问题，将不公平地加强风险承担抗辩的作用。但现有的证据表明，被告本来可以通过投入可接受的成本安装该防护装置，并且不会减损该产品的效用或实质性地改变其性能；被告未能这样做，从而使该产品依照“风险—收益”标准[①]包含了不合理的危险性。

资料来源：沈四宝、王军，《国际商法》（第二版），对外经济贸易大学出版社，2010，第 381 页。

3. 产品警示缺陷

产品警示缺陷（A Product is Defective due to Inadequate Instructions or Warning）是指产品提供者对产品的危险性没有给予必要的（适当的、明确的、易理解而且详细的说明）警告或安全、使用方面的指导，从而对使用者构成不合理的危险。警示缺陷一般是与产品的生产者或销售者违反法律规定的告知义务相关联的。

典型案例 6-5

瓦克维尔工程有限公司诉 BDH 化学制品有限公司案

该案是警示缺陷的经典案例。案情经过是：被告 BDH 化学制品有限公司向原告瓦克维尔工程有限公司提供了一种装在玻璃安瓶里的瓶上标有“有害蒸气”的化学药剂。供应商并不知道该化学药剂遇水后会产生强烈反应。一位科学家在做实验时意外地将安瓶掉在水池里引起爆炸，导致该科学家死亡，并给原告的工厂造成巨大损失。

法院裁决制造商负有过失责任，因为他未能给予该化学药剂的危险性的充分的警告。

资料来源：邹岗，《国际产品责任法案例讲解大全》，https://max.book118.com/html/2019/0525/5013230032002041.shtm，访问日期：2023 年 7 月 6 日。

① 风险—收益（Risk-benefit）标准，是指当某一引起损害的风险在总体上大于该产品带来的收益或效用时，即应认定该产品是有缺陷的。

4. 违反品质担保的缺陷

在国际货物买卖法中，美国将货物提供者的品质担保责任区分为明示担保和默示担保。美国法认为如果产品的提供者违反这种品质担保，则根据《美国统一商法典》第2—318条规定：卖方的明示担保或默示担保延及买方家庭中的任何自然人或买方家中的客人，只要可以合理设想上述任何人将使用或消费此种产品或受其影响，并且上述任何人因卖方违反担保而受到人身伤害。卖方不得排除或限制本条的适用。

5. 开发缺陷

开发缺陷（Defect of Development）是指在产品投入流通时科学技术水平尚无法发现而后又被证明确实存在的那种缺陷。对于因此种缺陷而造成对他人的损害，产品提供者应否承担责任，美国各州的做法并不一致。

三、产品责任法的发展

需要注意的是，虽然英国是产品责任法的发源地，是最早出现产品责任判例并以契约关系确定产品责任的国家[①]，但是在产品责任的发展过程中，英国在适用"疏忽责任""严格责任"等法律制度方面却远落后于美国。由于原有法律制度不足以满足现实需要，20世纪70年代，包括英国在内的许多欧洲国家开始对美国产品责任法产生兴趣，并试图学习其中的合理部分。

产品责任法的大规模兴起是与20世纪60年代消费者权益保护运动的兴起和发展息息相关的。随着科学技术与生产力的高速发展，产品责任问题不断增多，据美国消费品安全委员会1990年报告的统计，每年有2 000万美国人因使用消费产品而受伤，其中11万人终身残疾，3万人丧生。由于不断产生的产品责任对消费者或使用者造成的损害非常严重，不仅专业化和高技术使得消费者对许多商品失去了识别、检查、防范的能力，缔约能力的不平等也使得消费者不可避免地接受各种免责条款，因而保护消费者权益成为一项重大的社会问题。第二次世界大战后，产品责任受到了越来越多的重视，各国对有关产品责任和消费者权益保护的立法也越来越多，产品责任法得到了长足的发展，产品责任法律制度成为消费者权益保护的核心制度之一。与此时代要求相一致，20世纪60年代产品责任领域确立了严格的产品责任理论。1963年，美国加利福尼亚州最高法院首次确立了产品制造商承担无过错责任的原则。1968年，德国最高法院也确立了可以举证责任倒置推定商品制造商责任的制度。20世纪七八十年代是发达国家产品责任制度不断发展和完善的年代，其间各国制定了大量的成文法，对世界产品责任法律制度的发展产生了巨大的影响。

在西方国家中，美国的产品责任法是发展得比较早也比较发达的，其他国家虽然也有这方面的法律或者判例，但都不像美国那样发达，对生产者责任的要求也不如美国那样严格。基于此，本章关于产品责任法的介绍，以美国的产品责任法为主体。

1973年，海牙国际私法会议通过了《关于产品责任的法律适用公约》。1976年，欧洲

---

① 早在1842年，英国法院于"温特博特姆诉赖特案"（Winterbottom v. Wright）中就确立了"无契约、无责任"的原则。

委员会制定了一项《关于人身伤亡的产品责任公约》。1977年，欧洲理事会发布了《关于造成人身伤害和死亡的产品责任的欧洲公约》。此外，欧共体于1985年通过了《关于对有缺陷产品的责任的指令》，它是世界上第一个影响深远的超国家性质的产品责任法。

中国于1993年2月22日颁布了《中国产品质量法》，并分别于2000年、2009年和2018年进行了修正。这是一部"质量法"和"管理法"相结合的法律，但毋庸讳言，中国关于产品责任的立法与西方国家依然存在较大的差距。

第二节 美国的产品责任法

传统上，美国的产品责任法主要为判例法，且主要以州法为主。因各州的法律差别较大，为了统一各州的产品责任法，美国商务部于1979年颁布了《统一产品责任示范法》，目前已被大多数州所采用。此外，自20世纪60年代以来，美国联邦政府相继颁布了大量成文法，如《消费品安全法》《消费者保护法》等。上述法律共同构成美国的产品责任法体系。

一、产品责任的诉讼依据

美国产品责任大体经历了四个阶段，分别是：①合同责任；②疏忽责任；③担保责任；④严格责任。

1. 合同责任

合同责任的依据源于1842年英国最高法院受理的"温特博特姆诉赖特案"。这个案子创造了关于产品责任的"无契约、无责任"原则。

典型案例 6-6

温特博特姆诉赖特案

该案件发生在1842年，原告温特博特姆为一个驿站的马车夫，被告赖特是马车制造商。原告一直使用被告提供的马车运送邮件。

一次，原告在运送邮件途中，马车轮子突然毁坏，导致原告摔下马车而受伤。原告以被告提供了有缺陷产品直接导致自己受伤为理由诉至法院。

在庭审中，被告以"与原告之间不存在合同关系"为理由进行抗辩。

法院最终作出如下判决：因为原被告之间不存在合同关系，所以尽管被告的产品缺陷导致原告受伤，被告也不负赔偿责任，被告因抗辩成立而胜诉。

资料来源：李俊，《美国产品责任法案选评》，对外经济贸易大学出版社，2007，第5—6页。

该案确立的"产品责任限于合同关系"的规则对许多国家特别是对英美法系国家的影响，延续达半个多世纪之久。该判例传入美国之初也曾被广泛引用。

但由于合同责任的归责原则存在显而易见的不合理性，1851年美国的"郎迈德诉霍利德案"(Longmeid v. Holliday)就确立了对合同责任的例外原则，即如果有缺陷的产品具有危险性，则受害人理应获得补偿。

1852 年的“托马斯诉温彻斯特案”(Thomas v. Winchster)，不但重申了合同责任的例外原则，而且进一步将无契约关系生产者也应对其过失造成的损害承担赔偿责任的原则加以推广。这一著名案例一度被美国各州法院援引。

典型案例 6-7

托马斯诉温彻斯特案

1852 年，原告托马斯购买了一瓶误贴了标签的药品；被告温彻斯特是药品制造商，他将颠茄制剂错标成蒲公英制剂出售，结果原告的妻子服用后中毒，原告遂向法院提起诉讼。法院认为：可以预见，误贴标签的毒药会致人伤害或死亡，该药品制造商应对最后消费者负赔偿责任。法官认为：尽管原被告之间没有任何契约关系，但药品制造商将有毒的颠茄制剂当成蒲公英制剂出售，由于出售的商品对生命及健康具有危险性，因此被告应对最终消费者的损害负赔偿责任。该案是法官为了克服、弥补契约关系责任的不足，根据实际情况借助某种理论创设的例外，也是对“无契约、无责任”原则的一种突破。

资料来源：李俊，《美国产品责任法案选评》，对外经济贸易大学出版社，2007，第 7 页。

进入 19 世纪后期，合同责任理论进一步受到了动摇。在 1883 年“海文诉佩德案”(Heaven v. Pender)中，有关危险物品的致害责任已更趋明显与广泛。

典型案例 6-8

海文诉佩德案

被告佩德是船坞所有人，他与原告船舶漆工海文的雇主签订了合同。海文在使用被告提供的脚手架作业时，因绳子突然断裂而遭受伤害，被告因此被追究责任。法官在判决理由中称：当一个人提供物品或器械或类似物品旨在由他人使用时，如果他认为每一个具有一般常识的人都能够立即意识到，除非他对提供之物的状态或提供物品的方式给予一般的注意和技术处理，否则将出现对接受并使用此物者及其财产造成损害的危险，就产生对提供此物品的条件或方式给予一般注意和技术处理的责任。

从本案可见，法官的观点在当时合同责任盛行的情况下明显具有超前意识。同时也可以看出，为了满足社会经济进一步发展的需要，法官已经从对消费者安全构成重大威胁的危险品开始寻找突破口，通过设定生产者和产品提供者的注意义务，使其对危险物品所致损害承担责任。

资料来源：蒋天伟，《法律的生命：经验的逻辑》，https://zhuanlan.zhihu.com/p/124306165，访问日期：2023 年 7 月 12 日。

2. 疏忽责任

疏忽责任也称过失责任，是指由于生产者或销售者的疏忽，致使产品有缺陷，从而使消费者或使用者的人身或财产遭受损害，对此，产品的生产者或销售者应当对其疏忽承担赔偿责任。

疏忽责任原则首创于“麦克弗森诉别克汽车公司案”（Macpherson v. Buick Motor Company）。

典型案例 6-9

麦克弗森诉别克汽车公司案

原告麦克弗森从零售商处购买了被告别克汽车公司生产的一辆别克汽车。在一次正常行驶中，因汽车轮胎的缺陷，轮胎突然发生爆裂，导致汽车倾覆。原告被抛出车外，身受重伤。原告因此起诉到法院。肇事的原因即在于有缺陷的轮胎（用有缺陷的材料制作的一只轮胎）。

别克汽车公司辩称，轮胎不是别克汽车公司制造的，而是从一个汽车零件商店买来的。然而证据显示，轮胎上的缺陷是稍经检查就可以被发现的。别克汽车公司在购买轮胎时没有认真检查，正是这一疏忽造成了麦克弗森的伤害，为此别克汽车公司要负过失责任。

法院判决：尽管原被告之间并无合同关系，轮胎也并非被告自己制造，但任何物品制造上具有过失，依其本质将构成对生命及身体危险的，即属于危险物品。制造人如果知悉该项物品将由买受人之外的第三人未经检验而使用的，则无论有无合同关系，对该项危险物品的制造，均负有注意义务。制造人未经注意的，应就所发生的损害负赔偿责任。因此，被告别克汽车公司必须因其疏忽而对原告承担赔偿责任。

资料来源：李俊，《美国产品责任法案选评》，对外经济贸易大学出版社，2007，第 10 页。

疏忽责任原则一经提出，即迅速取代了合同责任原则，从而大大加强了对消费者的保护。

疏忽责任的优点在于突破了合同关系的限制，因为以疏忽责任作为诉讼依据起诉属于侵权之诉，原告只要证明制造商有疏忽，即使没有直接的合同关系，也可以要求制造商承担赔偿责任。

原告在以疏忽为理由起诉时，可以从各个不同的方面证明被告有疏忽，如：①证明被告的产品设计有缺陷，从而说明生产者在设计产品时没有尽到“合理的注意”（Reasonable Care）的义务；②证明被告对产品的危险性没有作出充分的说明，以提醒消费者或者使用者注意，从而构成疏忽；③证明被告在生产或者经销商品时，违反了关于产品的质量、检验、广告或者推销方面的法律法规，等等。

但是，援引疏忽责任原则的诉讼，对原告来说，其举证责任较为沉重。当原告欲以疏忽为理由向法院起诉时，原告必须提出证据证明：①被告没有尽到“合理的注意”义务，即被告有疏忽之处;②由于被告的疏忽直接造成了原告的损失。

仅凭原告使用被告的产品造成了损失这一事实,一般不能推定被告有疏忽。而在产品高度科技化的条件下,原告往往缺乏足够的专业技能或者缺少相关的知识,且产品从设计到制造的整个程序都被制造商控制,要证明制造商有疏忽或者证明某种产品有缺陷,往往是非常困难的,有时甚至是不可能的。

因此,1944 年美国"埃斯克拉诉可口可乐瓶装公司案"(Escala v. Coca Cola Bottling Company)中,适用英国判例中的"事实本身说明问题"原则,判决被告可口可乐瓶装公司因其瓶装饮料爆炸致使原告埃斯克拉人身伤害而承担赔偿责任。

典型案例 6-10

埃斯克拉诉可口可乐瓶装公司案

原告埃斯克拉是一名餐馆服务员,当她将瓶装可口可乐放进冰箱时,其中的一瓶发生了爆炸,致使原告严重受伤。虽然原告并没有提供被告可口可乐瓶装公司过失的证据,而且被告也提供了其瓶子的制造、检验以及装气的适当性证明,但是,加利福尼亚州最高法院仍判决原告胜诉。

理由是:当制造商将其产品投放市场时,明知其产品将不经检验就会被使用,如果这种产品被证明具有致人伤害的缺陷,那么制造商就应承担赔偿责任。

随后,美国法院在判例中不断扩大对疏忽责任的解释,规定责任人也不限于制造商,设计人因疏忽造成的损害也要承担责任。

资料来源:李俊,《美国产品责任法案选评》,对外经济贸易大学出版社,2007,第 43 页。

另外,1932 年由英国上议院审理的"多诺霍诉史蒂文森案"(Donoghue v. Stevenson)也突破了长期适用的产品责任限于合同当事人原则的限制。

典型案例 6-11

多诺霍诉史蒂文森案

原告多诺霍是一位女士,1928 年 8 月 26 日,多诺霍携友到苏格兰 Paisley 某地的一家咖啡馆,其友为其购买了一瓶姜汁啤酒。侍者为多诺霍倒酒时,因酒瓶是不透明的,多诺霍并未发现有什么异样,仍放心饮用。其后,当其朋友再为其添酒之际,突然浮出腐烂的蜗牛躯体。多诺霍看到这些,想到刚才所饮的不洁之物,当即昏厥过去。之后经检查,多诺霍得了非常严重的肠胃炎,其健康遭受损害。于是她起诉啤酒生产者史蒂文森要求赔偿损失。

由 5 名(上议院)成员组成的法庭受理了此案。法庭意见分两派:

一派意见认为,本案涉及的是一个法律问题,即饮料的生产者在向分销商销售产品时,是否在产品的分销商、最终购买者或消费者无法检验生产缺陷的情况下,对最终购买者或消费者承担任何合理注意,使产品不存在能引起伤害的法律责任。英国已有足够的判例表明合理注意应是生产者的一个责任。美国早已采用了疏忽责任,如 1916 年的“麦克弗森诉别克汽车公司案”即适用疏忽责任的典型案例;美国也有消费者因在姜汁啤酒中发现老鼠,最终由生产者承担责任的类似案例。因此,如果接受上诉人提出的案由,就应该认为生产者对消费者承担合理注意的责任,应当判决上诉人胜诉。

另一派意见认为,如果上诉人胜诉,那么任何产品的每一生产者或修理者都要对每个合理使用该产品的人负责,这将是不合理的;1842 年“温特博特姆诉赖特案”并未支持上诉人;因此,应驳回上诉人的请求。

5 名上议院成员在各自发表意见后,结果以 3∶2 多数票判决原告(上诉人)胜诉。

法官认为:如果某一产品的制造商以其出售方式表明,该产品将不经过合理的中间检验环节到达消费者手中,并意识到如果该产品的制造商缺乏合理的注意将造成消费者人身和财产的损害,就应当对消费者承担合理的注意义务。

该案件确立了产品疏忽责任制度。该案件将“过错”概念即疏忽责任引入产品责任法,突破了英国长期使用的以契约关系(即“无契约、无责任”)确定产品责任范围的限制,标志着疏忽责任在英国得到确立。

按照英国的法律,这场官司输掉的可能性远较“温特博特姆诉赖特案”大,因为英国是判例法国家,前一个官司中消费者输了,后面的官司只能依照前例判决。但是,原告幸运地遇上了艾德金大法官,该法官放弃了前例中的契约关系,用侵权理论明确了产品责任,使这个看起来要输的官司成了英国产品责任法案例上的一个转折点。很快,这个案子的疏忽责任原则被英国上议院确立。

在这个案件中,法官讲了一段话:当充分享受自己生活的时候,你应该顾及你的“邻居”;你行为的影响如此之大,以至于影响到他人生活的时候,你的行为就是一种过失。

总之,在 20 世纪初,“多诺霍诉史蒂文森案”确立的疏忽责任是英国产品责任法发展史上的一大进步,其价值目标是更公平、合理地保护产品受害人的合法权益,充分体现了现代法律的衡平法的精神。

资料来源:王婧,《英国过失侵权与产品责任的源头——1932 年“多诺霍诉史蒂文森案”述评》,https://fashi.ecupl.edu.cn/2017/0711/c513a110235/page.htm,访问日期:2023 年 7 月 13 日。

德国也很早就有了产品责任的判例,如合成盐案件就是其中较为著名的一起。案件发生在 1915 年,一位妇女使用从药店买回的合成盐,结果该药品中含有玻璃碎片,导致其受伤。该妇女直接起诉药品制造商,最终帝国法院判决她胜诉。该案建立了超越合同关系的疏忽责任制度。

3. 担保责任

担保是制造商或销售商就产品作出的声明。这里的担保区别于不会导致责任的各种表示,比如在广告中进行的“吹嘘”。担保责任是指制造商或者销售商违反了对产品的明示担保或者默示担保,致使消费者由于产品缺陷或瑕疵遭受损害而应当承担的法律责任。

担保主要可分为明示担保和默示担保两种。

（1）明示担保。它是指产品制造商或销售商对货物性能、质量或所有权的声明或陈述，如违反了合同、说明书、样品、电视节目、广告等类型的担保。根据美国的判例，广告也有可能构成卖方的明示担保。因此，如果被告在电台、电视或者报纸上对其产品作了广告，但广告的内容与实际不符，结果使原告因产品缺陷而遭受损失，原告也可以以违反担保为理由要求被告赔偿。

典型案例 6-12

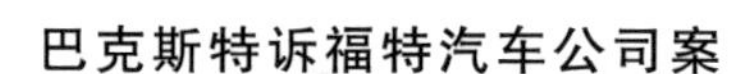

巴克斯特诉福特汽车公司案

原告巴克斯特向汽车零售商购美了被告福特汽车公司的产品，被告以书面形式保证汽车的挡风玻璃是防碎玻璃。但是，原告在一次驾驶汽车过程中，一颗小石子击中了挡风玻璃，玻璃被击碎，玻璃碎片伤及原告的眼睛。

为此，原告以被告违反担保为由起诉被告。法院认为，尽管原被告之间无直接的合同关系，但是被告能够预见到对其产品的明示担保范围涉及买受人和使用者，如果被告的产品不具有原告相信的广告说明中的功能，仍应承担赔偿责任。

资料来源：邹岿，《国际产品责任法案例讲解大全》，https://max.book118.com/html/2019/0525/5013230032002041.shtm，访问日期：2023 年 7 月 11 日。

（2）默示担保。它不是基于制造商或者销售商的口头或书面表示，而是根据法律产生的一种担保责任。默示担保又分为两种：商销性默示担保（Implied Warranty of Merchantability）和适合专门用途的默示担保（Implied Warranty of Fitness for Particular Purposes）。

第一，商销性默示担保。它指投放市场的产品应符合产品之所以被制造和销售的一般目的，如制造彩电是为了观看节目，制造台灯是为了照明等。

第二，适合专门用途的默示担保。《美国统一商法典》第 2—315 条对此作了规定，根据该条，卖方有理由知道买方购买该货物的专门用途；卖方有理由知道买方信赖于他挑选或提供适用货物的技能或判断能力。

以违反适合专门用途的默示担保提起诉讼，原告必须举证：卖方已被告知或者有理由知道产品的使用意图；买方信赖卖方在选择产品方面的技能和技术、专门知识；损害是由于产品未能符合专门用途而引起的。

典型案例 6-13

德克诉卡普斯案

案件发生在 1942 年，原告德克购买了被告卡普斯制造的香肠，但该香肠变质了，原告一家人食用之后均得病，其中一人死亡。

在本案的审理中，尽管陪审团认为被告无过失，但是法院仍依据默示担保理论判决被告应当承担赔偿责任。

法院指出：出于公共政策的考虑，该案的被告人应依据法院的默示担保承担赔偿责任。制造商在此案中所负的责任，不是基于过失，而是基于保护人类健康和生命的公共政策的一般原则。此案中，制造商出售食品供人消费，而该食品导致消费者健康及生命受到伤害，并未达到安全消费的目的。为保护最后消费者，应使制造商就食品的卫生、清洁负默示担保责任。故法院判决原告胜诉。

资料来源：邹岿，《国际产品责任法案例讲解大全》，https://max.book118.com/html/2019/0525/5013230032002041.shtm，访问日期：2023 年 7 月 11 日。

英美法中的担保本属于合同法的范畴，以担保责任原则为由起诉，早期也应以合同作为基础。按照英美普通法的原则，凡是依据合同提起的诉讼，原告与被告之间必须存在直接的合同关系。因此，一方面，如果卖方违反了担保义务，只有买方才能对他起诉，买方以外的任何人都无权对卖方起诉；另一方面，买方只能对卖方起诉，而不能对卖方以外的其他人起诉。

可见，早期的担保责任原则，类似于前面提到的合同责任原则。由于该原则不能很好地保护消费者的合法权益，故美国法院在审判实践中对以违反担保为由起诉的产品责任诉讼，逐步从纵横两个方面放宽和取消了对双方当事人要有直接合同关系的要求。从纵向来看，买方不仅可以对卖方起诉，而且可以对生产或者销售这种有缺陷产品的各个责任方起诉，即将加害方扩大到生产商、制造商、批发商、供应商、零售商等。从横向来看，有权提起产品责任诉讼的人不仅包括买方，而且包括一切因使用有缺陷产品而蒙受损失的人，即将受害方扩大到买方的家属、亲友、客人甚至包括被伤害的过路行人。

担保责任的优点包括：在以违反担保为由起诉时，原告无须证明被告有疏忽，而只需证明产品有缺陷，并且由于这种缺陷使他遭受损失。

担保责任的缺点包括：①原告须证明存在明示担保或者默示担保，且要证明被告违反担保；②被告可以事先排除担保或者限制担保。

4. 严格责任

严格责任又称无过错责任、无过失责任、绝对责任等，是指只要产品存在缺陷，对使用者或者消费者具有不合理的危险，并因此而使他们的人身或者财产遭受损失，该产品的生产者和销售者就应承担赔偿责任。

可见，对原告来说，以严格责任为依据起诉被告是最为有利的。因为严格责任消除了以上述诉讼依据提出损害赔偿时所遇到的种种困难：第一，严格责任是一种侵权之诉，不要求双方当事人有直接的合同关系；第二，在以严格责任为理由起诉时，原告无须证明被告有疏忽，因为它要求卖方承担无过失责任。

严格责任原则最早在“格林曼诉尤巴电力公司案”（Greeman v. Yuba Power Products Inc.）的判决中被确立。

典型案例 6-14

格林曼诉尤巴电力公司案

案件发生在1963年,原告格林曼的妻子购买了被告尤巴电力公司生产的电动工具。当原告按照说明书刨削木材时,一块木头突然从工具中飞出,砸中原告的脑袋,造成原告重伤。

经检查,该电器属于有缺陷的产品,它与事故有直接关系。

原告以被告违反了担保(包括明示担保和默示担保)为由提起诉讼,初审法院据此判决原告胜诉。被告以原告超过了《美国统一商法典》规定的诉讼时效为由提起上诉,加利福尼亚州最高法院根据原告的诉讼请求,判决被告败诉。其理由是:当一个生产者将一件产品投放市场时,明知它将不经检验即会被投入使用;如果该产品含有可能致人伤害的缺陷,那么该产品的生产者、销售者在侵权方面负有严格责任。

在这个案件的裁定中,加利福尼亚州最高法院的法官特雷纳撰写了具有历史意义的意见:为了使生产者承担严格产品责任,原告无须证明明示担保的存在。一旦生产者将其产品投入市场,又明知使用者对产品不经检查就使用,使用者只要证明该产品的缺陷会对人造成伤害,生产者就应对损害负严格责任。这一判决的重要意义在于:法院的调查重点从生产者的行为转移到产品的性能。这个原则的优越性在于把控告生产者(以前根据过失)和零售商(以前根据保证)以及在销售环节里还可能有其他人的诉讼都归到一个单一的诉讼中,因此,相对而言,原告比较容易举证产品缺陷的存在。该案确立的严格责任原则和特雷纳法官的意见,对美国《侵权法重述》(第二版)第402条A款的规则有着深刻的影响。

资料来源:李俊,《美国产品责任法案选评》,对外经济贸易大学出版社,2007,第46页。

美国《侵权法重述》(第二版)也确认了严格责任原则。

典型案例 6-15

罗杰斯诉英格索尔-兰德公司案

英格索尔-兰德公司的产品中有一种研磨机。随同机器的使用手册警告使用者,当设备运转时,使用者应在机器后方保持至少10英尺的距离,机器上也有一个告示:“使用者要距机器后方10英尺以外”。当特里尔使用该机器把沥青从正在重铺的路面上剥离下来时,他按照警告后退了,警告器没有响,而背对着研磨机站在路上的罗杰斯被机器碾过而致残,罗杰斯把英格索尔-兰德公司告上了联邦地区法院,以设计缺陷为由,要求该公司承担一部分直接责任。初审陪审团判给罗杰斯补偿性赔偿金1 020万美元,惩罚性赔偿金65万美元。英格索尔-兰德公司上诉,强调他们给予了足够的警告。美国上诉法院维持了初审法院陪审团的决定。

法院对此解释说,在一个有关设计缺陷的案件中,原告可通过证明考虑了所有合理可预见的用途和更安全的替代设计，这个设计不合理地使产品很危险，进而证明有设计缺陷；还要证明产品危险的严重程度超过了为避免危险而付出的代价。警告只是其中一个考虑因素，但不是仅有的一个，警告不能超越所有别的因素。在这个案件中，法院指出，一个背对着研磨机的工人不太可能留意机器上"要距机器后方 10 英尺之外"的告示，制造商理应预见到这种危险；在这种情况下，制造商应该具有更高的责任感，并采取进一步的安全措施来防止可预见的危害。

资料来源：邹岿，《国际产品责任法案例讲解大全》，https://max.book118.com/html/2019/0525/5013230032002041.shtm，访问日期：2023 年 7 月 11 日。

严格责任的优点包括：①严格责任不同于合同责任，它基于侵权行为而发生，无须以合同关系为前提；②严格责任不同于疏忽责任，它不需要原告指出被告有无疏忽、是否尽到合理注意的义务；③严格责任不同于担保责任，原告无须证明存在明示担保或者默示担保以及被告违反担保，被告也不能事先排除或者限制担保，以及以原告未发现、未警惕产品存在缺陷作为抗辩。

因此，原告的举证责任仅限于：①证明产品确实存在缺陷或不合理的危险；②正是由于产品的缺陷给使用者或者消费者造成了损害；③产品所存在的缺陷是在生产者或者销售者将该产品投入市场时就有的。只要原告能够证明以上三点，被告就要承担赔偿损失的责任。

因此，严格责任原则不但成为美国产品责任案件的主要诉讼依据，也成为全球包括中国在内的绝大多数国家产品责任的诉讼依据。

美国《侵权法重述》（第二版）第 402 条 A 款的规则对美国产品责任法由严格的担保责任朝基于侵权行为的严格责任方向发展起了很大作用。第 402 条的内容为：任何出售对使用者、消费者或其财产有不合理危险的缺陷的产品的人，在符合下列条件时，应对最后的使用者、消费者因此遭受的人身和财产损害承担赔偿责任：①卖方专门经销此种产品；②该产品到消费者、使用者手中时仍保持出售时的状态并无实质性改变。即使卖方在准备或出售其产品时已尽一切可能的注意，且使用者、消费者并未从卖方那里购买产品或与卖方无任何合同关系，上述规则仍然适用。

20 世纪 70 年代，美国已有三分之二的州接受了加利福尼亚州最高法院确立的严格责任。严格责任制度是为了最大限度地保护消费者权益；在严格责任制度下，原告得到补偿的可能性越来越大，与此同时其所负的举证责任也越来越小。严格责任制度摆脱了合同法和一般侵权法的束缚，形成了独立的法律制度。欧共体深受美国的影响，于 1985 年通过了以严格责任为原则的《欧洲共同体理事会关于使成员国缺陷产品责任方面的法律、法令和行政法规相互接近的指令》。此后，其成员国英国[①]、德国、荷兰、丹麦、挪威等也相继颁布了以严格责任为原则的单行产品责任法。因此，当今欧美各国实际上都实行了以严格

---

① 英国于 2020 年 1 月 31 日正式脱欧。

责任为原则的产品责任法。但需注意的是，严格责任并未完全取代担保责任，二者常常被轮流使用。[①]

二、美国产品责任的赔偿范围

美国产品责任诉讼中原告的求偿范围相当广泛，索赔及判决金额也往往十分巨大，动辄几十、上百万美元，有的可以达到几千万甚至上亿美元。

具体来说，原告可以提出的赔偿主要包括：

（1）对人身伤害的损害赔偿。具体包括：①对疼痛的赔偿；②对精神上的痛苦和苦恼的赔偿；③对收入减少和挣钱能力减弱的赔偿；④合理的医疗费用；⑤对身体残废的赔偿。

其中，精神痛苦的补偿在很多案件中判得很高。受害人死亡的，受害人继承人可以追偿上述款项，受害人的亲友可预见的精神等损失亦可追偿。

（2）财产损失的赔偿。美国产品责任法中因产品缺陷导致的财产损失与人身伤害不同，与产品本身的损坏也有区别，其可追偿的数额一般只限于损坏财产的必要的、合理的更换或修理费用。

（3）商业上的损害赔偿。通常是指有缺陷产品的价值与完好、合格产品的价值的差额。

（4）惩罚性的损害赔偿。这是指由于被告的故意或被告的疏忽之大，以致显现出故意无视他人权利而造成他人损害的赔偿。如果有过错的被告不顾公共政策，受害人就可以要求法院给予惩罚性赔偿。惩罚性赔偿经常是作为补偿性赔偿的附加赔偿，其金额一般都很高，目的是对过错方不负责任的、恶意的行为加以遏制，以免他人重犯。惩罚性赔偿的赔偿数额由陪审团决定，对总额没有限制，数额的多少取决于被告的恶意程度，在有些州还取决于被告的身份。

典型案例 6-16

辛德尔诉阿伯特药厂案

美国《统一产品责任示范法》规定，责任主体一般包括生产者和销售者两大类，并且对生产者和销售者的范围作出了明确界定；司法实践中更是加大了生产者的责任。1980 年加利福尼亚州最高法院审理“辛德尔诉阿伯特药厂案”，确立了“市场份额责任”，即原告在不能确定缺陷产品的生产者时，以同类产品的生产者为被告，各被告根据其产品的市场份额承担责任。

辛德尔是一位美国女性，她在二十几岁的时候发现自己患上了乳腺癌，致癌原因确定为其母亲在怀她的时候所吃的一种保胎药，叫作乙烯雌粉。当时摄入药物的残留药物就留在了胎儿的体内。

后来这种药被美国政府明令禁止，因为已经判明孕妇服用这种药物保胎会导致胎儿出生后患乳腺癌。

---

① 李亚虹主编，《美国侵权法》，法律出版社，2003，第 138—143 页。

辛德尔向法院起诉，一审法院驳回了她的诉讼请求，因为她没法证明其母亲服用的是阿伯特药厂生产的药。

辛德尔不服，又提起上诉。最高法院判决阿伯特药厂要承担赔偿责任，赔偿金额判定为200万美元。在这个判决中，有三个特别重要的规则：

第一个规则是，胎儿在母体中受到了损害，其出生以后可以请求赔偿。

第二个规则是共同危险行为的规则。一审法院认为，辛德尔没有证据能够证明她母亲是吃了阿伯特药厂生产的药，就不能够证明是阿伯特药厂生产的药导致其实际损害。尽管辛德尔的母亲最有可能是吃了这个厂生产的药，因为阿伯特药厂就在受害人当地，但是受害人没有证据证明。最高法院改判法官说，按照共同危险行为的规则，应当把当时全国生产这种药的药厂（一共是11家）全部追加进来，都作为被告，共同承担赔偿责任。

第三个规则就是市场份额规则。这11家生产这种药的工厂都追加进来了，怎么来分配赔偿责任？按照一般的共同危险行为规则，赔偿责任是均等分配。本案的实际判决并不是遵循同等份额规则，而是按照造成损害的概率来计算，即根据她母亲吃这个药的时间，每一家生产这种药的工厂的产品在当时市场上所占的份额来确定其相应责任，这就叫作市场份额规则。

资料来源：李俊，《美国产品责任法案选评》，对外经济贸易大学出版社，2007，第130页。

典型案例 6-17

里贝克诉麦当劳案

1992年，里贝克79岁，孙子开车载她在麦当劳花0.49美元买了一杯咖啡。她把杯子夹在双膝之间，试图打开杯盖往里加糖和奶精，没想到杯子翻了，滚热的咖啡将她的大腿和腹股沟烫伤；经过住院治疗并多次植皮，折腾了两年她才能重新下地行走。里贝克女儿要求麦当劳赔偿2万美元医药费，麦当劳只肯赔800美元。为此，里贝克女儿请律师上诉到法院，控告麦当劳出售的咖啡具有不合理的危险。

这就是著名的“麦当劳咖啡案”。由于麦当劳咖啡的温度过高（80—90摄氏度），高于其他几个快餐连锁品牌咖啡的60—70摄氏度，而且没有明显警告，陪审团判决麦当劳的责任是80%，里贝克的责任是20%，所以麦当劳须赔偿1.6万美元的医疗费。

而法庭查证麦当劳在1982年至1992年，总共收到700余起咖啡烫伤事故的投诉，而麦当劳只是私下给受害者一点补偿了事，一直对该问题漠视不理。他们十年间总计卖出100亿杯咖啡，事故率约为0.00000007，认为可以忽略不计。

因此，陪审团又判麦当劳必须给里贝克270万美元的惩罚性补偿，但法官认为陪审团过于意气用事最后把惩罚金减为64万美元。双方都不服，继续上诉。后来庭外和解，里贝克最终得到100万美元的赔偿。

［案例解读］　美国许多看似荒谬的诉讼案之所以产生，美国独特的庭审制度功不可

没。在美国的庭审制度中，法官只管想办法查清事实：现场发生了什么事，被告做了什么，而给被告判什么罪量什么刑则是由陪审团来定的。陪审团的成员从何而来？就是在当地的居民中随机抽签而来！因为陪审团都是普通人，看事各有自己的立场，并不是完全公正的，有些人耳朵软特别容易被辩护律师忽悠得晕头转向，所以经常会作出很可笑的判决。为此美国成立了个斯特拉（Stella）奖，每年颁给最荒诞的诉讼案和白痴陪审团。斯特拉奖以 Stella Liebeck 命名。

资料来源：张学森主编，《国际商法》（英文版），复旦大学出版社，2014，第 250 页。

三、被告可以提出的抗辩

在美国的产品责任法中，被告可以提出某些抗辩，要求减轻或免除其责任。被告可以提出的抗辩，因原告起诉原因的不同而有所不同。一般来说，被告的抗辩理由有以下六个方面：

1. 担保的排除和限制

被告可以在合同中明示或默示地修改、限制或排除其在产品销售中的担保条件。如果被告已经在合同中排除了以上担保，他就可以以担保已被排除作为其抗辩的理由。但是，按照美国《马格努森—莫斯质量保证法》的规定，在消费交易中，如果卖方有书面担保，就不得排除各种默示担保。

2. 原告自己的疏忽行为

如果是原告自己的疏忽行为导致损害发生，被告就可以以此作为抗辩，免除或减轻自己的责任。

3. 原告自担风险

原告已经知道产品有缺陷或者带有危险性，仍甘愿将自己置于这种危险或风险的境地，由此受到损害时，应该由其自己承担责任。按照美国法，无论原告是以被告违反担保、疏忽还是严格责任为由起诉，被告都可以以“原告自担风险”作为抗辩。

4. 非正常使用产品或误用、滥用产品

如果原告是因非正常地使用产品或误用、滥用产品而使自己遭到损害，被告可以以此为由提出抗辩，要求免除责任。但是，当被告提出这类抗辩时，法院往往对此加以某种限制，即要求被告证明原告对产品的误用、滥用已经超出了被告可能合理预见的范围。如果这种对产品的误用或滥用在被告可能合理预见的范围之内，被告就不能免责。

5. 擅自改动产品

如果原告对产品或其中部分零件擅自加以变动或改装，从而改变了产品的状态或条件，因而使自己遭受损害，被告就可以以此提出抗辩。

6. 带有不可避免的不安全因素的产品

如果某种产品即使正常使用，也难以完全保证安全，但是该产品对社会公众是有益的，利大于弊，则制造或者销售这种产品的被告就可以要求免除责任。其中最典型的是药物。有些药物具有不可避免的副作用，对人体会造成伤害，但该药物又确实能治疗某种疾病；在这种情况下，制造或者销售这种药物的卖方只要能证明产品是适当加工和销售的，而且他已提醒使用者注意该产品的危险性，他就可以要求免责。

四、产品责任的诉讼管辖和法律适用

从上述案件可知，虽然美国产品责任法是国内法，但在某些情况下（如外国产品输入时存在缺陷致使美国消费者或用户遭受人身伤害或财产损失），也可以适用于涉及产品责任的对外贸易争议案件。

在产品责任案件的管辖权方面，美国法院有一种扩大管辖权的倾向。如美国各州都有所谓的“长臂法”（Long-arm Statute），又称“伸手管辖法”。该类法律规定，凡外国人包括外州人只要与该州有“最低限度的接触”（Minimum Contact），该州就对其拥有属人管辖权。“最低限度的接触”的主要依据为被告经常直接或通过代理人在该州境内从事商业活动，或因其作为或不作为在该州境内造成损害。美国法院有关“长臂法”管辖的产品责任案例，确立了在以下四种情况下，州法院有权管辖州外的加害者：①有接触（Contacts）关系；②有商业交易（Transaction of Any Business）；③有预见的可能性（Foreseeability）；④有经商行为（Doing Business）。

在跨州或者涉外的产品责任诉讼中，为了维护美国原告的利益，美国越来越多的州改原来的“损害发生地法”为“适用对原告最为有利的地方的法律”。

五、“长臂法”的“长臂管辖”

美国的“长臂管辖”（Long-arm Jurisdiction）最开始只是美国州法院对他州公民或公司的管辖权，然而美国法律却逐渐将之延伸到非美国的公司和个人，建构起对卷入全球体系的跨国公司和个人都拥有管辖权的法律体系。

从孟晚舟事件到紧接着美国政府以涉嫌偷税漏税为由逮捕一名俄罗斯高管的事件，甚至孟晚舟签署的“延缓起诉协议”能否得以遵守，其实都与美国的“长臂管辖”直接相关。

企业可能因“腐败”“欺诈”等而接受美国执法机构调查，但究竟怎样的行为才是合法的而不是违法的？事实上，美国执法部门会利用国家的权力而让被告不得不选择辩诉交易的庭前和解。谈判的结果会根据企业违法程度达成三种协议，其中一种便是双方签署“延缓起诉协议”，即企业承认其行为违法的相关事实，但违法行为的法律性质还没有定性；在这种情况下，企业保证绝不再犯，由此支付一笔罚金，并接受美国执法机关提出的一系列整改措施，甚至接受美国政府机构的监管。

面对美国的“长臂管辖”，为什么其他主权国家大多无能为力？关键是美国以军事实力为基础，通过其经济和技术实力掌控着全球经济体系的两大“命门”——美元和互联网，二者是通往全球经济体系的必由之路。

（一）“长臂管辖”的源起

主权就意味着司法管辖权，因此州法院只能管辖本州公民及领土内发生的案件。如果非本州公民要作为被告在本州出庭受审，必须要有被告所在州的法院履行相关司法协助的程序，这是 1877 年联邦最高法院在“彭诺耶诉奈夫案”（Pennoyer v. Neff）中确立的基本原则。

然而,州际司法协助的冗长程序无疑增加了诉讼成本。因而在 1955 年的“国际鞋业公司诉华盛顿州案”(International Shoe Co. v. Washington)中,联邦最高法院发展出“最低限度的接触”原则,即只要非本州公民能意识到他在该州开展的活动或获取的收益有可能被起诉到法院,或这起纠纷涉及本州的利益,或起诉非本州公民不违背公平竞争和实质正义的观念,那么州法院就可以对非本州的公民拥有司法管辖权。这就意味着州法院可以将其管辖权延伸至其他各州的主权领土之内,“长臂管辖”由此诞生。

正是按照上述案件中确立的“最低限度的接触”原则,各州纷纷制定“长臂法”来明确其对他州公民的管辖权,司法管辖权甚至也因此扩展到“法人”。伊利诺伊州率先立法规定:只要在本州有商业交易,或侵害行为发生在本州,或在本州拥有或使用不动产,或涉及对位于本州的个人、财产或风险投保,都进入到本州法院的“长臂管辖”范围。

在此基础上,1963 年,《统一州际和国际程序法》进一步规定,由本州之外的作为或者不作为所导致的在本州内的侵害,也属于“长臂管辖”范围。这部法律差不多成为各州制定“长臂法”的模板,许多州的“长臂法”突破了“最低限度的接触”原则,不断扩大法院在州际司法中的管辖权。

(二)“长臂管辖”的国际法化:1977 年美国《反海外腐败法》

在“长臂管辖”国际法化的过程中,最关键的一步就是 1977 年美国《反海外腐败法》的制定。

20 世纪 70 年代,美国媒体不仅揭发出“水门事件”的丑闻,而且揭发出一系列美国公司在国外进行权钱交易的丑闻。这些丑闻对美国在全球的道德形象构成致命打击,迫使美国政治家采取措施来遏制美国企业的全球腐败,挽救濒临危机的美国道德形象。于是,美国国会于 1977 年通过了《反海外腐败法》,明确禁止美国的公司向外国公职人员行贿。不过,该法律从起草时就遇到了巨大的反对声浪,其中一个反对理由就是单方面禁止美国公司行贿会使其在海外竞争中处于不利地位并最终丧失海外市场。这种反对声音推动美国政府考虑如何将《反海外腐败法》国际法化。

美国最先在联合国提出通过打击腐败的国际公约。但其他国家很快意识到这是一个法律陷阱:美国拥有庞大的司法机构和全球司法行动能力,打击腐败的国际法化就意味着赋予美国司法机构域外执法的权力。后来美国政府又希望国际商会接受其主张,但也没有结果。

联合国的道路走不通,美国就开始游说它可以影响和控制的经济合作与发展组织,最终经济合作与发展组织于 1997 年通过了《关于打击国际商业交易中行贿外国公职人员行为的公约》,该公约基本上照抄了美国《反海外腐败法》的内容。由此美国司法的“长臂管辖”原则通过《反海外腐败法》及其国际法化扩散至世界各国。从此,其他国家的企业只要与美国发生某种关联,比如用美元交易,甚至包括使用的电子邮件服务器在美国,就处于美国的“长臂管辖”下。

“长臂管辖”虽然在法理上可延伸到全球,但是司法上起诉必须以执法机关获得相关证据材料为前提。这就意味着美国执法机构必须具有在全球搜集各种信息和数据,从而作为犯罪证据提起诉讼的能力。为此,美国抓住一切时机,通过一系列法律,让美国执法机构可以在全球搜集信息和数据,将许多国家、组织、公司和个人置于其司法管辖之下。在这方面最重要的两个法案是2001年的《爱国者法案》和2018年的《云法案》。

1. 全球打击恐怖主义:《爱国者法案》

"9·11"事件之后不到两个月的时间,美国就以反恐名义迅速通过了《使用适当手段来阻止或避免恐怖主义以团结并巩固美国的法案》,由于该法案的英文缩写"PATRIOT"刚好是"爱国者"的意思,因此就被称为《爱国者法案》。该法案对美国在信息、通信、隐私方面的法律作出大幅修订,强化了美国执法机构在全球范围内搜集相关信息情报的权力。

其一,取消法律限制,执法机构拥有了巨大权力。这意味着美国执法机构可以以涉嫌恐怖主义为由,合法地搜集电话、电子邮件、通信、医疗、财务和其他种类记录。而美国的财政部门也可以合法地追踪和管控全球范围内资金流动和各类金融活动。负责边境执法的部门更拥有了拘留、审查、驱逐被怀疑与恐怖主义有关的外籍人士的权力。

其二,建立了信息情报共享的集权体制,强化了美国政府在全球的行动能力。过去美国中情局、国土安全局、司法部、财政部、金融监管机构、出入境管理部门等各种机构之间的信息情报是相对独立、彼此封锁的,而《爱国者法案》打破了这种封锁,让这些机构可以共享信息。这样,所有执法机构之间情报和信息实现了整合,赋予了美国政府在全球强大的行动能力。

其三,适应新技术时代,提升刑法的惩罚力度。《爱国者法案》在新技术条件下赋予执法机构更便捷的行使权力,在刑法惩罚中也增加了罪行的量刑等,惩罚更为严厉。

2. 公共安全与全球法治:《云法案》

在世界信息化、数据化时代,每个人都变成了庞大的数据组合,甚至连一个人的价值观念、性格和人格等最抽象的部分也能通过庞大的数据加以还原。美国政府正是看到了这种数字化发展的趋势,积极通过法律来掌控全球数据。

《云法案》的原名是《澄清域外合法使用数据法》,由于该法案英文缩写为"CLOUD"(云),故称为《云法案》。这个缩写恰恰指向了美国对全球互联网信息存储"云"的司法管辖。这个法案和微软拒绝向美国司法部提供存储在爱尔兰都柏林的数据中心的邮件而引发的诉讼有关。法案规定任何拥有、监管或控制各种通信、记录或其他信息的公司,无论这些公司是否在美国注册,也无论这些数据信息是否存储在美国境内,只要这些公司在经营活动中与美国发生足够的接触,就落入美国司法"长臂管辖"的范围。法案不仅适用于传统的电子通信服务的提供者,而且适用于远程计算机服务的提供者。而从"长臂管辖"所确立的"最低限度的接触"原则看,这些"接触"显然包括公司在美国上市、用美元交易、服务器在美国等,甚至只要利用美国互联网就可以说与美国发生"接触"。《云法案》实际上单方面赋予美国政府对全球绝大多数互联网数据的管辖权。

一旦美国司法拥有了对全球企业的司法管辖权,进入美国全球"司法扫描"的企业就可能因"腐败""欺诈"等各种违反法律的理由而接受美国执法机构的调查。问题是"合法"与"非法"之间有一个广泛的灰色地带,让跨国公司困惑的是究竟怎样的行为才是合法的而不是违法的?这一切都由美国执法部门说了算。在美国执法机构向相关企业传达其"涉嫌"违反某项法律之后,企业就需要向美国司法机构提交相应的澄清报告。因此,跨国公司从日常合规审查到遇到风险警报的内部听证乃至最后给美国执法机构提供的内部调查,都是由美国律师来承担的。这些庞大调查费用动辄几千万美元。

律师团队在经过漫长的“地毯式”调查之后,会给美国政府提交最后的调查报告,以确定该企业是否违反美国法律。美国政府会用下列标准来评估调查报告的质量,这些标准也被称为“菲利普因子”,包括:违法行为的性质和严重性;该企业的前科;应受惩治行为的实施次数;企业配合调查的积极程度;整顿行为的落实效率;企业自我曝光其应受惩治行为的意愿;企业采取的整治这些行为的措施;惩罚对其股东和公众产生的可能后果等。

正是基于“菲利普因子”的不同情况,美国执法机构与被调查的企业进行谈判。谈判的结果会根据企业违法程度达成三种协议,分别是“不起诉协议”“延缓起诉协议”和“认罪协议”。

其一,签署“不起诉协议”,即美国执法机构认定企业内部合规管理至少在程序上无懈可击,会解除对企业起诉;但如果企业不遵守协议内容,美国执法机构完全可能再重新起诉。

其二,签署“延缓起诉协议”,即企业承认其行为违法的相关事实,但违法行为的法律性质还没有定性;在这种情况下,企业保证绝不再犯,由此支付一笔罚金,并接受美国执法机构提出的一系列整改措施,甚至接受美国政府机构的监管。

其三,签署“认罪协议”,即企业承认其违反美国法律并犯下严重的错误而接受惩罚,或者美国司法部门认为企业态度不端正,不能积极配合美国的调查,从而对企业处以重罚,并直接派出监管团队对企业进行全面监控。

事实上,有很多处罚往往是美国执法机构在调查基础上直接作出的。即使有一些需要进入司法审判,个人或企业作为被告,尤其是外国人和外国公司作为被告,面对美国国家权力,很难忍受漫长的诉讼负担。案件调查是一个漫长的过程,企业始终处在诉讼的不确定性之中,而诉讼一旦被媒体报道,就会严重影响企业声誉和投资者信心。更重要的是,如果企业选择与美国当局进行司法对抗,美国政府就会对企业在美国的经营施加压力。因此,在这种制度下,绝大多数跨国企业往往主动选择认罪和解。在美国,大约有95%的联邦案件都是以庭前和解的方式解决的。因此,美国对华为等企业的制裁,也是美国经济霸权的体现之一。华为的任正非先生、孟晚舟女士顶住压力,显示了令人敬佩的民族气节,也展示了绝不屈服于美国经济霸权的决心,同时某种意义上也是对抗美国霸道的“长臂管辖”的一次胜利。

六、美国产品责任法的新发展

尽管英美法官在表述严格责任这一概念时经常使用“绝对责任”(Absolute Liability)这一词语,但严格责任并非真正的被告没有任何为自己辩护余地的“绝对责任”,事实上,如前文所述被告的抗辩理由,被告还是可以提出多项抗辩的。

在严格责任盛行之时,美国法院在司法实务中对严格产品责任诉讼所作的判决中,产品责任越来越趋于严格,甚至朝着更为严格的产品责任形式——绝对责任或称之为“企业责任”的方向转变,即制造商要对因使用其产品所致的几乎每一个损害承担赔偿责任。

1980 年加利福尼亚州最高法院审理的“辛德尔诉阿伯特药厂案”,将严格责任又向前推进了一步。当原告不能明确举证其损害是由谁的缺陷产品所致时,就以各个被告人的市场份额作为判决的根据,从而确立了“市场份额责任”说。法院在判决每一被告所应承担的责任时,以一定时期内各个被告作为个别生产者投入市场的某种产品的数量与同种产品的市场总量的比例为根据,而无须指明具体的责任承担者。与此同时,生产者可用以免责的抗辩理由被限制。在许多司法辖区内,消费者承担产品使用所致损失的风险抗辩根本得不到利用,产品误用的抗辩也被削弱,因此,美国产品责任逐步向绝对责任发展。正因为如此,美国产品责任法在20世纪七八十年代经受了挑战。因为严格产品责任制度的确立,产品责任诉讼的数量有了很大的增长,原告胜诉率也逐渐提高,赔偿额也发生了爆炸性的扩张。70年代中期,许多制造商的保险费增加了2倍到3倍,在极少数情况下,有的增加近10倍。这使得保险费连续上涨,加上保险商大幅收缩了可保险种类的范围,制造商们因无法为产品责任赔偿获得足够保险金而怨声载道,并引发了“产品责任危机”,导致了产品责任改革。

20世纪90年代初期,在制造商与保险商利益集团适时的积极推动下,美国各州均掀起了“产品责任改革”运动,严格产品责任制度遭到了严峻的挑战。因为产品责任改革的主要内容包括限制严格责任的适用,一定程度恢复疏忽责任,限制或废除“消费者期望标准”,加重原告举证责任,缩短诉讼时效,特别是对非经济损害赔偿额进行封顶,如阿拉斯加州就立法规定为50万美元,堪萨斯州为25万美元等。改革使得许多州修改了立法,导致一些议员提出要求通过统一的产品责任法的议案或限制赔偿额的法律,并使得各年度侵权案件数量下降。制造商集团还将希望寄托在美国法律学会上,希望《侵权法重述:产品责任》(第三版)能够制定更有利于他们的条款,并通过这部重要著作来改变司法实践的发展趋势,削弱《侵权法重述》(第二版)第402条A款严格产品责任的影响。1997年5月2日,美国法律学会通过了《侵权法重述:产品责任》(第三版)(以下简称《重述》),其中对严格责任进行了适当的限制。如在认定构成缺陷的设计时,《重述》要求原告在起诉制造商产品有设计缺陷时需出示一种本可以防止伤害的“替代设计”。许多原告律师认为这项规定将更有利于厂商而不利于消费者,有些甚至认为是美国产品责任法的倒退。而对于制造商和被告律师而言,《重述》不能不说是一个较大的胜利成果,因为在设计缺陷和警示缺陷上,《重述》恢复了疏忽责任的做法。意见不一表明了《重述》是一部妥协的产物,也正是因为如此,没有一方完全持肯定意见。不过《重述》对大多数产品责任问题提供了全面的总结与建议,其系统性与完整性是美国产品责任法发展中前所未有的。尽管美国产品责任法正在进行新的调整,但不可否认的是,严格产品责任至今仍然在美国各州继续推行,事实已经证明了几十年发展下来的严格产品责任的基本理念的合理性。从发展趋势上看,美国产品责任法并不会再退回到疏忽责任,人们将更多的注意力集中到填补严格责任制度下的一系列不足,而非简单地倒退。①

在产品责任的严格责任之诉中,产品存在缺陷是原告获得赔偿的前提。根据《侵权法重述》(第二版)第402条A款注释i:本条陈述的规则仅适用于该产品有缺陷的条件使其

① 张桂红,《美国产品责任法的最新发展及其对我国的启示》,http://www.southlawyer.net/homepage/21/200558151950981167.html,访问日期:2021年11月29日。

对使用者或消费者具有不合理的危险的情况……出售的物件所具有的危险须达到这样的程度：购买它的消费者无法预期该危险的存在，而对它的性能，该消费者拥有通常的、对这个社会属于一般性的知识。这就是著名的“通常的消费者预期”（Ordinary Consumer Expectations）标准（简称“消费者预期标准”）。根据这一标准，当产品具有的危险超出了通常消费者可预见的范围时，该危险即构成不合理的危险。

在司法实践中，当通常的生活经验允许作出判断时，采用消费者预期标准往往比其他标准方便许多。比如，消费者有理由预期，食品之中不会有碎玻璃，因此，如果食物中混有碎玻璃并引起了损害，被告应负有严格责任。这种方便为消费者带来重要的利益，即可以使消费者承担较轻的证明义务。

但这一标准也具有局限性：一是当产品的危险显而易见时，由于危险已经在消费者的预期之中，原告便不能主张严格责任；二是当产品是一种复杂产品时，消费者凭借通常的知识无法判断该产品在多大程度上应当是安全的。比如，前述提及的“卡马乔诉本田汽车公司案”中，被告就提出了其抗辩理由：摩托车发生事故的风险是每一个消费者都能预见到的，因此，根据《侵权法重述》（第二版）第 402 条 A 款注释 i，未安装腿部防护设施不属于对消费者具有不合理危险的缺陷。

因此，在上述消费者预期标准之上，又引发出“风险-收益标准”，又称“风险-效用标准”，并进一步发展至“消费者预期标准与风险-收益标准的结合”。所谓风险-收益标准，是指当某一引起损害的风险在总体上大于该产品带来的收益或效用时，即应认定该产品是有缺陷的。

第三节　欧盟及英国的产品责任法

欧盟在产品责任立法方面，最重要的一部立法是 1985 年欧共体通过的《关于对有缺陷的产品责任的指令》（简称《产品责任指令》）。在这之前，欧洲各国基本都没有专门关于产品责任的立法，它们主要是通过引申解释民法典的有关规定来处理涉及产品责任的案件。《产品责任指令》要求所有的成员国在 1988 年 8 月 1 日之前颁布与其相符的产品责任法。

在“疯牛病”危机之后，欧盟于 1999 年颁布了《第 1999/34/EC 号指令》，对《产品责任指令》的适用范围进行了修订，将其扩大到初级农产品和游戏产品。修订后的《产品责任指令》大大提高了保护消费者权益的水平，恢复了消费者对食品安全的信心，也使严格责任原则在欧盟所有国家都能够适用于初级农产品，消除了竞争被扭曲的风险，也无须再面临无法区分初级农产品和加工产品之间的界限这一问题。

《产品责任指令》所调整的产品范围包括在欧盟内生产的或者被输入欧盟的对个人或私人财产造成损害的任何有缺陷的产品。但是《产品责任指令》并不影响成员国国内的调整合同或者非合同责任的法律规定。

一、英国的产品责任法

长期以来，英国的产品责任法采用的是疏忽责任原则。在英国，生产者对消费者或使用者因使用该产品而受到的损失,不是承担违约责任就是承担侵权责任。由于英国产品责任法采取的是疏忽责任原则,显然不能很好地保护消费者的权益,为此,自20世纪70年代以来,英国制定了若干保护消费者的法律。1979年,英国立法委员会在参考了各界人士提出的意见后,正式发布第82号报告,提出改进英国产品责任法的建议。在确定管辖权问题上,总的来说,英国法是以“实际控制”为原则的。这项原则由前述“多诺霍诉史蒂文森案”的判例所创立。几十年来,在英国法院对产品责任案的判决中,有关此原则的解释可以归纳为以下四项:

(1) 商品的瑕疵对消费者的生命或财产造成损害;

(2) 商品的瑕疵,于商品离开制造商的占有时即已存在;

(3) 制造商不能合理预料,消费者在损害发生前能够发现并改正商品的瑕疵;

(4) 商品瑕疵的存在,是由于制造商缺乏合理的注意。

二、德国的产品责任法

德国法院主要是以《德国民法典》与《德国商法典》作为处理产品责任案件的依据。德国法传统上采用疏忽责任原则,并通过侵权行为法的交易安全及注意义务,合理地运用证据法原则,由此规范产品生产商的责任。在产品责任的诉讼中,受到损害的消费者与该产品的生产商之间即使无合同关系,也可以根据侵权行为法的有关规定请求损害赔偿。

在确定有关产品责任的管辖权方面,德国法采用被告住所地原则,即依被告住所地决定管辖权的原则。至于国际产品责任案件的法律适用问题,德国一般适用传统的侵权行为地法。

三、法国的产品责任法

法国的产品责任法是由民法上的合同责任与不法行为责任构成的。根据合同关系,法院认为制造商对最终买方(消费者或使用者)与其他直接买方(中间商)负有同样的义务,因此,准许最终买方直接向制造商提起诉讼,但是买方的家属、亲友及客人等得不到任何赔偿,因为他们与卖方没有合同关系。

(一) 早期的产品责任法——瑕疵担保原则

《法国民法典》将瑕疵分为“明显的瑕疵”与“隐蔽的瑕疵”,并对卖方规定了不同的担保责任:①对明显的瑕疵,卖方可以免责;②对隐蔽的瑕疵,卖方应负赔偿责任。

由此可见,法国早期的产品责任法主要是基于卖方是否出于恶意的判断,即知悉隐蔽的瑕疵而任其危害人身、财产安全的,严厉判处赔偿责任。

(二) 产品责任法的发展——无过失侵权责任原则

随着社会经济的发展,法国原有的瑕疵担保责任显然已经不能很好地保护消费者的权益了,所以,法国一些法院的法官在司法实践中对于民法上的瑕疵担保责任作了创新的解释。具体而言,20世纪60年代以后,受到其他国家产品责任法的影响,法国法院在处理涉及产品责任的案件时过失的意义越来越小,而法官对法律的解释则越来越具有权威性。

关于国际产品责任案件的管辖权,法国法采取了根据当事人国籍确定管辖权的原则,但是对本国当事人作了特别有利的规定。

四、《产品责任指令》

鉴于《产品责任指令》对欧洲各国的产品责任法产生了重大的影响,现将该指令的主要内容介绍如下:

(一) 采取无疏忽责任原则

《产品责任指令》采取严格责任或无疏忽责任原则,对欧洲各国产品责任法的归责原则产生了重大影响。在实施《产品责任指令》之前,欧洲各国产品责任归责原则各不相同。英国产品责任法曾存在两种归责原则,即合同责任原则、疏忽责任原则。法国产品责任归责原则包括担保责任原则和疏忽责任原则。德国产品责任归责原则则为合同责任原则和过失推定原则。随着《产品责任指令》在各国的实施,严格责任原则在欧洲各国得以确立。《产品责任指令》作出这种改变的主要出发点是为了使消费者权益获得更充分的保护。因为当代技术产品纷繁复杂,需要在生产者和消费者之间妥善地分摊风险,而在两者当中,生产者处于更有力的地位,他们能够通过严格的设计、加工和检验程序尽量减少或避免他们所生产的产品的危险性,他们还可以通过产品责任保险,将保险费加在货价上而使自己获得保障。因此,在立法指导思想上就应当加重生产者的责任,使消费者受到更有力的保护。基于上述考虑,《产品责任指令》明确规定,在产品责任诉讼中,受害的消费者只需证明其受到损害和产品有缺陷的事实,以及二者之间存在因果关系,即可让该产品的生产者承担责任,而无须证明生产者有过失。

(二) 关于生产者的定义

根据《产品责任指令》第1条的规定,生产者应对有缺陷的产品所引起的损害承担责任。因此,确定谁是“生产者”是一个十分重要的问题。《产品责任指令》对生产者所下的定义是较为广泛的,它包括:①制成品的制造者;②任何原材料的生产者;③零部件的制造者;④任何将其名称、商标或其他识别标志置于产品之上的人;⑤任何进口某种产品在区域内销售、出租或在区域内以任何形式经销该产品的人;⑥如果不能确认谁是生产者,则提供该产品的供应者,即被视为生产者,除非受损害的消费者在合理时间内得到生产者已被查获的通知。

(三) 关于产品的定义

《产品责任指令》所规定的产品是指可以移动的物品(Movable Items),但不包括初级农产品和赌博用品。不过,各国可以通过立法,将上述两种物品包括在“产品”之中。

(四) 关于缺陷的定义

《产品责任指令》对缺陷的定义采用客观标准。按照这种标准,如果产品不能提供一般消费者有权期待得到的安全,该产品就被认为是有缺陷的产品。在确定产品是否有缺陷时,要考虑到各种情况,包括产品的状况,对产品的合理预期的使用和产品投入流通的时间。不能因为后来有更好的产品投入市场,就认为先前的产品有缺陷。

（五）关于损害赔偿

《产品责任指令》对人身伤害和死亡的损害赔偿以及关于财产的损害赔偿都作了规定。其中，对受害人死亡的损害赔偿应该包括：①对受害人从事故造成的伤害至死亡时的赔偿费；②对死者有权利的人的救济费，如对其配偶和近亲属的赡养费。对受害人伤害的损害赔偿，主要包括由于人身伤害造成的治疗费以及恢复健康和损害谋生能力的费用。但《产品责任指令》对精神痛苦和损失费用的补偿有所保留，规定按照各国的国内法来处理。关于财产的损害赔偿，则是指有缺陷产品以外的财产。

（六）对产品责任的抗辩

《产品责任指令》规定，在产品责任诉讼中，被告可以提出三种抗辩，即无罪责、时效已过、赔偿最高额。如果生产者能够证明其没有罪责，就可以不承担责任；此外，时效已过也是重要的抗辩理由。《产品责任指令》对时效作了以下规定：受损害者的权利自生产者将引起损害的产品投入市场之日起 10 年届满即告消灭，除非受害人已在此期间向生产者起诉；各成员国必须在其立法中规定提起诉讼的时效，该诉讼时效为 3 年，从原告知道或应当知道受到损害、产品有缺陷及谁是生产者之日起计算。最后，《产品责任指令》允许成员国在立法中规定，生产者对由于同一产品、同一缺陷引起的人身损害或死亡的总赔偿额不得高于 7 000 万欧元。

第四节　关于产品责任的国际公约

由于各国在经济发展水平和法治方面的巨大差异，目前在产品责任实体法方面，除了欧盟的区域性立法，尚未产生统一的国际性公约。但是，海牙国际私法会议于 1973 年通过了《关于产品责任的法律适用公约》，简称《海牙公约》。

此外，除了前文介绍的《产品责任指令》，还有 1977 年欧洲理事会发布的《关于造成人身伤害和死亡的产品责任的欧洲公约》（简称《斯特拉斯堡公约》）。

一、《海牙公约》

为了统一各国关于产品责任的法律冲突规则，1972 年海牙国际私法第十二次会议制定了《海牙公约》，于 1973 年 10 月 2 日正式通过，1977 年 10 月 1 日起施行。

《海牙公约》共 22 条。其中，第 1—3 条对其适用范围规定如下：公约仅适用于国际案件，应当被适用于确定有关制造商和其他人责任的准据法，不论程序本身是什么性质。公约不试图在任何方面影响产品责任的实体规则，也不涉及司法管辖问题或外国判决的承认和执行问题。如果某一产品的所有权或者使用权由被请求承担责任的当事人转让给了直接受损害的当事人，在决定它们的责任时，不应当适用公约。

该公约规定，法律适用规则采用下列三项原则：

（1）以损害地国家的国内法为基本适用法律，以直接受损害人的惯常居住地或被请求承担责任当事人的主要营业地或直接受损害当事人取得产品地的法律为适用的法律。

（2）以直接受损害当事人的惯常居住地的国内法为基本的适用法律，以被请求承担责任当事人的主要营业地,或直接受损害当事人取得产品地的法律为适用的法律。

（3）在其他情况下,则可以适用该产品的制造商或供应商主要营业地国家的法律,或者如果原告愿意,也可以适用损害发生地的法律。

公约对产品的范围、损害的含义以及对有缺陷的产品承担严格责任的人作出了规定。《海牙公约》第 2 条规定:产品一词应包括天然产品和工业产品,而无论是未加工的还是加工过的,是动产还是不动产。产品不仅指成品,还包括其零部件配件。损害是指对人身的伤害或对财产的损害以及经济损失,但不包括对产品本身的损害以及由此而引起的间接经济损失,除非它们是伴随其他损害发生的。这种损害可以产生于产品中的缺陷,或者对该产品的错误说明,或者未能发出充分的通知告知其质量、性质或者其使用方法。

二、《斯特拉斯堡公约》

《斯特拉斯堡公约》于 1977 年 1 月 27 日缔结于法国的斯特拉斯堡。奥地利、比利时、法国和卢森堡等国家签署了该公约。

该公约由正文与附件组成,其中正文共有 17 条。其主要内容如下:

（1）抛弃了传统的疏忽责任原则,采取严格责任原则;

（2）对产品瑕疵作出了规定;

（3）对生产商作出了明确的规定;

（4）规定了生产商必须承担无过失责任,除非产品供应商在合理的时间内能辨明该产品的真正生产者;

（5）规定了赔偿限额;

（6）对因产品责任事件而发生的诉讼规定了两个时效;

（7）对产品与责任主体规定的范围比较小,各国可以对农产品提供者的准生产者责任提出保留。

第五节　中国的产品质量法

一、立法概况

在我国,《中国民法典》《中国产品质量法》和《中国消费者权益保护法》等构筑起产品责任法律制度的框架。另外,还制定了一些相关的法律法规,如《中国药品管理法》《中国食品安全法》等。最高人民法院的有关司法解释也是产品责任法律制度的内容之一。

1993 年 2 月 22 日,第七届全国人民代表大会常务委员会第三十次会议通过了《中国产品质量法》,于 1993 年 9 月 1 日施行。2000 年 7 月 8 日、2009 年 8 月 27 日、2018 年 12 月 29 日,该法进行了三次修正。《中国产品质量法》是我国第一部调整产品质量的综合性法律规范,虽非民商法意义上的产品责任法,而是包含了大量属于企业产品质量管理行政法规的内容,但毕竟也涉及了产品责任,如第三章的“生产者、销售者的产品质量责任和义务”、第四章的“损害赔偿”等内容,与国际上产品责任法大体上是一致的。

2009 年 12 月 26 日通过并于 2010 年 7 月 1 日施行的《中国侵权责任法》,对我国产品责任的有关规定，是进一步完善及有益的补充。在《中国民法典》于2021年1月1日施行后，《中国侵权责任法》同日废止，相关内容由《中国民法典》侵权责任编加以规定。

二、我国产品责任法的主要内容

1. 产品的界定

《中国产品质量法》的产品概念与欧盟和美国的相关概念基本相同，但外延相对较小。该法第二条规定：在中华人民共和国境内从事产品生产、销售活动，必须遵守本法。本法所称产品是指经过加工、制作，用于销售的产品。建设工程不适用本法规定；但是，建设工程使用的建筑材料、建筑构配件和设备，属于前款规定的产品范围的，适用本法规定。

根据上述规定，必须符合三个条件才符合该条规定的产品含义：①必须是经过加工、制作的工业品，不包括自然产品；②必须是用于销售的产品；③必须是可以移动的产品，不包括土地、房屋等不动产。

2. 归责原则及其他规定

《中国产品质量法》采取根据不同情况适用严格责任和过错责任的原则。该法第四十一条第一款规定：因产品存在缺陷造成人身、缺陷产品以外的其他财产损害的（以下简称他人财产），生产者应当承担赔偿责任。根据该规定，只要生产者产品存在缺陷并因此造成人身、缺陷产品以外的其他财产损害的，就承担赔偿责任，而不问其是否有过失，这是严格责任的体现。第四十二条规定：由于销售者的过错使产品存在缺陷，造成人身、他人财产损害的，销售者应当承担赔偿责任。销售者不能指明缺陷产品的生产者也不能指明缺陷产品的供货者的，销售者应当承担赔偿责任。前款是销售者的过错责任原则的规定，后款是销售者严格责任的体现。

《中国产品质量法》对因缺陷产品造成损害的，规定了生产者和销售者的连带赔偿责任。该法第四十三条规定：因产品存在缺陷造成人身、他人财产损害的，受害人可以向产品的生产者要求赔偿，也可以向产品的销售者要求赔偿。属于产品的生产者的责任，产品的销售者赔偿的，产品的销售者有权向产品的生产者追偿。属于产品的销售者的责任，产品的生产者赔偿的，产品的生产者有权向产品的销售者追偿。

《中国民法典》第一千二百零四条规定：因运输者、仓储者等第三人的过错使产品存在缺陷，造成他人损害的，产品的生产者、销售者赔偿后，有权向第三人追偿。第一千二百零五条规定：因产品缺陷危及他人人身、财产安全的，被侵权人有权请求生产者、销售者承担停止侵害、排除妨碍、消除危险等侵权责任。

产品责任损害赔偿范围既关系到受害人的赔偿请求得到满足的程度，又关系到生产者承担赔偿责任的轻重。我国产品责任赔偿范围与美国、欧洲国家相比，存在赔偿数额低、惩罚性赔偿制度不完善、赔偿额没有最高最低限制等问题，应从立法上予以完善。

关于赔偿的范围，《中国产品质量法》第四十四条第一款规定：因产品存在缺陷造成受害人人身伤害的，侵害人应当赔偿医疗费、治疗期间的护理费、因误工减少的收入等费用；造成残疾的，还应当支付残疾者生活自助具费、生活补助费、残疾赔偿金以及由其扶养的人所必需的生活费等费用；造成受害人死亡的，并应当支付丧葬费、死亡赔偿金以及由死者生前扶养的人所必需的生活费等费用。

上述赔偿范围中不包括美国法中的“痛苦”等精神因素；但根据最高法院的司法解释，精神损害赔偿可以依法判给，只是数额很有限。

另外，《中国产品质量法》还规定，如果生产者能证明如下三点，则可以免除责任：①未将产品投入流通的；②产品投入流通时，引起损害的缺陷尚不存在的；③产品投入流通时的科技水平尚不能发现缺陷存在的。该规定类似于《产品责任指令》中的无罪责的抗辩。

关于损害赔偿的时效，《中国产品质量法》规定为 2 年，自当事人知道或者应当知道权益被侵害时起算。当事人的损害赔偿的请求权，在造成损害的缺陷产品交付最初用户、消费者满 10 年消灭（尚未超过明示的安全使用期的除外）。

3. 惩罚性赔偿

《中国民法典》侵权责任编增加了产品责任的惩罚性赔偿制度，该法第一千二百零七条规定：明知产品存在缺陷仍然生产、销售，或者没有依据前条规定采取有效补救措施，造成他人死亡或者健康严重损害的，被侵权人有权请求相应的惩罚性赔偿。

《中国食品安全法》第一百四十八条第二款规定：生产不符合食品安全标准的食品或者经营明知是不符合食品安全标准的食品，消费者除要求赔偿损失外，还可以向生产者或者经营者要求支付价款十倍或者损失三倍的赔偿金；增加赔偿的金额不足一千元的，为一千元。但是，食品的标签、说明书存在不影响食品安全且不会对消费者造成误导的瑕疵的除外。

4. 产品召回

产品召回是指由缺陷产品制造商、进口商或者经销商选择更换、赔偿等积极有效的补救措施消除产品可能引起人身伤害、财产损失的缺陷的过程。

《中国民法典》侵权责任编增加了产品责任的召回制度，该法第一千二百零六条规定：产品投入流通后发现存在缺陷的，生产者、销售者应当及时采取停止销售、警示、召回等补救措施；未及时采取补救措施或者补救措施不力造成损害扩大的，对扩大的损害也应当承担侵权责任。依据前款规定采取召回措施的，生产者、销售者应当负担被侵权人因此支出的必要费用。

典型案例 6-18

美国诉中国政府“中国马牌”烟花爆炸索赔案

一宗向中国政府索赔 5 000 万美元的烟花爆炸案，历经六年缠讼，最终于 1999 年 9 月 13 日由美国南卡罗来纳州哥伦比亚地区联邦法院审结。本案案情如下：

原告：美国烟花爆炸事故中伤亡者及其遗产代理人

被告一：中国广东省土产进出口总公司及其两家香港分销商

被告二：中华人民共和国

1996 年 6 月，一份美国哥伦比亚地区联邦法院委托送达的诉状通过美国驻中国大使馆送交中国外交部。

诉状称：1993 年 6 月，数名美国人在装卸一批烟花时，因产品质量问题，部分烟花突然爆炸,致使两名装卸人员当场死亡,另有一人重伤一人轻伤。经查,该批烟花标明广东省土产进出口总公司注册的中国马牌(Chinese Horse Brand)商标,由两家香港分销商分销至美国。原告诉请被告承担5 000万美元的赔偿。因广东省土产进出口总公司是一家国有企业,故将中国政府也列为被告。

外交部接到该诉状后,会同当时的外经贸部和司法部商讨对策。司法部致函美国国务院,阐明根据国际法,主权国家享有国家豁免权,不受域外法院的管辖,美国法院不应将中国政府列为被告。另外,中国的国有企业都是独立法人,能够独立承担民事责任,政府不应对其债务负责。同时致函广东省土产进出口总公司,让其尽快拿出应对方案。广东省土产进出口总公司的律师认为如果不应诉,败诉的可能性很大,美国法院极有可能查封中国政府在美国的所有国家财产,后果将会非常严重,遂决定赴美应诉。

应诉后,中方利用原告确定诉讼主体以及法院送达诉讼文书的失误,成功地说服哥伦比亚地区联邦法院将广东省土产进出口总公司列为被告,以取得在法庭上辩驳的机会。

在庭审中,原告出示了美国烟花协会专家关于爆炸事故是由于产品质量引起的鉴定结论,中方要求该专家向法庭提供直接证据。结果该专家向法庭作证:由于当初取样不当,自己原来所作的鉴定结论是不全面的,没有科学依据。与此同时,中方提出了原告疏忽责任的抗辩。依据美国法,厂商必须雇用18周岁以上的成年人,否则被视为非法雇用童工;而且从事烟花等危险品的搬运,须经专门培训取得上岗资格证书后方可进行,否则也被视为非法。而本案中,厂商所雇用的搬运工是利用暑期打工的大学生,未经过任何培训,且其中有两位还是未满18周岁的童工。据此,中方提出,不承担任何责任。原告律师见此情形,提出和解,并最终撤回了起诉。

1999年9月,法院判决中国政府不承担任何责任。

中方支付了道义性质的2万美元慰问金。

这是我国以胜诉收场的国际产品责任诉讼。此案虽然胜诉,但该案的经验教训却值得我们思索及总结。

二、西方国家产品责任法对中国的启示

中国的产品责任立法与西方国家存在较大的差距,这个差距所带来的负面影响在近些年表现得越来越突出。在宝马汽车、三菱帕杰罗、东芝笔记本、佳能相机等诸多事件中,我们深深感受到我国的产品责任制度与国际上的相关制度存在较大差距。这不仅影响到我国消费者的权益,还影响到我国产品在国际市场上的形象。由于我国消费者对产品责任法不太熟悉,使得消费者的索赔主要停留在产品质量问题上,而产品质量案件和产品责任案件的结果是不大一样的。因此,完善我国的产品责任立法,迫在眉睫。

参照西方国家的产品责任立法,我国应该在以下方面加大对产品责任立法的力度:

第一,扩大“产品”的范围。《中国产品质量法》中的“产品”范围不够宽,随着国际贸易的进一步自由化,对“产品”作扩大化解释是非常必要的。将无形物(如电等)、智力产品

（如书籍、电脑软件等）、天然产品（如药材、天然食品等）等确定为“产品”，是全面保护消费者权益所必需的。

第二，实行严格产品责任。《中国产品质量法》对生产者、销售者产品责任采用的过错责任和严格责任两种制度共存的规定，显然不利于充分保护消费者的合法权益，也不足以威慑缺陷产品的销售者和其他提供者。事实上，对销售者也适用严格责任，将更加有利于消费者权益的保护。当然，考虑到产品缺陷多数产生于制造过程，在消费者向销售者提起严格产品责任之诉后，法律应赋予销售者向制造者追偿的权利。同时，规定产品制造者、销售者或其他提供者对缺陷产品负连带赔偿责任，将会使消费者有较大的选择权，因而就有更多的胜诉机会。

第三，扩大产品责任主体的范围。将在缺陷产品从设计、生产到销售或以其他方式提供给消费者的整个过程中，应该或能够对缺陷产品承担赔偿责任的所有人都规定为责任主体，而不仅仅限定于生产者、销售者或供货者、运输者、仓储者，从而对消费者权益进行充分保护，也能促进设计、生产、销售链条上的所有人更加谨慎小心，从而减少产品责任事故的发生。

第四，合理规定产品责任赔偿标准和数额。比如对产品责任引发的精神损害赔偿及其标准予以确定化。为了减少有缺陷产品投放到流通领域的机会，应该加重对生产者、销售者的处罚，美国的惩罚性赔偿不失为一种有效办法。当然在惩罚性赔偿数额的确定上，应该根据我国的国情，确定一个合理的数额，做到既能对生产者形成威慑作用，又不至于影响其生产能力和继续经营能力。由于美国产品责任案件动辄以巨额赔偿告终，并导致了产品责任危机，我国应该防患于未然，在规定足以保护消费者权益并能够对生产者构成足够威慑的高额赔偿时，也应适当考虑生产者的利益。并且，如果一味追求高额赔偿，最终的受害人仍然是消费者，因为生产者会通过产品责任保险来分散其风险，从而增加生产成本。因此，我们应该从美国产品责任危机中吸取必要的教训，将赔偿数额进行合理限制。

第五，确立以市场份额责任补充严格责任的归责原则。严格责任有时也无法解决受害人的赔偿请求，因此，美国的市场份额责任不失为一种补充严格责任的好办法。但是，为了防止市场混乱，必须对其适用范围进行必要的限制，否则，不利于调动企业提高产品质量的积极性。只有在特殊的情况下，才可考虑适用市场份额责任原则，即只有损害是由于长期受缺陷产品的影响造成的，或者产品交付时所存在的致人损害的属性在多年之后才被发现，或者缺陷产品造成的损害在多年之后才显露出来，最终使消费者难以证明其损害与哪一制造商的行为有因果关系，即难以确定确切的被告时，方可使用市场份额责任原则。此外，其所适用的责任主体应与严格责任不同，仅限于制造商，而不能扩大到销售商等责任主体。

雾霾事件、环境安全事件以及食品安全问题，让我们感到完善我国的产品责任制度任重而道远。要使消费者权益切实得到保护，建立一个完善的产品责任制度，是当前立法的重点之一。

? 思考与练习

1. 什么是产品责任？各国对产品的界定有何不同？
2. 美国产品责任的诉讼依据有哪些？
3. 什么是严格责任？依据严格责任起诉对原告的有利之处体现在哪些方面？
4. 产品责任中被告的抗辩一般有哪些？
5. 简述美国“长臂法”的特点。

案例分析

夏威夷的椰子引发的思考

夏威夷地处太平洋中部，属湿润的海洋性气候，岛上气候宜人、风景秀丽，尤其是椰子树很繁茂，吸引了世界各地无数游客。然而，仔细看，你会发现这些繁茂的椰子树上很少有椰子！

原因可追溯到20世纪60年代，一位美国游客在夏威夷公共海滩上舒服地晒太阳，不想大风突至，将一只椰子从高高的树上吹落，击中游客头部。该游客当场毙命。

该游客的一位兄弟是精通民事诉讼的律师，当即控告管辖这片椰树林的夏威夷州政府。官司拉锯战似的进行了数年。最终法院判决夏威夷州政府赔偿原告1 000万美元。

该判决作出后，许多游客纷纷跑到沙滩上椰树下“守株待兔”，期待椰子们砸中自己。

州政府一看不妙，但又不能把美丽的椰子树给砍了，于是下令组织了一班人马去砍树上的椰子。

资料来源：辛向阳等主编，《历史律令——影响人类社会的十大宪法和法典》，江西人民出版社，1998，第5页。

【思考与讨论】

“夏威夷的椰子”不再砸死游客，正是因为有了法院对夏威夷州政府1 000万美元的判赔。要根治我国诸多企业对江河与下游城市的污染，如引发的食品安全问题与空气污染，或许我们可以从这个案件中找到一些制度安排上的灵感。欢迎对此问题展开讨论。

第七章

国际货物运输法

【教学目标】

通过本章学习,学生将能够:

1. 了解国际货物运输的常见规则。
2. 认识提单的概念及作用。
3. 掌握提单的分类及特点。
4. 掌握承运人的义务、免责事项、责任期限。
5. 了解租船合同的概念、种类及特点。
6. 了解国际航空货物运输、铁路货物运输的特点及相关公约。
7. 了解国际货物多式联运的概念和责任制度。
8. 了解海上事故的处理及海难救助的规则。

【关键术语】

《海牙规则》 提单 保函 承运人的义务 租船合同 国际货物多式联运 海上事故 海难救助

【引导案例】

被告某土产公司在湛江港将其出口的木薯片交原告某远洋公司所属“柳林海”轮承运，货物装完后，被告申请水尺公估，测得木薯片重量为16 443吨，并将其申报给承运人记载于提单。为防止货物霉损，被告请求船长在航行途中开舱晒货。

为此，船长打算将大副收据中的“至卸货港发生短重，船方概不负责”的批注转入提单。为了取得没有批注的提单，被告向船长出具保函，该保函载明：“……如到卸货港发生短重，其责任由我货方负责。”船长接受了该保函，没有将大副收据中的批注转入提单。

航行中船长按被告的要求开舱晒货，船抵法国港口后，木薯片短重567吨，收货人在法国法院成功地向承运人(本案原告)索赔并获得了赔偿。

为此，原告依保函向被告提出索赔，要求被告赔偿。请问：原告能够依据保函获得被告赔偿吗?

本案涉及海上货物运输过程中保函的效力问题。需注意的是，本案中货物的短重是由于水尺估算的误差和晒货使水分减少造成的，并不是承、托运人恶意串通，故意在提单上记载不实，欺诈第三人所致。因此该保函没有对第三人欺诈，应认定为合法有效。保函的效力确定之后，责任不言自明。本章将在提单一节中对此加以论述。

第一节　概述

国际货物运输是实现国际货物买卖的重要途径。国际货物买卖一般是通过国际海上运输、航空运输、陆上运输和多式联运等多种方式实现的。因此，在国际贸易中，买卖双方除订立买卖合同外，还需要订立一些其他合同来保证买卖合同的实现，如货物运输合同、货物保险合同、资金融通合同等。这些合同都以买卖合同为中心，并以促成买卖合同的实现为目的而订立，因此，通常把它们称为“辅助合同”(Supporting Contract)。国际货物运输合同就是其中非常重要的一种。

目前主要的国际货物运输方式有：国际海上货物运输(International Carriage of Goods by Sea)、国际陆上货物运输(International Carriage of Goods by Land)[具体又可以分为国际铁路货物运输(International Carriage of Goods by Rail)和国际公路货物运输(International Carriage of Goods by Road)]、国际航空货物运输(International Carriage of Goods by Air)、国际货物多式联运(International Multimodal Transport of Goods)等。

在上述运输方式中，海上货物运输是最重要的运输方式。这主要是因为：

(1) 海上货物运输的运输量大、成本低，国际贸易的货物总量中三分之二以上的货物都是通过这种运输方式完成的；

(2) 国际贸易主要是从航海贸易发展起来的，许多有关国际贸易的法律和惯例都是在总结航海贸易实践经验的基础上产生的。

为了协调各国有关国际货物运输的法律规范，目前国际上针对不同运输方式有大量的国际公约，这些公约与各国国内立法一起，构成了国际货物运输的法律框架，在调整国际货物运输关系中起着重要的作用。

第二节　国际海上货物运输法

一、各国立法概况

海商法最早表现为商事惯例。1681年，法国公布了《海事条例》，此为世界上最早的海商立法。1807年，法国将《海事条例》的有关内容修订整理后纳入《法国商法典》。1861年，《德国商法典》也专列海商一编，而后日本又仿照法国、德国制定商法，迄今海商仍作为《日本商法典》第4编的内容。英国作为判例法的典型国家，原先一直以航海习惯和判例为依据，但随着航海业的发展，成文法不断增加，如《商船法》（1854）、《海上保险法》（1906）、《引水法》（1934）、《海上货物运输法》（1971）等，均为颇有影响的成文法。美国和英国一样并无统一的海商法，但也在习惯法之外制定了不少成文法，如《船舶所有人责任限制法》（1851）、《哈特法》（1893）、《海难救助法》（1912）、《海员法》（1915）、《海上货物运输法》（1936）等。

资料卡片 7-1

《哈特法》

《哈特法》是1893年美国制定的有关美国港口之间或进出其港口的海上货物运输的法律。当时，美国的海运能力尚不能满足其对外贸易的需要，较多地依靠英国及其他航运发达国家的船队来运输进出口货物。这就决定了美国在海上货物运输方面，比较重视货主的要求。美国对承运人在提单上滥用免责条款的现象极为不满，要求尽可能保护货主的正当权益。《哈特法》就是在这样的背景下制定的。

《哈特法》明确规定：在船长、船员管理货物有过失的场合，免除承运人责任的条款无效；减轻或免除承运人谨慎处理使船舶适航的义务，以及减轻或免除船长、船员的谨慎装载、交付货物的义务无效。该法同时还规定，承运人在做到谨慎处理使船舶适航后，如因航海或管理船舶过失导致货损的发生，承运人可以免责；对因不可抗力、货物的固有特性或缺陷、包装缺陷等原因造成的货损，或者为救助人命、财产使船舶脱离原航线造成的货损，承运人也可以免责。

今天，《哈特法》只适用于美国国内港口之间的货物运输。

资料卡片 7-2

美国《海上货物运输法》

美国《海上货物运输法》适用于国外贸易中，进出美国港口的货物的海上运输承运人签发的提单，故所有由美国承运人签发的提单都受到该法律的管辖。在海上货物运输立法中，美国起着一种主导性的作用，对各国国内法和国际公约的制定可谓影响巨大和深远。1996年，美国海商法协会起草了第一份海上货物运输法草案，至1999年已经六易其稿，由于涉及船货双方利益冲突太大，草案至今未能通过。然而，正如前面所述，美国在海上货物运输立法领域的地位举足轻重，而且草案有很多独创性的规定，很大程度上反映了国际航运发展对立法的要求。

典型案例7-1

Vimar保险公司诉Maritima公司及M/V Sky Reefer案

这是美国最高法院作出判决的一个重要案例。案情如下：

一家纽约公司Bacchus向摩洛哥一家供应商Galaxie公司购买水果。水果由巴拿马Maritima公司的M/V Sky Reefer号船舶运输，该船由一家日本运输公司Nichiro租用。Stevedores公司给Galaxie公司签发出表示收取货物的提单。货船一离开摩洛哥港，Galaxie公司就立即将提单卖给Bacchus公司。提单上注明所适用的法律为日本法律，规定任何纠纷在东京仲裁，仲裁结果对双方有法律约束力。货物运抵目的地后，Bacchus公司发现上千箱的橙子被压坏，损失高达100万美元。Bacchus公司得到了Vimar保险公司的赔偿，然后Vimar保险公司在美国起诉船主Maritima公司及M/V Sky Reefer。被告坚持要在东京仲裁。原告认为在国外仲裁的规定是违反《海上货物运输法》规定的。

美国最高法院最终裁决：《海上货物运输法》没有规定海运提单中指定国外仲裁的条款无效，即双方当事人关于在日本东京的仲裁条款具有法律效力。

该案件在此后美国乃至全球的海运业中产生了重要的影响。

资料来源：邹肖，《国际货物运输法案例讲解大全》，https://wenku.baidu.com/view/a0f1ab2a988fcc22bcd126fff705cc1754275fc2.html?_wkts_=1691228594609，访问日期：2023年8月3日。

中国于1952年开始起草海商法，后长期搁浅。80年代初恢复起草工作。1992年11月7日，第七届全国人民代表大会常务委员会第二十八次会议正式通过了《中华人民共和国海商法》（以下简称《中国海商法》），并于1993年7月1日施行。该法共计15章278条，对海商海事问题作了较为全面和详尽的规定，它是当时中国已经公布的所有商事法律中篇幅最长、内容和条款最多的一部法律。

此外，中国于1973年加入了国际海事组织，并先后加入了许多其他与海运有关的国际组织和30多个国际公约，同数十个国家签订了双边海运协定。

另外，中国于1959年设立了海事仲裁委员会，1988年更名为中国海事仲裁委员会，并订有《中国海事仲裁委员会仲裁规则》。1994年颁布的《中华人民共和国仲裁法》也专设"涉外仲裁的特别规定"一章，对包括海事仲裁在内的涉外仲裁作了原则规定。

关于海事诉讼，根据1984年全国人民代表大会常务委员会《关于在沿海港口城市设立海事法院的决定》，以及同年最高人民法院发布的《关于设立海事法院几个问题的决定》，专门设立了海事法院审理相关案件。设立海事法院的城市初为广州、上海、青岛、天津和大连5个城市,后扩大到武汉、海口、厦门、宁波、南京、北海,截至2021年共有11个城市设立海事法院。海事法院与当地中级人民法院同级,其上诉法院为当地的高级人民法院。1999年12月25日,第九届全国人民代表大会常务委员会第十三次会议通过了《海事诉讼特别程序法》。

二、海商法的统一规则

（一）国际货运规则

1.《海牙规则》

《海牙规则》(Hague Rules)全称为《关于统一提单的若干法律规则的国际公约》,因1921年在海牙草拟,故简称为《海牙规则》。该规则于1924年8月25日由25个国家在布鲁塞尔签订,1931年6月2日生效,目前已有包括欧美许多国家在内的80多个国家和地区加入,其原则已成为国际海运提单的通例。中国虽未加入,但该规则对中国的海运规则及海商法的制定都影响深远,中国航运公司在实践中也参照该规则制定提单。由于该规则制定时间较早,鉴于当时的历史条件,从其内容可以很明显地看出对承运人较为有利。比如,承运人的责任期限采用"钩至钩"原则,最高赔偿限额为每件货物一百英镑,免责事由却多达十七项等。《海牙规则》堪称现今海上货物运输方面最重要的国际公约。

2.《维斯比规则》

《维斯比规则》(Visby Rules)全称为《修改关于统一提单的若干法律规则的国际公约的议定书》,于1977年生效。由于该议定书的准备工作完成于维斯比,故简称为《维斯比规则》。该规则只对《海牙规则》进行了有限的修改,所以《维斯比规则》也称为《海牙—维斯比规则》(Hague-Visby Rules)。目前已经有英国、法国、意大利、日本、丹麦、挪威、新加坡、瑞典、瑞士等50多个国家加入该公约。我国虽没有加入该公约,但把它作为制定我国海商法的重要参考依据。

3.《汉堡规则》

《汉堡规则》(Hamburg Rules)全称为《联合国海上货物运输公约》,于1978年3月在汉堡举行的联合国大会全权代表大会上通过,至1992年10月批准加入该公约的国家满20个时生效。《汉堡规则》共计34条,其中第1—26条为实质性条款,对《海牙规则》进行了全面的修改和补充。《汉堡规则》的出台,源于许多发展中国家对不合理维护船方利益的《海牙规则》和《维斯比规则》的不满。但由于《汉堡规则》较多地体现为对货主的保护,因此世界上主要的航运大国尚未加入该公约。目前该公约有埃及、尼日利亚等28个成员国,其中多数为发展中国家。这也是该公约影响不够大的重要原因。我国虽然没有加入该公约,但其中成熟与合理的内容已为我国海商法所采纳。

4.《鹿特丹规则》

2008年7月3日,联合国国际贸易法委员会在维也纳第41届大会上制订了《联合国全程或者部分国际海上货物运输合同公约》草案,并经2008年12月11日联合国大会第63届大会第67次全体会议审议通过,即《鹿特丹规则》。它创新了承运人责任制度,使海运的责任阶段延伸至国际多式联运的适用范围。

5.《联合国国际货物多式联运公约》

该公约于1980年5月在日内瓦会议上通过，由包括中国在内的67个国家（或地区）在会议最后文件上签了字。国际货物多式联运通常将海洋、铁路、航空等多种运输工具联结起来，采用集装箱，将货物从一国境内运送至另一国，可节省货物包装材料、降低经营成本、提高货运质量，但目前在国际货运中的比重不大，再加上该公约在承运人责任制方面沿用了《汉堡规则》的基本原则，响应者较少，故该公约的影响和作用远远不及《海牙规则》《维斯比规则》《鹿特丹规则》。

（二）船舶碰撞国际公约

《统一船舶碰撞某些法律规定的国际公约》（以下简称《船舶碰撞公约》）于1910年9月23日在布鲁塞尔签署，并于1913年3月1日生效。它主要包括确定船舶碰撞责任的原则、碰撞后的救助责任和诉讼时效等内容。由于世界上主要海运国家均已批准或加入，故该公约在处理船舶碰撞纠纷方面占有重要地位。中国虽然不是缔约国，但在处理船舶碰撞纠纷案件时，也参照该公约的相关规定。

另外还有两个公约，分别为《船舶碰撞中民事管辖权方面若干规定的国际公约》和《统一船舶碰撞或其航行事故中刑事管辖权方面若干问题的国际公约》，均于1952年通过，由于批准国家不多，故影响不大。

（三）船舶所有人责任限制公约

《关于船舶所有人责任限制的国际公约》于1957年10月10日在布鲁塞尔签署。另外，《国际海事索赔责任限制公约》于1976年在伦敦签署。

（四）海事特别权的国际公约

关于海事特别权的国际公约有两个，分别是：1926年4月10日签订于布鲁塞尔的《统一海事抵押权和留置权若干规定的公约》以及1967年5月27日在布鲁塞尔签订的《统一关于海上留置权和抵押权若干规定的国际公约》。

（五）共同海损理算规则

《约克—安特卫普规则》最早由英国科学促进会制定，成文于1924年。它属于民间规则，但由于英国老牌航海大国的地位，该规则成为国际上最有影响、使用最广泛的共同海损理算规则。《中国海商法》第十章“共同海损”，就吸收了该规则的主要内容。

三、提单

（一）提单的定义

所谓提单（Bill of Lading, B/L），是指托运人向承运人托运货物，在货物装船后或在承运人收到货物后，由船长或承运人的代理人签发的，证明收到提单上所载明的货物，允诺将货物运至指定目的地并将货物交付给收货人的凭证。

提单无统一格式，一般由轮船公司自行制定。

提单的正面一般印有承运人、托运人和收货人的名称、地点，船舶的名称、国籍，装运地和目的地，货物的名称、标志、包装、件数、重量或体积，运费和其他费用，提单签发的日期、地点、份数和号码，承运人签字等项目。这些项目，凡属于托运人填写的，托运人应如实填写。如因托运人填写不清或不正确而导致货物的灭失或损失，托运人要负责任。如果承运人发现问题，则可以在提单上添加批注，添加批注是承运人保护其自身利益的一种行为。

提单的反面主要是规定承运人和托运人权利和义务的条款。这些条款由各个轮船公司自行拟定，内容各有差别。不少航运公司的提单条款采用《海牙规则》的内容。

（二）提单的作用

1. 提单是海上货物运输合同的证据

因为运输合同一般在提单签发之前就已经存在，所以提单的签发证明了运输合同的存在。提单虽然只由承运人一方签发，但它是应托运人托运货物的要求而签发的，所以提单对双方都有约束力，实际上起着一种合同的作用。

按照英国法，提单只是运输合同的证据，如果提单所列条款与双方事先达成的协议有矛盾，应以事先达成的协议为准。承运人在完成运输任务过程中，如果违反事先的协议，就应赔偿托运人的损失。下面来看阿登尼斯轮案。

典型案例 7-2

阿登尼斯轮案

一个经营柑橘的托运人在西班牙与承运人约定，承运人应于 1947 年 12 月 1 日在这种货物的进口税提高以前把货物直接运往伦敦。1947 年 11 月 22 日，货物在西班牙卡塔利纳港装上阿登尼斯轮。承运人向托运人签发了提单，提单内载有通常的条款，其中规定承运人可以通过任何航线把货物直接或间接运至目的港。实际上，阿登尼斯轮首先开到安特卫普港，直到 12 月 4 日才到达伦敦。可这个时候，进口税已经如期提高。托运人要求承运人赔偿由于其违反约定造成的损失。

承运人抗辩说，双方当事人之间的合同是提单，提单条款约束双方的权利义务，凡与提单不符的口头约定均应无效。

1951 年，英国法院的法官戈达德在其判决中指出，提单不是运输合同，合同是在提单签发之前缔结的，承运人所做的该船应直接开往伦敦的允诺是一项担保，该项口头担保已使提单所列条款无效，因此承运人应赔偿托运人的损失。

资料来源：杨士富，《国际商法理论与实务》，北京大学出版社，2009，第 258 页。

2. 提单是承运人对货物出具的收据

承运人收到货物之后，核对托运人在提单上提供的货物标志、数量和重量、包装件数以及货物表面状况以后才签发提单，所以提单起着货物收据的作用，表明承运人已经收到货物了。提单签发之日就是承运人对货物的保管、运送和承担相应法律责任的开始。

3. 提单是代表货物所有权的凭证

提单的主要目的是使提单的持有人通过处理提单来处理提单项下的货物，即使货物在运输途中也是如此。当托运人将提单寄交给收货人或收货人指定的代理人时,货物的所有权也随之转移。谁占有提单,谁就有权要求承运人交付提单项下的货物。因此,提单就是货物的象征,是一种物权凭证。提单的这一特点使其在国际贸易中起到有价证券的作用,它可以买卖或转让,但部分拉美国家认为收货人可以不提交提单就取得货物,只要他有足够的证据证明他确实是该批货物的收货人即可。

(三)提单的种类

提单的种类繁多,可以根据不同的标准作不同的分类:

1. 按签发时间,可分为已装船提单和备运提单

已装船提单(Shipped or on Board B/L),是指承运人在货物装上船舶后所签发的提单。提单上必须载明装货船名和装船日期。买卖合同一般都规定卖方必须向买方提供已装船提单,因为这种提单对收货人按时收货比较有保障。

备运提单(Received for Shipment B/L),又称收货待运提单,是指承运人仅收到货物但尚未将货物装上船舶之前签发的提单。这种提单对收货人收货不太有保障,因为什么时候装船、装运船舶的名称都是未知数,所以买方一般不太愿意接受这类提单。但这种提单在采用集装箱运输时使用非常普遍,因为集装箱内陆收货站在收到货物时,一般无法确定船名和装船日期。

2. 按承运人在提单上对货物的外表状态有无加批注,分为清洁提单和不清洁提单

清洁提单(Clean B/L)是指对货物的外表状况未加批注的提单。它说明货物是在表面状况良好的条件下装船的,也说明承运人在接收货物时,货物的表面状况没有缺陷。在国际贸易中,如果货物的外表状况有问题,承运人往往会在提单上加批注,比如"包装不固""破包""沾有油污""旧桶"等,这是承运人为了免除或者减轻其责任而采取的措施。加有批注的提单即为不清洁提单(Unclean B/L, or Foul B/L, or Claused B/L)。

如果承运人在提单上对货物的表面状况不加批注,就说明承运人在接收货物时,货物的表面状况良好,然而按照英国普通法,这种货物状况的说明对托运人仅仅是初步证据。承运人以后还可以提出货物在装船时确实残损的证据,对托运人的索赔进行抗辩。但这种货物状况的说明对提单受让人来说就是终结性的证据。因为受让人付出代价取得提单时,是信赖提单是清洁的,如果承运人以后否认这一点,就构成对受让人的欺诈。所以,承运人为了保护自身的利益,在遇到货物的表面状况不良时,应在提单上进行批注。

在国际货物买卖合同中,一般都规定卖方必须提供已装船的清洁提单,买方一般也都不愿意接受不清洁提单,银行也因不清洁提单会造成结汇的困难而不愿意接受不清洁提单作为议付货款的单据。

因为加了批注的提单不受欢迎,所以在遇到货物表面状况不良时,托运人会尽量让承运人签发清洁提单,但承运人为保护自己的利益,往往不愿意签发清洁提单,这样就出现了难题。为了解决这个难题,保函(Letter of Indemnity)应运而生。

所谓保函,是指托运人向承运人签发的,保证对因货物残损短缺且承运人签发清洁提单而引起的一切损失予以赔偿的担保函件。也就是说,托运人为了拿到清洁提单,以保函向承运人作保证:你给我开清洁提单,如果因为原先那些表面状况的原因最终导致货物出

了问题，这个责任就由我来承担。这样一来，承运人的利益有了一定的保证，往往就会同意签发清洁提单。但是，不管怎么说，这毕竟是承运人和托运人之间的一种内部交易，对外部第三人来说，多多少少带有一定的欺骗性，因为第三人并不知道承运人和托运人之间有这么一种交易，他只看到清洁提单，只认识到货物在交付发运时状况是良好的。正因为如此，各国一般都规定，保函对于善意的第三人是无效的，它只在签发人和接受人之间产生效力。

课堂讨论 7-1

保函的特点

1999 年 10 月 15 日，中国上海某公司（买方）与德国某公司（卖方）签订了一份买卖合同，标的是马来西亚产的胶合板 100 箱，FOB 汉堡，由中国香港某轮船公司托运，并在中国人保上海分公司投保了海运货物一切险。合同签订后，上海公司即向德国公司开出了不可撤销、保兑、即期信用证。10 月 28 日，在货物装船时，香港轮船公司发现胶合板有霉迹，在德国公司出具了保函后，签发了清洁提单。11 月 29 日，货物运抵上海，经上海商检局检验，100 箱货物中，有 77 箱胶合板严重发霉，失去了商销价值。请问：

（1）香港轮船公司能否以保函作为依据，免除其赔偿的责任？

（2）香港轮船公司如何维护其权益？

典型案例 7-3

保函的陷阱

某粮油进出口公司从加拿大进口了一批菜籽，由某海运公司承运，从加拿大温哥华港运至中国南通港。货物抵达南通港卸货时，发现第一舱货物严重结块和霉变。粮油进出口公司作为收货人随即申请南通出入境检验检疫局对货物进行检验。南通检验检疫局指出货物残损是由于航行途中遭遇风浪，海水进舱所致。之后，中国太平洋保险公司某分公司作为粮油进出口公司的保险人，依据保险合同赔付粮油进出口公司并取得代位求偿权。作为承运人的海运公司为避免因货损事宜导致其所属的船舶被扣押，则通过中国人民保险公司某分公司向货方出具了担保函，表示：保证支付因涉案纠纷而产生的赔偿，但赔款须经当事人双方书面和解协议或上海海事法院或其上诉法院最终生效判决而支付。之后因产生纠纷，中国太平洋保险公司某分公司起诉，请求法院判令承运人海运公司赔偿 69 万多元的货物损失。

法院受理后，在答辩期内，海运公司提出，买卖双方在买卖合同签订后，另行订有仲裁协议，请求法院驳回起诉。

法院据此驳回了该项起诉。

经验教训：在审判实践、特别是在扣船程序中，船方经常通过提供担保函的方式来避免或解除船舶扣押，由于保函是以信誉担保的方式取代物的担保，所以担保函的可兑现性显得非常重要，其对今后案件的执行将起到十分关键的作用。否则，它将只是一纸空文而已。

因此，接受保函的一方首先应对保函出具单位的资信进行严格审查，尽可能接受资信较高单位，诸如保险公司、保赔协会的保函。

此外，要对保函的内容进行严格审查。由于保函没有统一的格式，完全由提供保函者单方制作，措辞千变万化，所以稍有不慎便会引起纠纷。

审判实践中经常会遇到有的保函写明凭法院的判决兑现，但主合同争议却是通过仲裁解决；有的保函仅写明凭法院的判决承担保证责任，但争议最终却是以调解的方式解决，这些都极易引起因不符合保函担保的条件而导致保函最终无法执行。

所以，为保证实体争议在今后审理和执行程序中顺利解决，就必须在接受保函的环节增强意识，认真审查提供保函单位的资信和保函的内容。

---

3. 按提单的收货人抬头分类，可分为记名提单、不记名提单和指示提单

记名提单（Straight B/L）又称收货人抬头提单，是指填明收货人姓名或名称的提单。这种提单不能背书转让，记名收货人之外的人也无权提货，故风险比较低，但一个明显的缺点是流通性差，故在国际贸易中使用不多。当运送贵重物品、援助物资、展览品等物品时，采用这种提单较为常见。

不记名提单（Open B/L, or Bearer B/L）又称持票人提单，是指在收货人一栏内仅填写“交与持票人”（To Bearer）等字样。不记名提单是可转让提单，且谁持有提单，谁就可以提取货物。因此，不记名提单是仅凭交付就可以转让的提单，无须作任何背书。该类提单的缺点是风险太高，在国际贸易中也较少使用。

指示提单（Order B/L）是在国际贸易中使用最为普遍的提单，它是指依据记名人（Named Person）的指示或非记名人的指示交货的提单。其中，记名指示提单是在收货人一栏填写“凭某公司指示”（To the Order of X Co.）；不记名指示提单是在收货人一栏填写“凭指示”（To Order）。根据发出指示的人的不同，记名指示又可以分为托运人指示（To the Order of the Shipper）、收货人指示（To the Order of the Consignee）、银行指示（To the Order of the Bank）等。

课堂讨论 7-2

保函的责任承担——比较各方当事人的责任

A 公司（买方）和 B 公司（卖方）于 2001 年 11 月 3 日签订了一份买卖缝纫机的合同，价格条件为 FOB 上海，装船期为 11 月底。合同签订后，B 公司的货物于 12 月 10 日才运抵上海，12 月 15 日才开始装船。装船时，承运人发现部分木箱有裂痕，在 B 公司出具了保函后，承运人签发了清洁提单；并且，在 B 公司的要求之下，将装船期更改为 11 月 30 日。B 公司凭清洁提单在中国银行取得了货款。货物运抵伦敦后，A 公司发现有十个包装缝纫机的木箱破裂，货物受损，遂向船方索赔。船方答复：第一，我手里有 B 公司出具的保函，

此事应由他们负责；第二，你们手里有保险单，有损失也可以向保险公司索赔。请问：

（1）作为B公司的法律顾问，你如何对待A公司的索赔？

（2）作为保险人，你应如何处理？

（3）作为A公司的律师，你会如何处理？

（4）作为承运人的代理人，你要如何处理？

（5）本案承运人签发提单的行为存在什么问题？

---

4. 按提单的介质进行分类，可以把提单分为纸提单和电子提单

纸提单是以纸张作为提单内容的载体的传统提单；电子提单是指使用电子数据交换（Electronic Data Interchange，EDI）系统进行结算交接，用于替代传统单证的EDI单证。1990年国际海事委员会第34届大会上通过的《国际海事委员会电子提单规则》，已被多国采用。

（四）提单的转让及流通性

记名提单不能转让，不记名提单凭交付就可以转让，这里只讨论指示提单的转让问题。

指示提单须通过背书转让。提单的背书是指托运人或受让人在提单背面签名。如果只是签名而不写明货物交给谁，则这种背书为空白背书（Blank Indorsement）；如果写明交给谁或凭某人指示，则称为记名背书（Full Indorsement）。

因为提单是物权凭证，提单的背书和交付可以转让货物的所有权。需注意的是，提单虽然可以自由转让，但其可转让性低于汇票的可转让性，提单的受让人不像汇票的正当持票人那样可以享有优于其前手的权利。举个例子，A窃取了B的货物，向承运人办理托运取得提单后，将该提单转让给C，C不能根据提单取得货物的所有权，不能对抗真正的货主；但是，现在如果是一张汇票，正当支付了对价的善意的持票人C就可以取得汇票权利，即C取得了优于其前手A的权利。

（五）承运人的义务

1. 承运人应恪尽职责提供适航的船舶

《中国海商法》第四十七条规定：承运人在船舶开航前和开航当时，应当谨慎处理，使船舶处于适航状态，妥善配备船员、装备船舶和配备供应品，并使货舱、冷藏舱、冷气舱和其他载货处所适于并能安全收受、载运和保管货物。

简而言之，承运人的这一项义务是指承运人提供的船舶须具有适航性（Seaworthiness）。

适航性一般包括以下四方面含义：

第一，船体本身的适航性。这是指船体和机器在设计和制造方面应经得起预定航程中可能遇到的一般风险。

第二，船员的适航性。这是指船上的人员必须合格和足数，具有质和量两方面的要求，缺一不可，合格不足数或足数不合格，都是不适航。

第三，船舶供应的适航性。这是指船舶航行所需的设备必须齐全，装卸货物的吊具必

须牢固，还必须在开航之前加足预定航次的燃料、淡水、船用品以及船员伙食用品，使船舶能安全地把货物运到目的地。

第四，船舶适宜装载预定的货物，即所谓的适货性。这是指船舶及其设备适于收受、保管和运输预定的货物。承运不同的货物，对适货性有不同要求。如果船舶不适宜装载预定的货物，那么船舶再结实、牢固，也不具有适航性。举个例子，刚刚运送了一批农药的船舶，如果没有作充分的清洁处理，即接受运送大米的运输业务，最终导致大米污损，则承运人须承担未能提供适货性船舶所造成的损失。

恪尽职责（Due Diligence），又可以解释为“合理的注意”“谨慎处理”。根据英国普通法，承运人对船舶的适航性应负严格的责任，即除天灾和战争以外，承运人应对承运货物遭遇的一切风险负责，这种责任就是所谓的绝对责任。《海牙规则》对此作了修改，按照该规则第三条第一款的规定，承运人对船舶的适航责任是有条件的，即仅须对船舶适航做到恪尽职责。如果承运人做到了恪尽职责，即使货物受损，他也不用承担责任。

典型案例 7-4

亚历山大号油轮货损纠纷案

美国某公司租用南欧某国亚历山大号油轮，于 1994 年 8 月 8 日在美国纽约港装运散装豆油 20 397 吨，驶往目的地上海，收货人为中国粮油进出口公司，价格条款为 CFR 上海。船舶中途遭遇 8—9 级大风，以致颠簸严重。8 月 30 日发现第二左舷边舱的豆油外漏，为避免更大损失，不得已将豆油转移至其他各舱。9 月 6 日又发现第六、第七右舷边舱船板裂缝，致使豆油外漏。9 月 9 日，亚历山大号行驶至海礁岛和长江口锚地之间，此时又发现第六、第七右舷船壳板裂缝，致使豆油大量外漏，且裂缝越来越严重。

应船长的请求，其代理人要求上海救助部门援助。上海救助部门即派拖轮前往救助。9 月 10 日下午该油轮被拖至上海检疫锚地，并于水下堵漏以减少污染。经检测，豆油损失达1 463 吨，价值 125.9 万元人民币。

该轮船东于 11 月宣布共同海损，并要求收货人及货物保险人提供共同海损担保书、共同海损协议书和货物价值单，由此双方发生争议。争议的焦点在于该船舶是否适航。

经法院组成联合检验小组后查明：该轮有 8 处船壳板与强肋骨边接焊缝脱开，且均有老痕；外板多次裂开；外板和舷侧铁骨腐蚀率已经分别超过 25%和 50%。据此作出相应检验结论：“该油轮处于不适航状态，并取消船级。”

鉴于此，货物保险人要求船东承担因船舶不适航所造成的损失。

最终，船东保赔协会赔付货损 105.5 万元人民币和油污责任所致损失 77.1 万元人民币。

资料来源：杨士富，《国际商法理论与实务》，北京大学出版社，2009，第264 页。

2. 承运人应适当和谨慎地装载、搬运、积载、运送、保管、照料和卸下所承运的货物

货物自承运人接收时起，就在其实际控制之下。因此，除法定免责情形外，承运人须

对货物的安全承担责任。这就是要求承运人在整个运输过程的各个环节中妥善、谨慎地处置货物。

这里特别强调承运人在装载时的责任。承运人在装船时，应根据货物的性质和种类，使用相适应的装货工具和手段，谨慎而妥善地操作，防止货物摔下或受损。货物一般应装在舱内。《中国海商法》第五十三条规定：承运人在舱面上装载货物，应当同托运人达成协议，或者符合航运惯例，或者符合有关法律、行政法规的规定。承运人依照前款规定将货物装载在舱面上，对由于此种装载的特殊风险造成的货物灭失或者损坏，不负赔偿责任。承运人违反本条第一款规定将货物装载在舱面上，致使货物遭受灭失或者损坏的，应当负赔偿责任。

3. 承运人应按约定的或习惯的或者地理上的航线将货物运往卸货港

但是，船舶在海上为救助或者企图救助人命或财产而发生的绕航或者其他合理绕航（Reasonable Deviation）除外。

4. 承运人应当在明确约定的时间内交货

《中国海商法》第五十条规定：货物未能在明确约定的时间内，在约定的卸货港交付的，为迟延交付。除依照本章规定承运人不负赔偿责任的情形外，由于承运人的过失，致使货物因迟延交付而灭失或者损坏的，承运人应当负赔偿责任。除依照本章规定承运人不负赔偿责任的情形外，由于承运人的过失，致使货物因迟延交付而遭受经济损失的，即使货物没有灭失或者损坏，承运人仍然应当负赔偿责任。承运人未能在本条第一款规定的时间届满六十日内交付货物，有权对货物灭失提出赔偿请求的人可以认为货物已经灭失。

课堂讨论 7-3

我国某外贸公司向英商出售一批货物（CIF 伦敦）。卖方在规定的装运期内装船并取得提单。货物航行中，时逢埃及—以色列战争爆发，苏伊士运河关闭。外贸公司的货物绕道好望角。事后买方就航行途中发生的绕航费用、货物湿损以及未能按预定时间到达向我方提出索赔。

请问：我方是否承担责任？

典型案例 7-5

J. Gerber 公司诉 S. S. Sabine Howaldt 公司案

S. S. Sabine Howaldt 公司出租给 J. Gerber 公司一艘货船，用于完成从比利时安特卫普港到美国特拉华州威尔明顿港的航行。货船上运输的是一批给原告的钢材。货物在安特卫普港装运时状况良好。但到达目的港后，大量钢材被海水腐蚀，产生锈迹。事实上，在这次途径北大西洋的航程中，货船遇到了极其恶劣的天气。海水涌进通风设备，使货物遭到损坏。承运人辩称，造成货物损坏的唯一原因是海难，故其不承担赔偿责任。

一审法院认为：风暴的强度尚未构成事实上的海难，而且由于被告的疏忽，有缺陷的舱口盖没有用防水帆布覆盖，且货船的通风设备没有得到足够的保护，故船舶不适航。

联邦上诉法院认为：船舶启航时是适航的，在整个航行过程中，航行操作正常，承运人不构成疏忽的责任。货物的损坏是由风暴和逆浪造成的，风暴致使船壳严重扭曲，并掀起船舱盖，且不用防水帆布覆盖舱口盖是船运公司的习惯做法。故最终判决被告胜诉。

资料来源：邹岿，《国际产品责任法案例讲解大全》，https://max.book118.com/html/2019/0525/5013230032002041.shtm，访问日期：2023 年 7 月 15 日。

（六）承运人的免责事项

根据《海牙规则》第四条关于承运人免责事项的规定，承运人对十七种情况下所引起的货物损失不负赔偿责任。这十七种免责事项包括：①船长、船员、引水员或者承运人雇佣人员在航行、管理船舶中的行为、疏忽或不履行义务；②火灾，但是由于承运人本人的过失或私谋所造成的除外；③海上或其他通航水域的灾难、危险或意外事故；④天灾；⑤战争行为；⑥公敌行为；⑦君主、当权者或人民的扣押、管制或者司法扣押；⑧检疫限制；⑨托运人或货主或其代表的行为或不行为；⑩不论由于任何原因所引起的局部或全部罢工、停工或者限制工作；⑪暴动和骚乱；⑫救助或企图救助海上人命或者财产；⑬由于货物的固有缺点、性质或缺陷引起的体积或重量亏损缺损，或任何其他灭失或损害；⑭包装不善；⑮唛头不清或不当；⑯虽恪尽职责仍不能发现的潜在缺陷；⑰非由于承运人或者承运人的受雇人、代理人的过失造成的其他原因。

《中国海商法》关于承运人免责事项的规定基本上与《海牙规则》的上述规定相同，但是稍有区别。《中国海商法》规定的免责事项只有十二项。另外，免责事项的具体内容也略有不同。

《中国海商法》第五十一条规定：在责任期间货物发生的灭失或者损坏是由于下列原因之一造成的，承运人不负赔偿责任：①船长、船员、引航员或者承运人的其他受雇人在驾驶船舶或者管理船舶中的过失；②火灾，但是由于承运人本人的过失所造成的除外；③天灾，海上或其他可航水域的危险或者意外事故；④战争或者武装冲突；⑤政府或者主管部门的行为、检疫限制或者司法扣押；⑥罢工、停工或者劳动受到限制；⑦在海上救助或者企图救助人命或者财产；⑧托运人、货物所有人或者他们的代理人的行为；⑨货物的自然特性或者固有缺陷；⑩货物包装不良或者标志欠缺、不清；⑪经谨慎处理仍未发现的船舶潜在缺陷；⑫非由于承运人或者承运人的受雇人、代理人的过失造成的其他原因。

《汉堡规则》废除了《海牙规则》关于驾驶和管理船舶过失的免责条款，这是对《海牙规则》最重要的修改。其重要原因有两点：一是《汉堡规则》制定于 1978 年，当时的造船技术相较于《海牙规则》制定时（1924）有了极大的提高，船上备有雷达和避碰设备，对船员的航行过失免责的理由已不复存在；二是从《海牙规则》这一免责条款施行的实际情况来看，货方遭受的经济损失很重，船方却把其应负的责任转嫁给了货方，这显然是不合理的。

（七）承运人的责任期间

《海牙规则》第一条第五款对承运人的责任期间作了规定。根据这一规定，承运人的责任期间是指以货物装到船上时起至货物从船上卸下时止的一段时间。这一责任期间包括装货过程和卸货过程，但不包括从承运人接收货物时起至装船前以及从货物卸下后起至交付收货人前的时间。此期间即为“钩至钩”责任，又称“装到卸”责任。该规则还规定，承运人和托运人可以就货物装船之前，即承运人在码头仓库接管货物至装上船，以及货物卸下船后至交付货物这两段期间内，发生的货物灭失或损坏所应承担的责任与义务自行约定。这就是说，《海牙规则》免除了承运人在装货前和卸货后承运人实际控制货物时间的责任。《海牙规则》规定的承运人责任期间在国际海运业影响很大，许多海运机构和公司都接受了这一原则。例如，波罗的海航运公会批准的提单格式规定：承运人或其代理人，对于装船前或卸货后这段时间发生的货物灭失或损坏，不论其因何发生，一概不负责任。《海牙规则》的责任期间条款显然对承运人有利。因为从承运人接收货物到货物装船以及从货物在目的港卸下到交付收货人这两段时间内，货物在承运人的直接控制下，而根据《海牙规则》，即使因承运人的原因货物发生损失，承运人也可免除责任。

《汉堡规则》延长了《海牙规则》规定的承运人的责任期间。按照《汉堡规则》第四条的规定，承运人对所运货物的责任期间，是指货物在装货港、运输途中和卸货港所有在承运人掌管下的期间。也就是说，从承运人在装货港接收货物时起，一直到在卸货港把货物交付收货人时止的整个期间，承运人对货物损失都应承担责任，除非是属于承运人可以免除责任的原因所引起的货物损失。

《中国海商法》把承运人的责任期间分成两类：①对于用集装箱装运的货物，承运人的责任期间是从装货港接收货物时开始至交付货物时为止，货物处于承运人掌管下的全部期间；②对于传统的件杂货或散货，承运人的责任期间是从货物装船时起至卸下船时为止。

根据《中国海商法》第四十六条的规定，承运人的责任期间分为对集装箱装运的货物的责任期间和对非集装箱装运的货物的责任期间两种。承运人对集装箱装运的货物的责任期间是指从装货港接收货物时起至卸货港交付货物时止，货物处于承运人掌管之下的全部期间。承运人对非集装箱装运的货物的责任期间，是指从货物装上船时起至卸下船时止，货物处于承运人掌管之下的全部期间。从《中国海商法》的上述规定来看，承运人对非集装箱装运的货物的责任期间基本上与《海牙规则》中规定的责任期间相同。而承运人对集装箱装运的货物的责任期间吸收了《汉堡规则》有关承运人的责任期间的规定。

典型案例 7-6

Westway 公司诉 Netumar 公司案

收货人 Westway 公司向巴西圣保罗的 Dominium 公司购进 1 710 纸箱的咖啡。纸箱经过政府官员的点算、检查，并在政府官员的监督下被装入 6 个集装箱中。集装箱由 Dominium 公司密封，然后从圣保罗运往发货港桑托斯，在集装箱被装上货船 Netuno 之前，存放在海关的保税仓库中。货船所有者 Netumar 公司签发了一份已装船提单，并在提单中注明集装箱的顺序号、装载咖啡后的集装箱毛重以及集装箱里咖啡箱的数量，但 Netumar 公司并没有点算纸箱。货物抵达目的港后，收货人发现短缺了 419 箱大约 20 吨咖啡。

Westway 公司遂起诉承运人。

法院认为,被告的证据都不能够证明其可以免责,且整个运输过程中有很多箱子被盗的机会,尽管盗贼所使用的高超技术尚不清楚,但被告不能免除赔偿之责。

本案阐述了承运人的尴尬处境:如果承运人拒绝在提单上加注托运人指定的数量或者重量,则收货人有可能拒绝购买此提单。毕竟,买方想确认货物是否真的在集装箱里。打开集装箱、检查托运人的点算结果,这极不现实,又花费巨大,并与海运实务相违背。为此,唯一可行的办法是,承运人可以不去参考提单中托运人提供的货物数量,而是在收到货物以及卸下货物后,立即对货物进行称量。如果承运人在装货及卸货时均称量过集装箱的重量,并将重量结果在提单上注明,则只要两次称量结果一致,承运人就可以免除货物短缺的赔偿责任。

资料来源:理查德·谢弗等,《国际商法》(第四版),邹建华主译,人民邮电出版社,2003,第 182 页。

另外,美国《海上货物运输法》还规定,如果托运人没有声明货物的价值,承运人承担的赔偿责任不超过"每件包装 500 美元";如果货物没有打包,则 500 美元的限定也就是这类货物的习惯货运单位(Customary Freight Unit)。

举个例子,如果一大型集装箱已经捆扎好,置于木滑轮上,法院一般认为集装箱中的一个小纸箱为一个 500 美元的限制单位。

典型案例 7-7

Z. K. 航海公司诉 M/V Archigetis 案

原告 Z. K. 航海公司是一家在美国销售游艇的进口商。1987 年,五艘游艇由 Archigetis 从中国装运至美国。每艘游艇都开立出一份可转让的清洁提单,五份提单每张的正面都注明只有一单位货物装运,游艇装载于甲板上,托运人承担一切风险,货物价值可预先申明。在提单的反面有条文规定,货物损失赔偿的责任限于每一包装或每一习惯货运单位 500 美元。每艘游艇都有支船架的保护,放置在甲板上。在运输途中,一艘游艇灭失,其他四艘都不同程度地受损。原告在运输途中对货运提单付款。被告辩称其赔偿责任只限于一艘游艇 500 美元。

佛罗里达南部管区联邦地区法院法官 Hoeveler 认为,每艘游艇构成一个包装单位。托运人有充足的机会声明货物的价值。承运人有理由将其赔偿责任限定在每一包装单位 500 美元内。提单的购买者应当受到提单条款的制约,包括有关赔偿限额条款的制约。

值得一提的是,美国《海上货物运输法》中的货物损失赔偿责任的限定条款,一般不适用于甲板运输的货物。但在这个案例中,提单上注明受此法案的管辖,这种类型的声明为首要条款。为此,法院判定货物损失赔偿责任限定条款适用于此案例。

资料来源:理查德·谢弗等,《国际商法》(第四版),邹建华主译,人民邮电出版社,2003,第 183 页。

课堂讨论 7-4

承运人的责任期间

1996 年 9 月，大连某航运公司（简称“大连航运”）与辽宁某化工进出口公司（简称“辽宁化工”）签订了一份运输 2 000 吨碳酸氢钠至澳大利亚悉尼的合同。合同规定货物由集装箱装载，9 月 15 日交付承运人，即大连航运，10 月 5 日前运抵悉尼。合同签订后，9 月 15 日，辽宁化工将 200 个集装箱的碳酸氢钠交给了大连航运的货运站，履行了交货义务，大连航运签发了提单。9 月 16 日，航运公司将 200 个集装箱装船时，由于工作人员不慎，使 15 箱的碳酸氢钠进水，导致货物受潮后完全成为废品。由于该批货物进水是在航运公司装上船之前，航运公司以货物损失不发生在其责任期间为由，对辽宁化工的索赔要求不予理睬。10 月 25 日，辽宁化工将该案件诉诸大连海事法院。

请问：本案中，大连航运是否应承担货物损害的赔偿责任？

（八）承运人的责任限制

《海牙规则》第八条第五款规定：在任何情况下，每件或每单位不得超过 100 英镑，但托运人在装运前已经就该项货物的性质和价值提出声明，并已在提单上注明的不在此限。

《维斯比规则》对此限额进行了修改，提高到每件或每单位 10 000 金法郎或毛重每千克 30 金法郎，以两者中较高者为准。而所谓的金法郎，是指一个含有纯度为千分之九百的黄金 65.5 毫克的单位。

《汉堡规则》规定，每件或每单位 835 个特别提款权或毛重每千克 2.5 个特别提款权，以两者中较高者为准。迟延交货的，相当于该延迟交付的货物应付运费的 2.5 倍，但不超过合同中规定应付运费的总额。《汉堡规则》采用特别提款权，是因为取消黄金公定价格之后，黄金不再作为合适的计算单位。由于特别提款权相对比较稳定（其价值是根据 16 种货币的价值计算出来的，其中一种货币贬值，另一种货币可能增值，因此价值较为稳定），用它来计价相对比较合理。至于未参加国际货币基金组织的国家，如按照本国法律不能使用特别提款权的，根据《汉堡规则》第二十六条第二款的规定可以不使用特别提款权，而使用金法郎来计算，即每件或每单位 12 500 金法郎或毛重每千克 37.5 金法郎。可见，《汉堡规则》的责任限额比《维斯比规则》提高了 25%。

《中国海商法》关于承运人的责任限制，主要有以下几个方面：

（1）承运人的赔偿范围。《中国海商法》关于承运人的赔偿范围的规定包括赔偿额的计算和赔偿限额两部分。第一，赔偿额的计算。《中国海商法》第五十五条针对不同货物损失，规定了不同的赔偿额计算办法。货物灭失的赔偿额，按照货物的实际价值计算；货物损坏的赔偿额，按照货物受损前后实际价值的差额或者货物的修复费计算。货物的实际价值，按照货物装船时的价值加保险费加运费计算。前款规定的货物实际价值，赔偿时应当减去因货物灭失或者损坏而少付或者免付的有关费用。

第二，赔偿限额。《中国海商法》第五十六条规定：承运人对货物灭失或损坏的赔偿限额，按照货物件数或者其他货运单位数计算，每件或者每个其他货运单位为 666.67 计算单位,或者按照货物毛重计算,每公斤为2计算单位,以二者中赔偿限额较高的为准。但是托运人在货物装运前已经申报其性质和价值,并在提单中载明的,或者承运人与托运人已经另行约定高于本条规定的赔偿限额的除外。货物用集装箱、货盘或类似装运器具集装的,提单中载明装在此类装运器具中的货物件数或者其他货运单位数,视为前款所指的货物件数或者其他货运单位数;未载明的,每一装运器具视为一件或者一个单位。装运器具不属于承运人所有或者非由承运人提供的,装运器具本身应当视为一件或者一个单位。第五十七条规定:承运人对货物因迟延交付造成经济损失的赔偿限额,为所迟延交付的货物的运费数额。货物的灭失或者损坏和迟延交付同时发生的,承运人的赔偿责任限额适用本法第五十六条第一款规定的限额。

(2)承运人责任限制权利的丧失。《海牙规则》并没有关于承运人责任限制权利丧失的规定。依据《海牙规则》,在任何情况下,承运人都可以享受责任限制的权利。与《海牙规则》不同,《汉堡规则》专门规定了承运人责任限制权利的丧失条款。《中国海商法》吸收了《汉堡规则》的做法。这对保护货方的正当权益是必要的。《中国海商法》第五十九条第一款规定:经证明,货物的灭失、损坏或者迟延交付是由于承运人的故意或者明知可能造成损失而轻率地作为或不作为造成的,承运人不得援用本法第五十六条或者第五十七条限制赔偿责任的规定。根据《中国海商法》的规定,因同样理由丧失责任限制权利的人还包括承运人的受雇人或者代理人。

(九)诉讼时效

《海牙规则》规定,货物灭失或损害的诉讼时效为一年,从交付货物或应当交付货物之日起算。《维斯比规则》第一条第二款、第三款则补充规定:诉讼事由发生后,只要双方当事人同意,这一期限可以延长,明确了诉讼时效可经双方当事人协议延长的规定。对于追偿时效则规定,即使在规定的一年期满之后,只要是在受案法院法律准许期间之内,便可对第三方提起索赔诉讼。但是准许的时间自提起诉讼的人已经解决索赔案件,或向其本人送达起诉状之日起算,不得少于三个月。

《汉堡规则》规定诉讼时效为两年,该规则第二十条第一款规定:关于货物运输的任何诉讼,如果在两年内没有提出法律或仲裁程序,即失去时效。《汉堡规则》还规定两年的诉讼时效可以延长,该规则第二十条第四款规定:接到索赔要求的人,可以在时效期间的任何时间,向索赔人提出书面声明,延长时效期间。该期间可以用第一次声明或多次声明,再度延长。

《中国海商法》关于诉讼时效的规定,主要见诸第十三章第二百五十七条,该条第一款规定:就海上货物运输向承运人要求赔偿的请求权,时效期间为一年,自承运人交付或者应当交付货物之日起计算;在时效期间内或者时效期间届满后,被认定为负有责任的人向第三人提起追偿请求的,时效期间为九十日,自追偿请求人解决原赔偿请求之日起或者收到受理对其本人提起诉讼的法院的起诉状副本之日起计算。

(十)托运人的义务

1. 提供托运的货物

托运人应就货物的名称、性质、数量、重量、体积等内容向承运人作正确的陈述。运输合同签订后，托运人应妥善包装货物并就货物的名称、标志、数量、重量、体积等作出正确的标识。托运人违反上述义务给承运人造成损害的，应予以赔偿。此外，托运人违反运输合同没有提供货物或没有按时提供货物，造成船舶亏舱或滞期的，也应该予以赔偿。

2. 支付运费

运费可以分为预付运费、到付运费和比例运费。预付运费在船舶所有人接管货物或签发提单时支付，可全部预付也可部分预付。其特点是不论船舶与货物灭失与否，一概不予退还。到付运费指支付运费与交货作为对流条件。其特点是如果货物中途灭失，租方就没有支付运费的义务。但只要到达，不管货物是否损坏，托运人均应支付运费。比例运费指按货损的比例计算运费。

托运人也可以与承运人约定运费由收货人支付。不过，根据《中国海商法》第六十九条的规定，仅在运输合同中作出约定是不足以使承运人取得向收货人收取运费的权利的，为获取此项权利，承运人必须在运输单证中载明此项约定。

四、倒签提单问题

所谓倒签提单（Ante-dated Bill of Lading），是指承运人在货物装船完毕签发提单时，应托运人的请求将提单签发日期提前到信用证规定的日期。因此，倒签提单实际上是一种托运人和承运人之间合谋的欺诈行为，他们应该对这种欺诈行为连带地向善意的提单受让人承担相应的责任。

在某些情况下，托运人和承运人的主观目的可能仅仅是满足信用证的规定，以便于汇兑，但是这种看似平常的倒签做法，却往往影响到收货人不能及时收货、货运途中的风险承担和违约责任的承担等实际利益。

现实的国际贸易是通过提单、信用证、保单等单证的正常运行来实现的。在采用信用证支付的方式下，通知行将买方开立的信用证通知给卖方，卖方审核无误后将货物装船，承运人接收货物后即给托运人签发提单；然后，卖方将提单连同保单及发票送有关银行结汇，待结汇银行审单合格后，再将其寄往开证行；开证行审单无误后通知收货人，即买方付款赎单。那么，从此时到收货人实际收到货物的一段时间内，买方既付了款又未收到货，他仅持有一套可能无用的单证。因此，对于买家来说，提单的合法有效尤为重要。

很多国家的海商法都将倒签提单视为非法行为，必须严惩，但首先必须明确它是一种什么性质的行为，是违约行为，还是侵权行为？因为依据不同的判断标准，会适用不同的法律，得到不同的处理结果。

首先，毫无疑问，倒签提单是一种违约行为。提单日期应该是该批货物装载完毕的日期，因倒签提单，货物的装运时间已超过买卖合同所规定的交货时间，卖方未按时交货，已构成违约；不仅如此，倒签提单还会使买方依据虚假的信息继续履行合同，丧失及时拒付及撤销合同的权利，最终使买方丧失对货款的所有权，这些权利都是从以买卖双方的货物买卖合同为基础而设立的债权中分离出来的，也是以合同为基础的，对这些权利造成损害的行为应属违约行为，应当追究当事人的违约责任。此外，在倒签提单的情况下，卖方（托运人）与承运人隐瞒了真实情况，共同欺骗买方，给买方造成损害，已构成民事上的欺诈。采取欺诈手段，不真实履行合同，明显违背了民法上的诚实信用原则。按照《中国民法典》

第五百零九条的规定，当事人应当按照约定全面履行自己的义务。当事人应当遵循诚信原则，根据合同的性质、目的和交易习惯履行通知、协助、保密等义务。这是民法中“诚实信用”原则在海商法中的具体体现。倒签提单的行为人在提单日期上弄虚作假，直接违背了上述基本义务和基本原则。从这个意义上讲，倒签提单应属违约行为。

另外，倒签提单也具有侵权性，严格来讲应属共同侵权行为。倒签提单会给买方造成严重的损害后果，如引起货物跌价，对买方撤销合同的权利造成损害，一些季节性强的货物还会因此错过销售的旺季、丧失采取补救措施的适当时机而产生损失等。倒签提单是承运人应托运人的请求而与之共谋欺骗收货人，以达到掩盖卖方迟延交货的事实，使得单证表面相符。这是明知倒签提单会给收货人造成损害而有意为之，行为人存在主观上的共同故意。而且，倒签提单与受害人的损害后果间具有因果关系。

鉴于以上原因，倒签提单在法律责任上存在侵权责任与违约责任的竞合，即卖方（托运人）对买方的违约责任与卖方（托运人）、承运人对买方的共同侵权责任间的竞合，最终提起违约之诉还是提起侵权之诉，应由受害人权衡后作出选择。但在实践中，受损害方提起违约之诉，追究卖方的违约责任更利于补偿其所受到的损失，因为提起侵权之诉要负责举证，而提起违约之诉只要基于买卖合同。

涉外倒签提单的法律适用，主要取决于原告提起的是违约之诉还是侵权之诉。如果提起违约之诉，则适用涉外合同之债的法律适用原则；如果提起侵权之诉，则适用涉外侵权之债的法律适用原则。因此，在涉外倒签提单案件发生时，当事人已在合同中订有“意思自治”条款的，法院应首先适用当事人协商选择的法律；没有选择的，则由法院根据实际情况，比如合同的缔结、履行、违约等情况，依最密切联系原则选择应适用的法律。如果难以确定，则可适用法院地法。如果提起的是侵权之诉，传统的原则是适用侵权行为地法。但近些年来逐渐出现了涉外侵权冲突规范的软化趋势，即坚持冲突规范连接点指引的基本模式，改变传统单一、固定的连接点，代之以多层次、开放的连接因素，给法院提供一个选择法律的空间，使其选择出最合适的准据法，求得个案的公正解决。其中，最主要的方式就是引入了“最密切联系”及“意思自治”这两个连接点，使过去的“侵权行为依侵权行为地法”的原则变得灵活了，更利于法院选择法律，利于案件的解决。

五、租船合同

（一）概念

租船合同是指出租人与承租人之间关于租赁船舶所签订的一种海上运输合同。

租船合同不同于提单，提单只是运输合同的一种证明；租船合同不仅是运输合同的证明，而且一般来说其本身就是运输合同。一方面，除书面形式外，任何其他口头协议都不能改变合同的内容；另一方面，租船合同只具有运输合同的作用，它既不能作为承运人收到货物的收据，也不能起到货物所有权凭证的作用。

需注意的是，《海牙规则》不适用于租船合同。关于租船合同的内容，可以由出租人与承租人双方自行商定，不受《海牙规则》各项规定的限制。但对于参加《海牙规则》的国家来说，对租船合同项下签发的提单，应适用《海牙规则》的有关规定。

《中国海商法》第六章对船舶租用合同作了规定。但是，该章关于出租人与承租人之间权利义务的规定,仅在船舶租用合同没有约定或者没有不同约定时才适用。如合同中已经有约定,则应按照合同的约定办理。而且该章只包括定期租船合同和光船租赁合同,不包括航次租船合同。

（二）种类

1. 航次租船合同

航次租船合同(Voyage Charter Party),又称航程租船合同,是指出租人按照约定的一个航次或者几个航次将船舶租给承租人,而由承租人支付约定运费的运输合同。其主要特点是出租人保留船舶的所有权和占有权,船舶仍由出租人负责经营管理。在航次租船合同中,出租人一般实际上是货物的承运人,而承租人则是货物的托运人或托运人的代理人。

2. 定期租船合同

定期租船合同(Time Charter Party),又称期租合同,是指出租人按照约定的期限将船舶出租给承租人,由出租人支付约定运费的合同。其主要特点是船舶的经营及经营所直接产生的费用由承租人负责,其他与航次租船合同相同。

3. 光船租赁合同

光船租赁合同(Demise Charter Party),是指船舶所有人保留船舶的所有权,将船舶的占有权转移给租船人,由承租人雇用船长、船员来管理船舶的一种合同。在光船租赁合同中,承租人租赁的船舶只是一条光船,没有任何人员、给养、燃料、物料等配备。这种情况下,承租人实际上在租期内成了临时船主。此外,光船租赁合同的法律性质与航次租船合同和定期租船合同完全不同,航次租船合同和定期租船合同的船舶所有人均保留船舶的占有权,而光船租赁合同的船舶所有人必须转移船舶的占有权。事实上,光船租赁合同是一种财产租赁合同,而不是一种运输合同。

（三）主要条款

在国际租船市场上,标准格式的租船合同有两种:定期租船合同一般多采用“波尔的姆(Baltime)”格式;航次租船合同一般多采用“金康(Gencon)”格式。

1. 定期租船合同的主要条款

当事人一般选用世界上常用的标准定期租船合同,如波罗的海国际航运公会制定的《统一定期租船合同》(Uniform Time Charter,代号“BALTIME”),纽约土产交易所制定的《纽约土产定期租船合同》(New York Produce Exchange Time Charter Party, 代号“NYPE”),中国租船合同格式主要为“NYPE”,最新修订于 2015 年。

根据以上标准特别是“NYPE”的有关规定,定期租船合同的主要条款如下:

第一, 船舶说明条款。由于船舶的状态与营运成本密切相关,因此定期租船合同中的船舶说明条款的详细和准确描述对承租人非常重要。本条款一般不仅列明出租船舶的船名、船籍、船旗、船级、船舶吨位、船龄,而且详细规定出租船舶的载重量、船速和燃料消耗等。出租人必须确保其在该条款下所有陈述的正确性,否则承租人有权要求赔偿损失。

第二, 租期(Charter Period)条款。租期条款规定租用船舶的开始和结束时间以及必要的宽限期。

第三，交船(Delivery of Vessel)条款。明确出租人交付船舶的时间、地点以及船舶应具备的状态。在交船时，船舶必须处于适航和适货状态，并且船上所剩的燃油量符合租船合同的规定。根据“NYPE”第3条的规定，船舶未在交付之日或之前交付并做好交船的，承租人有权解除合同。

第四，航区(Trade Limits)条款。规定船舶航行的区域范围。根据《中国海商法》第一百三十四条，承租人超出航区范围使用船舶的，出租人有权解除合同。

第五，供给分担条款。明确出租人和承租人供给分担的范围，按照“NYPE”的规定，出租人分担的供给项目包括：船长和船员的工资、供给品及领事费，船舱、甲板和机房的备用品，船舶保险费、保养费、保级费；承租人分担的供给项目包括：船舶燃料、淡水、垫仓用品、港口使用费、货物装卸费，引航费、拖带费等出租人分担费用以外的任何费用。

第六，货物限定条款。所装运的货物必须是依航区内有关当局规定的合法货物，并且是出租人在租船合同中承诺接收的对船舶安全的货物。

第七，租金支付(Payment of Hire)条款。支付租金是承租人的首要义务。本条款规定租金数额、租金支付的时间、地点、币种及收款银行的名称等。承租人必须按时、按量支付租金，否则，出租人可以撤回船舶或对承租人的货物或财产行使留置权。

第八，停租(Off-Hire)条款。明确停租事由、停租的时间计算规则等。

第九，转租(Sublet)条款。本条款一般赋予承租人转租船舶的权利，但转租合同中关于时间、航区及货物范围等的规定不得与租船合同相冲突。

第十，承租人指示条款。规定承租人就船舶的营运指示船长的权利范围。

第十一，留置权条款。本条款一般规定，出租人为了获取租金、共同海损分摊费用等，有权对货物、转租租金和运费实行留置，直至承租人支付有关费用或提供充分担保。

第十二，还船(Redelivery of Vessel)条款。明确还船时间、地点，还船时船舶应具备的状态，船舶检验及时间和费用的分摊，还船时船上燃油的处理等。

除上述主要条款，定期租船合同中通常还包括管辖条款、互有责任碰撞条款、共同海损条款等。

2. 航次租船合同的主要条款。

目前，世界上的航次租船合同一般采用一些民间航运组织制定的标准合同，其中使用最广泛的为波罗的海国际航运公会制定的《统一杂货租船合同》(Uniform General Charter Party)，其代号为“金康”。此外，石油、谷物等商品的航次租船合同则常使用专门的标准合同，如美国船舶经纪人和代理人协会制定的《油轮航次租船合同》(Tanker Voyage Charter Party)等。以下主要以“金康”为依据，说明航次租船合同的主要条款：

第一，船舶说明(Description of Vessel)条款。船舶说明条款是关于出租船舶的船名、船籍、船级、船舶吨位、船龄、船速等船舶状态的描述。出租人必须确保其描述的正确性，否则承租人有权撤销租船合同并要求赔偿损失。

第二，预备航次(Preliminary Voyage)条款。预备航次是指船舶从前一港口驶向租船合同指定的装货港的航次。预备航次是船舶出租航次的一部分，出租人有义务尽速航行使船舶按合同约定的时间安全到达指定的装运港，并始终保持浮泊状态。同时，承租人也有及时指定安全的装货港和卸货港的义务。此外，预备航次条款中还常常包含以下两项内容:①受载期(Lay Days),明确承租人可以接受船舶和进行装货的最早日期;②解约日(Canceling Days),规定船舶应到达装货港的最晚日期,否则,承租人有权解除合同。

第三,货物说明(Description of Goods)条款。规定货物的种类、性质、数量(包括件数、重量或体积)。就货物种类和性质而言,承租人应保证关于货物以上各方面描述的正确性,以及按装运港、沿途停靠港和目的港的法律,该托运的货物都是合法货物。就货物的数量而言,承租人有义务按合同规定提供,否则应赔偿出租人由此造成的亏仓费损失。同时,船舶达不到宣布的载货量而导致短装的,出租人应赔偿承租人的短装损失。

第四,提单条款。货物在装运港由出租人接管或装船后,出租人、船长或出租人的代理人有义务根据承租人要求签发提单。不过,出租人与承租人之间的权利和义务仍以租船合同为准。但是,当该提单被承租人转让到第三人手中时,该第三人和出资人之间的权利义务以提单为准,并受《海牙规则》等有关提单的国际公约和国内法的约束。

第五,装卸(Loading and Discharging)条款。装卸期间是合同当事人双方约定的货物装船或卸船而无须在运费之外支付附加费的期间。装卸条款的内容一般包括装卸港口、装卸时间及其计算方法及装卸费用的分摊等。

第六,运费(Freight)条款。支付运费是指承租人对出租人所提供的服务支付报酬。本条款规定运费数额及运费的计算方法,运费支付的时间、地点、币种及收款银行的名称等。

第七,滞期费和速遣费(Demurrage and Despatch Money)条款。该条款主要规定费率和速遣费率、滞期和速遣时间的计算等。

第八,留置权(Lien)条款。留置权条款一般规定,出租人为了获取运费、亏舱费、滞期费、共同海损分摊费用等有权对货物实行留置,直至承租人支付有关费用和提供充分担保。

第九,绕航(Deviation)条款。根据“金康”标准合同对绕航的规定,出租人可以出于任何目的并以任何顺序自由地挂靠任何港口。不过,在实践中,很多国家法院或仲裁机构常常对此作出严格的解释,即出租人船舶的绕航不能超过合理的限度。

第十,互有责任碰撞(Both-to-Blame Collision)条款。由于航行过失导致货损在多数国家依旧可以免责,因此当两船互有过失相撞发生货损时,受损货主通常只能向对方船货方索赔,对方船货方按碰撞的过错比例连带赔偿后,又反向地向本方船货方追究比例责任,本方船舶出租人全部承担该比例责任后即有权要求承租人按船货价值比例分摊相应费用。互有责任碰撞条款即规定了该费用的分摊方法。

第十一,共同海损(General Average)条款。该条款规定共同海损的理算依据等。

第十二,罢工(Strike)条款。罢工条款一般包含装卸港口发生罢工时装卸时间的计算、船舶的处置及出租人的其他权利和义务。

第十三,战争(War Risks)条款。明确战争或类似行为下当事人之间的权利和义务的变更关系。

第十四,冰冻(Ice)条款。规定发生冰冻的情况下当事人之间的权利和义务的变更关系。

第十五,仲裁(Arbitration)条款。明确仲裁管辖的范围、仲裁地点、仲裁机构和仲裁规则等。

第三节 国际航空货物运输法

尽管国际海上货物运输至今仍占绝对优势,但航空货物运输是一种现代化的运输方式,其所占的份额正在迅速扩大。航空货物运输的优点显而易见,它不受地面条件限制,航行便利,运输速度快,航行时间短,货物在运输中受损率低。对于某些急需物资、鲜活商品、易损货物和贵重货物来说,航空货物运输是一种适宜的方式。当然,航空货物运输与其他货物运输方式相比,其运费相对较高。但是,由于其速度快,可以省去许多辗转运输的成本和损耗,故对于某些鲜活、易损的特殊商品而言,其运输费用有时反而会降低。

航空货物运输的运输方式包括班机运输和包机运输两种。班机运输是指经由客、货班机,定时、定点、定线进行运输,适用于载运数量较少的货物;包机运输是指包租整架飞机进行运输,适用于运载数量较大、有急需或有特殊要求的货物运输。

一、关于航空货物运输的国际公约

目前,关于航空货物运输的国际公约,主要有《华沙公约》《海牙议定书》及《瓜达拉哈拉公约》。

(一)《华沙公约》

该公约的全称是《关于统一国际航空运输某些规则的公约》,于1933年2月13日正式生效。中国于1958年加入该公约。该公约主要规定了以航空运输承运人为一方和以旅客和货物托运人与收货人为另一方的法律义务的相互关系。该公约适用于运输合同中规定的启运地和目的地都属于公约成员国的航空运输,也适用于启运地和目的地都在一个成员国境内,但飞机停留在其他国家的航空运输。截至1997年4月20日,全世界有146个国家和地区加入了该公约。由此可见,航空货物运输的国际法规范比海上货物运输的统一性要好得多。从前述内容可知,关于海上货物运输的国际规则,至今仍没有得到较好的统一,而关于航空货物运输的国际规则,一部《华沙公约》基本上就完成了统一各国相关航空运输规则的使命。当然,这不是说《华沙公约》是一部完美的公约,从其后的修订来看,还存在许多需要完善的地方,但不管如何,在统一国际航空运输的相关规则方面,《华沙公约》功不可没。

(二)《海牙议定书》

该公约的全称是《修改1929年10月12日在华沙签订的统一国际航空运输某些规则的公约的议定书》,于1963年8月1日生效。中国于1975年加入该公约。《海牙议定书》是对《华沙公约》的修订,主要是简化了运输凭证的内容,提高了责任限额,删除了航行过失责任条款。《海牙议定书》的适用范围比《华沙公约》更加广泛。它规定无论是连续运输还是非连续运输,无论有无转运,只要启运地和目的地在两个公约成员国内,或虽在一个成员国领域内但在另一个成员国或非成员国的领域内有一定的经停地点的任何运输,就适用《海牙议定书》。

（三）《瓜达拉哈拉公约》

该公约的全称为《统一非缔约承运人所办国际航空运输某些规则以补充华沙公约的公约》，于1964年生效。中国至今未加入该公约。该公约把《华沙公约》中关于承运人的各项规定扩及非合同承运人，即根据与托运人订立航空运输合同的承运人的授权来办理全部或部分国际航空运输的实际承运人。

现在中国与《华沙公约》成员国之间的航空运输，适用《华沙公约》的规定；与《海牙议定书》成员国之间的运输，适用《海牙议定书》的规定。

二、关于航空货物运输的几个注意问题

（一）空运单的特点

航空货物运输中的空运单（Airway Bill）与海运提单有一个很大的不同，即它不是货物所有权的凭证。其原因是，与海运相比，飞机速度太快了，它几乎不给空运单以转让的时间和机会，因此，空运单一般都印有“不得转让”字样。收货人凭到货通知和有关证明去提货，而不要求凭空运单提货。因此，一般情况下，空运单只是运输合同，作为承运人接收货物、承运条件以及货物重量、尺寸、包装和件数的初步证据。

（二）承运人的责任制度

1. 承运人的责任范围

按照《华沙公约》的规定，承运人对在其保管期间内货运单项下的货物的毁灭、遗失、损坏或延误交付而造成的损失负责。出现下列情况的，承运人可以免除或减轻责任：

（1）承运人能证明自己或其代理人，为避免损失的发生已经采取一切必要的措施或不可能采取这种措施；

（2）承运人能证明损失的发生是由于驾驶上、航空器的操作上或导航上的过失，而在其他一切方面，承运人及其代理人已经采取一切必要的措施以避免损失；

（3）承运人能证明损失完全是由自然原因引起的；

（4）由于遵守法律、法规、法令或超出承运人的管辖以外的原因，造成任何直接或间接的损失；

（5）承运人能证明损失是由于受损人的过失所造成的。

但是，如果损失的发生是由于承运人或其代理人的“有意不良行为”（Willful Misconduct）或过失，承运人就无法引用公约关于免除或限制承运人责任的规定。

《海牙议定书》扩大了承运人的责任范围，规定以下两种情形不能使承运人免责：

（1）由于承运人及其受雇人、代理人故意的行为及承运人明知可能造成的损害而仍置之不顾的作为或不作为；

（2）承运人驾驶上、航空器的操作上或导航上的过失。

2. 承运人的责任限制

根据《华沙公约》的规定，承运人对货物的灭失、损坏或迟延交付承担的赔偿限额为每千克250金法郎，承运人不得采用约定的方式降低这一限额。托运人在交货时就对货物

运到的价值作了特别声明,并缴付了必要的附加费的,承运人赔偿的金额在声明的价值内按实际损失计算。

(三) 托运人和收货人的权利和义务

1. 托运人的权利和义务

托运人的权利包括:在启运地机场将货物取回;在停经地点终止运输;在交货前更改航空货运单上指定的收货人;要求将货物退回启运地机场。但托运人在行使以上权利时,应赔偿承运人由此所遭受的损失。

托运人的义务主要有以下几项:

(1) 填写航空货运单,并对其所填写的关于货物的各项说明和声明的正确性负责。如果托运人所填写的说明和声明不合规定、不正确或不完全而使承运人或承运人对其负责的其他任何人遭受损害,那么托运人应承担赔偿责任。

(2) 向承运人交付货物和与货物有关的各种资料。如果因这种资料或证件的缺乏或不合规定以致造成损失,那么应对承运人承担责任。

(3) 支付运费和约定的其他各项费用。

(4) 承担承运人因执行其指示所造成的损失。

2. 收货人的基本权利和义务

货物到达目的地后,如发现货物有任何损害,收货人有权向承运人索赔。收货人的基本义务是:在到付运费和其他费用的情况下,收货人交付规定费用并在货物到达目的地机场后及时提取货物。

(四) 索赔和诉讼时效

1. 索赔

根据《华沙公约》的规定,当货物发生损坏时,发货人或收货人有权立即向承运人提出异议,但最迟应在收到货物后 7 天内提出。如果是迟延交货,最迟应在收货后 14 天内提出。异议必须采用书面形式提出或写在运输凭证上。除非承运人有欺诈行为,否则一旦超过规定期限,收货人就不能对承运人起诉。《海牙议定书》对上述期限分别延长一周,即分别为 14 天和 21 天。

2. 诉讼时效

《华沙公约》规定,原告可以按其意思选择以下缔约国之一的法院起诉:①承运人的住所地;②承运人的总管理处所在地;③签订合同的机构所在地;④目的地。

当事人提起诉讼的时效为 2 年,从航空器到达目的地之日或者应到达之日或者停止运输之日起开始计算。诉讼程序依法院地法。

典型案例 7-8

Williams 牙科公司诉瑞典国际航空速递公司案

1993 年 5 月,美国 Williams 牙科公司把 50 盎司的镶牙金和一些仪器,交给航空承运人——瑞典国际航空速递公司。Williams 牙科公司的员工再三检查过镶牙金后,密封包装并放在提桶中,并将提桶装箱以便于装运。空运单附注中注明适用《华沙公约》。当货物抵达瑞典的买方时,提桶上的安全密封条已经被破坏,镶牙金不见了。Williams 牙科公司索取镶牙金的价值 23 474 美元,但遭到承运人的拒绝。Williams 牙科公司为此向美国纽约南部管区联邦地区法院提起诉讼。被告瑞典国际航空速递公司认为,根据《华沙公约》的规定,每磅货物的赔偿责任以 9.07 美元为限,故其责任只限于 1 262 美元。

但原告认为应不受此限定的约束,因为其已事先声明货物的价值为 23 474 美元,并单独向海关声明其中黄金的价值。

法院法官判决原告胜诉。法院认为,原告在交货之前,已经声明了货物的价值,并暗示同意缴纳更多的运费,应适用《华沙公约》的例外条款。

资料来源:邹岿,《国际产品责任法案例讲解大全》,https://wenku.baidu.com/view/b1e6347740323968011ca300a6c30c225901f006.html? fr=sogou&_wkts_=1690672680747,访问日期:2023 年 7 月 16 日。

第四节　铁路货物运输法

在国际贸易货物运输中,铁路运输占有重要的地位(地位仅次于海运)。其特点包括:速度较快(仅次于空运),载运量大(仅次于海运),不易受气候条件影响,能常年正常运输,在运输途中可能遭遇的风险较低,连续性强。

当前,关于国际铁路货物运输的国际协定主要有两个:一个是西欧国家(奥地利、法国、联邦德国、比利时等)于 1961 年签订的《国际铁路货物运输公约》,简称《国际货约》。另一个是 1951 年 11 月苏联和东欧各国在波兰首都华沙签订的《国际铁路货物联合运输协定》,简称《国际货协》。我国于 1954 年 1 月加入《国际货协》,开办了国际铁路联运。目前,我国对朝鲜、俄罗斯的大部分货物的进出口和东欧一些国家的小部分进出口货物的铁路运输大多是按《国际货协》的有关规定进行的。以下简单介绍《国际货协》的主要内容。

一、适用范围

本协定主要适用于缔约国铁路之间直接货物的联运,对铁路部门、发货人和收货人都有约束力。

二、运输合同

合同的形式是含有铁路始发站和托运人共同签名的运单。协定规定,发货人在托运货物时,应对每批货物按规定的格式填写运单和运单副本并签字,然后由铁路部门在铁路记载事项上填写。在发货人提取运单中所列的全部货物,按照发送国国内规定付清所负担的费用后,铁路部门即在运单上加盖戳记,此时即认为运输合同成立。发货站为合同的成立地,戳记日期为合同的成立日期。

运单是发货人、收货人与铁路部门之间订立运输合同的证明,对三者都有法律约束力。运单是铁路部门收到和承运单据上所列货物的表面证据。它随同货物由发货站到目的站，全程附送，最后交给收货人。它既是铁路部门向收货人核收运杂费用和点交货物的依据，也是货物出入各国海关的必备文件。

运输合同订立后，运单副本应退还给发货人。运单副本虽不具有运单的效力，但可作为卖方通过银行向买方结算的单据，也可作为向铁路部门索赔的依据。

三、运输合同当事人的基本权利和义务

1. 发货人、收货人的基本权利和义务

（1）发货人应对他在运单中所记载和声明事项的正确性负责。由于记载和声明事项不正确、不准确或不完备，以及由于未将上述事项记入运单相应栏内而发生的一切后果，发货人均应负责，并按协定规定承担罚款。

（2）发货人提交的货物必须有符合要求的包装和标记。标记应包含下述主要内容：每件货物的记号（标记）和号码；发送路线和始发站；到达路线和到达站；发货人和收货人；零担货物件数。

（3）发货人必须将货物在运输途中为履行海关和其他规章所需要的添附文件附在运单上。发货人如未履行此项规定，始发站可以拒绝承运货物。由于没有添附文件或文件不齐全、不正确而产生的后果，发货人应对铁路部门负责。

（4）发货人和收货人应按协定规定的运费计算办法和支付方式缴付运送费用。运送费用通常包括货物运费、押运人乘车费、杂费和运送的其他费用。

（5）发货人和收货人有变更运输合同的权利，但只能各自变更一次。发货人可以在发货站领回货物，变更到站，变更收货人，将货物发还给发货站。收货人可以在到达国范围内变更货物的到站，变更收货人。

（6）收货人在终点站凭运单领取货物。

2. 铁路部门的基本权利和义务

（1）铁路部门有收取运送费用和其他费用的权利；在发货人或收货人无正当理由拒付运费和其他合理费用时，铁路部门有权留置其承运的货物。

（2）出现下列情况的，铁路部门有权拒绝发货人变更运输合同或延缓执行变更要求：①变更要求与参加运送的铁路部门所属国家现行法令或规定有抵触；②变更要求违反铁路运营管理；③在变更到站的情况下，货物的价值不能抵偿运到新指定的到达站的一切费用，但能立即交付或能保证支付这项变更费用的除外。

（3）铁路部门有权检查发货人在运单中所记载的事项是否正确。如果所记载的或声明的事项不正确、不准确或不完全，则铁路部门有权核收罚款。

（4）出现以下原因造成货物灭失、毁坏和短量的，铁路部门不负责任：①铁路部门不能预防和不能消除的情况；②货物的特殊自然性质引起自燃、损坏、生锈、内部腐坏或类似的后果，以及自然减量；③发货人或收货人或其押运人员过失；④因容器或包装的缺陷而造成的损失，此种缺陷在承运时无法从其外表发现；⑤托运人托运违禁品或有特殊要求的货物而未按照规定办理；⑥因自然灾害而延期 15 天以内交货的；⑦因有关国家政策的命令而致行车中断或受到限制而延期交货的；等等。

（5）按照规定的条件把运单项下的货物运至目的站，交付收货人；参加运输的铁路部

门在规定的责任期间和责任限额内，对货物承担连带责任；执行托运人按协定提出的变更合同的要求；妥善保管发货人在运单内所记载并添附的文件。

四、索赔和诉讼

1. 索赔

发货人或收货人有权根据运输合同提出赔偿请求。赔偿请求应以书面形式提出并附证明文件，并提出具体的赔偿金额。索赔可以由发货人向始发站提出，也可由收货人向到达站提出。

当运单项下的货物全部灭失时，索赔由发货人提出的，需提交运单副本；由收货人提出的，需提交运单副本或运单。当货物部分灭失、毁损或腐坏时，也可由发货人或收货人提出，同时还需提交运单和铁路部门在到达站交给收货人的商务记录。货物逾期发出或逾期交付时，由收货人提出，并提交运单。多收运费的，可由发货人按他已交付的款额提出，同时需提交运单副本或始发站的国内规章、规定等文件；也可由收货人按照他所交付的运费提出，同时也要提交运单。

2. 诉讼

只有当铁路部门全部或部分拒绝赔偿，或在180天不作答复或不给予合理解决的情况下，发货人或收货人才可以提起诉讼。诉讼只能向受理索赔请求的始发站或到达站铁路部门所在国家有管辖权的法院（在我国为铁路运输法院）提起。

3. 索赔和诉讼时效

逾期交货的索赔和诉讼时效为2个月，其他请求和诉讼的时效为9个月。

第五节　国际货物多式联运

一、多式联运概述

1. 定义

传统的转运（Traditional Transhipment）做法是把整个运输过程分为几个阶段，而多式联运则是把海、陆、空运输联结在一起，作为一个单一的运输过程来安排。按照《联合国国际货物多式联运公约》（以下简称《多式联运公约》）的定义，所谓国际货物多式联运（International Mulitmodal Transport of Goods），是指按照多式联运合同，以至少两种不同的运输方式，由多式联运经营人将货物从一国境内接管货物的地点运到另一国境内指定交付货物的地点。为履行单一方式运输合同而进行的该合同所规定的货物接送业务，不应视为国际多式联运。

虽然在适用性上，国际公约优先于国内法，但因为目前并没有生效的规范国际货物多式联运的国际公约，所以国内法对多式联运的规定就可能成为国际货物多式联运合同的准据法。很多国家国内运输法或商法中并没有关于多式联运的规定。例如迄今为止，日本法中尚无关于多式联运的专门规定。《日本商法典》中只有一条关于联运的定义（第579条），但多式联运并不包含在该定义中。多式联运在日本被理解为采取一种以上的运输方式并由一个承运人承担整个运输过程中的责任的运输。德国1998年对其运输法作了彻底修正,其中一个重大修改就是将关于多式联运的规定加入其中,该法已于1998年7月1日生效。荷兰是世界上最早将多式联运用成文法予以规定的国家,《荷兰新民法典》中的多式联运的定义与《多式联运公约》中的概念内涵类似。

中国关于多式联运的法律规定目前主要体现于《中国海商法》和《中国民法典》合同编。但对多式联运的定义,只有《中国海商法》作了规定。《中国海商法》第一百零二条第一款规定:本法所称多式联运合同,是指多式联运经营人以两种以上的不同运输方式,其中一种是海上运输方式,负责将货物从接收地运至目的地交付收货人,并收取全程运费的合同。《中国民法典》合同编第十九章第四节虽然对多式联运合同也有专门规定,但并没有对多式联运作出准确的定义。这对多式联运这种运输方式的推广,不能不说是一个小小的缺憾。根据特别法优先于普通法的原理,包括海运在内的多式联运合同应优先适用海商法这一特别法,鉴于其他运输法中并无有关多式联运的规定,不包括海运的多式联运合同自然应由《中国民法典》合同编来统一规范。

2. 构成要件

构成国际货物多式联运应该具备以下要件:

(1) 必须具有一份多式联运合同。该合同用于确定多式联运经营人与托运人之间权利、义务、责任与豁免的合同关系和运输性质。它可以以口头、书面或者电子形式制定。

(2) 由一个多式联运经营人对货物运输的全程负责。该多式联运经营人是订立合同的当事人,也是多式联运单证的签发人。他是本人,而非托运人或实际承运人的代理人。多式联运经营人的范围并非仅限于承运人,货运代理人、无船公共承运人(Non-Vessel Operating Common Carriers, NVOCC)等均可成为多式联运经营人。

(3) 必须以至少两种不同的运输方式连续进行运输。

(4) 必须是国际货物运输。

二、《多式联运公约》

由于多式联运把海、陆、空多种运输方式结合在一起,涉及两个或两个以上的国家(地区),因而联运业务的发展迫切要求制定一项国际通用的多式联运公约,以明确各方当事人的权利义务,保护合法权益,促进联运和国际贸易的发展。为适应这一要求,在联合国贸易和发展会议的主持下,《多式联运公约》于1980年5月24日在日内瓦会议上通过。

《多式联运公约》全文共40条和1个附件。该公约在结构上分为总则、单据、联运人的赔偿责任、发货人的赔偿责任、索赔和诉讼、补充规定、海关事项和最后条款等8个部分。该公约的主要内容是:

1. 多式联运合同双方当事人的法律地位

多式联运合同的双方当事人分别为联运经营人和发货人。根据《多式联运公约》第1条的规定,联运经营人是以“本人”的身份同发货人签订多式联运合同的当事人,他不是发货人的代理人或代表,也不是参与多式联运的承运人的代理人或代表。联运经营人负有履行整个联运合同的责任,并以“本人”的身份对联运的全过程负责。因此,在发货人将货物交由联运经营人收管后,不论货物在运输过程中的哪个运输阶段发生灭失或损坏,联运经营人均须以“本人”的身份直接承担赔偿责任。

2. 多式联运合同和多式联运单据

按照公约的有关规定，多式联运合同是指多式联运经营人凭以收取运费、负责完成或组织完成国际多式联运的合同。

多式联运单据是指证明多式联运合同以及证明多式联运经营人接管货物并负责按照合同条款交付货物的单据。根据公约第5条的规定，联运经营人在接管货物时，应签发多式联运单据。依照发货人的选择，多式联运单据可以是可转让的，也可以是不可转让的。多式联运单据中应当包括：货物的品类、标志、包数或件数，货物的毛重，危险货物的性质，货物的外表状况，联运经营人的名称和地址，发货人的名称，收货人的名称，联运经营人接管货物的地点和日期，交货地点，多式联运单据的签发地点和日期，联运经营人或其授权人的签字，等等。不过，多式联运单据中如果缺少上述内容中的一项或数项，并不影响其作为多式联运单据的法律性质。

3. 联运经营人的责任

《多式联运公约》对联运经营人的责任采用统一责任制(Uniform Liability Principle)，而非网状责任制(Network Liability Principle)。所谓统一责任制，是指联运经营人不管货物损害发生在哪一个运输区段，都按共同的一个责任原则即一个责任标准，并按共同的一个限额赔偿。所谓网状责任制，又称分段责任制，是指联运经营人对不同的运输区段发生的货物损害，分别根据各运输区段的法律规定的责任原则和赔偿限额承担赔偿责任。目前各国多式联运经营人签发的单据，以网状责任制居多。

此外，《多式联运公约》对联运经营人的赔偿责任采取了“推定过失原则”，即除非联运经营人能证明他和他的受雇人或代理人为避免损害事故的发生及其后果已经采取了一切所能合理要求的措施，否则就推定联运经营人对事故的发生有过失，因而应对货物在其掌管期间所发生的灭失、损坏或迟延交货负赔偿责任。

4. 发货人的赔偿责任

《多式联运公约》的第四部分是关于发货人赔偿责任的规定。如果多式联运经营人遭受的损失是由于发货人的过失或疏忽，或者他的受雇人或代理人在其受雇范围内行事时的过失或疏忽造成的，则发货人应对这种损失负赔偿责任。如果损失是由发货人的受雇人或代理人本身的过失或疏忽所造成的，则该受雇人或代理人应对这种损失负赔偿责任。

5. 责任限额

《多式联运公约》对货物赔偿的责任限额作了统一的规定：包括海运时为每件货物920个特别提款权，或毛重每千克2.75个特别提款权，以高者为准；不包括海运时为毛重每千克8.33个特别提款权，而单位限额不适用。

《多式联运公约》还规定，如果能确定货物损害发生的运输区段，而该区段所适用的国际公约或国内法又规定了较高的赔偿限额，则应按照后者的有关规定处理。

6. 索赔与诉讼

《多式联运公约》的第五部分是关于索赔和诉讼的规定。该部分规定的内容由灭失、损坏或迟延交货的通知，诉讼时效，管辖和仲裁等四个方面构成。

三、《中国海商法》的相关规定

《中国海商法》对多式联运合同的概念、多式联运经营人的责任期间、多式联运经营人的责任限额等都作了规定。根据《中国海商法》的规定,货物的灭失或损坏发生于多式联运的某一运输区段的,多式联运经营人的赔偿责任和责任限额,适用调整该区段运输方式的有关法律规定;不能确定的,则依照海商法关于承运人赔偿责任和责任限额的规定负赔偿责任。

其中,第一百零二条规定:本法所称多式联运合同,是指多式联运经营人以两种以上的不同运输方式,其中一种是海上运输方式,负责将货物从接收地运至目的地交付收货人,并收取全程运费的合同。前款所称多式联运经营人,是指本人或者委托他人以本人名义与托运人订立多式联运合同的人。

第一百零三条规定:多式联运经营人对多式联运货物的责任期间,自接收货物时起至交付货物时止。

第一百零四条规定:多式联运经营人负责履行或者组织履行多式联运合同,并对全程运输负责。多式联运经营人与参加多式联运的各区段承运人,可以就多式联运合同的各区段运输,另以合同约定相互之间的责任。但是,此项合同不得影响多式联运经营人对全程运输所承担的责任。

第一百零五条规定:货物的灭失或者损坏发生于多式联运的某一运输区段的,多式联运经营人的赔偿责任和责任限额,适用调整该区段运输方式的有关法律规定。

第一百零六条规定:货物的灭失或者损坏发生的运输区段不能确定的,多式联运经营人应当依照本章关于承运人赔偿责任和责任限额的规定负赔偿责任。

四、《中国民法典》的相关规定

《中国民法典》的相关条款主要体现在合同编第十九章“运输合同”的第四节“多式联运合同”部分,具体为:

第八百三十八规定:多式联运经营人负责履行或者组织履行多式联运合同,对全程运输享有承运人的权利,承担承运人的义务。

第八百三十九条规定:多式联运经营人可以与参加多式联运的各区段承运人就多式联运合同的各区段运输约定相互之间的责任;但是,该约定不影响多式联运经营人对全程运输承担的义务。

第八百四十条规定:多式联运经营人收到托运人交付的货物时,应当签发多式联运单据。按照托运人的要求,多式联运单据可以是可转让单据,也可以是不可转让单据。

第八百四十一条规定:因托运人托运货物时的过错造成多式联运经营人损失的,即使托运人已经转让多式联运单据,托运人仍然应当承担赔偿责任。

第八百四十二条规定:货物的毁损、灭失发生于多式联运的某一运输区段的,多式联运经营人的赔偿责任和责任限额,适用调整该区段运输方式的有关法律规定;货物毁损、灭失发生的运输区段不能确定的,依照本章规定承担赔偿责任。

第六节　海上事故及其处理

海上运输存在较大的风险,海上事故的发生在所难免。各国海商法针对这一特点,一般均对海上事故及处理作出明确的规定,国际上也形成了一系列公约和惯例。值得一提的是,2008 年 5 月 23 日,中华人民共和国最高人民法院公布了《关于审理船舶碰撞纠纷案件若干问题的规定》(以下简称《规定》),对包括碰撞船舶之间的碰撞损害赔偿纠纷、碰撞船舶船载货物权利人与承运船舶之间的运输合同纠纷、碰撞船舶船载货物权利人或第三人与碰撞船舶之间的船舶碰撞损害赔偿纠纷,以及因船舶碰撞引起的人身伤亡损害赔偿纠纷等问题都作出了司法解释。2020 年,该规定作了最新修正。下面主要就《中国海商法》中的几个相关问题加以介绍。

一、船舶碰撞

船舶碰撞是指船舶在海上或者与海相通的可航水域发生接触造成伤害的事故。碰撞的船舶中至少一方应该是海船。除船舶之间发生接触的直接碰撞之外,还有间接碰撞,即船舶之间虽未实际接触但也造成损害的情况。《规定》将船舶虽未发生接触但造成损害的事故也纳入了调整范围,根据该规定,对船舶因操纵不当或者不遵守航行规章,虽然实际上没有同其他船舶发生碰撞,但是使其他船舶以及船上的人员、货物或者其他财产遭受损失的,适用《中国海商法》第八章有关船舶碰撞的规定。

船舶发生碰撞,当事船舶的船长在不严重危及本船和船上人员安全的情况下,对于相碰撞的船舶和船上人员必须尽力相救,《中国海商法》第一百六十六条对此即有明文规定。《1910 年统一船舶碰撞某些法律规定的国际公约》(以下简称《1910 年碰撞公约》)第八条对此也有规定。

关于船舶碰撞的责任界限,中国法及《1910 年碰撞公约》均实行按过失程度分担责任的原则。具体包括:

(1) 在船员并无过失,而由于不可抗力或不明原因造成的碰撞由受害方自负责任。

(2) 因单方过失的船舶碰撞由过失方承担赔偿责任。

(3) 互有过失的船舶碰撞,各当事船舶按照过失程度的比例承担赔偿责任;如果过失程度相当或者过失程度的比例无法判断,则各船舶平均分担赔偿责任。

(4) 当有过失造成的碰撞导致第三人人身伤亡时,过失船舶负连带赔偿责任。

典型案例 7-9

甲、乙两艘船舶相撞,甲船负 1/4 过失责任,乙船负 3/4 过失责任。假设两船都不涉及海事索赔责任限制。目前甲船损失为 100 万美元,乙船损失为 50 万美元。那么,乙方实际赔偿甲方的数额是多少呢?

关于船舶碰撞的计算,需注意,此类计算请勿先计算损失总额,再简单乘以比例。

在本案中,甲船负有 1/4 过失责任,应赔偿乙船损失 $50\times1/4=12.5$(万美元),乙船负有 3/4 过失责任,应赔偿甲船损失 100×3/4=75(万美元),相互冲销,则乙船实际赔付甲船 62.5 万美元。

船舶碰撞纠纷是典型的海事纠纷,《中国海商法》和《中国海事诉讼特别程序法》作为调整海上运输关系和船舶关系的特别法律,优先适用于船舶碰撞纠纷案件的审理。在《中国海商法》和《中国海事诉讼特别程序法》没有规定的情况下,应当适用《中国民法典》和《中国民事诉讼法》的相关规定。此外,《中国海商法》第八章是关于船舶碰撞的专门规定,参照了《1910 年碰撞公约》的规定,将公约所确立的按份责任制度制定成强制性的法律规范,充分体现了船舶碰撞纠纷的特殊性。因此,在确定碰撞船舶赔偿责任时,应当优先适用《中国海商法》第八章关于船舶碰撞的规定。

根据《规定》,在责任主体部分,将海商法规定的碰撞船舶的赔偿责任转化成责任人的赔偿责任。《中国海商法》第八章系参照《1910 年碰撞公约》制定(该公约主要源于英国的对物诉讼,将船舶作为承担损害赔偿责任的主体),照搬了公约中由过失船舶承担责任的规定,但并没有设置船舶碰撞的责任主体条款,明确船舶所对应的责任主体。在我国尚没有以法律的形式明确承认对物诉讼的法律环境下,原告不能以实施侵权行为的船舶作为被告,因此,有必要通过司法解释的形式将船舶的责任转化为人的责任。规定根据归属原则将碰撞船舶所有人确定为赔偿责任主体,但是碰撞船舶在光船租赁期间经依法登记的,由光船承租人承担赔偿责任。另外,船载货物权利人对货物损失的索赔存在请求权的竞合,权利人有权选择侵权之诉或者选择合同之诉。

在碰撞责任部分,针对法院对《中国海商法》第一百六十九条确定的过失程度的比例责任原则存在不同理解的问题,《规定》对碰撞船舶船载货物权利人如何提起诉讼以及承运船舶碰撞责任的承担原则都作出了明确的规定。首先,根据本规定,船载货物权利人对货物损失的索赔存在请求权的竞合,权利人有权选择侵权之诉,要求碰撞船舶一方或者双方承担赔偿责任;或者选择合同之诉,要求承运货物的本船承运人承担违约赔偿责任。其次,关于承运船舶应当如何向船载货物权利人承担赔偿责任,《规定》对《中国海商法》第一百六十九条第二款规定的过失程度的比例责任原则作出了明确的解释,既尊重了当事人对诉因的选择,也便于船舶碰撞纠纷的彻底解决。再次,考虑到船载货物权利人或者第三人作为受害人,由于过失程度的比例责任原则的存在无法要求碰撞一方承担全额赔偿责任,从而可能处于劣势地位,该规定依据现有法律规定在举证责任以及证据形式方面作出了补充性规定。最后,该规定还对沉船沉物的清除打捞能否享受海事赔偿责任限制作出了规定。

海事赔偿责任限制是《中国海商法》中特有的、将责任人的赔偿责任限制在一定限额内的法律制度。《中国海商法》第二百零七条对责任人可以享受海事赔偿责任限制的海事赔偿请求范围作出了列明式的规定。该规定基本移植了《1976 年海事索赔责任限制公约》的规定,主要区别就在于并未将有关沉船沉物清除打捞费用之赔偿请求列入可以限制赔偿责任的范围之内。如果限制责任人对此类费用的赔偿责任,致使因经费不足导致不能有效清除打捞沉船沉物,必将对航行安全和环境保护构成威胁,不利于航运业的发展。这本身与设立海事赔偿责任限制的初衷背道而驰，结合我国基本国情，根据《中国海商法》的立法本意，该规定对此也作出了明确的解释。

在证据认定部分，《规定》充分考虑了船舶碰撞案件证据稀少且容易被篡改等特点，依据《中国海事诉讼特别程序法》针对船舶碰撞案件确立的证据保密和禁止翻供等基本原则，对此类案件中证据的出示时间以及主管机关作出的调查材料的证据效力等作出了规定。这些规定就是为了达到证据保密的目的，防止当事人做伪证，防止事故当事人因外在原因任意改变调查事实，影响事故责任的正确认定，充分体现了船舶碰撞案件审理程序的特殊性，有利于查明案件事实，提高诉讼效率。

对于因船舶碰撞导致船舶触碰引起的侵权纠纷，应当如何确定碰撞船舶的赔偿责任，中国法学实践中存在不同的观点。一种意见认为，船舶碰撞造成触碰事故，属于共同侵权，应当按照《中国民法典》关于共同侵权的规定由碰撞船舶对触碰承担连带赔偿责任；另一种意见认为，船舶触碰码头造成财产损失构成侵权，应当按照《中国民法典》关于侵权损害赔偿的规定由触碰船舶承担全部赔偿责任；还有一种意见认为，触碰损害是由船舶碰撞引起的，应当按照《中国海商法》第八章的规定，由发生碰撞的船舶按照碰撞责任比例对触碰承担比例赔偿责任。虽然《中国海商法》第八章是对船舶碰撞作出的规定，而并未对船舶触碰作出专门规定，但是根据其第一百六十九条第二款的规定，碰撞造成第三人财产损失的，各船的赔偿责任均不超过其应当承担的比例。因此，只要船舶触碰是由于船舶碰撞造成的，船舶触碰造成的损失就属于因碰撞造成的第三人的财产损失，就应当按照《中国海商法》第八章的规定确定碰撞船舶的比例赔偿责任。但是对于非因船舶碰撞导致的船舶触碰案件，由于并不涉及船舶碰撞，不能适用《中国海商法》第八章的规定，而应当按照一般侵权纠纷适用《中国民法典》的有关规定确定触碰船舶的赔偿责任。无论何种原因造成的船舶触碰事故，对船舶来说，都是属于海上航行中发生的事故，是典型的海事侵权纠纷案件。虽然非因船舶碰撞造成的船舶触碰并不适用《中国海商法》第八章有关碰撞责任的规定，但《中国海商法》中关于海事赔偿责任限制、船舶优先权等其他规定均应当适用。故有必要在本规定中强调因船舶触碰港口设施或者码头造成损害，触碰船舶有权援用《中国海商法》规定的责任限制等进行抗辩，受害人有权依据《中国海商法》的规定主张船舶优先权等。

二、海难救助

（一）海难救助概述

海难救助，又称海上救助，是指在海上或与海相通的可航水域，对遇险的船舶和其他财产所进行的救助。救助的方式主要有救助拖带、搁浅救助、救火、打捞沉船和其他财产、拖救正在沉没或失控的船舶、提供船员或供给船舶属具等。

根据海难救助产生的依据不同，可分为一般救助和合同救助两种。一般救助是指在他船遇难的紧急关头，未同被救助人订立救助合同而自愿实施的救助；合同救助是指按照救助双方达成的书面或口头协议而进行的救助。

《中国海商法》第一百七十七、第一百七十八条对救助方和被救助方的义务作了规定。在救助作业过程中，救助方对被救助方负有下列义务：①以应有的谨慎进行救助；②以应有的谨慎防止或者减少环境污染损害;③在合理需要的情况下,寻求其他救助方援助;④当被救助方合理地要求其他救助方参与救助作业时,接受此种要求,但是要求不合理的,原救助方的救助报酬金额不受影响。

在救助作业过程中,被救助方对救助方负有下列义务:①与救助方通力合作;②以应有的谨慎防止或者减少环境污染损害;③当获救的船舶或者其他财产已经被送至安全地点时,及时接受救助方提出的合理的移交要求。

救助报酬在国际上通行"无效果、无报酬"(No Cure, No Pay)原则,中国法亦然。根据《中国海商法》第一百八十条规定:确定救助报酬,应当体现对救助作业的鼓励,并综合考虑下列各项因素:①船舶和其他财产的获救的价值;②救助方在防止或者减少环境污染损害方面的技能和努力;③救助方的救助成效;④危险的性质和程度;⑤救助方在救助船舶、其他财产和人命方面的技能和努力;⑥救助方所用的时间、支出的费用和遭受的损失;⑦救助方或者救助设备所冒的责任风险和其他风险;⑧救助方提供救助服务的及时性;⑨用于救助作业的船舶和其他设备的可用性和使用情况;⑩救助设备的备用状况、效能和设备的价值。救助报酬不得超过船舶和其他财产的获救价值。

但《1989年国际救助公约》规定,在救助船货的同时,又防止或减少污染的,可以取得特别补偿,但不得超过救助费用的2倍。根据《中国海商法》的规定,救助报酬的金额,应由获救的船舶和其他财产的各所有人,按照船舶和其他各项财产各自的获救价值占全部获救价值的比例承担。此外,在救助作业中救助人命的救助方,对获救人员不得请求酬金,但是有权从救助船舶或者其他财产、防止或者减少环境污染损害的救助方获得的救助款项中获得合理的份额。

(二)海难救助制度发展的特点和趋势

从海难救助制度发展的轨迹来看,随着人们环保意识的不断增强,现代海难救助制度的发展和完善呈现出如下特点和趋势:

1. 自愿原则具有相对性

自愿是指救助人进行救助作业活动并非基于法律的规定或合同的约定。根据传统的海难救助制度,基于法律或合同之义务进行的救助作业活动不是自愿的,不能形成海难救助制度中的海难救助关系,如船员对本船在遇险时提供的各种劳务、引航员对船舶的引领、国家消防职能部门进行的灭火等行政行为,因为这些行为或者是基于合同的约定,或者是基于法定的职责。但是,随着海上航行风险的不断变化,特别是海洋环境污染问题引起全世界的关注,传统的海难救助制度中的自愿原则发生了明显变化,沿岸国为保护其沿岸海洋环境,往往会在出现可能对海洋环境构成威胁的情况下,采取积极的措施以避免或减少对海洋环境的损害。在这种情况下,如果仍然严格适用传统的自愿原则,则救助人没有救助报酬请求权,这不利于鼓励救助人采取积极的救助措施进行救助作业,也不符合海事立法的宗旨。

2. 请求救助报酬突破了"无效果、无报酬"的限制

按照传统习惯,救助行为必须有效果,这是救助报酬请求权成立的一个前提。如果救助行为没有获得效果,救助人与被救助人之间不存在因救助财产而形成的债的法律关系,

即不发生救助报酬请求权以及保证该权利实现的附属权利，如留置权、船舶优先权等。这也就是《1910年统一海难援助和救助某些法律规定的公约》（以下简称《1910年国际救助公约》）所确立的有名的"无效果、无报酬"原则，在1980年以前的"劳氏救助合同标准格式"中一直沿用这一原则，《中国海商法》第一百七十九条中也同样引入了这一原则。但是，很明显随着海上风险的不断变化，"无效果、无报酬"原则已不适应海上救助新形式发展的需要，特别是在救助具有污染环境危险的船舶或者船上所载货物时，这一原则很不利于救助作业的实施。

为了鼓励救助人对构成环境损害危险的船舶或者船上所载货物积极进行救助，以减少或避免对海洋环境的损害，保护海洋环境，《1989年国际救助公约》第十四条规定：如一船或其船上货物对环境构成了损害威胁，救助人对其进行了救助作业，而未能根据第十三条获得至少相当于按本条可得的特别补偿的报酬时，他有权按本条规定从该船的船舶所有人处获得相当于其所花费用的特别补偿。这也就是有名的特别补偿条款。《中国海商法》第一百八十二条第一款规定：对构成环境污染损害危险的船舶或者船上货物进行的救助，救助方依照本法第一百八十条规定获得的救助报酬，少于依照本条规定可以得到的特别补偿的，救助方有权依照本条规定，从船舶所有人处获得相当于救助费用的特别补偿。

1980年版"劳氏救助合同标准格式"，在"无效果、无报酬"原则的基础上引入著名的"安全网条款"（Safety-net Clause）。根据该条款，救助人对载有油类的遇险船舶进行救助时，即使没有取得成功或救助人由于受阻未能完成救助工作，只要救助人、其雇佣人员或代理人没有过失，救助人也可得到救助费用和不超过该费用15%的补偿，从而有限地扩大了传统的"无效果、无报酬"原则的适用范围。但是，安全网条款仅适用对油轮或部分装载货油的船舶进行的救助，对其他有可能损害海洋环境的危险品的救助尚不适用。

此外，从《中国海商法》第一百八十二条第二款的规定来看，在对构成海洋环境污染威胁的船舶或船上货物进行救助时，不再受传统"无效果、无报酬"原则的约束，而实行无效果也有报酬的特殊原则。不过在适用这一原则时，救助人不能有过失，《1989年国际救助公约》第十四条第五款规定：如果由于救助方疏忽而未能防止或者减轻环境污染损害，可全部或者部分地剥夺其（救助方）根据本条规定应得的特别补偿。对此《中国海商法》第一百八十二条第五款也有同样的规定。可以预见，如果救助人与被救助人就是否必须支付特别补偿发生争议时，救助人是否有过失将是双方争论的焦点之一，救助人应证明其本身不存在过失，否则将丧失获得特别补偿的权利。

3. 救助对象的范围逐渐扩大

随着海事法的发展，作为海难救助标的的范围不断扩大。传统海商法上的海上救助主要是指对船舶和船上货物的救助，《1910年国际救助公约》中规定的救助标的也仅限于船舶、船上货物及运费，但随着航运及其他海上活动的发展，遭受海难急需救助的财产形式不断增加，海事法中所规定的救助对象明显不够。为了保障海上安全和保护海上财产，有必要将一些新的海上财产列入海难救助的范畴，如海上石油勘探设备、浮船坞、浮筒等。

为了适应海上财产多样化的趋势，《1989年国际救助公约》扩大了救助标的的范围，将救助标的的范围扩大到船舶和其他非永久性及非有意地依附于岸线上的任何财产，而且还指出本公约所指的"船舶"不仅包括海船，还包括内河船，甚至沉船、弃船。《中国海商法》基本采纳了《1989年国际救助公约》的立场，其中第一百七十三条规定：本章规定，不适用于海上已经就位的从事海底矿物资源的勘探、开发或者生产的固定式、浮动式平台和移动式近海钻井装置。值得特别提及的是防止或减轻环境污染损害成为《1989年国际救助公约》所特有的内容，该公约第一条第四款明确规定了“环境损害”，并将其定义为由污染、沾污、火灾、爆炸或类似的重大事故，对人身健康，对沿海、内水或其毗连区域中的海洋生物、海洋资源所造成的重大的有形损害。需要指出的是，公约并没有把防止或减轻环境污染损害直接作为救助的标的，但它是确定救助报酬和特别补偿的基础，因而从某种意义上说，防止或减轻环境污染损害可以视为海难救助的间接标的。因此，根据《1989年国际救助公约》，救助人对环境进行救助是可以获得救助补偿请求权的，也有人因此把对环境的救助称为海难救助的第四种救助标的，并称其为“第四海事财产”。由此可以预见，今后对环境的救助将越来越受到立法者及相关人士的关注。

4. 鼓励救助人对环境进行救助

随着人们环保意识的增强，尤其是国际社会受 Amoco Cadiz 事件及其判决的影响，对船舶造成海洋环境危害的法律问题加强了研究。1978年3月16日，Amoco 公司的 Cadiz 号超级油轮在英吉利海峡距法国西北部布列塔尼海岸约25千米的海上遭遇风暴触礁并很快断裂，使所载的22.3万吨石油全部泄漏至海中，造成严重的环境污染。为避免悲剧的重演，在各界人士的共同努力下，《1989年国际救助公约》提出了特别补偿这一概念，对救助人为保护海洋环境所付出的努力和受到的损耗进行补偿，以鼓励对有环境污染损害危险的船舶或船上所载货物进行救助。对救助人来说，救助具有污染海洋环境危险的船舶或船上所载货物是有特殊困难的。相对于一般救助而言，进行该类救助对救助人的技术要求更高，为促使救助人对具有污染海洋环境危险的船舶或船上所载货物进行救助，在确定救助报酬时就不能仅仅考虑救助人在对具有污染海洋环境危险的船舶或船上所载货物进行救助时所花的成本，还要使救助人获得一定的利润，以便救助人不断更新救助设备，培训救助作业人员等，从而更好地对具有污染海洋环境危险的船舶或船上所载货物进行救助。

减少或避免对海洋环境的污染，保护海洋环境是包括救助人在内的有关各方所应尽的义务，《1989年国际救助公约》第八条第一款规定：救助人对处于危险中的船舶或其他财产的所有人负有下列义务：(a)以应有的谨慎进行救助作业；(b)在履行(a)项所规定的义务时，以应有的谨慎防止或减轻环境损害……第8条第2款(b)项规定：处于危险中的船舶或其他财产所有人和船长对救助人负有在进行此种合作时，以应有的谨慎防止或减轻环境损害的义务。为了鼓励救助人对具有污染海洋环境危险的船舶或船上所载货物进行救助作业，有必要对救助人所实施的救助作业行为给予补偿，这也就出现了前面所提及的“特别补偿”制度。这在《中国海商法》的第一百八十二条中也有相同的规定，同时第一百八十五条规定：在救助作业中救助人命的救助方，对获救人员不得请求酬金，但是有权从救助船舶或者其他财产、防止或者减轻环境污染损害的救助方获得的救助款项中，获得合理的份额。

此外，《1989年国际救助公约》和《中国海商法》都将救助人在防止或者减轻环境污染损害方面的技能和努力作为确定救助报酬的考虑因素，使得在确定救助人的救助款项时不仅要考虑传统因素,还要考虑环境因素。这些都从不同方面突出了对救助人对海洋环境进行救助的鼓励。当然,“特别补偿”并不是营利性业务的酬金,它是一种费用,具有补偿性,旨在鼓励对具有环境污染损害危险的船舶或船上所载货物进行救助。

? 思考与练习

1. 什么是提单？提单有哪些作用？
2. 提单的种类有哪些？各自有什么特点？
3. 承运人的基本义务有哪些？
4.《海牙规则》规定承运人的免责事项有哪些？
5. 租船合同有哪些种类？各有什么特点？

案例分析

A公司委托B公司所属的“新生轮”运输6 000箱冻鸡,经过月余航行,到达上海港卸货后发现全部冻鸡解冻变质,造成132 000美元损失。

B公司称货物装船前冷藏舱设备已由当地船检局检查,整个航程中机器运行正常,温度为零下17度至零下12度。其将货损原因归结于冷却器堵塞,冷气打不进冷藏舱,并主张管船过失免责。

【思考与讨论】

1. 本案中承运人是否应承担赔偿责任？

2. 假设该船舶在寒冷天气航行,燃油舱内燃油结块,船员对燃油舱进行加热,使燃油能流动,但没有及时停止加热,使装在燃油舱上的石蜡货物因融化而受损。承运人能否免责？

3. 假设在航运途中,船员为了查看舱内货物打开舱盖,但出舱时忘记关上,后因甲板上浪,海水进入货舱使货物受损。承运人能否免责？

(注意:本案需要厘清管理船舶的过失和管理货物的过失)

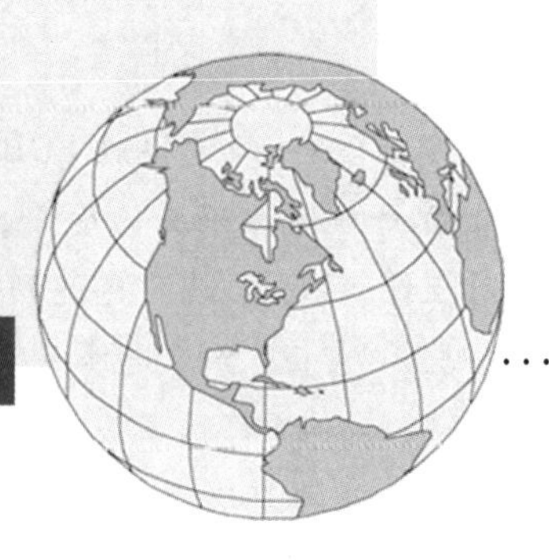

第八章

国际货物运输保险法

【教学目标】

通过本章学习,学生将能够:

1. 认识国际货物运输保险合同的概念与特点。
2. 了解可保利益的概念。
3. 了解海上货物运输风险的种类。
4. 掌握海损的分类及特点。
5. 了解 CIC 中的基本险和附加险,并掌握其区别。
6. 掌握海上保险中代位权和委付的特点。

【关键术语】

可保利益　实际全损　推定全损　共同海损　单独海损　平安险　水渍险　一切险　代位权　委付

【引导案例】

买卖双方签订了一份国际货物买卖合同，约定按照FOB价格条件交货，买方已经投保了"仓至仓"的一切险。货物在从卖方仓库运往码头的途中，因意外而致部分货物受损。

事后卖方向保险公司索赔遭到拒绝，买方索赔同样遭到拒绝。

本案中，保险公司究竟该不该赔偿呢？这里首先涉及可保利益这一问题。所谓可保利益，是指投保人或被保险人对于保险标的因有利害关系而产生的为法律所承认、可以投保的经济利益。可保利益是保险合同生效的先决条件，也是向保险公司索赔的必备条件。在本案中，首先要考虑卖方与保险公司有没有合同关系，其次要界定清楚在FOB合同中货物的风险是什么时候转移的。本章将对国际货物运输保险展开详细论述。

在国际贸易中，每一笔贸易涉及的货物都离不开运输。在储存、装卸和运输的过程中，货物可能会遇到各种各样的风险而遭受损失，为了转嫁这种风险，在订立国际货物买卖合同时，买卖中的一方通常要向保险公司投保货物运输保险。这样，当货物遇到风险而遭到损失时，被保险人可以从保险人那里得到约定的补偿。因此，国际货物运输保险已经成为国际货物贸易中不可缺少的组成部分。

在国际货物运输保险中，历史最悠久、货运量最大、影响最深远的是海上货物运输保险，以下简称海上保险。

海上保险有悠久的历史，但至今尚无统一的海上保险的国际公约。实践中保险人与被保险人的权利义务由各国国内法和当事人签订的保险合同加以确定。

现代形式的海上保险开始于14世纪。当时在意大利的一些商业城市，海上保险已经成为一种通常的商业交易，并已经开始使用保险单。15世纪随着资本主义萌芽的出现，有了海上保险的法律。1435年，西班牙巴塞罗那地方官颁布一项法规，把西方海运世界的保险业务予以系统化，这是最早的海上保险法。到了19世纪，欧洲的主要海运国家都把海上保险作为海商法的重要组成部分，编入商法典。其中，具有代表性的是1807年《法国商法典》和1861年《德国商法典》。

但是，对现代海上保险影响最大的国家是英国。早在16世纪，英国普通法法院即扩展其管辖权，受理海上保险案件。18世纪后半叶，英国大法官曼斯菲尔德伯爵参照商事习惯和各国判例确立了现代海上保险的基本内容。1906年，《英国海上保险法》颁布，它规定了标准保险单格式，这是西方国家影响最为深远的一部海上保险法，成为许多国家制定本国海上保险法的蓝本。另外，英国著名的劳埃德保险社（Lloyd's of London），对国际海上保险业务也具有很大的影响。

第一节　国际货物运输保险合同

一、国际货物运输保险的基本原则

根据各国法律，国际货物运输保险中的投保人、保险人及被保险人在签订和履行合同时，必须遵守如下基本原则：

1. 合法原则

根据合法原则(Principle of Legality)的基本要求,保险人必须是合法经营国际货物运输保险的承保人;被保险人对保险标的有合法的利益;承保的对象为法律许可运输的货物;保险合同的签订符合有关法律的规定等。

2. 诚信原则

诚信原则(Utmost Good Faith)是国际公认的货物运输保险原则。保险合同是最大的诚信合同。当事各方尤其是投保人和被保险人在订立和履行保险合同时必须遵循诚信原则,因为国际货物运输保险中的保险人在同意承保时往往远离运货现场,不知保险标的的底细,一般只凭投保人的叙述。因此,为了维护保险人的利益,必须要求被保险人坚守诚信原则。当然,诚信是相互的,这一原则也适用于保险人。

典型案例 8-1

北美外贸公司诉 Mitsui Sumitomo 美国保险公司案

被告 Mitsui Sumitomo 美国保险公司拒绝对原告北美外贸公司在中国两个仓库里货物的神秘消失给予保险赔偿,纽约南区法院判决支持原告的索赔主张,理由是:被告处理理赔过程中的行为存在恶意,等于违反了其应承担的诚信和公平交易的义务。

资料来源:张圣翠主编,《国际商法》(第六版),上海财经大学出版社,2012,第 155 页。

二、国际货物运输保险合同的当事人和关系人

国际货物运输保险合同的当事人就是保险人、投保人或被保险人以及与保险合同有关的受益人、保险代理人、保险经纪人和保险公证人等。海上保险合同(Marine Insurance Contract)是指保险人按照约定,对被保险人因保险事故造成的保险标的损失负责赔偿,而由被保险人支付保险费的合同。所谓保险事故,是指保险人与被保险人约定的任何海上事故,包括与海上航行有关的发生于内河或陆上的事故。从以上定义可知,海上保险合同是一种典型的补偿合同(Contract of Indemnity),当保险标的因承保范围内的海上风险而遭受损失时,由保险人负责赔偿约定的保险金额,从而使被保险人的财务处境犹如该保险标的根本没有发生过损失一样。不过,保险人只负金钱赔偿责任,而不负使保险标的恢复原状或归还原物的责任。

1. 保险人

保险人(Insurer)也称承保人,是保险合同的一方当事人,即为收取保险费,在保险事故发生时,对被保险人承担损失赔偿责任的人。一般来说,保险人都是公司或机构法人,如劳埃德保险社、美国船舶保险辛迪加。在英国,自然人可以成为保险人。

2. 投保人

投保人(Applicant),是与保险人签订保险合同并负有缴付保险费义务的人,可以是法人,也可以是自然人。在保险合同生效后,投保人通常就成为被保险人。

3. 被保险人

被保险人(Insured)是受保险合同保障的人,也就是指保险事故发生时,有权按照保险合同要求赔偿损失的人。国际货物运输保险合同中的投保人与被保险人是不是同一对象,还将视具体情况而定。

4. 保险代理人

保险代理人(Agent)是保险人的代理人,根据代理合同协助保险人办理保险业务并收取佣金。在国外,保险人广泛使用代理人招揽和销售保险业务。

5. 保险经纪人

保险经纪人(Broker)是指为被保险人的利益,代被保险人向保险人洽订保险合同、办理投保手续、代缴保险费或代为索取赔款,并为此收取佣金的人。按照英美的保险业务惯例,保险人与被保险人并不直接接触,多数海上保险合同的订立是经由保险经纪人之手。

我国保险公司的承保手续较为简单,实际操作中主要采取两种做法:

(1) 如果由收货人直接投保,则应填制投保单一式两份,列明货物名称、保险金额、运输路线、运输工具、投保险别等。其中,一份由保险公司签章后交还给被保险人作为承保的凭证;另一份则留存保险公司凭以出具保险单。

(2) 如果由外贸公司投保,由于业务量大,为节省手续,一般不填制投保单,而是利用有关出口单据的副本,来代替投保单的填制。

6. 保险公证人

保险公证人(Notary)是指为保险当事人办理保险标的查勘、鉴定、估损等给予证明的人。保险公证人可受保险人或被保险人的委托而进行工作,其酬金由委托人支付。

三、国际货物运输保险合同中的可保利益

可保利益(Insurable Interest),又称保险利益,在财产保险合同中,是指被保险人对保险标的具有的合法利害关系,即他将因该保险标的发生灭失或损害而遭受损失,或因其安全到达而获得原应享有的利益。

可保利益也是保险人承担损害赔偿的最高限额。

英国《海上保险法》对可保利益给出了如下定义:凡与某项海上冒险(Marine Adventure)有利害关系者,即具有可保利益。凡对某项海上冒险或对于航海危险中的任何可以保险的财物,在普通法或衡平法上存在某种关系,而于该项财物安全或者按期到达时即可获益,或于该项财物发生灭失、损害时即受到损失或负有责任,即认为具有利害关系。

根据各国法律的规定,被保险人只有对保险标的具有可保利益,才能订立有效的保险合同。凡是对保险标的物无可保利益而订立的合同,均视为赌博合同,在法律上是无效的。

按照各国法律的解释,可保利益来自被保险人:①对保险标的享有所有权、占有权;②担保物权和债权;③依法承担的风险、责任;④因标的保全而得到利益或期得利益。

对保险标的具有可保利益的人经常是船舶所有人(Ship-owner)、货物所有人(Cargo-owner)、代理人(Agent)、收货人(Consignee)、受托人(Bailee)、抵押权人(Mortgagee)、抵押人(Mortgagor)。

对于财产保险来说,可保利益只要在保险事故发生时存在,即为合法。投保人在投保时尚未取得可保利益,不影响保险合同的有效性。

典型案例 8-2

格兰德诉保罗火灾与海运保险公司案

被保险人格兰德的表亲在迈阿密买了一艘船,他相信格兰德会要这艘船并将付款给他。尔后,格兰德驾驶这艘船从佛罗里达州到缅因州,并通过保险经纪人为船舶进行保险。在保单中,格兰德将自己列为所有者。途中,船舶发生全损。保险公司拒绝理赔,认为格兰德对船舶没有保险利益。法院认为,被保险人的表亲并没有想去占有或使用该船舶,而是交给了被保险人,被保险人只是对其表亲负有支付价款的义务;被保险人是实际的所有权人,拥有保险利益,因此,保罗火灾与海运保险公司应当按照全损进行赔偿。

资料来源:张圣翠主编,《国际商法》(第六版),上海财经大学出版社,2012,第 157 页。

四、海上保险合同的内容和标的

1. 海上保险合同的内容

海上保险合同一般包括以下几项内容:①保险人名称;②被保险人名称;③保险标的;④保险价值;⑤保险金额;⑥保险责任和除外责任;⑦保险期间;⑧保险费。

其中,如果④=⑤,则为足额保险,货物发生全损时,保险人要按保险金额赔偿被保险人;如果④>⑤,则为不足额保险,说明被保险人只投保了保险价值的一部分,当标的发生全损时,保险人只按被保险人投保的金额赔偿。

2. 海上保险标的

海上保险标的(Subject Matter of Marine Insurance),即海上保险的客体,指可能遭受海上风险的财产。它可分为两类:一类是有形标的,如船舶和货物;另一类是无形标的,如预期利润(Anticipated Profits)和对第三人的责任(Liabilities to Third Parties)。

按照《中国海商法》的规定,海上保险标的具体包括:①船舶;②货物;③船舶营运收入,包括运费、租金、旅客票款;④货物预期利润;⑤船员工资和其他报酬;⑥对第三人的责任;⑦由于发生保险事故可能受到损失的其他财产和产生的责任、费用。

五、保险费

被保险人及其代理人的责任是支付保险费(Premium),而保险人的责任是签发保险单,两方面的责任是对流条件(Concurrent Condition)。各国法律一般都规定,保险人在取得保险费之前,没有签发保险单的责任。

许多西方国家的做法是,保险人只能通过经纪人取得保险费,而无权直接向被保险人提出支付保险费的请求,保险人更不得因未支付保险费而向被保险人起诉。另外,如果被保险人未向经纪人支付保险费,经纪人可以留置保险单,也即经纪人就保险费对保险单享有留置权(Lien),他可以留置他所占有的属于被保险人的任何保险单。

按照中国财产保险的通常做法,投保方应直接向保险人支付保险费,如果不按期交付保险费,则保险人可以终止保险合同。

六、保险单证

1. 保险单

保险单(Insurance Policy)是载有保险合同内容的书面文件,因此是保险合同的证明。因为保险合同通常在保险人出具保险单之前已经成立,所以保险合同存在与否并不一定以保险人签发保险单为准。

保险单的内容一般包括:①保险单号码(Policy Number);②被保险人姓名(Name of Assured);③船名(Vessel);④保险航程或期间(Voyage or Period of Insurance);⑤保险标的(Subject Matter of Insurance);⑥约定价值(Agreed Value);⑦保险金额(Insured Amount);⑧保险费(Premium);⑨本保险适用条款和批单(The Attached and Endorsements from Part of this Policy);⑩特约条件及保证条款(Special Conditions and Warranties)。另外,保险单都载明保险人与被保险人的权利义务的详细条款。

按照英国法,保险单虽不是签字蜡封式的合同,但要求保险单必须采取书面形式,并须由保险人或其代表签署。如果是海上保险公司,则由公司盖章即可。

保险单的种类很多,从不同的角度可以分为定值保单和不定值保单,航程保单(Voyage Policy)和定期保单(Time Policy),流动保单(Float Policy)和预约保单(Open Policy)等。

定值保单是指载明保险单标的约定价值的保险单,其所载明的价值即为保险标的的最后保险价值,一旦发生损害或灭失,保险人即按此价值赔偿。不定值保单是指不载明保险标的的价值,仅订明保险金额的限额,而留待以后再确定其保险价值的保险单。不定值保单内的货物价值,尚需以发票、估价单或其他证明文件予以证明。

航程保单是把标的运送一段路程的保险单。海上货物运输大都采用航程保单。这种保险单一般均载明装运港和目的港,除有特殊约定外,保险人一般不负责由此引起的损失。定期保单则是标的在一定期限内的保险合同,保险期间以双方约定的时间为限,并在保险单上载明。还有一种混合保单(Mix Policy),指的是既承保保险标的的特定航程,又在一定期间内对其负责,如"旧金山至上海,为期三个月"。

流动保单系为经常性从事进口贸易者而设,其载明保险的总条款,而将船名、航次及其他细节留待以后申报。按此种保险单,保险人与被保险人双方事先约定保险货物的总价值、承保风险及保险费率等,并规定一定的时期。每批货物出运后,被保险人即将船名及货物价值向保险人申报,保险人即按流动保单中载明的保险条款,将每批货物的价值从承保总值中逐笔减除,直到扣尽为止,保险单即告终止。预约保单又称开口保单,也是经常从事进出口业务者办理投保手续而采用的一种办法。保险人和被保险人事先约定投保货物的范围、险别、保险费率或每批货物的最高金额,并在预约保单中载明但不规定保险的总金额。凡属预约保险的货物,一经启动,应立即将货物的名称、数量、保险金额、运输工具的种类和名称及航程等情况通知保险人。由于流动保单与预约保单使用起来较为便利,故其在贸易保险中普遍使用。

2. 保险凭证

保险凭证(Insurance Certificate)是表示保险人已经接受保险的一种证明文件。保险凭证的内容比保险单简单,可以说是一种简化了的保险单。保险凭证一般对保险人与被保险人的权利的条款都不予载明。在保险业务中,当采用预约保险投保时,被保险人得到的通常都是保险凭证。

3. 保险单转让的问题

从法律上说,卖方转让已保险的货物和转让该项货物的保险单是两码事,不能把它们等同起来。当卖方转让已保险的货物时,该项货物的保险单一般并不能自动地转移给买方,这是因为保险合同并不是被保险财产的附属物,不能随同货物的转让而当然转让。

但海上保险与普通保险不一样。海上保险单的转让不需要征得保险人同意,保险单的受让人有权用自己的名义向保险人要求赔偿,这是其一;其二,海上保险单在保险标的发生损失后照样可以有效转让。

课堂讨论 8-1

中国某进出口公司与新加坡某公司于1998年10月签订了一份货物买卖合同,价格条件为CIF新加坡。10月18日,货物起运;10月20日,船舶在南海海域遭遇风暴沉没,货物全损。

一周后,卖方将保险单在未经保险公司同意的情况下转让给了买方。

请问:买方能否凭该保险单获得保险公司的赔偿?

第二节　海上保险承保的范围

一、海上货物运输风险的种类

国际贸易所涉货物在海上运输、装卸和储存过程中,可能会面临各种风险。根据风险的不同,海上保险人主要承保的风险可分为海上风险和外来风险。

(一) 海上风险

海上风险在保险界又被称为海难,包括海上发生的自然灾害和意外事故。

自然灾害是指由于自然界的变异引起破坏力量所造成的灾害。海上保险中,自然灾害包括:①恶劣气候(Heavy Weather);②雷电(Lightning);③海啸(Tsunami);④地震或火山爆发(Earthquake or Volcanic Eruption)。

意外事故包括:①搁浅(Grounding),是指船舶与海底、浅滩、堤岸在事先无法预料到的情况下发生触礁,并搁置一段时间,使船舶无法继续行进以完成运输任务。但规律性的潮汛涨落所造成的搁浅则不属于保险的范畴。②触礁(Stranding),是指载货船舶触及水中岩礁或其他阻碍物(包括沉船)。③沉没(Sunk),是指船体全部或大部分没入水面以下,并已失去继续航行能力。如果船体部分入水,但仍具航行能力,则不视作沉没。④碰撞(Collision），是指船舶与船舶或其他固定的、流动的固定物猛力接触，如船舶与冰山、桥梁、码头、灯标等相撞等。⑤失踪（Missing），是指船舶在航行中失去联络、音讯全无，并且超过了一定期限后仍无下落和消息。⑥火灾（Fire），是指船舶本身、船上设备以及载运的货物失火燃烧。⑦爆炸（Explosion），是指船上锅炉或其他机器设备发生爆炸，以及船上货物因气候条件（如温度）影响产生化学反应引起的爆炸。

（二）外来风险

外来风险一般是指由于外来原因引起的风险。它可分为一般外来风险和特殊外来风险。

一般外来风险即货物在运输途中由于偷窃、下雨、短量、渗漏、破碎、受潮、受热、霉变、串味、沾污、钩损、生锈、碰损等原因所导致的风险。

特殊外来风险即由于战争、罢工、拒绝交付货物等政治、军事、国家禁令及管制措施所造成的风险与损失。如因政治或战争因素，运送货物的船只被敌对国家扣留而造成交货不到；某些国家颁布的新政策或新的管制措施以及国际组织的某些禁令，造成货物无法出口或进口而造成损失。

二、海损

保险标的因遭受海上运输中的风险所导致的损失称为海损或海上损失。海损按损失程度的不同，可分为全部损失和部分损失。

（一）全部损失

全部损失（Total Loss）简称全损，是指保险标的在海上运输中遭受全部损失。从损失的性质看，全损又可分为实际全损和推定全损两种。

1. 实际全损

实际全损（Actual Total Loss）又称绝对全损，是指保险标的在运输途中全部灭失或等同于全部灭失。在保险业务上构成实际全损主要有以下几种：

（1）保险标的全部灭失。例如，载货船舶遭遇海难后沉入海底，保险标的实体完全灭失。

（2）保险标的的物权完全丧失，已无法挽回。例如，载货船舶被海盗抢劫，或船货被敌对国扣押等。虽然标的仍然存在，但被保险人已失去保险标的的物权。

（3）保险标的已丧失原有商业价值或用途。例如，水泥受海水浸泡后变硬；烟叶受潮发霉后已失去原有价值。

（4）载货船舶失踪，无音讯已达相当一段时间。在国际贸易实务中，一般根据航程的远近和航行的区域来判断失踪时间的长短。

2. 推定全损

推定全损（Constructive Total Loss）是指保险标的的实际全损已经不可避免，而进行施救、复原的费用已超过将标的运抵目的港的费用或已超出保险补偿。构成保险标的的推定全损的情况有以下几种：

（1）保险标的受损后，其修理费用超过标的修复后的价值。

（2）保险标的受损后，其整理和继续运往目的港的费用，超过标的到达目的港的价值。

（3）保险标的的实际全损已经无法避免，为避免全损所需的施救费用将超过获救后标的的价值。

（4）保险标的遭受保险责任范围内的事故，使被保险人失去标的的所有权，而收回标的的所有权的费用已超过收回标的的价值。

（二）部分损失

部分损失（Partial Loss）是指保险标的的损失没有达到全部损失的程度。部分损失按其性质，可分为共同海损（General Average）和单独海损（Particular Average）。

1. 共同海损

根据2016年国际海事委员会通过的《约克—安特卫普规则》的规定：只有在为了共同安全，使同一航程中的财产脱离危险，有意并合理地作出牺牲或支付额外费用时，才能构成共同海损行为；只有属于共同海损行为直接后果的损失或费用，才应作为共同海损。

构成共同海损的条件是：

（1）共同海损的危险必须是实际存在的，或者是不可避免的，而非主观臆测的。因为不是所有的海上灾难、事故都会引起共同海损。

（2）必须是自愿地和有意识地采取合理措施所造成的损失或发生的费用。

（3）必须是为船货共同安全采取的谨慎行为或措施时所作出的牺牲或支付的额外费用。

（4）必须是属于非常性质的牺牲或发生的费用，并且是以脱险为目的。共同海损行为所作出的牺牲或支付的额外费用，都是为使船主、货主和承运方不遭受损失而支出的，因此，不管其大小如何，都应由船主、货主和承运方各方按获救的价值，以一定的比例分摊。这种分摊叫共同海损的分摊。在分摊共同海损费用时，不仅要包括未受损失的利害关系人，还需包括受到损失的利害关系人。

2. 单独海损

单独海损是指保险标的在海上遭受承保范围内的风险所造成的部分灭失或损害，即指除共同海损以外的部分损失。这种损失只能由标的所有人单独负担。与共同海损相比较，单独海损的特点是：

（1）它不是人为有意造成的部分损失。

（2）它是保险标的本身的损失。

（3）单独海损由受损失的被保险人单独承担，但其可根据损失情况从保险人那里获得赔偿。根据英国《海上保险法》，货物发生单独海损时，保险人应赔金额的计算，等于受损价值与完好价值之比乘以保险金额。

三、关于共同海损几个问题的探讨

共同海损在海商事问题中一直是个重要、复杂又经常发生纠纷的问题，此处专门对此作一个介绍。共同海损制度如同其他海商法领域特有的制度一样，是根据海运业的特殊需要而出现并与海运业的发展相同步的。

在船舶建造、航海技术十分原始的海运业萌发阶段，人们抵御海上风险的能力十分有限，当出现风暴等海上风险可能造成船货共损的情况时，船长往往采取抛弃部分货物或者砍断桅杆的方法以求保全船货双方更大的利益，由此相应产生了该由谁承担“抛货”和“断桅”损失的问题。

此后随着海运业的不断发展，共同海损制度得以逐步完善。12 世纪法国的《奥列隆惯例集》对共同海损作出了三项著名的规定：①船舶在危急情况下，为了船货以及人员的安全，船长有权决定抛货，造成的损失由受益各方分摊；②船舶遭遇风浪，为了抢救船货，船长可以决定砍断桅杆或锚链，造成的损失也应由受益各方分摊；③发生抛货损失之后，船上的所有财物，即使是船员饮水用的银杯，只要有两个以上，或者虽然只有一个，但尚未使用也应参加分摊，同理，没有穿过的礼服或未被裁剪的布匹也要参加分摊。

（一）共同海损的概念

共同海损是海商法领域最古老的概念之一，也是海商法特有的一种制度。按照《中国海商法》所下的定义，共同海损是指在同一海上航程中，船舶、货物和其他财产遭遇共同危险，为了共同安全，有意地合理地采取措施所直接造成的特殊牺牲、支付的特殊费用。

（二）立法的历史发展

共同海损作为一种法律制度，最早出现于古希腊的法律，如公元前 3 世纪的《罗德海法》即确立了“为减轻货载而抛弃货物，应由全体分摊”的原则。罗马法也有关于共同海损的规定。12 世纪欧洲各海运国家的法律，均以不同的方式，表述了共同海损的基本思想，但都没有提出共同海损的准确概念和称谓。据考证，1684 年《路易十四法典》第一次以法律的形式提出了类似于今天的单独海损和共同海损的定义。1721 年《鹿特丹法典》首次使用了“General Average”表述共同海损的含义[①]，并一直沿用至今。此后，共同海损制度为各国海商法所承认。

中华人民共和国成立之前的共同海损制度，源于清末制定的《大清商律·海船编》，其第四章即为关于海损的规定。1929 年，国民党政府颁布《中华民国海商法》，其第七章规定了共同海损。

（三）共同海损的成立要件

1. 船舶和货物遭遇共同危险

这里所称的共同危险，是指既威胁到船舶又威胁到货物的危险，如果仅仅威胁到船舶或货物一方，则不构成共同海损所称的危险。比如，船上的冷藏设备失灵，对船上需冷藏保存的货物构成危险，但对船舶的运行没有影响，这种危险即不属于共同危险。

2. 危险必须是真实的

此原则由美国纽约东区联邦法院裁决的 The West Imboden 一案所确定。在此案中，船长因误信货舱内的棉花着火，将水蒸气和水打进货舱，致使货物受损。纽约东区联邦法院

---

① 王恩韶、许履刚，《共同海损》，大连海事大学出版社，1996，第 23 页。

判决:事实上并没有着火,因而没有真实的危险,所以货物的损失不属于共同海损,而是船方过失引起的单独海损。

因此,共同海损的危险必须是真实的,或者是不可避免的,而非主观臆测的。因为不是所有的海上灾难、事故都会引起共同海损。但需要指出的是,危险真实存在并不意味着危险即刻就会发生,只有在当时船货双方共同受到真实的威胁,即危险是不可避免的,所采取的合理的措施才属于共同海损行为。

3. 牺牲和费用必须是特殊的

为了船舶和货物的共同安全而作出的牺牲和支付的费用必须是特殊的,并且是以脱险为目的。共同海损行为所产生的费用,都是为使船主、货主和承运方不遭受损失而产生的,正常的燃油损耗费用、船员工资支出等费用,均不属于共同海损。

典型案例 8-3

Robinson 诉 Price 案

在本案中,争议的船只发生了破裂,需要不断地抽水以保持漂浮,由此需要很多的燃料。在船上燃煤用尽之后,船长又下令使用船桅和货物作为燃料。法院判定,船桅和货物的牺牲应该属于共同海损,因为这些牺牲不是航行中的正常损耗,而是具有非常性质的,是特殊的牺牲。

资料来源:张圣翠主编,《国际商法》(第六版),上海财经大学出版社,2012,第 164 页。

4. 行为必须是人为的、有意的

共同海损必须是因自愿地和有意识地采取合理措施而产生的。例如,某船舶在航行过程中,海浪特别大,一个大浪打过来,把甲板上的木材卷到海里去了,这不是共同海损,而是单独海损,因为这不是人为的、有意的行为。这里称的有意行为,是指行为人(一般是船长)明知该措施会导致船舶或货物损失或产生额外费用,但为了保证共同安全仍有意采取的措施。例如,发生船舶碰撞后,船长为了避免船舶沉没而将船舶“有意搁浅”,即属于此种情况。

5. 处置必须合理

这是指在船货遇到共同危险,需要采取共同海损行为时,必须符合当时实际情况的需要。例如,海上风浪特别大,为了船货的共同安全,需要往海里抛一部分货物,这个时候要抛弃的货物应该是质量重、价格低的货物,如果船长下令将质量轻、价格高的货物抛弃,则属于处置不合理;又或者说,抛一个舱的货物即可抵御风险,船长却下令抛了三个舱的货物,这也属于处置不合理。

6. 措施必须有效

所谓有效,是指船长所采取的措施使船货及其他财产脱离了危险或避免了船货及其他财产的全损。这一条件是共同海损分摊的前提。如果船货全损,没有获救财产,就没有受益方,也就没有共同海损分摊可言。这里所说的有效,并不一定是指财产全部获救,只要有部分财产获救,就符合这一条件。

（四）共同海损的法律性质

关于共同海损的法律性质,各国有很大的分歧,主要有：

（1）契约说。此说为英美法上的主张。按照此观点,即使不是当事人明示的意思表示,货物交运后,在危急时刻,可推定船长与货主之间订立的协议或约定,共同承担为共同安全受到的损失。

（2）不当得利说。该观点认为因他人财产的牺牲而使自己的财产受益,属于不当得利。此说为法国学者所主张。

（3）无因管理说。该观点认为共同海损是船长为减少船货的共同损失而作出的处理,属于无因管理行为。

（4）代理说。该观点认为货物遇有共同危险时,船长具有拟制的或者推定的代理权,不仅是船舶的代理人,也是货主的代理人。此说为美国和日本学者所主张。

（5）衡平说。该观点认为共同海损分担同契约无关,而是基于法律的衡平原则;既然各方因共同海损行为受益,就应该公平地分摊共同海损。此说为部分英美学者所提倡。

以上学说中,第(5)种更为法律和学者所采纳。《中国海商法》中的共同海损制度,从学理上说,应属于民法公平原则在海商法中的具体体现,故与衡平说相近。

（五）共同海损与过失的关系

1. 承运人可以免责的过失所致的共同海损

各国海事立法与实践基本上都承认,由于承运人可免责的过失引起的共同海损,仍由各受益方共同分摊。

美国在这方面的做法,是在海运提单中增加著名的“杰森条款”(Jason Clause)和“新杰森条款”(New Jason Clause)。这两个条款源于美国最高法院在1897年伊洛瓦迪一案中的判决:对驾驶船舶的过失,船东可以免责,但不能请求货方分摊共同海损。该判决在美国乃至世界航运界引起了很大震动。承运人为了改变自己的不利地位,纷纷在提单中订立共同海损疏忽条款(General Average Negligence Clause),规定:如果承运人已提供了适航的船舶,由于其雇佣人员的航海过失或管理船舶的过失导致的共同海损,货主应参加分摊。1910年,美国最高法院在裁定杰森上诉案时,正式肯定了共同海损疏忽条款的效力,并将其命名为“杰森条款”。1936年,美国根据《海牙规则》制定了《海上货物运输法》,为符合新法律,各船运公司都对提单上的“杰森条款”进行修改和补充,并将其命名为“新杰森条款”。

“杰森条款”和“新杰森条款”的不同之处在于:当船舶因驾驶过失发生事故而需要救助的,即使救助船舶与被救助船舶同属一个公司,被救助船舶仍应支付救助报酬,该项救助报酬可作为共同海损由船方、货方共同分摊。由于美国这一海事法律具有合理性和典型性,“新杰森条款”作为提单条款已经为世界各国所承认。中国远洋运输(集团)总公司的提单背面条款就采用了“新杰森条款”。

2. 承运人不可免责的过失所致的共同海损

《约克—安特卫普规则》和《中国海商法》都规定,即使引起牺牲或费用的事故可能是由于航程中某一方的不能依法律或者合同免除其责任的过失所造成的,也不影响其请求共同海损分摊的权利,但也并不妨碍非过失方就此项过失提出索赔或抗辩。

对这一条款应这样理解:首先,可以在推定各方都没有过失的情况下进行共同海损理算,但在决定共同海损分摊问题时,如果确定航程中的某一方确实存在不能免责的过失,则非过失方可以拒绝参加共同海损分摊。也就是说,法律从根本上不承认承运人在犯有不可免责的过失的情况下,有要求非过失方分摊共同海损的权利。

在实践中,当发生共同海损时,不论是否涉及承运人的过失,作为承运人,一般都宣布共同海损。因为,如果该船参加了船东保赔协会,在货方拒绝分摊共同海损的情况下,还可以由协会予以赔偿。但如果船方担心货方拒绝分摊而不宣布共同海损,则被视为放弃请求分摊的权利,因而也就无法再向协会请求赔偿。

(六)共同海损理算

共同海损理算(Adjustment of General Average)是一项复杂细致且专业性、技术性很强的工作,需要由专门机构和人员进行。

共同海损理算,需由申请人提出委托,理算人再进行调查,确定哪些项目属于共同海损,哪些项目属于单独海损,在此基础上,确定各方的损失额和应该参加分摊的受益方及其分摊价值。最后确定各受益方应分摊的数额和估算办法,编制共同海损理算书。

共同海损的分摊人,一般包括:①船舶所有人;②货物所有人(通常是托运人或收货人);③运费取得人,通常是船舶所有人,但在船舶租赁场合,船舶承租人则成为运费取得人。

共同海损的理算规则一般采用《约克—安特卫普规则》(这是当前国际海运界最广泛采用的规则),我国有《北京理算规则》(Beijing Adjustment Rules)。

共同海损的理算方法如下:先计算出共同海损总额,再计算共同海损分摊价值总额(如因共同海损行为而受益的船舶的总价值+货物的总价值),以此为依据,计算出共同海损的分摊比例,再以船舶、货物的价值乘以该比例计算出各自的共同海损分摊额。

典型案例 8-4

McCall 诉 Houlder Bros 案

争议中的货船因遇到恶劣气候遭到损坏,船长下令船舶进入避难港修理。为了修理,必须将该船的船头按下,而在按下船头的过程中,海水不可避免地进入了船舱,导致货物受损。

法院认为,尽管船长不想损害货物,但该货物损坏是船长合理谨慎措施导致的结果之一,因而也属于共同海损。

资料来源:张圣翠主编,《国际商法》(第六版),上海财经大学出版社,2012,第 164 页。

课堂讨论 8-2

共同海损的认定

美国“自由神”号货轮离开中国装货港，经日本开往美国，在公海上遭受机器损害，失去动力。承运人安排拖船将货轮拖到中国上海港修理，并在上海港进行了检验。修理完毕后，货轮恢复了航程。

关于拖到上海港的拖费和修理费，承运人根据国际条约宣布为共同海损；并在目的港交货之前或之时，向货主收取了他们各自应该负担的共同海损分摊额。某些货主对此有异议而诉诸法院。

由承运人委请的理算师编制的共同海损理算书阐明机器的损坏原因是在上一次航程中因船员疏忽引起的，是他们在开启了第4号轴承后，没有将螺栓的开口销装好；由于缺少开口销而引起了机器松动，增加了第4号连杠曲拐头轴承的左舷螺栓的压力和应力，使左舷螺栓损坏；反过来又使右舷螺栓损坏，导致第4号轴承失灵，然后引起主机损坏，这样就使得该货轮不能靠自己的动力行驶。

请问：此案的共同海损是否合法？

课堂讨论 8-3

Bubble Up 国际有限公司诉 Transpacific 承运公司案

在该案中，法院判定承运人 Transpacific 承运公司没有在启航前履行其职责——检查船舶的发动机房。尽管承运人在离开港口前已经进行了三次检查，船员还是没有发现发动机内的轴承螺丝掉了。而正是因为这个原因，发动机在航海途中损坏了。

法院认定，承运人未能恪尽职责地检查到发动机的螺丝是否完好。当承运人辩称这是他们的免责事项时，法院驳回，认为承运人理应发现。

试述本案承运人承担责任的原因。

课堂讨论 8-4

共同海损的认定和理算

甲公司和乙公司签订了定期租船合同，约定由乙公司（承租人）从事从大连至日本的海上货物运输。2001 年 8 月，该船满载货物从大连港出发驶往日本，在航行途中，货船起火，大火蔓延到机舱，船长为了船货的共同安全，命令采取紧急措施，往舱中灌水灭火。火扑灭后，由于主机受损，无法继续航行，船长雇用拖轮，将货船拖回大连港修理，检修后重新将货物运往日本。事后经调查，此次事件造成损失有如下几项：①500 箱货物被烧毁；②1 500 箱货物因灌水灭火受损；③主机和部分甲板被烧坏；④雇用拖轮费用；⑤额外增加的燃料费用；⑥额外增加的船长、船员工资。请问：

(1) 共同海损的构成要件是什么?

(2) 本案是否存在共同海损?

(3) 假设本案中的共同海损总额是 73 531.26 元,船舶的共同海损分摊价值为 5 757 539.00 元,货物的共同海损分摊价值为 7 642 542.67 元。请计算船方、货方的共同海损分摊金额为多少?

典型案例 8-5

Sea Land Service 船运公司诉 Aetna 保险公司案

1967 年,由 Sea Land Service 船运公司负责的 Beauregard 号货船,运载着集装箱中的货物,从美国纽约港驶往多米尼加共和国里约海纳港。当货船驶入该港口时,遇到了反常的天气和海浪。巨大的风浪使得货船在码头搁浅,领航员发出求救信号后不久,拖船就到达现场。经过十分钟的拖曳,在货船差不多起浮脱浅时,拖船的绳索断裂,货船在暴风浪的袭击下再次倾侧,船底再次受到重创。最终,货船脱险,在第二天早上到达目的港。船上货物及船员均安然无恙。地区法院认为海地公司的拖船费用为共同海损分摊,但拒绝其船底的毁损为共同海损的索赔要求。Sea Land Service 船运公司上诉。

联邦上诉法院第二巡回审判庭维持原判。法院认为,意图使货船起浮脱浅的行为所发生的费用属于共同海损,但拖船绳索断裂后自然力量造成的船底受损不属于共同海损。

资料来源:理查德·谢弗等,《国际商法》(第四版),邹建华 主译,人民邮电出版社,2003,第 187 页。

四、海上费用

海上费用是指保险人承保的费用。保险标的遭遇保险责任范围内的事故,除了会使货物本身受到毁损导致经济损失,还会产生费用方面的损失。对于这种费用,保险人也给予赔偿,主要包括:

1. 施救费用

施救费用(Sue and Labour Expenses)是指保险标的遭遇保险责任范围内的灾害事故时,被保险人、被保险人的代理人或雇佣人员、受让人等,为防止损失扩大而采取抢救措施所支出的费用。保险人对这类费用负责赔偿。与救助费用相比,施救费用是一种"主动费用",是为了防止损失扩大而主动采取措施导致的费用。

但需注意的是,保险人予以赔偿的施救费用,需符合以下几个条件:①施救费用必须是由于保险事故的近因造成的;②施救费用必须是合理的;③施救费用必须由被保险人、其雇佣人员或代理人在自救中发生;④施救费用必须花费在保险财产上(如果用于共同利益的费用,则应归入共同海损的范围);⑤不足额保险的施救费用应按比例分摊;⑥如果施救对象有两种或两种以上的保险财产,又分别属于不同的保险人所有,则施救费用按保险金额的比例分摊;⑦施救没有取得效果或经过施救后保险财产没有损失的,只要施救是合理的，保险人仍负责赔偿施救费用；⑧保险单规定有免赔率的，被保险人不得将施救费用加进货物的损失值内以达到免赔率而取得索赔权；⑨对施救费用的赔偿限额，不受保险财产损失的赔偿额的约束，独立地以保险金额为限。

2. 救助费用

救助费用(Salvage Charge)是指保险标的遭遇保险责任范围内的事故时，由保险人和被保险人以外的第三者采取救助行为，而向该救助者支付的费用。对于该类费用，保险人也给予赔偿。与上述施救费用相比，救助费用是一种“被动费用”，是被他人救助而需支付给他人的费用。国际上一般采用“无效果、无报酬”的原则。

另外，还有特别费用(Special Charge)和额外费用(Extra Charge)。特别费用指货物的运载工具遭遇海上灾害或意外事故不能继续航行时，必须把货物卸下存仓或再由原船装载续运，或由他船受载代运等，由此所产生的费用；额外费用是指为索赔举证等支付的必要费用，此项费用只有在保险标的确有损失、赔案确实成立的情况下，保险人才予以负责。

典型案例 8-6

北岸海产品公司诉加拿大 ING 保险公司案

被告(加拿大 ING 保险公司)对被保险人北岸海产品公司所有的船体、机器设备进行保险，包括用来培育、生产牡蛎和蚌类水产品的设备，但是不包括牡蛎这些水产品本身。由于保护这些设备的安全绳被人剪断，致使这些设备沉入海港。根据保险单，被保险人有施救义务，于是雇人修复了这些设备，同时也救出了牡蛎这些水产品，避免了损失的扩大。

保险人主张应当按照其承保的设备与水产品的价值比例来确定应当由其赔偿的施救费用。

法庭认为：保险人无法通过保险单确定出令人信服的保险财产和未保险财产之间的比例；保险单中对被保险人施救行为的限制只限于保险标的的损失，而不适用于由于救助行为而附带避免的非保险标的的损失；尽管有些不公平，保险人还是应当按照保险单的文义对被保险人产生的施救费用全部赔偿。

资料来源：张圣翠主编，《国际商法》(第六版)，上海财经大学出版社，2012，第 165 页。

第三节　海上保险条款

在国际海上保险中，当事人常用的是伦敦保险协会制定的《协会货物条款》(ICC)。此外，我国进出口货物运输最常用的保险条款是《中国保险条款》(CIC)，该条款是由中国人民财产保险股份有限公司制定的。CIC 按运输方式来分，有海洋、陆上、航空和邮包运输保险条款四大类；对某些特殊商品，还配备有海运冷藏货物、陆运冷藏货物、海运散装桐油及活牲畜、家禽的海陆空运输保险条款等。

一、CIC

CIC分为一般保险条款和特殊保险条款。一般保险条款包括平安险、水渍险和一切险三种基本险别，特别保险条款包括一般附加险、特别附加险和特殊附加险三种。

（一）一般保险条款承保范围

1. 平安险

平安险（Free from Particular Average，FPA）是三种基本险别中保险人责任最小的一种。原意为“单独海损不赔”，但实际上是不确切的。它仅指对由于自然灾害造成的单独海损不赔，对由于意外事故发生的单独海损以及运输工具在运输途中发生搁浅、触礁、沉没、焚毁等意外事故发生的单独海损，保险公司仍要赔偿。具体包括：①运输过程中，由于自然灾害造成被保险货物的实际全损或推定全损；②由于运输工具遭遇搁浅、触礁、沉没、与流冰或其他物体碰撞以及失火、爆炸等意外事故造成被保险货物的全部或部分损失；③只要运输工具曾经发生搁浅、触礁、沉没、焚毁等意外事故，不论这意外事故发生之前或者以后曾在海上遭遇恶劣气候、雷电、海啸等自然灾害造成的被保险货物的部分损失；④在装卸转船过程中，被保险货物一件或数件、整件落海所造成的全部损失或部分损失；⑤被保险人对遭受承保责任内危险的货物采取抢救、防止或减少货损措施支付的合理费用，但以不超过该批被救货物的保险金额为限；⑥运输工具遭遇自然灾害或者意外事故，需要在中途的港口或者避难港口停靠，因而引起的卸货、装货、存仓以及运送货物所产生的特别费用；⑦共同海损的牺牲、分摊和救助费用；⑧运输契约订有“船舶互撞责任”条款，按该条款规定应由货方偿还船方的损失。

2. 水渍险

水渍险（With Particular Average，WPA）的原意为“单独海损负责”。其范围除包括上述平安险的各项责任外，还负责被保险货物由于恶劣气候、雷电、海啸、地震、洪水等自然灾害所造成的部分损失，即包括了平安险中不包括的那部分单独海损的损失。

3. 一切险

一切险（All Risks）除包括上述平安险和水渍险的各项责任外，还负责由于一般外来原因导致的全部或者部分损失，即包括了一般附加险的内容，但不包括特别附加险和特殊附加险的内容。因此，虽是“一切险”，但并非真的意味着保险公司承担了一切损失责任。

（二）保险责任的起讫

1. 仓至仓条款

仓至仓条款（Warehouse to Warehouse Clause，W/W Clause），又称运输条款（Transit Clause），它规定保险责任期限即保险期间（Duration）是从货物运离起运港发货人的仓库开始，至货物到达目的港收货人的仓库时为止。

具体来说，仓至仓条款规定保险人的责任起讫为：

（1）从被保险货物运离保险单所载明的起运地仓库或储存处开始运输时起，至该货物到达保险单所载明的目的地收货人的最后仓库或储存处，或被保险人用作分配、分派或非正常运输的其他储存处为止；

（2）如未抵达上述仓库或储存处，则以货物在最后卸载港全部卸离海轮后满 60 天为止；

（3）如在上述 60 天内货物被转运至保险单所载明的目的地以外的地点，则保险责任从货物开始转运时终止。

上述保险期间是指保险人对平安险、水渍险及一切险的责任期限，不适用于战争。关于战争险责任的起讫，是从货物装上海轮时开始，到货物在最后卸货港卸货时止，或者在海轮到达最后卸货港当日午夜起算满 15 天为止，两种情况以先发生者为准。如果为转船货物，则从原海轮抵达中途港当日午夜起算满 15 天为止。但从货物装运海轮时起，保险再度生效。

2. 扩展责任条款

该条款又称运输合同终止条款（Termination of Contract of Carriage Clause）。如果货物被运往非保险单所载明的目的地是由于被保险人无法控制的运输延迟、绕航、被迫卸货、重新装载、转载或因承运人依运输合同赋予的权限所作的任何航海上的变更或终止运输合同，则保险单在被保险人及时将上述情况通知保险人或者加付运费时继续有效。在这种情况下，保险人的扩展责任按下列规定终止：

（1）如果被保险货物在非保险单所载明的目的地出售，则保险责任至交货时终止；但不论何种情况，均以被保险货物在卸货港全部卸离海轮后满 60 天为止；

（2）如果被保险货物在上述 60 天内继续运往保险单所载明的目的地或其他目的地，则保险责任仍按"仓至仓"条款规定终止。

（三）特殊保险条款

1. 一般附加险

（1）偷窃、提货不着险（Risk of Theft, Pilferage and Non-delivery）；

（2）淡水、雨淋险（Risk of Rain and Fresh Water Damages）；

（3）短量险（Risk of Shortage）；

（4）混杂、沾污险（Risk of Intermixture and Contamination）；

（5）渗漏险（Risk of Leakage）；

（6）碰损、破碎险（Risk of Clashing and Breakage）；

（7）串味险（Risk of Odour）；

（8）受潮、受热险（Risk of Damages Caused by Sweating and Heating）；

（9）钩损险（Risk of Hook Damages）；

（10）包装破裂险（Risk of Damages Caused by Breakage of Packing）；

（11）锈损险（Risk of Rusting）。

以上 11 种一般附加险不能单独投保，它们包括在一切险之中，或者是由投保人在投保了平安险或水渍险后，根据需要，选择其中的一种或者几种投保。

此外，还有 7 种特别附加险和 3 种特殊附加险。与一般附加险不同，这些险别不包括在一切险之中，而是需要投保人向保险公司提出申请，经特别同意之后，在投保了基本险的情况下，保险公司才予以承保。

2. 特别附加险

(1) 交货不到险(Risk of Failure to Deliver);

(2) 进口关税险(Risk of Import Duty);

(3) 舱面险(On Deck Risk)

(4) 拒收险(Rejection Risk);

(5) 黄曲霉素险(Aflatoxin Risk);

(6) 出口货物到香港(九龙)或澳门存仓火险责任扩展条款(Fire Risk Extension Clause for Storage of Cargo at Destination Hong Kong including Kowloon or Macao);

(7) 卖方利益险(Contingency Insurance Covers Sellers' Interest only)。

3. 特殊附加险

(1) 战争险(War Risk);

(2) 战争险的附加费用(Additional Expenses of War Risk);

(3) 罢工险(Strikes Risk)。

其中,战争险是海上保险中常见的一种特殊附加险。其责任范围包括:由于战争敌对行为、武装冲突或海盗行为以及由此而引起的逮捕、拘留、扣押、没收或禁制所造成的损失,或者各种常规武器,如水雷、鱼雷、炮弹等所造成的损失。此外,还包括由于上述原因所引起的共同海损的牺牲、分摊和救助费用。但原子弹、氢弹等核武器或放射性武器所造成的损失不在承保之列。

罢工险是指由于罢工、被迫停工、工潮、暴动或民变所引起的损失,均属于保险承保的范围。现在国际保险市场上,一般对罢工险和战争险同时承保。因而,当投保了战争险又需加罢工险时,只需在保险单上注明包括罢工险并附贴罢工险条款,保险公司一般不另收保险费。

二、ICC

在中国的进出口业务中,除了使用中国保险公司的保险单和货物保险条款,常用的还有伦敦保险协会制定的《协会货物条款》(ICC)。

1982 年,伦敦保险协会公布了新的货物条款。新的货物条款的险别包括三类基本险,即 ICC(A)、ICC(B)、ICC(C),此外还有特殊附加险条款、恶意损害险条款。

新条款与 1963 年的旧条款相比,从内容到形式都发生了变化。在 1963 年的旧条款中,战争险和罢工险都是特殊附加险,而非独立承保之险别。但是按照 1982 年的新条款,战争险和罢工险虽仍列为特殊附加险,但如果被保险人需单独投保这两个险,抑或保险公司为了争取客户、多揽业务,也可把这两种保险作为独立险别单独予以承保。新条款还取消了 1963 年旧条款中对于水渍险之免赔率的规定。比之旧条款,1982 年的新条款增加了若干新内容,对各种险别所规定的承保范围也更加清晰和完备。

根据 1982 年新条款,保险人按投保标的遭受损失的原因来确定其保险范围。凡是在每种险别承保范围内所造成的损失,无论其程度如何,是全部损失还是部分损失,保险人一律予以赔偿。

就具体险别而言,1982 年新条款 ICC(A),ICC(B),ICC(C)将它们的责任范围逐条列出，较旧条款更为明确、清楚。其中，(A)的承保范围基本上与旧条款中的一切险基本相同，但海盗行为所造成的损失在ICC(A)的承保范围内，而在一切险中则认为属于险外责任。此外，ICC(B)与水渍险相比，ICC(C)与平安险相比，均有变化。

1. ICC(C)条款的责任范围

该条款的责任范围具体包括：

(1) 火灾或爆炸；

(2) 船舶或驳船遭受搁浅、触礁、沉没或倾覆；

(3) 陆上运输工具倾覆或脱轨；

(4) 船舶、驳船或运输工具同除水以外的任何外界物体碰撞；

(5) 在避难港卸货；

(6) 因下述情况引起的保险标的的损毁或灭失：①共同海损的牺牲，②抛弃货物；

(7) "双方过失碰撞"条款下所应负的责任额；

(8) 由于承保范围内的危险事故致使航程在中间港延长时所发生的卸货、仓储以及续运至目的地正常和合理的额外费用。

与原平安险相比，ICC(C)排除了其中承保的装卸或转船作业中任一整件货物的完全灭失及恶意行为引起的蓄意性损害，但增保了陆上运输工具的倾覆或脱轨所致的保险标的的灭失和损毁。

2. ICC(B)条款的责任范围

该条款除将ICC(C)条款所承保的风险全部包括外，还增加了可合理归因于下列危险事故引起的保险标的的灭失或损毁：

(1) 地震、火山爆发或雷电；

(2) 浪击落海；

(3) 海水、湖水或河水进入船舶、驳船、运输工具、集装箱、大型海运箱或储存处所；

(4) 货物在装卸时落海或跌落造成任一整件货物的全部损失。

3. ICC (A)条款的责任范围

该条款承保由于任何意外事故导致的保险标的的灭失或损毁，其责任范围除包括ICC(B)承保的全部风险外，还增加了下列各种附加危险：

(1) 钩损，指以手钩、吊钩搬运货物时所致各种损失；

(2) 沾污，指货物与其他货物接触或串味所致的损失；

(3) 锈损，指由外来因素所致的锈损；

(4) 淡水雨淋造成的损失，指货物在运输中，由于淡水、雨水以及冰雪融化所造成的损失；

(5) 漏损，指流质、半流质货物在运输过程中因渗漏引起的损失；

(6) 破损，指货物的破裂、碰损所造成的损失；

(7) 偷窃，指货物被偷走窃走造成的损失；

(8) 提货不着，指承运轮抵达目的港时，货物因不明原因整体灭失；

(9) 短量，指货物数量、重量发生短少的损失。

与一切险条款相比，ICC(A)不承保由船舶所有人或其代理人、租船人或船舶运营人的破产或债务所引起的损失和费用,但增加承保陆上运输工具倾覆和脱轨造成的损失。至于恶意损害险则是一个附加险。它也包括在 ICC(A)条款的责任范围内,但对 ICC(B)、ICC(C)两个条款来说则属意外责任。

新条款还增加了运送费用条款、增值条款和适用英国法及惯例条款等内容,把长期使用的船货保险单格式中的某些条款也列入新条款中,从而把条款与船货保险单格式联系起来。此外,新条款还扩大了除外责任,规定了一般除外责任的范围,具体包括:

(1) 被保险人故意行为造成的损失和费用;

(2) 保险标的的自然渗漏,重量或容量的自然损耗或自然磨损;

(3) 由于保险标的的包装或准备不足或不当引起的损失或费用;

(4) 由于保险标的的固有瑕疵或本质所造成的损失或费用;

(5) 直接由延迟引起的损失或费用,即使延迟是由于承保风险引起的(但由于共同海损或抛弃而支付的费用除外);

(6) 由于船东、经理人、租船人或经营人破产或不履行债务所造成的损失或费用;

(7) 任何人员的违法行为引起的保险标的或其任何部分的损害或毁坏;

(8) 由于使用任何原子或核裂变和(或)核聚或其他类似反应或放射性作用或放射性物质的战争武器造成的保险标的的灭失、毁损及费用;

(9) 由于船舶或驳船的不适当,或船舶、驳船运输工具或货箱的不适当运送,为被保险人或其代理人所知悉而引起的损失或费用。

上诉一般除外责任中的第(7)条在 ICC(A)条款项下不予免责。

第四节　保险损失的赔偿

一、保险赔偿的原则

发生海上意外事故,保险标的遭受损失时,被保险人能否向保险公司要求赔偿,这取决于该项意外事故是否在保险单承保的范围之内。因为被保险货物的损失可能是由一个危险事故引起的,也可能是由两个或者两个以上的危险事故引起的。其中有些可能在承保范围以内,有些可能不在承保范围以内。在保险赔偿时,首先要确定危险事故与损失之间的因果关系,然后判断保险人应否负赔偿责任。

英国《1906 年海上保险法》第五十五条规定:除本法或保险单另有规定外,保险人对于因承保之海难所致之损害,均负赔偿责任,对于非因承保之海难所致之损害,均不负赔偿责任。这一原则几乎为世界各国所有办理海上保险的保险人所接受。要确定保险人的赔偿责任,就必须弄清造成损失的原因,保险人一般只对承保风险与货物损失之间有直接因果关系的损失负赔偿责任,而对不是由保险单承保的风险造成的损失不承担赔偿责任。这就是保险中所谓的近因原则。

什么是近因呢,该词语取自法律名词“Causa proxima et non remota spectatur”,其意为“应究审近因而非远因”,中文解释为直接原因。

对近因的解释,主要有两种观点。一种观点认为,时间上最为接近的原因就是近因;

另一种观点认为,作用效力上最为显著的原因才是近因。

持第一种观点的人强调原因在时间上的接近,所考虑的仅是损失的立即原因。他们不承认在数个原因中有比较重要原因的存在,并认为如果就原因的原因加以追究下去,结果不但无法决定其界限,也容易节外生枝,引发难以确定的事情。因此,为了决定损失的发生是否起因于被保风险及保险人的责任,并使这种决定不仅能达到某种程度的正确性还可以估计,于是采用时间上最为接近的原因作为近因。这是近因原则发展初期学者们的看法。这一概念不太实际。因为任何损失发生当时的情况所牵涉的原因极可能非常广泛,以致无法以时间来衡量决定。

持第二种观点的人认为,损失由数种原因(危险)结合为起因所引起时,无法按时间先后次序来解决近因问题,因为因果关系的形态呈网状关系而不是链状关系。所谓真正的直接原因,应该指在效果上最直接的原因,该直接原因对于发生损失的效果,不因其他原因发生而受影响,即其状态或效力依然继续存在,而且在效果上依然是对发生损失最有力的真正的原因。这是现代保险学者对近因的解释。英国判例也都采用这一观点,并被各国保险界广泛接受。

综观上述两种观点,可以说,近因就是指在效果上对损失的作用最直接有力的原因。

典型案例 8-7

软木树皮损失案

在该案中,软木树皮投保了火灾险,火灾在离树皮较远处发生,为防止火灾蔓延,地方当局命令将一些软木树皮投入海中。

本案的问题是这部分被投入海中的软木树皮的损失,是否属于火灾险的承保范围。

法院认为,软木树皮损失属于火灾险的承保范围,因为用水救火和毁灭财产防止火灾蔓延的近因均是火灾。害怕危险发生与危险已发生并以十分必要的行动去改变已发生的危险是截然不同的。因后者造成的损失,保险人应负赔偿责任。

资料来源:李振东,《关于近因原则在我国海上保险法中的应用及其与中国文化的兼容问题》,http://www.tougaozixun.com/paperdata/paper_141344,访问日期:2023 年 8 月 4 日。

近因原则是为了明确事故与损失之间的因果关系,认定保险责任而专门设立的一项基本原则。它是指保险人对于承保范围内的保险事故作为最直接的、最接近的原因所引起的损失承担保险责任,而对于承保范围以外的原因造成的损失不负赔偿责任。近因原则为海上保险人所重视的根源在于,它对于海上保险具有普遍的意义。由于海上运输复杂多变、风险四布,因此从事海上运输的船舶或货物遭受损失的原因往往不止一个。而保险人出于其商业利益的需要,不可以将这些致损原因全部承保。于是,海上保险人对海上事故的性质、发生概率及其与损害后果的关系予以分类研究,设立不同的海上保险险种、险别,确立各自所承保的危险范围。当损失发生后,保险人从致损原因与损害后果之间的因果关系入手,认定最直接造成损失或最接近损失后果的原因是否属于其承保范围,进而判断是否承担赔偿责任。由此可见，近因原则是确认保险人保险责任的主要依据。

虽然近因原则在海上保险中广泛适用，但是如何认定其致损的近因尚无统一标准，具体的论证方法多种多样。从目前来看，直接作用论，即将对致损具有最直接、最重要作用的原因作为近因，为大多数人所认可。按照直接作用论来认定海上损失的近因时，应当把握两个条件：一是致损原因与损失后果之间因果关系的客观性，二是海上保险合同约定的承保危险范围。如果有两个以上致损原因的，因其对损失所起的作用一般不会完全一样，则需要判定它们对于损失后果所起作用的大小。如果致损的各个原因都属于保险责任范围，则无须判断其作用大小，保险人必然要承担赔偿责任。如果致损的各个原因中，有的属于保险责任范围，有的不属于保险责任范围，则应当判断其作用的主次之别。对于致损的最直接、作用最大的原因在保险责任范围之内构成近因的，保险人应当承担保险责任；反之，最直接、作用最大的原因为非保险责任的，保险人少承担甚至不承担保险责任。

典型案例 8-8

水果损失案

在该案中，橘子和柠檬保了险，但不保部分损失，除非这种损失是“船舶碰撞的结果”。

该船舶在航行中发生碰撞，不得不进港修理。为了修理，就要把水果卸到驳船上，并最后重装回船。当船舶到达目的港后，水果损失严重，部分是在装卸到驳船时发生的，部分则是因为航程耽搁，水果发生自然腐烂。

本案的问题是水果所受损失是否属于保险单所指的“碰撞”的结果？

法官认为，损失的近因不是碰撞或任何其他海上风险，它是因为货物易腐的特点，由装卸处理及自然腐烂共同造成的。因此，这种损失不能求偿。

资料来源：张圣翠主编，《国际商法》（第六版），上海财经大学出版社，2012，第 164 页。

二、代位权和委付的问题

（一）代位权

如前所述，保险合同是一种补偿合同（Contract of Indemnity），故被保险人不能以保险作为牟利的手段。因为很多时候保险标的所遭受的保险事故是由第三人的行为引起的，被保险人当然有权利向肇事者就其侵权行为所致损失进行索赔。由于海事诉讼往往牵涉到许多方面，诉讼过程旷日持久，保险人为便利被保险人，就按照保险合同的约定先行赔付，同时取得被保险人在标的上的相关权利，代被保险人向第三人进行索赔，这就是在国际海上保险业中普遍盛行的代位求偿原则。

因此，保险中的代位权（Subrogation），即保险人在支付了保险金额后，从被保险人处取得的，向造成保险标的损害的第三人追偿的权利。

保险中的代位权是一种法定的权利，许多国家在保险法或者海商法中都有规定。《中国海商法》第二百五十二条第一款规定：保险标的发生保险责任范围内的损失是由第三人造成的,被保险人向第三人要求赔偿的权利,自保险人支付赔偿之日起,相应转移给保险人。此即为典型的关于代位权的规定。该规定确立了我国海上保险业务中的代位求偿原则,符合国际上通行的做法。

需注意的是,保险人的代位求偿权是于被保险人处取得的,应严格局限于被保险人原有的对第三人的权利,不能由于代位求偿而得到被保险人本没有的权利。如同属被保险人的两艘船相撞,即使全部责任应由另一艘船承担,保险人也无权起诉另一艘船。只有被保险人最了解自己对于保险标的的所有权利,也掌握其拥有这些权利的最充分的证据。为保证代位求偿的真正实现,《中国海商法》第二百五十二条第二款规定:被保险人应当向保险人提供必要的文件和其所需要知道的情况,并尽力协助保险人向第三人追偿。

为确保代位求偿原则的顺利执行,《中国海商法》就代位求偿过程中可能出现的几种情况作了如下规定:

（1）有时由于某种情势的需要,被保险人主动放弃了对第三人的一些权利,从而造成保险人在一些权利上无法代位求偿,为此,《中国海商法》第二百五十三条规定:被保险人未经保险人同意放弃向第三人要求赔偿的权利,或者由于过失致使保险人不能行使追偿权利的,保险人可以相应扣减保险赔偿。

（2）有时保险人在办理代位求偿时发现第三人已经赔付给被保险人部分损失,则保险人依照《中国海商法》第二百五十四条第一款的规定:保险人支付保险赔偿时,可以从应支付的赔偿额中相应扣减被保险人已经从第三人取得的赔偿。

（3）如果保险人在取得代位求偿权后向第三人索赔时,获得了高于保险人赔付给被保险人的保险赔偿的赔偿金,则保险人不可以将这些赔偿金全部划归自己。《中国海商法》第二百五十四条第二款规定:保险人从第三人取得的赔偿,超过其支付的保险赔偿的,超过部分应当退还给被保险人。因为代位求偿只是代位,保险人不可以此获得额外利益。

（4）按照代位求偿的规定,在委付或实际全损的情况下,保险人在按照保险合同赔付了被保险人之后,就取得了对保险标的的全部权利和义务。但有时保险标的已经完全没有价值甚至还在继续扩大其对第三人的责任。如果此时保险人承担其保险标的的全部权利义务,则保险人将承担更大的损失。为保护保险人的利益,《中国海商法》第二百五十五条规定:发生保险事故后,保险人有权放弃对保险标的的权利,全额支付合同约定的保险赔偿,以解除对保险标的的义务。保险人行使前款规定的权利,应当自收到被保险人有关赔偿损失的通知之日起的七日内通知被保险人;被保险人在收到通知前,为避免或者减少损失而支付的必要的合理费用,仍然应当由保险人偿还。

（5）在代位求偿制度中,保险人对于保险标的的权利的获得是以支付保险赔偿为前提的。只要保险人不宣布放弃对保险标的的权利,则在保险人支付保险赔偿后,保险标的的权利和义务就转移给保险人。转移权利义务的多少由保险金额与保险价值的比例决定。对此《中国海商法》第二百五十六条规定:除本法第二百五十五条的规定外,保险标的发生全损,保险人支付全部保险金额的,取得对保险标的的全部权利;但是,在不足额保险的情况下,保险人按照保险金额与保险价值的比例取得对保险标的的部分权利。

因此，无论是在全部损失还是部分损失的情况下，只要保险人已经支付了保险赔偿，都有权实施代位求偿。但在赔付全部损失的情况下，保险人除取得代位权之外，还可取得残存标的的所有权；但如果保险人所赔付的只是部分损失，则不能取得残存标的的所有权，该残存标的仍然属于被保险人，保险人所得到的仅仅是代位权，且此项权利要以他所赔付的金额为限。

（二）委付

1. 概念

海上保险的委付（Abandonment of Marine Insurance）是海上保险中特有的一种法律行为，它是指海上保险事故发生后，保险标的的损失符合推定全损的构成要件时，被保险人请求将该标的的全部权利和义务转移给保险人，从而获得全部赔偿的制度。委付制度与推定全损制度紧密相连。如果说《中国海商法》第二百四十六条规定的条件是推定全损成立的必要条件，则委付是推定全损成立的充分条件。因为如果保险人不接受委付，推定全损就没有意义，保险人仍将按部分损失理赔。

《中国海商法》第二百四十九条规定：保险标的发生推定全损，被保险人要求保险人按照全部损失赔偿的，应当向保险人委付保险标的。保险人可以接受委付，也可以不接受委付。但是应当在合理的时间内将接受委付或者不接受委付的决定通知被保险人。委付不得附带任何条件，委付一经保险人接受，不得撤回。

委付与代位权不同，委付仅适用于海上保险中推定全损的场合。而代位权是指对第三人的追偿权，它既适用于全部损失，也适用于部分损失。

2. 委付与代位权的区别

概括起来，委付与代位权至少有以下三点区别：

第一，适用的场合不同。只有在推定全损的情况下，保险人才能根据委付取得标的的权利；而代位权的行使前提是进行保险赔付，与损失类型无关。

第二，委付转移的是标的的所有权，而代位权转移的是对第三人的诉权。

第三，在代位权中，保险人给付保险赔款是被保险人转让权利的先决条件，而委付则没有这一条件。

3. 委付的法律特点

从法律性质上来说，委付是一种单方法律行为。因为作为保险人，可以接受委付，也可以拒绝委付。因此，委付只是被保险人的一种单方行为而已。

按照《中国海商法》第二百五十条的规定，保险人接受委付的，被保险人对委付财产的全部权利和义务转移给保险人。

课堂讨论 8-5

中国长城号远洋杂货轮是1975年由中国建造的普通万吨级远洋杂货轮。该轮的83个航次在波兰格丁尼亚港装载了1 844吨杂货后，于1994年4月16日上午离港驶往德国罗斯托克港加载。当日20点20分，当船舶行驶在丹麦博恩霍尔姆岛附近时，突然发现船舶上层建筑起火。事后查证:火灾是因一船员在房间使用电炉,电炉过热着火而引起的。

由于发现起火时间晚,火势蔓延迅速,船员无法扑灭大火,船长决定发出 SOS 求救信号,同时船长命令全部船员和部分随船家属撤离船舶。在丹麦海军和渔民的协助下,除 2 名船员(事后发现被烧死在船上)外,其他船员和家属都被救往博恩霍尔姆岛,部分船员进了医院治疗烟熏和烧伤。

波兰救助公司在获悉中国长城号远洋杂货轮的消息后,主动前后派出 3 条救助拖轮、1 架直升机和若干消防人员奔赴现场,进行灭火救助,至 17 日 15 点船上大火被扑灭。19 日 13 时,长城号远洋杂货轮的残骸被拖回格丁尼亚港。

经检查,长城号远洋杂货轮上的货物 1/4 遭损坏,机舱稍受影响,但是上层建筑全部被烧毁。据估算,如果修复该轮,总费用将达到 280 万美元。该费用已经大大超过了按该轮价值投保的金额总数。请考虑以下问题:

(1) 承运人对长城号远洋杂货轮上货物的损失是否承担责任? 为什么?

(2) 承运人能否宣布共同海损? 如果不能,请说明原因。如果能,共同海损主要包括哪几部分?

(3) 本案中的船舶能否推定全损? 为什么?

(4) 波兰救助公司的主动救助行为是否有效? 如果最终船舶沉没致使救助没有成功,救助公司能否要求支付救助费,为什么?

(5) 对船舶的损失,船东(被保险人)可以如何处理? 保险人可否拒绝?

? 思考与练习

1. 什么是海上货物运输保险合同?
2. 什么是可保利益? 对保险标的具有可保利益的通常是哪些人?
3. 什么是实际全损? 什么是推定全损? 推定全损通常有哪些?
4. 什么是共同海损? 共同海损有什么特点?
5. 什么是海上保险的代位权? 什么是委付? 两者有什么区别?

案例分析

我国某外贸公司与荷兰进口商签订了一份皮手套合同,价格条件为 CIF 鹿特丹,向中国人民保险公司投保了一切险。生产厂家在生产的最后一道工序将手套的湿度降到最低,然后用牛皮纸包好装入双层瓦楞纸箱,再装入 20 英尺集装箱。货物到达鹿特丹后,检查结果表明,全部货物受潮发霉,出现沾污、变色,损失价值达 8 万美元。据分析,该批货物的出口地不异常热,进口地鹿特丹不异常冷,运输途中无异常,运输完全属于正常运输。

【思考与讨论】

1. 保险公司对该批货物是否负责赔偿？为什么？

2. 进口商对受损货物是否支付货款？为什么？

3. 你认为出口商应如何处理此事？

（本案涉及商品本身的内在质量缺陷以及CIF合同属于象征性交货这一性质）

第九章

国际贸易结算与支付法律制度

【教学目标】

通过本章学习，学生将能够：

1. 认识票据的概念与种类。
2. 了解票据的经济功能与法律特点。
3. 了解票据关系、票据行为的类型与特点。
4. 掌握汇票的概念及相关票据行为的特点。
5. 了解汇付、托收、信用证等支付方式的特点。

【关键术语】

票据　汇票　本票　支票　票据行为　出票　背书　承兑　拒付　汇付　托收　信用证

【引导案例】

票据伪造的法律责任承担

某年 11 月 20 日，宏远有限责任公司与新西兰商人杨某约定：宏远有限责任公司用 4 000 万人民币从杨某手中购买新西兰某银行开出的 001403 号和 304100 号本票两张，金额分别为 260 万美元和 240 万美元。杨某在上述两张本票的收款人空白栏内填入“宏远有限责任公司”后，宏远有限责任公司当日即持票到工商银行某分行办理兑付。由于该行与新西兰某银行无直接业务关系，便建议宏远有限责任公司到中国银行某分行办理兑付。

同月 25 日，工商银行某分行与宏远有限责任公司一起到中国银行某分行办理兑付业务。中国银行某分行(新西兰某银行在海外的联行)审查后，认为两张本票票面要件相符，密押相符，便在本票上盖了“印押相符”章，宏远有限责任公司与工商银行某分行分别在两张本票后背书盖章。中国银行某分行即将 500 万美元划入工商银行某分行账户，工商银行某分行又将此款划入宏远有限责任公司账户。宏远有限责任公司见款已入账，在认为没有问题的情况下将 4 000 万人民币划到杨某指定的账户上。中国银行某分行工作人员在划出 500 万美元汇账后，便把两张本票留作存根归档。

次年 9 月 22 日，有关人员在检查档案中发现这两张本票，于是据此向新西兰某银行提示付款。同月 30 日，中国银行某分行接到新西兰某银行的退票通知书称此两张本票系伪造，拒绝付款。

中国银行某分行即日向工商银行某分行退回本票并说明理由，要求其将 500 万美元归还。工商银行某分行接票后当日即函复中国银行某分行，请求控制宏远有限责任公司在中国银行某分行的美元账户。此时杨某已不知去向。

中国银行某分行以工商银行某分行与宏远有限责任公司为共同被告提起诉讼。

法院认为，涉诉本票系伪造，无伪造人签名、无杨某签名，出票人新西兰某银行的盖章系伪造。

资料来源：上海申邦律师事务所，《伪造票据的案例》，http://www.shenbanglawyer.com/index.php? c=show&id=5188，访问日期：2023 年 8 月 5 日。

请考虑在本案中，伪造人杨某、新西兰某银行要负票据上的责任吗？工商银行某分行和宏远有限责任公司要承担民事赔偿的法律责任吗？这涉及本章票据法的相关知识点，在票据行为与票据责任相关章节加以介绍。

第一节　票据概述

国际贸易结算与支付是指在国际贸易活动中所发生的、由履行金钱给付义务的当事人支付外汇的行为。本质上而言，国际贸易结算与支付就是把一国货币换成另一国货币，并用以清偿因国际贸易而产生的债务的行为。

国际贸易支付的工具，分为货币与票据两种，但适用最广泛的是票据。支付方式主要包括汇付、托收、信用证、国际保理等。

在现代商品经济活动中，几乎绝大部分商品交易活动，都是通过票据清结最终完成的。票据是当今商事活动中不可或缺的重要工具，是商事交易的润滑剂，是商品经济机体血管中流动的血液。在当今国际贸易实务中，款项的支付几乎都通过票据结算来完成，这一方面是因为用现金结算既不安全又不方便，另一方面用现金结算的成本太高。因此，票据成为国际商事活动中最重要的支付工具和信用工具，票据法也成为国际商法的重要内容之一。

一、票据的概念及种类

票据有广义和狭义的区分。广义的票据是指商业活动中所使用的一切有价证券和凭证，包括股票、债券、发票、汇票、本票、支票、提单、仓单、存款单、购物券、交通票证、影剧票、歌舞票等。狭义的票据是指票据法上的票据，是指出票人依法签发的，载明一定的金额，由付款人无条件支付的一种有价证券，包括汇票、本票和支票三种。

关于票据的种类究竟包括哪些，各国的规定也不完全一致。大陆法系国家的商法典或者票据法中，一般包括汇票和本票，而支票则另行立法。而英美法系国家将汇票、本票和支票规定于一个法律中。

1995 年通过并于 2004 年修订的《中华人民共和国票据法》（以下简称《中国票据法》）采用英美法系国家的立法，该法第二条第二款规定：本法所称票据，是指汇票、本票和支票。

汇票是指出票人签发的，委托付款人在见票时或者在指定日期无条件支付确定的金额给收款人或者持票人的票据。按出票人不同，汇票具体分为商业汇票和银行汇票两种。商业汇票是出票人为企业、公司，而付款人为其他企业、公司或者银行的汇票；银行汇票是指出票人和付款人均为银行的汇票。商业汇票依照承兑人的不同，又可以分为银行承兑汇票和商业承兑汇票，前者由银行承兑并付款，后者由企业、公司承兑并付款。

本票是出票人签发的，承诺自己在见票时无条件支付确定的金额给收款人或者持票人的票据。本票分为商业本票和银行本票两种，但《中国票据法》中只限于银行本票。

支票是出票人签发的，委托办理支票存款业务的银行或者其他金融机构在见票时无条件支付确定的金额给收款人或者持票人的票据。从本质上来看，支票其实是一种特殊的汇票。

支票的种类很多，而《中国票据法》只规定了两种：一种是现金支票，另一种是转账支票。现金支票可用于支取现金也可以用于转账，转账支票只能用于转账。

从汇票、本票和支票的特点来看，三者有如下区别：

（1）本票是约定本人付款的证券，汇票是委托他人付款的证券，而支票是委托支付证券。汇票、本票的付款人可以是银行、公司或者其他主体（目前中国本票的付款人只限于银行），支票的付款人只限于银行或其他法定金融机构。

（2）本票只用于同城范围的商品交易和劳务供应以及其他款项的结算，支票可用于同城或票据交换地区，汇票一般可以在国与国之间或者地区与地区之间流通。

（3）本票付款期为 2 个月，逾期兑付银行不予受理；支票是见票即付，付款期一般为 10 天；汇票可以见票即付，也可以出票后或见票后定期付款。

(4) 汇票和支票有三个基本当事人,即出票人、付款人、收款人,而本票只有出票人(付款人和出票人为同一个人)和收款人两个基本当事人。

(5) 支票的出票人与付款人之间必须先有资金关系,才能签发支票;汇票的出票人与付款人之间不必先有资金关系;本票的出票人与付款人为同一个人,不存在所谓的资金关系。

(6) 支票和本票的主债务人是出票人,而汇票的主债务人在承兑前是出票人,在承兑后是承兑人。

(7) 远期汇票需要承兑;支票一般为即期,无须承兑;本票的出票人就是付款人,也无须承兑。

(8) 支票、本票持有人只对出票人有追索权,而汇票持有人在票据的有效期内,对出票人、背书人、承兑人都有追索权。

(9) 远期汇票具有信用工具的作用,本票的这一功能非常有限,支票则因为都是即期的,基本不具备这一功能。

二、票据的经济功能

(一) 支付功能

该功能属于票据的原始功能,也是迄今应用最为广泛的功能。作为支付工具,票据可以代替现金,既省去了大量点验现钞的麻烦,也免去了随身携带大量现金的风险和麻烦。一张票据,就可以代表成千上万的金额,支付十分方便。

(二) 信用功能

票据是"信用的证券化",从经济学上讲,信用是借贷资本(金)的运动形式,是企业发展的通用手段。远期的票据可以起到短期的信贷作用。例如,买方开立一张出票后三个月付款的汇票,对买方来说,就等于获得了三个月的短期信贷。

(三) 结算功能

票据结算其实是支付功能的延伸。通过票据结算,可以简化手续、提高效率,同时可以节约货币的流通,保障交易安全。

(四) 融资功能

这是票据较晚出现的一种新功能,主要通过票据贴现来实现。银行经营票据贴现业务,实际上是向需要资金的单位提供资金。国际上的这种票据贴现市场十分发达,有的国家政府用这种手段,通过提高或降低贴现率来调剂市场资金。

三、票据的法律特点

1. 票据是无因证券

票据开立都基于一定的原因,如货物买卖中的价金支付,但依据原因关系而形成的票据关系一经票据签发交付,就与该原因关系相分离。无因性的含义有二:

(1) 票据上无须记载原因,即使记载也不产生票据法上的效力。

(2) 票据关系与票据原因关系各自独立,票据原因关系的无效、撤销和消灭对票据的效力不产生影响。票据债务人不能以原因关系的违法或违约为理由对抗持票人。

2. 票据是文义证券

票据当事人的权利义务等一切事项均以票据上记载的文字为准，以票据上的文字含义设定票据权利，即使记载有误，持票人也只能依文义行使权利，而不受票据上文字以外事项的影响。为了保证文义性的实施，票据法规定，票据上记载的事项应当真实，不得伪造、变造，伪造、变造票据上签章和记载事项的，应当承担法律责任。

3. 票据是有价证券

票据是无条件支付一定金额的有价证券，持票人对票据付款人或出票人享有付款请求权，即得到若干金钱而非其他物品或劳务。

4. 票据是流通证券

票据上的权利可以经背书、交付票据而自由转让给他人，且在票据到期日前可以多次转让。票据的流通性在各种证券中是最好的。

5. 票据是要式证券

票据法对票据的格式和记载事项作出强制性规定，如果不依格式制作或欠缺对必要记载事项的记载，该票据即归无效。因此，票据的制作必须严格依照法定的形式。

6. 票据是设权证券

开立票据是设定一个权利，而非仅仅为了证明一个权利。相对而言，股票、债券就不具有这个特点，股票、债券等是证权证券，而非设权证券。

四、票据的立法概况

作为融通资金的重要手段，票据的产生和发展由来已久。

早在 12 世纪意大利沿海商业发达城市就通行了一种类似本票的兑换证券，继之又出现一种委托付款证券，随即发展为汇票。16 世纪，商品生产的规模越来越大，由国内分工扩大为国际分工，票据逐渐发展直至成熟，票据的使用遍及欧洲每一个商业城市。

在票据立法上，自 17 世纪以来，主要资本主义国家都颁布了票据法。世界上最早的成文票据法可追溯至 1673 年法国路易十四制定的《商事条例》中的票据条款。1807 年，拿破仑制定了《法国商法典》。在英美票据法体系中，英国于 1882 年制定了成文的《汇票法》；美国在 1896 年制定了《美国统一流通证券法》，1952 年该法纳入《美国统一商法典》。

在国际票据统一法方面，1910 年国际上制定了《票据统一规则》；1930 年和 1931 年国际联盟主持召开日内瓦票据法统一会议，制定并通过了《1930 年汇票与本票统一法公约》《1930 年关于解决汇票、本票法律冲突的公约》《1931 年支票统一法公约》和《1931 年关于解决支票法律冲突的公约》。大陆法系国家据此修订本国票据法，形成了日内瓦统一票据法体系。

在中国历史上很早就有了类似于票据的汇兑支付工具，但受封建社会自然经济的制约，在很长一段时期内，票据的实践一直未能得到制度化和法律化。中国最早的票据雏形可以追溯到唐代，即公元 9 世纪初叶的“飞钱”，其后有宋代的“交子”、清代的“银票”“庄票”。清朝末年，西方银行带来了西方的票据制度，并逐步取代了我国原有的钱庄及票据制度。

在我国法制史上,票据法仅有很短的历史。1907 年,清政府宪政编查馆聘请日本学者志田钾太郎起草票据法,于 1911 年完成起草工作。该草案未能颁布实施。1913 年,民国政府法典编纂会以志田钾太郎为顾问重新起草票据法,形成了新的票据法草案。该草案也未能公布实施。1922 年,北洋政府成立票据法编纂会,起草票据法,先后起草了若干草案,但都未能公布。1929 年 9 月 28 日,国民政府立法院制定并通过了《票据法》,同年 10 月 30 日公布实施,中国历史上第一部票据法从此诞生。这部票据法完全采用了西方国家的票据制度,规定了由西方传来的汇票、本票和支票这三种形式的票据。次年国民政府又公布了《票据法施行法草案》。

中华人民共和国成立后,废除了包括票据法在内的所有法律,在此后的相当长时期内,我国一直是用行政办法来管理票据,对票据的使用进行严格的限制。由于经济形式基本限于国营经济,生产资料与生活资料的分配与调拨也绝大部分依靠国家计划来实现。国家实行严格的现金管理,注重银行信用,限制和取消了商业信用,致使票据制度基本没有存在的必要。进入 80 年代以后,随着改革开放的深入及商品经济的发展,票据又重新受到人们的重视和使用,调整票据活动的规则也逐步出现,这些规则起初是零散的地方法规和行政规章。

1986 年,根据国务院的指示,中国人民银行拟出《中华人民共和国票据法暂行条例(草案)》,向金融界、法律界征询意见。

1988 年 6 月 8 日,上海市政府率先发布了《上海市票据暂行规定》。该规定虽然仅属于地方性行政法规,但包含了现代票据法的基本原则和通行惯例。

1988 年 12 月 19 日,中国人民银行发布《银行结算办法》,改革仿照苏联模式使用了几十年的传统结算方式,推行票据结算方式,建立了以汇票、本票和支票为主体的新的银行结算制度。该办法虽然仅限于从结算制度方面考虑票据的相关规定,还强调签发商业汇票必须以合法的商品交易作为前提,即尚未确定票据的无因性特征,但毕竟是向建立票据制度方面迈了一大步。

1990 年,中国人民银行总行成立票据法起草小组,草拟了《中国票据法讨论稿》,后历经多次修改。1995 年 5 月 10 日第八届全国人民代表大会常务委员会第十三次会议通过《中国票据法》,自 1996 年 1 月 1 日起施行,中华人民共和国第一部票据法由此诞生。

经国务院批准,中国人民银行于 1997 年 8 月 21 日发布了《票据管理实施办法》,自同年 10 月 1 日起施行。为配合《中国票据法》及《票据管理实施办法》的施行,中国人民银行又于 1997 年 9 月 19 日发布了《支付结算办法》,自同年 12 月 1 日起施行。

为了正确适用《中国票据法》,公正、及时审理票据纠纷案件,2000 年 2 月 24 日,最高人民法院审判委员会第 1102 次会议通过了《最高人民法院关于审理票据纠纷案件若干问题的规定》,并于同年 11 月 21 日起施行。

2004 年 8 月 28 日,第十届全国人民代表大会常务委员会第十一次会议通过《关于修改〈中华人民共和国票据法〉的决定》,对《中国票据法》予以修正。至此,我国相对完整的票据法体系得以建立。

五、票据的三大法系及国际统一化进程

一般认为,近代票据法起源于欧洲中世纪的商人习惯法,依托于12、13世纪意大利地中海沿岸城市发展起来的商人法,主要表现为商业习惯和商业规则,为各国商人所共同接受。大约在17世纪以后,随着国家主权的兴起,各国相继颁布自己的商事法律,由此形成了各国成文的票据法。

在20世纪30年代系列日内瓦公约制定之前,世界上曾存在法国法系、德国法系、英美法系三大有代表性的票据法体系。

凡仿效法国票据法的国家,在理论上被称为法国法系(又称拉丁法系),包括意大利、西班牙、比利时、希腊、土耳其及拉丁美洲各国。如前所述,法国的票据法历史最悠久,由此对票据的规定相对较为陈旧,比如,较少地考虑票据的流通手段和信贷的作用,尤其在早期仅仅把票据当作现金输送的工具,要求出票人和付款人之间必须要有资金关系等。随着时代的推移,法国法系的一些规定逐渐不适应经济发展的要求,这使得许多原来仿效法国票据法的国家,如意大利、西班牙、比利时等国纷纷舍弃法国法转而采取德国法。

凡仿照德国票据法的国家,在理论上被称为德国法系(又称日耳曼法系),主要包括奥地利、瑞士、丹麦、瑞典、匈牙利、日本、挪威等国。德国法系的代表性立法是1871年《德国票据法》,该法与法国早期票据法的不同在于比较注重票据的流通手段和信贷工具的作用,且强调票据是一种无因证券,票据权利不受其基本关系的影响。

值得一提的是,随着20世纪30年代一系列日内瓦公约的制定,法国法系与德国法系实际上形成了日益趋同的日内瓦票据法体系。英美法系国家的法律理论及实践与大陆法系国家有很大不同,其票据立法也有自己显著的特色。英国的票据法是在判例法的基础上发展起来的,制定时间相对较晚,其票据法体系的代表性立法是1882年《英国汇票法》。美国及大部分英联邦成员国如加拿大、印度等都以此为参照制定本国的票据法。值得一提的是,美国在1952年制定了《美国统一商法典》,其中第三篇商业票据即是关于票据的法律规定,该章也就是美国的票据法,它在英美法系国家的票据法中也具一定的代表性和影响力。英美票据法和法国票据法有着显著的差别,前者注重票据的流通作用和信贷工具的作用,强调保护票据的正当持票人,将票据关系与其基本关系严格区别开来,不问票据的对价关系和资金关系,凡是善意的票据受让人均可受到法律保护。采用英美票据法体系的国家除英国、美国外,还包括加拿大、印度、澳大利亚及一些英属殖民地国家。

由于票据不是法定现金,它可能被任意出立、伪造、涂改或止付等。这些都可能严重扰乱人们正常的经济活动,为了避免或减少这种风险,各国便以立法将票据规范化。但各国之间在票据法上存在的分歧和差异,对国际贸易的发展造成了极大的不便。19世纪末20世纪初,票据随着贸易和旅游的发展而广泛流转于国家(地区)间,票据法各自为政的局面已难以适应这一发展,票据法律制度的不统一严重影响到票据的流通。票据法的国际统一化问题引起了国际范围的广泛关注。一些国际组织和相关人士为了统一各国的票据法,不断作出努力。

自20世纪以来,统一票据法的国际活动主要有三次,即海牙统一票据法会议、日内瓦

统一票据法会议及联合国统一票据法活动。

1930年和1931年国际联盟主持召开日内瓦票据法统一会议，制定并通过了《1930年汇票与本票统一法公约》《1930年关于解决汇票、本票法律冲突的公约》《1931年支票统一法公约》和《1931年关于解决支票法律冲突的公约》。

这一系列日内瓦公约的成就之一是统一了法国法系和德国法系，形成了日内瓦统一票据法体系。这主要是因为这两大法系本身就同属于大陆法系，许多立法的传统与原理在很大程度上较为接近，再加上大多数欧洲国家以及日本、拉美等一些大陆法系国家都采用上述日内瓦公约，这使得法国法系和德国法系的统一水到渠成。

但因为英美等国从一开始就拒绝参加日内瓦公约，这主要是由于日内瓦公约基本是按照德国法的传统制定的，与英美法系国家的法律传统存在较大的差异，所以，日内瓦公约之后，在国际范围内，就从原先的票据法三大法系演化为两大法系，即日内瓦统一票据法系和英美票据法系。

两大票据法体系的分歧主要表现在下述几个方面：

第一，票据的分类不同。日内瓦统一票据法将汇票与本票视为一类，把支票作为单独一类。而英国票据法认为汇票是基本票据，本票和支票由汇票派生，1957年《英国支票法》仅是对原票据法中支票部分的补充；《美国统一商法典》规定的票据范围更广，还包括存单。

第二，票据持票人的权利不同。英国法将持票人分为对价持票人和正当持票人，正当持票人的权利大于对价持票人的权利；而日内瓦统一票据法认为只要票据背书连续，持票人就是合法持票人，对票据拥有合法的权利。

第三，对伪造背书的处理不同。英美票据法主张保护汇票的真正所有人，日内瓦统一票据法主张保护善意的持票人。

第四，要求的票据要件不同。英国法对形式没有特别要求；而日内瓦统一票据法则规定了构成票据有效的要件，美国法在这一点上同日内瓦统一票据法。

中国没有参加上述四个日内瓦公约，但在对外贸易结算中，也常常适当参照上述日内瓦公约的有关规定来处理与汇票有关的一些法律问题。

英美票据法系的与日内瓦统一票据法系在许多问题上存在重大分歧，这种状况对汇票在国际上的使用流通是非常不利的。为了解决这个问题，联合国国际贸易法委员会从1971年开始着手起草一项适用于国际汇票的统一法公约，并于1973年提出了一项草案，这个草案是日内瓦统一票据法系和英美票据法系相互调和与折中的产物，但由于各国在许多问题上的分歧一时难以解决，该草案迟迟未能获得通过，以后又进行了多次修改，直到1988年12月9日在纽约联合国第43次大会上通过了《联合国国际汇票和国际本票公约》，并开放供签署。按该公约的规定，公约须经至少10个国家批准或加入后方能生效，但至今批准国家仍未达到要求，国际上票据法的两个法系的对立依然存在。尽管如此，我们依然给予该公约美好的预期，如果该公约最终能获得大多数国家的通过，其影响将会类似于《联合国国际货物买卖合同公约》对于国际货物买卖合同的影响。

《联合国国际汇票和国际本票公约》为国际商业交易当事方选择用新国际票据的法律规则提供了一部全面的法典。公约旨在克服国际支付所使用的票据目前存在的主要差别和不确定性。如果当事方使用特定形式的流通票据表明该票据受联合国国际贸易法委员会公约管辖，则适用此公约。

《联合国国际汇票和国际本票公约》共9章，90条。其主要内容包括：第1章，适用范围和票据格式；第2章，解释；第3章，转让；第4章，权利和责任；第5章，提示、不获承兑或不获付款而遭退票和追索；第6章，解除责任；第7章，丧失票据；第8章，期限（时效）；第9章，最后条款。并明确规定，汇票是指本公约规定的国际汇票；本票是指本公约规定的国际本票；票据是指汇票或本票；受票人是指汇票已对他开出而尚未经他承兑的人；收款人是指出票人指示向他付款或签票人承诺向他付款的人；持票人是指按公约的规定拥有票据的人。同时，对“受保护的持票人”“保证人”“当事人”“到期”“签字”“伪造签字”“货币”等均作出了规定。

《联合国国际汇票和国际本票公约》规定，该公约只适用于载有“国际汇票（联合国国际贸易法委员会公约）”或“国际本票（联合国国际贸易法委员会公约）”标题并在文内有上述字样的国际汇票和国际本票，不适用于支票；并要求国际汇票的如下五个地点中至少有两个地点位于不同的国家，但不要求位于两个不同的缔约国。这五个地点分别为：①汇票的开出地；②出票人签名旁所示地点；③受票人姓名旁所示地点；④收款人姓名旁所示地点；⑤付款地。对于国际本票也有类似的要求。

六、票据关系

（一）票据关系和票据基础关系

1. 票据关系概述

因票据的签发而发生的票据当事人间的法律关系可以分为票据关系和票据法上的非票据关系。票据关系是指当事人之间基于票据行为而发生的债权债务关系；而票据法上的非票据关系是票据法所规定的，但不是基于票据行为直接发生的法律关系。

票据关系是票据当事人之间基本的法律关系，依票据行为直接发生，又分为两类：①债权人的付款请求权和债务人的付款义务；②债权人的追偿权和债务人的偿还义务。

票据法上的非票据关系是为了保障票据关系，使票据债权人顺利行使权利，维护票据制度而由法律特别规定的当事人间的关系。如故意从拾得者或者小偷手里得到票据的人与该票据正当权利人间的关系，过期票据的持票人与出票人的关系等。这些关系也属于票据法调整规范的对象。

2. 票据基础关系

票据关系是一种形式关系或抽象关系，这种关系仅仅由票据授受这种形式而产生。至于当事人之所以授受票据，也即授受票据的原因或实质，不属于票据关系的范围，也不是票据法规定的事项。授受票据的原因或前提在票据授受之前就已存在。这种作为票据授受前提的关系就是票据基础关系，即票据关系所赖以产生的民事基础法律关系。

相对于作为形式关系的票据关系，票据基础关系又被称为票据的实质关系，具体包括三种：原因关系、资金关系和票据预约关系。

票据的原因关系是指当事人之间授受票据的原因。出票人之所以发出票据，将之交付收款人，以及收款人之所以接受票据，在经济上和法律上必有一定的原因，比如买卖、赠与等。原因关系存在于授受票据的直接当事人之间，所以票据一旦经转手，其原因关系必然断裂，前一票据原因与后一票据原因间并无任何联系。但票据不论转手多少次，各当事人之间的票据关系都是一样的，并无不同。

票据的资金关系是指出票人与付款人之间的委托付款关系。一般是指汇票或者支票的付款人与出票人或者其他资金义务人之间所建立的委托付款的法律关系。汇票或支票的出票人之所以委托付款人付款，付款人之所以愿意付款或承兑，就是因为他们之间有一定的约定，比如付款人处存有出票人的资金等。这种约定就是资金关系。资金关系只存在于汇票和支票中，本票因为是自付票据，所以不涉及这一问题。

票据预约关系是指当事人之间就授受票据以及票据的有关事项达成一致意见的协议，如就票据的种类、金额、到期日、付款地等事项达成的合意。票据预约就是以授受票据以及票据有关的事项为内容的合同。票据预约不仅存在于出票人与收款人之间，也存在于背书人与被背书人之间，所以当事人之间先有原因关系，再有票据预约，然后根据预约发出票据，才能发生票据关系。

需注意的是，票据关系一经形成，即与票据基础关系相分离。票据基础关系无论有效还是无效，都不对票据关系产生影响。就原因关系来说，票据债权人只需持有票据即可行使票据权利，不必说明其取得票据的原因，更不必证明其原因关系的有效性。反之，票据关系的存在也不能影响到原因关系。而资金关系是否存在与是否有效对票据关系也不产生影响。原因有六点：①持票人对付款人的票据权利来自其持有票据，与出票人提供资金与否并无关系。②资金的有无也不影响持票人的权利，出票人在不存在资金关系时发出的票据仍然有效。③在汇票中，付款人即使与出票人存在资金关系，也没有承兑或付款的义务；但如果已承兑，即使未受领资金，也不能解除承兑人应负的责任。④出票人不得以已向付款人提供资金而主张对于持票人的追索不负责任。⑤承兑人或付款人如果未受领资金而付款，对于出票人只能依民法（无因管理）请求补偿。⑥承兑人或付款人不属于原因关系的当事人，原因关系与资金关系同属民法上的关系，但这两种关系并无关联，承兑人或付款人不能利用原因关系。就票据预约来说，出票人即使违反预约发出票据，其票据仍有效。

3. 票据当事人

票据当事人可分为两类：一类是基本当事人，另一类是非基本当事人。基本当事人是指在票据发出时就已经存在的当事人，包括出票人、付款人和收款人。非基本当事人是指在票据发出后，通过各种票据行为而加入的票据当事人，包括背书人、保证人等。

基本当事人是构成票据上法律关系的必要主体，这种主体如果不存在或者不完全，票据上的法律关系就不能成立，票据也就无效。非基本当事人是在票据发出后，通过各种票据行为而加入票据关系之中，成为票据当事人的人，他们是不随出票行为而随其他票据行为出现的票据当事人。例如，收款人取得票据后将票据转让给他人，受让票据权利的人就成为受让人，如果其受让是通过背书完成的，受让人就被称为被背书人。票据当事人在各种票据行为中都有特定的名称，所以同一人可以有两个名称。如汇票中的付款人在承兑汇票后成为承兑人。除票据法有特别规定外，自然人和法人都可以充当票据当事人。

（二）票据行为

1. 票据行为的类型

票据行为是旨在发生票据上债务的法律行为，也即以负担票据债务为意思表示内容的法律行为，主要有出票、背书、保证、承兑和参加承兑五种。

出票又称发票，是指出票人签发票据并将其交付收款人的票据行为。这是基本票据行为或称“主票据行为”，其他票据行为则相应地称为“从票据行为”或“附属票据行为”。可见，主票据行为是创造票据的行为，附属票据行为是在已经存在的票据上所作的票据行为。

背书是指在票据背面或者粘单上记载有关事项并签章的票据行为。根据《中国票据法》第七条的规定，票据上的签章，为签名、盖章或者签名加盖章。法人和其他使用票据的单位在票据上的签章，为该法人或者该单位的盖章加其法定代表人或者其授权的代理人的签章。作为附属票据行为，背书使背书人与被背书人间产生法律关系。

保证是指付款人以外的第三人表示在付款人不履行付款义务时，由他代为承担付款责任的一种票据行为。它使保证人和持票人间产生法律关系。

承兑是指付款人在票据上签名承诺在票据到期日支付票据金额的票据行为。只有经过承兑的付款人才有届时必须付款的义务。承兑这一附属票据行为使承兑付款人和持票人间产生法律关系。

参加承兑是指付款人以外的第三人加入票据关系，代替付款人进行承兑的行为。另外，还有参加付款，即由付款人以外的第三人加入票据关系，代替付款人进行付款。参加承兑和参加付款的目的都是避免追索的发生，以维护出票人或者背书人的信誉。这些附属票据行为使参加承兑人或者参加付款人和持票人间产生法律关系。

2. 票据行为的特点

（1）要式性。票据行为的要式性是指票据行为是严格的要式行为，由法律规定其必备方式，如必须采用书面形式、背书只能作于票据背面或者粘单上、行为人必须签具本名方生效力等。票据行为如果违背这些法定方式则无效。

（2）抽象性（无因性）。票据行为的抽象性是指票据行为只需具备抽象的形式即可生效，而不受实质关系或者基础关系的影响，票据关系与原因关系、资金关系相分离，故具有抽象性，或称无因性。

我们知道，票据的开立总是基于一定的原因，如货物买卖中的价金支付，但注意：依据原因关系而形成的票据关系一经票据签发交付，就与该原因关系相分离。此即票据的无因性。其含义有二：其一，票据上无须记载原因，即使记载也不产生票据法上的效力；其二，票据关系与票据原因关系各自独立，票据原因关系的无效、撤销和消灭对票据的效力不产生影响。票据债务人不能以原因关系的违法或违约为理由对抗持票人。

（3）文义性。票据行为的内容完全以票据上的文字记载为准，即使文字记载与实际情况不一致，仍以文字记载为准，而不允许当事人以票据上文字记载以外的证据（即使证据是确切的！）更改票据上的文义。

（4）独立性。一张票据涉及多个票据行为时，各行为独立发生效力，互不影响。一个行为无效,不影响其他行为的效力。这也称为票据行为的独立原则,主要是为了保护善意持票人,促进票据的流通。

典型案例 9-1

甲欲将10万元的钢材卖给丙,并开出汇票,丙为付款人,乙为收款人。丙已对汇票承兑,却未收到甲的钢材,乙持票向丙请求付款。丙能否以甲未交货为由拒付货款?

[**案例解读**]丙不能以甲未交货为由拒付货款。这是由票据的无因性特点所决定的。该票据一经开立,即与其原因关系相分离,汇票经丙承兑,丙就负有对该汇票上10万元付款的义务,而原因关系即甲乙的合同关系中的纠纷不能作为拒付的理由,丙要挽回10万元的损失,可在付款后通过诉讼向甲索要已付的10万元。

3. 票据行为的要件

票据必须采取书面形式,其记载事项也须严格按照法律规定。因此,在票据上依法记载各种事项,是票据有效成立的要件。根据票据记载事项的不同效力,分为应记载事项、可记载事项、不产生票据效力的事项和不得记载事项。

应记载事项是指按票据法规定应该记载的事项,又可分为绝对必要记载事项和相对必要记载事项。其中,如果缺少绝对必要记载事项,该票据无效;如果缺少相对必要记载事项,票据虽不会无效,但应依法律规定补充完善之。

《中国票据法》规定汇票的绝对必要记载事项有:①表明"汇票"的字样;②无条件支付的委托;③确定的金额;④付款人名称;⑤收款人名称;⑥出票日期;⑦出票人签章。

相对必要记载事项有:①出票地;②付款地;③付款日期。注:这些事项不记载不影响汇票的效力;如果记载违法,则仅该事项无效,并不导致汇票无效。汇票上未记载出票地的,出票人的营业场所、住所或经常居住地为出票地;未记载付款地的,付款人的营业场所、住所或经常居住地为付款地;未记载付款日期的,为见票即付。

可记载事项是指可由当事人任意决定是否记载,记载即可产生票据法上的效力、不记载也不影响票据效力的事项,故也称任意记载事项。

不产生票据效力的记载事项是指虽记载于票据上,但不会产生票据法上的效力,但不排除会产生其他法(如民法)上效力的事项。如附条件背书,所附条件不具有票据法上的效力。

不得记载事项是指按照票据法规定不得在票据上记载的事项。如果记载,将会导致票据无效。

关于以上不同事项的规定,各国法律中的规定也不尽相同。《中国票据法》第二、三、四章对以上问题作了较为详细的规定。

票据在依法记载完成后,必须由票据行为人将票据交付持票人或者收款人,票据行为才算完成。《中国票据法》中关于"出票"的定义,即为此意。如作成后被盗、遗失,即不属于交付,但行为人不能因此而对抗善意持有人,除非按照《中国民事诉讼法》中的公示催告程序,请求法院作出除权判决。

（三）票据权利和票据责任

票据权利是指持票人向票据债务人请求支付票据金额的权利。

票据责任是指票据债务人向持票人支付票据金额的义务。

1. 票据权利

票据权利包括付款请求权和追索权两种。

付款请求权是指持票人可对票据债务人行使的权利,是票据权利的第一次请求权。票据主债务人,就汇票而言,是指汇票的付款人或承兑人及其保证人;就本票而言,是指本票的出票人及其保证人;就支票而言,是指支票的付款人。票据主债务人对票据负有绝对的付款责任。

追索权又称偿还请求权,是指持票人在行使或者保全票据上的权利后,向应偿还票据金额的义务人行使的权利。追索权是票据权利的第二次请求权,只有在票据权利的第一次请求权得不到实现时,即持票人行使付款请求权遭到拒付时,方可行使。追索权的行使对象包括出票人、背书人、汇票和本票的保证人等。

票据权利的产生须具有两个条件:第一,票据债务人必须有合法的票据行为;第二,债权人必须合法取得票据。

取得票据的方式有两种,分别为原始取得和继受取得。原始取得主要是指收款人从出票人手中取得票据;继受取得是指从票据持有人手中取得票据,如依背书、继承、受赠、被追索人在偿还追索款后取得票据等。

对如何合法取得票据,尽管各国规定有所不同,但均反映三个原则:①凡通过连续背书而取得票据的,就合法地取得票据权利;②凡在取得票据时是善意或者无重大过失的,就合法地取得票据权利;③凡无对价或以不相当的对价取得票据的,不得享有优于其前手的权利。

这里要注意的一个问题是:善意如何认定? 票据法对善意取得人给予特殊的保护,同时也对善意取得规定了严格的要件:

(1) 主观上无恶意和重大过失。《中国票据法》第十二条规定:以欺诈、偷盗或者胁迫等手段取得票据的,或者明知有前列情形,出于恶意取得票据的,不得享有票据权利。持票人因重大过失取得不符合本法规定的票据的,也不得享有票据权利。

(2) 所取得的票据必须具备票据法规定的形式要件。例如,以背书转让的,背书应该连续无间断。

(3) 支付了相当的对价。如果没有支付对价或者没有支付相当的对价,例如以 100 元取得了金额为 1 万元的票据,则不能认为是善意取得票据。

2. 票据责任

票据责任一个很大的特点是:谁在票据上签名,谁就成为这张票据的债务人。他为此须承担两个责任:①须对包括被背书人在内的一切后手保证该票据能够得到承兑或付款;②须保证在他以前在该票据上签名的一切前手的签名的真实性和背书的连续性。

因此,票据上的背书人越多,就意味着越多的人对这张票据负责。但有些背书人为了摆脱这种责任,就在背书时加注“免于追索”(Without Recourse)字样,这种票据如果遭到拒付，持票人在向其前手追索时，就不能向该背书人追索，而只能越过他向其他背书人追索。

然而，所有的票据债务人均可对债权人的请求提出抗辩。抗辩有三种，即对物抗辩、对人抗辩和恶意抗辩。

对物抗辩又称绝对抗辩，是指因票据本身缺乏有效要件而提出的抗辩。如果票据被证明是伪造的，这种抗辩就能对抗任何人，即只要证明票据是伪造的，抗辩人就可以不对任何人承担票据责任。

对人抗辩又称相对抗辩，是指票据债务人对特定的权利人所提出的抗辩。例如，证明票据是偷来的，或者是拾得的。这种抗辩只能对抗特定人，而不能对抗特定人以外的任何其他人。票据债务人不得以自己与出票人或者与持票人的前手之间的抗辩事由对抗持票人，但是持票人明知存在抗辩事由而取得票据的除外。

恶意抗辩是指债务人可以以持票人取得票据是出于恶意、欺诈或者胁迫等而提出抗辩。为了使票据关系稳定可靠，各国票据法均注重保护善意持票人的正当权利。只要持票人不知道或者不应当、无必要知道所取得的票据权利是没有法律依据的（有些国家还加上是支付了对价的），就属于善意持票人，债务人不能对善意持票人提出抗辩。根据《美国统一商法典》，善意是指事实上的诚实和遵守同行业中有关公平交易的合理商业准则。

按照票据法的一般原则，凡是善意并支付了对价而取得票据的人，包括背书受让人，都属于正当持票人。正当持票人可以取得优于其前手让与人的权利，不因让与人对票据的权利有缺陷而受到影响，无论是票据的出票人还是该让与人的任何前手得以对抗让与人的抗辩事由，原则上都不能用以对抗正当持票人。这是为了保护善意的受让人，保证票据的顺利流通所必需的。各国票据法都承认这一原则。

（四）票据的伪造、变造、丧失和涂销

1. 票据的伪造

票据的伪造是指假冒他人的名义而为票据行为的一种行为，包括假冒他人名义出票和假冒他人名义在票据上签章。前者是票据本身的伪造，后者是票据上签章的伪造。

伪造票据将产生下列法律后果：①被伪造人因没有真正在票据上签章而不负票据责任；②伪造人也不负票据上的责任；③票据的伪造不影响其他真实签章的效力，即票据上既有伪造的签章，又有真实的签章时，真实的签章人应依票据上所载的文义负责。

2. 票据的变造

票据的变造是指没有合法权限的人在已有效成立的票据上变更签名以外的记载内容的行为。其中最常见的是变更票据金额和到期日。

票据变造会对票据关系人的权利义务产生影响，各票据关系人将按其在票据上签章的时间承担不同责任，签章在变造之前的，按变造前的票据文义负责；签章在变造后的，按变造后的文义负责。无法辨别签章是在票据变造前还是变造后的，按变造前看待。

3. 票据的丧失

票据的丧失是指票据的持票人丧失对票据的占有，包括绝对的丧失和相对的丧失。绝对的丧失，如票据被烧毁、被水浸泡损坏等；相对的丧失，如票据遗失、被盗等。

如果票据丧失，则失票人可以及时通知票据的付款人挂失止付，但是，未记载付款人或者无法确定付款人及其代理付款人的票据除外。无记名式票据不得挂失。收到挂失止付通知的付款人，应当暂停支付。失票人应当在通知挂失止付后3日内，也可以在票据丧失后，依法向人民法院申请公示催告，或者向人民法院提起诉讼。

4. 票据的涂销

票据的涂销是指票据权利人涂去票据上记载的事项使之失去效力的行为。它不同于伪造的涂改，其效力各国规定不一。一般原则是：如果非故意为之，则不影响票据的效力；如果故意为之，则影响涂销事项的效力。

下面我们通过两个例子的讨论来对以上票据的相关理论作进一步的理解。

课堂讨论 9-1

甲国A公司将一张汇票签发给乙国B公司，B公司将汇票背书转让给丙国C公司，C公司转让给丁国D公司。后来D公司在提示承兑时被拒绝承兑。

请问：持票人D公司可以向谁行使追索权？讨论之。

课堂讨论 9-2

甲签发给乙一张汇票，金额为50万元，乙将汇票金额变更为70万元后背书转让给丙。丙又将汇票背书转让给丁。丁为最后的持票人。

试分析该汇票对各当事人的法律效力。

第二节　汇票

一、汇票的定义

汇票(Bill of Exchange/Draft)是指一个人向另一人开立的、要求对方于见票时或在一定时间之内，对某人或其指定的人或持票人，支付一定金额的无条件书面支付命令。

汇票有三个当事人，分别是：

(1) 出票人(Drawer)，就是开出汇票的人，在进出口贸易中通常就是出口人；

(2) 受票人(Drawee)，就是汇票上的付款人(Payer)，在进出口贸易中通常就是进口人或其指定的银行；

(3) 收款人(Payee)，也称持票人、执票人等，就是受领汇票所规定的金额的人，在进出口贸易中往往是出口人本人或其指定的银行。

二、汇票的种类

按不同标准划分，汇票可作多种分类。

(1) 按流通地域不同,可分为国内汇票和国际汇票。

(2) 按出票人不同,可分为银行汇票(Banker's Bill)和商业汇票(Trade Bill)。银行汇票是银行对银行发出的汇票;商业汇票是企业、公司对其他企业、公司或者银行签发的汇票。

(3) 按付款时间不同,可分为即期汇票(Sight Bill)和远期汇票(Time Bill)。即期汇票是指付款人在持票人向其提示汇票时立即付款的汇票;远期汇票也称有信用期限的汇票,是指在一定期限内或者特定日期付款的汇票。

(4) 按承兑人不同,可分为银行承兑汇票(Banker's Acceptance Bill)和商业承兑汇票(Commercial Acceptance Bill)。银行承兑汇票是指由银行承兑的远期汇票,以银行信用为基础;商业承兑汇票是指由企业或公司承兑的远期汇票,以企业或者公司的商业信用为基础。

(5) 按有无随附单据,可分为光票(Clean Bill)和跟单汇票(Documentary Bill)。光票是指不附带任何商业单据的汇票,其流通全凭出票人或背书人、付款人的资信;跟单汇票是指除汇票当事人的信用外,需附有代表货物所有权的各种商业单据作为承兑或付款的先决条件的汇票。

三、汇票的出票及应记载事项

出票(Issue)应包括两个行为:①由出票人制作汇票,并在其上签章;②将汇票交给收款人。

如果出票人制作汇票后留在自己手中,不把该票据交给收款人,就不能构成“出票”;只有出票人向收款人交出了汇票,出票行为才告完成。

因为汇票是一种要式证券,所以出票人出票时,票据必须载明法定事项,具备法定的形式要件,如此才具有票据法上的效力。但各国法律对汇票的形式要求并不完全相同。以下试着对日内瓦统一票据法和英美票据法关于汇票的应记载事项作一个比较:

(1) 日内瓦统一票据法规定汇票上必须写明“汇票”字样(《中国票据法》中也有此规定),但英美票据法系各国都不要求必须注明“汇票”字样。

(2) 在票据金额的要求方面,两者都规定汇票上记载的必须是无条件支付一定金额的命令,且金额要确定;如果出现大小写不一致,以大写金额为准(《中国票据法》规定此种票据无效)。日内瓦统一票据法还规定,如果有两个大写不一致,以数额小的大写为准。英美票据法规定汇票上载有的利息条款如果未注明利率则汇票无效,允许载入分期付款条款;日内瓦统一票据法则规定未注明利率的利息条款不影响票据本身的有效性,不允许载入分期付款条款。

(3) 两者都要求必须载明付款人姓名。对于指定自己为付款人的汇票,各国有不同的看法,有的国家视为本票、有的国家视为汇票;英美票据法则认为,这种票据既可以作为本票,也可以作为汇票,可由持票人自己作出选择。

(4) 关于票据的收款人抬头,日内瓦统一票据法认为,汇票上必须载明收款人或其指定人的名称,不得开立以“交付来人”为抬头的无记名式汇票;英国法则规定三种票据均可作记名式抬头和来人式抬头(《中国票据法》规定均不可作来人式抬头)。

(5) 关于出票日期和地点,日内瓦统一票据法将此作为必要项目(《中国票据法》中有相同规定)。英国法则认为无出票日期和地点,票据仍然成立。如果没有出票日期,任何合法的持票人都可以将其认为准确的日期补填在汇票上;如果没有出票地点,则以出票人的营业场所、住所或常居地为出票地。

(6) 关于汇票的到期日,分别有四种规定方法:定日付款、见票即付、出票后定期付款和见票后定期付款。日内瓦统一票据法规定,汇票必须载明到期日,否则无效;英美票据法则认为到期日并非汇票的法定要件,如果汇票上未注明到期日,则可以看作见票即付的汇票(《中国票据法》中也有此规定)。英国法规定可以把某种将来肯定会发生但不能预知其发生日期的事件作为到期日,如"某甲死亡后三个月付款"可以作为到期日,而日内瓦统一票据法不允许有这样的情况。

(7) 关于汇票的付款地点,日内瓦统一票据法要求在汇票上载明付款地点,但英国法规定,汇票上不一定要载明付款地点,不论付款人在什么地方,只要持票人能找到他,就可以向他出示汇票要求其付款。

(8) 关于出票人签名,两者都规定汇票上必须要有出票人签名方能有效。

通过以上简单的比较,我们发现,总的来说,日内瓦统一票据法对汇票的形式要求比较严格,而英美票据法相对比较灵活。

四、汇票的背书

(一) 背书的概念

汇票是一种流通证券,日内瓦统一票据法不允许签发无记名式"交付来人"的汇票,因此汇票的转让必须履行背书(Endorsement)手续。各国法律都规定,记名式汇票和指示式汇票都必须通过背书的方式进行转让。

汇票的背书是指持票人在汇票上或粘单上签上自己的名字和(或)受让人名字并将汇票交给受让人的行为。在汇票背面签名的人是背书人(Endorsor),接受经过背书的汇票的人是被背书人(Endorsee)。

背书的法律意义在于,汇票经背书意味着背书人将汇票的权利转让给被背书人。对汇票的受让人来说,所有在他以前的背书人和出票人都是他的"前手",均对他负有担保汇票必须被承兑或付款的责任;所有在他让与以后的受让人都是他的"后手",在汇票遭到拒付时,有对他或者他的前手或出票人进行追索的权利。

(二) 背书的方式

背书的方式有两种:记名背书(Special Endorsement)和空白背书(Blank Endorsement)。

记名背书又叫完全背书或特别背书,是指持票人在背书时,在汇票的背面写上被背书人的姓名、商号,并签上自己的名字。记名背书有两种写法:一是仅写上被背书人的姓名,另一种是在被背书人姓名的后面加上"或其指定的人"。记名背书的背书人可以通过背书把汇票再度转让。

空白背书又称无记名背书或略式背书,是指背书人仅在汇票背面签上自己的名字,不填写被背书人的姓名或商号。经空白背书的汇票可仅凭交付而转让。现在世界各国票据法都承认空白背书是有效的。

《中国票据法》第二章第二节对背书作了专门规定,其中第三十条规定背书“必须记载被背书人名称”。从对汇票的绝对必要记载事项的规定来看,中国及日内瓦统一票据法国家都不允许签发无记名式汇票。

(三)背书的种类

1. 转让背书和非转让背书

转让背书是指以转让汇票上的权利为目的所作的背书,其受让人(被背书人)可取得该汇票的所有权。除持票人在背书时另有记载外,通常的背书多属于此类。按照各国票据法的规定,持票人在背书转让汇票时,须把汇票上的全部金额同时转让给同一个人,而不能只转让汇票金额的一部分,或把汇票金额分别转让给几个不同的人。

非转让背书是以授予他人行使一定票据权利为目的而进行的背书。非转让背书主要有:①委托取款背书。背书人在背书时注明其背书的目的只是委托被背书人代为取款,而不是转让汇票所有权,这种背书通常注明“委托取款”或“委托代收”字样。②设质背书。设质背书也称质权背书,是指以设定质权为目的所作的背书。这种背书的被背书人得以质权人的资格行使汇票上的权利。

2. 有特殊记载的背书和一般转让背书

有特殊记载的背书是指持票人在背书时,除签名外,还附加了某种特殊文句,借以限制自身的责任、限制汇票的再度转让或附有其他条件。主要有以下几种情况:①限制转让的背书。背书人在背书时加注限制性文句,如“不得转让”“只许付给某人”等。英国法规定,如背书人在背书时作了限制或禁止转让的记载,则该汇票的被背书人只能取得凭汇票要求付款的权利和对汇票上有关当事人起诉的权利,除非另有授权,否则无权将汇票再度转让。②限制背书人责任的背书。背书人为了限制自己的责任,往往在背书时加注“免予追索”的文句。这种文句起到使背书人免除其由于在汇票上签名背书而产生的责任的作用。如果日后该汇票遭到拒付,持票人在向前手追索时,就不能向该背书人追索,而只能越过他而向其他人追索。③附有条件的背书。背书应是无条件的,如背书人在背书时附加了某种条件,要求须履行该条件背书才生效,则这种附加条件是无效的。日内瓦统一票据法将背书附加条件者视为无记载。

一般转让背书是指无论从被背书人方面、背书时间方面还是从票据权利的转让是否有限制方面来看,都没有特殊情形的背书。

(四)背书人和被背书人的权利和义务

背书人的责任包括:保证该汇票在提示时将会获得承兑和付款;对正当持票人不得否认出票人及一切前手背书人的签名的真实性;对其直接的或后来的被背书人不得否认该汇票在其背书时是有效的,并且不得否认他对该汇票人享有的正当权利。

被背书人是汇票的受让人,他因背书而取得汇票上的一切权利,从而成为汇票的债权人。被背书人可以以自己的名义要求付款人承兑或付款,也可以再次背书将汇票转让;当汇票遭到拒绝承兑或付款时,被背书人有权向一切前手背书人以及包括出票人在内的一切在汇票上签名的人进行追索，必要时还可以起诉。被背书人还可以取得优于背书人的权利，付款人不得以其得以对抗出票人或前手背书人的抗辩事由来对抗善意的、支付了对价的被背书人。

五、汇票的提示

汇票的提示(Presentment)是指持票人向付款人出示汇票，请求其承兑或者付款的行为。

提示分为两种：承兑提示和付款提示。承兑提示针对远期汇票。远期汇票应先作承兑提示，然后再在汇票到期日作付款提示。即期汇票只须作付款提示而不必作承兑提示。承兑提示和付款提示都必须在法定期限内进行，如果持票人不在规定的期限内作出承兑提示或付款提示，就将丧失对前手背书人和出票人的追索权。但承兑人不得以持票人未能按规定提示而解除其对汇票的责任，因为他是票据的主债务人，负有绝对的付款义务。如果承兑人拒绝付款，持票人仍有权在一定期限内，向法院起诉要求承兑人付款。

六、汇票的承兑

1. 承兑的概念

承兑(Acceptance)是汇票所特有的一种票据制度，是指汇票的付款人为了表示接受出票人的委托，同意承担付款义务并将该意思表示以书面形式记载于票据之上的行为。《中国票据法》规定，承兑是指汇票付款人承诺在汇票到期日支付汇票金额的票据行为。

我们知道，汇票经出票人签发后，付款人并不因此在票据法上必须承担付款义务。也就是说，“出票”只是出票人的一种单方法律行为，付款人并非肯定会付款，事实上，付款人对出票人的付款要求既可以接受也可以拒绝，他既没有法定义务，也没有合同约定义务必须付款。因此，收款人持有票据时，其能否获得付款，在法律上是不确定的，这对收款人极为不利。要改变这种状况，必须依法确定付款人的付款义务，承兑即是这一要求的反映。

要求付款人承兑，是持票人的一项权利，但是对于见票后定日付款的汇票、汇票上载明必须提示承兑的汇票、规定须在付款人营业地或住所地以外的其他地点付款的汇票，持票人必须向付款人提示承兑。

2. 承兑的方式

承兑首先须由持票人向付款人出示汇票，即向付款人作承兑提示，然后再由付款人决定是否予以承兑。提示是承兑的前提，如果持票人不向付款人出示汇票，付款人就无从在汇票上承兑。承兑的方式通常是由付款人在汇票正面横写“承兑”字样，然后签章，并注明承兑的日期。如果没有付款人的签章，该汇票就不能被认定为已被承兑。

3. 承兑的法律后果

承兑的作用在于确定承兑人对汇票金额的付款义务。在汇票被付款人承兑之前，汇票的主债务人是出票人而不是付款人；但付款人一旦承兑了汇票，他就成为承兑人，并由此而成为汇票的主债务人，而出票人和其他背书人则居于从债务人的地位。

《中国票据法》规定，见票后定期付款的汇票，持票人应当自出票日起一个月内向付款人提示承兑，逾期则丧失对其前手的追索权。此外，《中国票据法》规定承兑不得附条件，否则,视为拒绝承兑。

4. 参加承兑的问题

参加承兑是指当汇票不能获得承兑,或出于付款人、承兑人死亡、逃避或其他原因,无法作承兑提示,或付款人、承兑人被宣告破产时,为了防止追索权的行使,由第三人以参加承兑人的身份加入票据关系的行为。所以,参加承兑行为须以不获承兑,并作成拒绝证书为前提。该制度的目的是保全票据债务人的信用,防止持票人行使追索权。因此,英国法称之为"荣誉承兑"(Acceptance for Honour)。日内瓦统一票据法也规定了参加承兑的办法。

参加承兑与承兑的区别主要有三个方面:

首先,两者的目的不同。承兑的目的是确定付款人的付款责任,而参加承兑的目的是防止追索权的行使,维护出票人和相关背书人的信誉,参加承兑人因此可以获得相应的佣金。

其次,两者的付款义务不同。承兑人是汇票的主债务人,负有绝对的付款责任,而参加承兑人只是汇票的第二债务人,只有承兑人拒绝付款时,参加承兑人才承担付款责任。

最后,付款后的法律后果不同。承兑人付款后,汇票上的权利义务即归于消灭,汇票也就因此失去效力;而如果是参加承兑人付了款,则参加承兑人仍可作为持票人,要求被参加承兑人及其前手予以偿还。

七、汇票的保证

汇票的保证是指由汇票债务人以外的第三人,以担保因主票据行为所产生的债务为目的所作的从票据行为。由于有第三人为票据的债务作保证,票据的信用将增强,这更有利于票据的流通。

汇票的保证有如下特点:

(1) 汇票保证是一种要式行为。汇票保证应在汇票上或者粘单上作出,注明"保证"或者类似字样,并由保证人签名。

(2) 汇票保证具有独立性。这是汇票保证与民法上的保证的一个重大区别。也就是说,即使被保证的主债务无效,除因款式欠缺而无效外,保证人仍应承担义务。

(3) 汇票保证人不得享有先诉抗辩权。这一点与民法上的一般保证有较大的差别。在一般保证的情形下,保证人享有先诉抗辩权,在债权人对主债务人的财产强制执行而没有效果之前,保证人可以拒绝清偿。但在汇票保证的情况下,保证人不享有此权利,汇票的持票人可以直接向保证人要求承担票据责任。

八、汇票的付款

汇票的付款(Payment)是指汇票的付款人在汇票的到期日向持票人支付汇票金额,以消灭票据关系的行为。

付款的程序由提示和支付两部分组成。提示是付款的前提,是指持票人向付款人出示汇票而请求其支付票据金额的行为。在持票人于汇票到期日向付款人提示付款后,付款人要向持票人支付票据金额。但是英国法规定远期付款的汇票可以有三天宽限期。一且付款人按票面金额全部付清后，汇票上的债权债务关系即告消灭。付款人可以要求持票人在汇票上签名注明“收讫”，并把汇票交与付款人。

关于付款提示的期限，各国法律有不同的规定：

(1) 英国法：凡是见票即付的汇票，持票人必须在“合理时间”内向付款人作付款提示；其他汇票如出票后定期付款或者见票后定期付款的汇票，则必须在到期日作付款提示，否则，持票人即丧失对出票人及前手背书人的追索权。

(2) 日内瓦统一票据法：凡是见票即付的汇票，持票人应于出票后一年内作付款提示；定日付款或者出票后定期付款或者见票后定期付款的汇票，则应在到期日或其后两个营业日内作付款提示。

(3) 中国法：凡是见票即付的汇票，自出票日起一个月内作付款提示；定日付款、出票后定期付款或见票后定期付款的汇票，自到期日起十日内作付款提示。

另外，《中国票据法》第五十七条规定：付款人及其代理付款人付款时，应当审查汇票背书的连续，并审查提示付款人的合法身份证明或者有效证件。付款人及其代理付款人以恶意或者有重大过失付款的，应当自行承担责任。这一规定，对付款人而言显得过于苛刻，既不符合国际惯例，也不符合票据的本质特征。而且，重大过失的认定标准也不明确。从这一方面看，中国票据法与国际惯例尚存在较大差距。

九、汇票的拒付

汇票的拒付(Dishonour)包括拒绝承兑和拒绝付款两种情况。

当持票人把远期汇票向付款人提示承兑时，如果付款人拒绝承兑，持票人即可行使追索权，而不必等到汇票到期日向付款人提示付款遭拒付时。拒付不仅包括付款人明确表示拒绝承兑或拒绝付款，也包括付款人逃避、死亡或破产。

十、汇票的追索

当汇票遭到拒付时，为了保护持票人的权利，各国法律规定，持票人有权向前手背书人以及汇票的出票人请求偿还汇票上的金额，这种权利在票据法上被称为追索权。持票人在行使追索权时应当具备以下条件：

(1) 汇票遭到拒绝承兑或拒绝付款；

(2) 已在法定期限向付款人作承兑或者付款提示，但由于付款人或承兑人死亡、逃避、宣告破产或其他原因，使持票人无法向其提示；

(3) 在汇票遭到拒付后的法定期限内作成拒绝证书；

(4) 必须在汇票遭到拒付后的法定期限内将拒付的事实通知其前手。

拒绝证书，又称拒付书，是一种由付款地的公证人或者其他依法有权作出这种证书的机构作成的、证明付款人拒付的正式文件。由于拒付分为拒绝承兑和拒绝付款两种情况，因此，拒绝证书又分为拒绝承兑证书和拒绝付款证书两种。

对于须作拒绝证书的场合，各国的规定是不一致的。英国法规定，只有在国外汇票与支票遭到拒付时以及票据遭到拒付后持票人要求参加承兑或参加付款的情况下，拒绝证书才是必需的。美国法则规定，只有在国外汇票遭拒付时才须作成拒绝证书。

十一、伪造签名问题

汇票上的伪造签名(Forged Signature)是指假冒他人的名义或未经授权而以他人的名义在汇票上签名的行为。根据票据法原理,只有自己在票据上签名的人才承担责任,伪造签名是无效的;被伪造签名的人不负票据上的责任,从伪造者手中取得票据的人不能取得票据上的权利。

英美票据法和日内瓦统一票据法在伪造签名问题上存在分歧。英美票据法主张保护汇票的真正所有人,日内瓦统一票据法则主张保护善意的持票人。

以下我们通过几个例子的讨论,对上述汇票理论作进一步理解。

课堂讨论 9-3

A 公司因业务往来出具一张汇票给 B 公司,B 公司将此汇票背书转让给 C 公司,C 公司在票据到期日之前提示承兑后,在到期日提示付款时遭拒付。

请问:

(1) C 公司遭拒付后,可向谁行使追索权?

(2) C 公司行使追索权时,应出示何种证据?

(3) 如果 C 公司不能按规定提供合法证明,将有什么法律后果? 此时,承兑人是否需要承担责任?

课堂讨论 9-4

一个持假身份证的人,持有伪造背书的汇票作付款提示,付款人经一般审查,未能发现破绽而予付款。

请问:

(1) 按照国际票据惯例,付款人是否承担付款责任?

(2) 按照中国法,付款人是否承担赔偿责任?

课堂讨论 9-5

A 公司与 B 公司签订一份买卖合同,A 公司为付货款向 B 公司签发一张汇票,B 公司将此汇票背书转让给 C 公司,并注明“不可转让”字样。C 公司又将汇票背书转让给 D 公司,D 公司提示承兑时遭到拒付。D 公司向 A 公司和 C 公司追索。

请问:

(1) 此汇票的几次转让是否有效?

(2) A 公司、B 公司、C 公司是否可以对 D 公司表示抗辩? 为什么?

课堂讨论 9-6

甲公司签发了一张汇票给乙公司，乙公司将其背书转让给丙公司。丙公司向付款人丁公司提示承兑，丁公司作了承兑。在付款期届至时，丙公司向丁公司提示付款，遭拒付。

请问：

（1）在承兑后，谁是这张汇票的主债务人？

（2）如果此汇票没有被承兑，谁是主债务人？

（3）除了主债务人，其他人需承担票据责任吗？

（4）如果丁在承兑时附了条件，丙应该怎么办？

（5）如果丙未按规定期限提示承兑，有何法律后果？

课堂讨论 9-7

A 公司签发了一张汇票给 B 公司，C 公司和 D 公司共同为这张汇票担保。B 公司在被拒付后，向 A 公司追索。A 公司声称无力支付，让 B 公司去找 C 公司或 D 公司。B 公司找到 C 公司，C 公司称自己与 D 公司有约定，由 D 公司做第一保证人，并且出示了与 D 公司的约定文书。B 公司找到 D 公司后，D 公司称自己仅仅是保证人，认为 B 公司应该先向 A 公司追索。

请问：B 公司到底该怎么办？

资料来源：杨士富，《国际商法理论与实务》，北京大学出版社，2009，第356页。

第三节　本票和支票

一、本票

本票又叫期票，是出票人约定于见票时或于一定日期，向收款人或其指定的人支付一定金额的无条件支付凭证。

本票的当事人只有两个：一个是出票人，另一个是收款人，出票人完成出票行为后就成为本票的付款人，自负到期付款的义务，而不像汇票由出票人委托他人支付票据的金额。

本票与汇票都是流通票据，它们有许多共同之处。票据法中有关汇票的出票、背书、付款、拒绝证书以及追索权等规定，基本上都可以适用于本票。因此，绝大多数票据法都以汇票为中心，而对本票则只有几条特别规定，其余事项均可适用汇票的有关规定。

本票与汇票的区别主要有以下两点：

（1）汇票有三个当事人，即出票人、付款人和收款人，因此汇票上必须载明付款人的姓名；本票只有两个当事人，出票人本身就是付款人，所以本票上无须记载付款人的姓名。

（2）汇票必须经过承兑之后，才能确定付款人对汇票的责任，使承兑人居于主债务人的地位，出票人处于从债务人的地位。本票的情况则有所不同，本票的出票人始终居于主债务人的地位，他是本票的当然债务人，自负到期付款义务，持票人无须办理承兑手续。所以，即使本票的持票人没有作见票的提示，出票人对其本票的付款义务也是确定无疑的，只不过付款的具体日期尚未确定而已。需承兑的汇票如果未经提示承兑，则付款人对汇票的付款义务尚不能确定。

二、支票

1. 支票的概念

支票是以银行为付款人，即期支付一定金额的支付凭证。《中国票据法》规定，支票是出票人签发的，委托办理支票存款业务的银行或者其他金融机构在见票时无条件支付确定的金额给收款人或者持票人的票据。

支票和汇票一样有三个当事人：出票人、付款人与收款人。支票的出票人是支票的债务人。支票与汇票的主要区别在于：支票的付款人限于银行，而汇票的付款人不限于银行；支票均为见票即付，而汇票则不限于见票即付。

2. 银行和客户（出票人）的关系

客户一般是指将金钱存入银行，银行同意其在存款的额度内支付其开出支票的人，也就是出票人。英国法认为，银行与客户基本上是债务人和债权人的关系。客户把钱存入银行或委托银行代为收款，就是将金钱借给银行，而银行则答应凭客户对银行开出的支票予以付还。而法国法认为，客户与银行的关系是资金关系，银行之所以对客户开立的支票付款，是因为客户在银行存有资金，或者银行同意对客户给予透支。《中国票据法》规定，在银行开立支票存款账户，是客户签发支票的前提条件。

为了防止客户明知没有存款，或者未经银行同意透支而对银行滥发支票，各国法律都对开立空头支票的恶意客户规定了处罚方法，有的是课以罚金，情节严重者还要负刑事责任。所谓空头支票，是指客户签发的金额超过付款时在付款人处实有存款金额的支票。《中国票据法》规定，禁止签发空头支票。但是，银行也有义务了解客户的资信情况，并随时核对客户的账目。按照英国法规定，如果银行由于疏忽对客户开立的支票付了款，而事后发现客户的存款或财产不足以抵偿这一金额，银行不能向收款人请求偿还这笔款项。因为这虽然属于错付，但是这不是银行在与收款人交易中发生的问题，而是银行与客户往来交易中发生的问题，因此，银行只能向其客户要求赔偿。

3. 支票的停付与确认

有些国家的法律允许支票的出票人在出票后、付款前将其支票撤回，或者通知付款银行停付。撤回等于支票的出票人解除了他原先在支票中对银行所作的支付命令。遇到这种情况时，支票的持票人不能对付款银行起诉，而只能要求出票人按照其开立的支票付款或者向其前手追索。因为支票的债务人是出票人，而不是付款银行。

为了防止支票的出票人在出票后、付款前通知银行停付或撤回支票而使收款人遭受损失，支票的收款人可以要求银行对支票予以确认。一旦付款银行在支票上签章予以确认，付款银行就对该支票承担了绝对付款义务，成为该支票的唯一债务人，而该支票的出票人、背书人等均可因之而解除责任。因此，经过付款银行确认的支票的效力较之汇票的承兑更强。在使用提前开出的支票时，支票的确认显得尤为重要，因为这种支票的出票人在付款前完全有可能并有充分的时间通知银行停付或者将支票撤回。如果不经付款银行的确认，则到时支票的持票人不能得到付款的风险是很大的。

4. 横线支票

横线支票，也叫平行线支票，是指由出票人、背书人或持票人在支票的正面画有两道平行线，或在平行线内载明银行名称的支票。

横线支票的特点是只能对银行付款，即收款人必须是银行。横线支票主要有两种：

（1）普通横线支票，即在支票上只画两道横线，或加上“公司”字样，但不注明银行名称的支票。

（2）记名横线支票，即除在支票上画两道横线外，还在两道横线中间注明收款银行名称的支票。

付款银行对普通横线支票只能付给银行，而对记名横线支票则只能付给指定的银行。如果付款银行未按要求把支票金额付给真正收款人，银行应对支票的真正所有人承担损害赔偿责任。

横线支票制度最早起源于英国，后来其他欧美国家也相继采用，其作用主要是为了降低支票遗失、被窃的风险，防止他人冒领支票，保护支票真正所有人的利益。横线支票实际上是银行同业之间的收付，收付双方都是银行，同业之间业务往来较多，彼此较为熟悉，不易发生冒领事件，即使发生冒领，也比较容易进行追查。

《中国票据法》规定支票分为现金支票和转账支票两种。支票用于转账时，应当在支票正面注明。支票中专门用于支取现金的，可以另行制作现金支票，现金支票只能用于支取现金。支票中专门用于转账的，可以另行制作转账支票，转账支票只能用于转账，不得支取现金。

第四节　国际贸易的支付方式

国际贸易中，常用的支付方式主要有汇付（Remittance）、托收（Collection）、信用证（Letter of Credit，L/C）。

（一）汇付

汇付是指由付款方将汇款汇交收款方的方式。汇付的特点是：付款人自行付款，银行的行为是服务性的；卖方的交货与买方的付款不是对流进行的。

汇付的方式包括信汇、电汇、票汇和电子系统汇付四种。

信汇是指汇出行通过信函，指示汇入行支付货款的行为。它的特点是费用最省，但时间长，且可能出现灭失。信汇是一种陈旧的汇付方式。

电汇是指使用电报等电付方式来传递付款通知。其特点是速度快、错误少，但费用相对较高。电汇是一种常用的汇付方式。

票汇是指通过银行的即期汇票付款的方式。具体方法为：付款人向本地银行购买即期汇票，寄给收款人，收款人持票向其所在地的有关银行取款。

电子系统汇付是随着计算机技术的发展而逐步发展起来的一种汇付方式。具体方法为:汇出行应汇款人的申请,向其分行或代理行发出付款指示,后者按照该指示通过计算机借记于汇出行在 SWIFT 系统的电子账户上。

(二) 托收

托收指卖方将货物装运后,向买方开立汇票,委托银行向买方收取货款的一种结算方式。需注意的是,和托收有关的各银行对付款人是否付款概不负责;银行办理托收业务,既不检查货运单据是否齐备、完整,也不承担付款人必须付款的义务。

托收可以分为光票托收(Clean Collection)和跟单托收(Documentary Collection)两种。光票托收是指托收时委托人向托收行提交不附有货运单据的汇票。跟单托收是指卖方托收时除开汇票外,还附货运单据,如发票、重量单、检验说明书、提单等。国际贸易中,托收支付多采用跟单托收。跟单托收又分为付款交单(Documents against Payment, D/P)和承兑交单(Documents against Acceptance, D/A)。

付款交单指买方付款与银行交单互为对流条件。买方不付款,就无法得到单据。承兑交单指买方承兑汇票后,就可向银行取得货运单据,待汇票到期,再付款。这种方式一般用于远期汇票的托收。对于卖方来说,付款交单的风险比承兑交单的风险要低。基于此,中国的外贸企业在选择托收的方式时,比较多地采用付款交单。

(三) 信用证

1. 概念

信用证指银行应买方的申请开给卖方的一种保证付款的书面凭证。国际贸易中,买卖双方主要的矛盾在于交货付款,由银行介入国际贸易结算,可最大限度地缓解交货付款的矛盾,所以,信用证是国际贸易中使用最广泛的一种支付方式。

信用证的当事人一般包括:①开证申请人,即向银行申请开立信用证的人;②开证行,即接受开证申请人的委托开立信用证的银行;③通知行,即受开证行的委托,将信用证转交给卖方的银行;④受益人,即接受信用证项下款项的人;⑤议付行,即愿意买入受益人交来的跟单汇票的银行;⑥付款行,即信用证指定的付款银行;⑦保兑行,即应开证行的请求在信用证上加以保兑的银行。

信用证的支付程序是:①买卖双方在买卖合同中规定采用信用证方式;②开证申请人提出开证申请;③开证行把信用证转递给通知行;④通知行把信用证转递给卖方;⑤卖方收到信用证后,根据其装货,然后备齐单据,交给议付行议付;⑥议付行买下汇票和单证,审查其是否与信用证相符,相符则议付,并在议付后把单证转递给开证行;⑦开证行通知开证申请人前来赎单付款;⑧买方付款赎单。

信用证的最大特点是:它是一项独立的文件,不依附于买卖合同或其他文件,其一旦形成,即具有相对独立性。开证行必须接受符合信用证条款的单据并按信用证规定付款,不受买卖双方的买卖合同影响。即使信用证条款与买卖合同或其他文件不同,只要卖方交付了信用证且信用证条款与单据一致,银行就要付款。

典型案例 9-2

某出口公司收到一份国外开来的信用证,出口公司按信用证规定将货物装出,但在将单据送交给当地银行议付之前,突然接到开证行通知,称开证申请人已经倒闭,因此开证行不再承担付款责任。该出口公司应如何处理?

[案例解读]根据 UCP600 第九条 a 款的规定,不可撤销信用证,只要在受益人(出口方)向开证行所提供的单据完全符合信用证条款规定的条件下,便构成开证行的确定付款承诺。即使开证申请人已经倒闭,开证行在接到符合信用证各项条款的单据后仍应负责付款。

课堂讨论 9-8

我国 A 公司向英国 B 公司出口茶叶 600 吨,合同规定:4 月至 6 月分批装运。B 公司按时开来信用证。信用证规定:Shipment during April/June, April shipment 100M/T, May shipment 200M/T, June shipment 300M/T.

A 公司实际出运情况是:4 月装出 100M/T,并顺利结汇。5 月因故未能装出,6 月装运 500M/T。

请问:A 公司 6 月出运后能否顺利结汇,为什么?

2. 分类

信用证一般可以作如下几种分类:

(1) 可撤销信用证和不可撤销信用证。可撤销信用证是指开证行可以不经过受益人同意也不必事先通知受益人,在该信用证议付之前,可以随时修改或撤销的信用证。这种信用证对受益人收款没有保障,因此,国际贸易中很少使用。不可撤销信用证是指信用证一经开出,在有效期限内未经受益人或有关当事人的同意,开证行不得修改或撤销的信用证。受益人只要提供单证相符的单据,开证行就要付款,这种信用证为受益人提供了可靠的保障,因此,在国际贸易中使用最广泛。另外,根据 UCP600 第三条的规定,信用证是不可撤销的。因此,目前的信用证均为不可撤销信用证。

(2) 保兑信用证与不保兑信用证。保兑信用证是指一家银行开立信用证而由另一家银行加以保证付款的信用证。经过保兑的信用证就有开证行和保兑行共同对受益人承担付款责任。如果开证行倒闭,保兑行就应负兑付责任。保兑行通常是出口人所在地的银行,而且多数是由通知行负责保兑,但有时也可以由其他银行保兑。保兑信用证对卖方收汇安全更有保障。按 UCP600 第八条 b 款的规定,保兑行自对信用证加具保兑之时起即不可撤销地承担承付或议付的责任。不保兑信用证是指未经另一家银行保兑的信用证。

(3) 即期信用证与远期信用证。在出口贸易中,我国一般多采用即期信用证付款,但有时为了发展贸易关系,促进出口成交,也会适当采用远期信用证付款。即期信用证是指信用证规定受益人开立即期汇票收款，银行收到信用证规定的单据后立即付款的信用证。远期信用证是指信用证规定受益人须开立远期汇票收款的信用证。

（4）可转让信用证与不可转让信用证。可转让信用证是指信用证上注明“可转让”的信用证，不可转让信用证是指信用证上没注明“可转让”字样的信用证。

根据UCP600第三十八条的规定，可转让信用证系指特别注明“可转让”（Transferable）字样的信用证。可转让信用证可应受益人（第一受益人）的要求转为全部或部分由另一受益人（第二受益人）兑用。转让行系指办理信用证转让的指定银行，或当信用证规定可在任何银行兑用时，指开证行特别如此授权并实际办理转让的银行。开证行也可担任转让行。

已转让信用证指已由转让行转为可由第二受益人兑用的信用证。根据UCP600第三十八条的规定，除非转让时另有约定，有关转让的所有费用（诸如佣金、手续费、成本或开支）须由第一受益人支付。只要信用证允许部分支款或部分发运，信用证可以分部分地转让给数名第二受益人。

根据UCP600第三十九条的规定，信用证未注明可转让，并不影响受益人根据所适用的法律规定，将该信用证项下其可能有权或可能将成为有权获得的款项让渡给他人的权利。

UCP600取消了无实际意义的可分割信用证的相关规定。

（5）循环信用证。循环信用证是指受益人在一定期限内利用规定金额后，仍然可以重新恢复至原有金额继续使用，直至规定次数或累积金额限度用完为止的信用证。

（6）对开信用证。对开信用证是指交易双方约定，分别申请开立以对方作为受益人的信用证，两证可以互为生效条件而同时生效。这种信用证常用于补偿贸易或来料加工的业务结算。

（7）备用信用证。备用信用证是由一方（开证行和担保人）应开证申请人（借款人）的申请开立给受益人（贷款人和债权人）的一种付款凭证。根据备用信用证的一般规定，开证行在信用证单证相符的情况下必须按信用证规定条件付款给受益人。备用信用证的主要特点表现为它是一种独立于买卖合同或借款合同或其他类似的基础合同之外的银行保证。银行与上述合同完全无关，也无义务去审查上述合同，更不受上述合同的约束。开证行仅根据该备用信用证的规定和受益人提供的借款人的违约证明即可付款；开证行也可以仅凭受益人的要求即付款，但是受益人必须提供要求付款的声明。

课堂讨论 9-9

我国某出口公司与英国某公司成交一批货物，价值为38 670英镑，允许分批装运。英国公司按照上述金额开来信用证。出口公司第一次装运货物的价值为20 780英镑，议付后信用证金额余额为17 890英镑。第二次装运货物后，提交议付单据的金额为17 980英镑，超过信用证金额90英镑。

试问：

（1）本案议付时有无问题？

（2）本案有何解决方法？

3. 关于信用证的几个法律问题

（1）买方的开证义务与开立信用证的时间。当买卖合同规定以信用证方式支付货款时，如果买方不履行开证义务，则是一项重大的违约行为。遇有这种情况，卖方有权要求买方赔偿由此而造成的损失，并可宣告解除合同。如果合同规定具体开立信用证的日期，则买方须遵照合同规定；如果合同没有规定开证的具体日期，一般情况下，应在装运期限开始前的合理时间内或最迟在装运期开始的第一天给卖方开出信用证，以便卖方能放心地装运货物。

（2）"严格相符"问题。严格相符原则指卖方在向银行提交各种单据要求付款时，这些单据必须在表面上完全符合信用证的要求，银行才予以付款。否则，即使是微小的出入，银行也有权拒收单据，拒绝付款。但是，所谓"严格相符"，并不是说卖方所提交的每一份单据都必须载明信用证所要求的一切细节，而是只要全部单据不矛盾，足以满足信用证的要求即可。

（3）信用证交易中的欺诈行为及其例外原则。信用证独立于合同而存在。这是信用证赖以存在的基础，是一项公认的原则。但是，如果固守这一原则，不允许有任何意外，在遇到卖方有欺诈行为时（如伪造提单、以假货充真货等），银行如果仍按单据表面上与信用证相符即予付款，买方就会遭受严重的损失。因此，有些国家的法律和判例认为，在承认信用证独立于买卖合同的同时，也允许有例外。如果卖方确有欺诈行为，买方就可以要求法院下令禁止银行对信用证付款。《美国统一商法典》也采纳了上述判例所确立的法律原则。目前，世界上涉及信用证业务项下欺诈和补救方法的成文法只有《美国统一商法典》第5—114条第2款作了规定。UCP600并未涉及。根据《美国统一商法典》的规定，对开证行来讲，只要单证表面相符，并构成善意行为，就可以兑付汇票或支付命令。即使卖方已经发出通知，说明单据上存在欺诈、伪造或其他表面上不能显见的缺陷，也只有具有适当管辖权的法院可以禁止此种兑付，即它一方面承认信用证独立于买卖合同的原则，另一方面承认有例外。欺诈行为即属于例外。在信用证业务实践中，很多国家的法院也已经接受《美国统一商法典》对信用证项下欺诈和补救办法的上述规定。但是，《美国统一商法典》对何谓"欺诈行为"没有下定义。在法律界也有不同的理解。所以，实践中要慎重。

（4）信用证中"软条款"的含义及其实质。信用证是银行开立的在满足信用证要求的条件下，凭信用证规定的单据向受益人付款的一项书面保证。以信用证结算的一个基本特征就是以银行信用取代了卖方的商业信用，开证行自开立信用证以后，就承担了只要受益人按照信用证表面规定的条件交付相应的单据，银行就要无条件付款的责任。所谓信用证中的"软条款"，是指开证行开立的信用证中增加的银行付款条件，即银行付款要满足经开证申请人签名或者开证行通知或同意等条件，该条件是由开证申请人或开证行所决定的。这种"软条款"的实质是使受益人享有的银行信用保证付款条件又转变成以买方的商业信用决定的条件来付款。信用证中的"软条款"原来是开证申请人为了防止出口商的欺诈或者是防止出口商提供的货物不符合合同规定而添加进去的。但是，一旦信用证中载入了"软条款"，实际上就取消了不可撤销信用证的不可撤销性，对卖方的危害极大。我国的出口企业一定要对此加以高度重视以防止受骗。

信用证中的“软条款”主要有以下几种：

第一，信用证的付款必须等货物品质由买方或其授权人检验，并由其授权代表签署了检验证书，该签名经开证行或通知行证实后才能议付。本条款对卖方极为不利，一旦买方代表不来或者拒绝签署检验证书，卖方就无法议付。

第二，信用证开出后暂时不生效，要等开证行另行通知或以修改书通知生效。这样，信用证开出后并未立即生效，卖方当然不可能从银行取得货款。

第三，装运货物的船名、目的港、起运港、收货人、装船日期等，须经开证行通知或同意后，并以修改书形式通知。卖方在上述装运条件未明确的情况下是无法发货的，当然也无法备齐信用证要求的单据，货款也就没有保障。

第四，信用证的付款必须在买方或其授权代表签署货运收据后，而且该签名或印鉴必须和开证行档案中预留签名或印鉴相符。

尽管这些“软条款”表面上是买方为了保护自己的利益而制定的，但实际上这些限制条款可能会是一种“陷阱”，对受益人安全收汇造成极大的威胁。因此，对信用证中那些苛刻和难以执行的条款应事先要求修改，以避免收汇风险。

? 思考与练习

1. 票据有哪几种？各自有什么区别？
2. 简述票据的经济功能与法律特征。
3. 票据行为有哪些？各有什么特点？
4. 什么是汇票？汇票的相关票据行为有什么特点？
5. 国际常见的支付方式有哪些？简述信用证的主要特点。

案例分析

中国甲公司与加拿大乙公司订立了一份从中国出口食品450吨的合同，规定某年4月至9月每月平均交货50吨，采用即期信用证支付，来证规定货物装运前由出口口岸商品检验局出具船边测温证书作为议付不可缺少的单据之一。4月至6月交货正常，并顺利结汇。7月因船期延误，拖延至8月5日才实际装船，在托运人出具保函的情况下，承运人签发了装船日期为7月31日的清洁提单，但送银行议付的商检证书中填写的船边测温日期为8月5日。开证行对这批货物拒付货款。

【思考与讨论】

1. 本案承运人签发提单的行为有什么风险？
2. 开证行拒付行为是否合法？为什么？

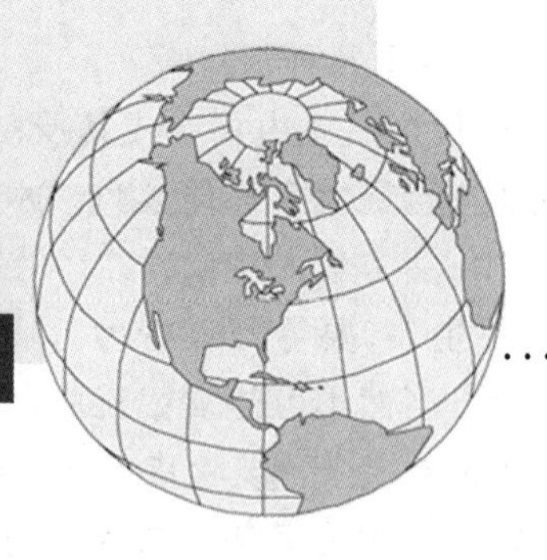

第十章

国际知识产权法

【教学目标】

通过本章学习，学生将能够：

1. 认识知识产权的概念及特征。
2. 了解国际知识产权贸易的标的有哪些。
3. 掌握国际技术许可协议的种类及其特点。
4. 了解国际知识产权保护的几个重要国际公约。

【关键术语】

知识产权　商标　专利　著作权　国际技术转让　知识产权的国际保护

【引导案例】

“FERRERO ROCHER”知名商品特有装潢案

2008 年 3 月 24 日，在国内外引起广泛关注的意大利费列罗公司（以下简称费列罗公司）与蒙特莎（张家港）食品有限公司（以下简称蒙特莎公司）之间的知识产权纠纷经由最高人民法院再审之后宣告终局。该历时近 5 年的涉及知名商品特有包装、装潢的不正当竞争纠纷，以费列罗公司的胜诉告终。

费列罗公司是国际知名巧克力产品生产企业，该公司 FERRERO ROCHER 品牌巧克力 1984 年通过寄售方式进入了中国市场。FERRERO ROCHER 多年来一直保持着其特有的金箔纸包装，椭圆标签、金色和棕色相间纸杯以及带有绶带状图案的透明外包装。

蒙特莎公司多年来一直模仿费列罗公司产品，擅自使用与 FERRERO ROCHER 产品特有的包装、装潢相同或近似的包装、装潢。

2003 年 7 月，费列罗公司在天津将蒙特莎公司及其销售代理商天津正元行销有限公司告上法庭，其认为被告使用了与其相同或近似的包装、装潢，使消费者产生混淆，构成不正当竞争，要求法院判决被告停止侵权并赔偿损失。

2005 年 2 月，天津市第二中级人民法院作出一审判决，驳回了费列罗公司的诉讼请求。费列罗公司上诉至天津市高级人民法院。天津市高级人民法院于 2006 年 1 月作出二审判决，认定蒙特莎公司擅自使用了费列罗公司的特有包装、装潢，构成不正当竞争，判决其停止侵权并赔偿上诉人经济损失 70 万元。

蒙特莎公司对该判决不服，向最高人民法院申请再审。最高人民法院在 2006 年 5 月裁定提审该案，并在再审期间中止原判决执行。

最高人民法院于 2008 年 3 月 24 日作出判决，认定 FERRERO ROCHER 是在先知名商品，其包装、装潢是知名商品特有的包装、装潢。蒙特莎公司在其巧克力产品上使用与 FERRERO ROCHER 特有包装、装潢相近似的包装、装潢，易使相关公众产生误认误购，蒙特莎公司构成了不正当竞争，责令其立即停止使用构成侵权的包装、装潢，而赔偿额则由人民币 70 万元改为 20 万元。

本案涉及商标侵权及商标保护的相关法律知识，且有几个焦点值得关注，首先是知名商品的判断以中国境内的相关公众的判断为基准，但可以适当考虑该商品在国外知名的因素；其次是包装材质与形状、颜色通过特定组合形成的整体可以构成商品特有的包装、装潢；最后，即使双方商品存在价格、质量、口味及消费层次等多方面的差异，但如果存在会导致相关公众易于误认两种商品存在某种经济上的联系，那么依然构成侵权。

资料来源：《意大利费列罗公司诉蒙特莎（张家港）食品有限公司》，http://www.maxlaw.cn/a/20150305/812045194464.shtml，访问日期：2022 年 2 月 28 日。

第一节　国际知识产权概述

一、知识产权的概念与特征

一般地说，所谓知识产权（Intellectual Property Rights），是指人们对其创造性的智力成果享有的专有权利，概而言之，知识产权是人们对其创造性的智力成果，包括工商业标记及信誉、技术和商业信息等依法享有的专有权利。

根据1967年《成立世界知识产权组织公约》所划定的范围，知识产权包括以下有关项目的权利：①文学艺术和科学作品；②表演艺术家的演出、录音制品和广播节目；③在人类一切活动领域内的发明；④科学发现；⑤工业品外观设计；⑥商标、服务标记、商号名称和标记；⑦禁止不正当竞争；⑧在工业、科学、文学或艺术领域内其他一切来自知识活动的权利。

当然，上述知识产权的范围，并不是所有国家都相同。在我国，科学发现并非人的智力创造成果，因此不被认为是知识产权的范围。

知识产权作为民事权利的一种，与物权、债权等属于同一层次，但知识产权与一般的物权、债权有着显著的不同，其特征主要表现为以下几个方面：

第一，知识产权具有无形性。知识产权的客体是智力成果，它是一种无形的权利，看不见摸不着，是一种不占任何空间、只有借助某种物质载体才能够表现出来的非物质形态。

第二，知识产权具有地域性。依据一个国家或地区的法律取得的知识产权，其效力一般仅限于该国或该地区，除非有国家（地区）与国家（地区）之间相互承认的知识产权协定或公约，否则，超过特定区域，该知识产权就失去效力。

第三，知识产权具有时间性。在一个国家或地区依法取得的知识产权，只能在法律规定的有效期内受到保护，超出保护期而没有依法续展的，将不再受到法律保护，该知识产权将成为公共产品。

第四，知识产权具有专有性。知识产权的专有性，一方面是指除法律另有规定之外，未经知识产权人许可，任何人不得以营利为目的占有和使用其知识产权；另一方面是指在某项智力成果已经取得某种相应的知识产权的情况下，在同一领域内，其他人不得就与该智力成果相同主题再申请及获得同种类的知识产权。

二、国际知识产权法律体系

知识产权法律体系主要由两部分构成：一是各国国内的法律；二是国际性或地区性公约与协定。

1. 国内立法

各国关于知识产权的国内立法，是国际知识产权法律体系的重要组成部分。目前世界上大多数国家在主要知识产权领域，都制定了本国的知识产权专门法律及法规，对本国及涉外知识产权的取得、维护、保护等内容作了相应的规定。

2. 国际公约及协定

在知识产权的国际保护方面，存在一系列国际性和地区性公约与协定，比较著名的有工业产权领域的《保护工业产权巴黎公约》《专利合作条约》《欧洲专利公约》等，以及版权领域的《伯尔尼公约》《世界版权公约》等。与技术贸易有关的国际公约主要有世界知识产权组织单独或者共同制定和管理的一系列知识产权公约，以及世界贸易组织的《与贸易有关的知识产权协定》（Agreement on Trade-related Aspects of Intellectual Property Rights,

TRIPs）和《修改〈与贸易有关的知识产权协定〉议定书》等有关规定。另外，还有通过两国政府间的双边协商，达成双方都接受的知识产权保护制度。

三、我国的知识产权法律制度

我国没有专门制定统一的知识产权法，而是制定了单项法，如专利法、商标法、著作权法等。

1982年8月23日，第五届全国人民代表大会常务委员会第二十四次会议通过了《中华人民共和国商标法》（以下简称《中国商标法》）。该法至今共修订了四次，最新修订于2019年4月23日。

1984年3月12日，第六届全国人民代表大会常务委员会第四次会议通过了《中华人民共和国专利法》（以下简称《中国专利法》）。该法至今共修订了四次，最新修订于2020年10月17日。

1990年9月7日，第七届全国人民代表大会常务委员会第十五次会议通过了《中华人民共和国著作权法》（以下简称《中国著作权法》）。该法至今共修订了三次，最新修订于2020年11月11日。

为保证以上法律的顺利实施，国务院还制定并颁布了若干行政法规，如《著作权法实施条例》《商标法实施条例》《计算机软件保护条例》《知识产权海关保护条例》《音像制品管理条例》《实施国际著作权条约的规定》《植物新品种保护条例》《集成电路布图设计保护条例》等。

四、国际知识产权贸易的标的

传统的国际技术贸易包括计算机软件贸易、专利权和专有技术贸易。随着国际贸易活动范围的扩大，国际知识产权贸易的标的包含了更多的内容。具体包括：

1. 版权

版权（Copyright），又称著作权，是指基于文学、艺术和科学作品依法产生的权利。版权保护的客体是具有独创性的文学、艺术和科学作品，包括文字作品、口述作品、音乐作品、戏剧作品、舞蹈作品、美术作品、建筑作品、摄影作品、视听作品、图形作品和模型作品。

版权除具有知识产权的共性（无形性、专有性、时间性、地域性）之外，还具有另一个重要的特性——双重性，即版权包括精神权利（作者身份权和保护作品完整权）和经济权利（复制权、演绎权和传播权）。

《中国著作权法》第二十三条规定：自然人的作品，其发表权、本法第十条第一款第五项至第十七项规定的权利的保护期为作者终生及其死亡后五十年，截止于作者死亡后第五十年的12月31日；如果是合作作品，截止于最后死亡的作者死亡后第五十年的12月31日。法人或者非法人组织的作品、著作权（署名权除外）由法人或者非法人组织享有的职务作品，其发表权的保护期为五十年，截止于作品创作完成后第五十年的12月31日；本法第十条第一款第五项至第十七项规定的权利的保护期为五十年，截止于作品首次发表后第五十年的12月31日，但作品自创作完成后五十年内未发表的，本法不再保护。视听作品，其发表权的保护期为五十年，截止于作品创作完成后第五十年的12月31日；本法第十条第一款第五项至第十七项规定的权利的保护期为五十年，截止于作品首次发表后第五十年的12月31日，但作品自创作完成后五十年内未发表的，本法不再保护。

计算机软件是指计算机程序及其有关文档，表面上看起来与传统文字作品很像，实际上计算机软件是具有实用性的工业产品，因此很多国家在把计算机软件作为版权客体的同时，又对计算机软件给予了有别于传统作品的保护，如在权利内容上引入了专利法中的使用权，将软件登记作为在诉讼中对抗第三方的必要条件。TRIPs明确要求成员将计算机软件作为文字作品加以保护。

我国在《中国著作权法》中明确将计算机软件作为保护的对象，并另行制定单行的《计算机软件保护条例》。2013年1月30日，我国对《计算机软件保护条例》进行了第二次修订，加重了对多类侵权行为的处罚力度。

2. 专利权

专利(Patent)最基本的两个特征就是垄断与公开。垄断是指授予技术发明人在一定时期内享有独占使用的权利；公开是指发明人作为法律授予独占权的回报，将自己的技术公之于众。所谓专利权，是指国家主管部门依据专利法授予发明创造人或其他合法申请人对某项发明创造在一定时期内所享有的独占权，作为享有独占权的对价，专利权人通过专利申请文件向全社会公开自己的专利技术。

世界各国对专利权客体的规定差异较大，《中国专利法》同时保护三种专利：发明(Invention)、实用新型(Utility Model)与外观设计(Design)。

《中国专利法》第二条第二款规定：发明，是指对产品、方法或者其改进所提出的新的技术方案。发明是专利权的主要客体，也是各国专利法都给予保护的重要对象。

《中国专利法》第二条第三款规定：实用新型，是指对产品的形状、构造或者其结合所提出的适于实用的新的技术方案。与发明相比较，实用新型相对比较简单，在许多国家并不被作为专利的一种。

《中国专利法》第二条第四款规定：外观设计，是指对产品的整体或者局部的形状、图案或者其结合以及色彩与形状、图案的结合所作出的富有美感并适于工业应用的新设计。需注意的是，法律所保护的对象是该设计本身，而不是负载该设计的物品。

和著作权的自动取得不同，专利权的取得需要经过一定的程序。各国专利法都规定了专门的专利申请办法。《中国专利法》规定发明专利的保护期为二十年，实用新型专利的保护期为十年，外观设计专利的保护期限为十五年，均自申请日起计算。

典型案例 10-1

中美知识产权诉讼中国企业获胜第一例

浙江省民营企业中国通领科技集团（以下简称通领集团）运用知识产权参与国际竞争，在美国本土依法维权，成为第一家在中美知识产权诉讼中获胜的中国企业。

GFCI（接地故障漏电保护器）产品是美国政府为保护居民人身安全而强制推行的安全装置，在美国拥有年销售量30亿美元的巨大市场。通领集团是全球生产GFCI产品的五大企业之一，作为一家拥有高新技术自主知识产权的外向型企业，通领集团拥有46项专利,其产品销往美国、加拿大等国家。由于高科技含量远远领先于同行,通领集团在进入美国市场后引起了行业巨头莱伏顿公司的恐慌。莱伏顿公司于2004年发起了恶意的专利诉讼,采取了在美国司法界也很罕见的刁蛮的诉讼手段,将通领集团4家美国经销商的董事、股东以及管理人员全部诉上法院。面对这种情况,通领集团积极迎战。在付出高额的诉讼费用、经历三年多的漫长等待后,通领集团拿到了两份“马克曼命令”,认定其GFCI产品采用的永磁式电磁机构原理的漏电保护技术没有侵犯美国莱伏顿公司的“558”专利和“766”专利。2007年7月10日,新墨西哥州地方法院判决通领集团的GFCI产品不侵犯莱伏顿公司的专利权。

长达28页的判决书中指出:2007年4月12日,法庭举行了听证会,认为通领集团的器件并没有包含“558”专利权要求中的相关“复位接触件”和“复位件”等要素,以及通过等效的方法完成同样功能的相同或等价的结构,因此法庭认定通领集团等被告依法胜诉。

通领集团与美国莱伏顿公司长达三年的知识产权诉讼历程,体现出中国企业已经开始逐步掌握美国知识产权诉讼的游戏规则,并且开始拥有应对非常复杂的知识产权官司的驾驭能力。因此该案件是具有非凡意义的,给中国企业进入外国市场保护自身专利技术带来了示范作用。

2003年11月,通领集团支付巨额司法费用把自己试制好的GFCI产品,送给美国两家律师事务所进行非侵权的法律评定。两家律师事务所得出了相同的结论:通领集团产品不侵犯美国莱伏顿公司的专利权。后来的事实证明:通领集团依靠知识产权保护手段,事先在美国律师事务所取得的非侵权法律意见书,为最终的胜诉埋下了“伏笔”。

尤其值得一提的是,2006年5月22日,在美国的诉讼还没有完全结束时,通领集团向广州市中级人民法院提起诉讼,请求法院判令被告美国莱伏顿公司在华设立的立维腾电子(东莞)有限公司(以下简称立维腾公司)立即停止侵权行为。7月27日,广州市中级人民法院依法作出裁定,对立维腾公司采取财产保全和证据保全程序,并查封其价值人民币100万元的约5万只涉嫌侵权产品。利用自己手里掌握的多项中国、美国专利权,通领集团从“被告”反转成“原告”。

此案带给中国企业诸多重要启示:

第一,面对美国强势企业的专利竞争,我国企业应到全球主要国家部署专利,并争取在美国竞争对手的产品链中秘密部署、采购大量的“潜水艇”专利,从而用更有力的专利武器制伏竞争对手。当然,在缺乏专利实力的情况下,我国企业可以联合国内外企业共同组建专利联盟,联合缔造行业标准,从而制衡、对抗某些竞争对手。

第二,由于中国企业普遍缺乏知识产权法律保护意识,对高科技产品和著名商标等知识产权的海外申请保护做得不到位,这也导致许多原本可以避免的侵权诉讼的产生。假如通领集团在商品出口占领美国市场之前,或者在国内技术发明申请专利的同时,在美国、欧盟各国也申请专利保护,对商标进行保护;在获得了海外知识产权注册登记的情况下,上述的侵权诉讼就不会发生。

第三,国内企业要注重科技创新,在若干领域的核心技术方面争取重大突破,改变国外企业认为我国企业无高科技核心技术产品出口的认识和偏见。

资料来源:笔者根据相关资料整理。

典型案例 10-2

孟山都公司诉施迈泽案

2000 年,美国生物技术公司孟山都控告一名加拿大农民施迈泽非法种植该公司的基因改造农作物的案件引起了各方关注。这宗案件成为有关专利侵权范畴的案例。

这宗案件引起了国际范围内争论转基因与专利侵权问题等有关方面的密切关注。对赞成转基因食品的人士来说,这将是确立基因专利权的重要的第一步。

美国生物技术公司孟山都开发并申请了一项专利:拥有抗草甘膦基因的油菜籽。该油菜籽具有抗含草甘膦农达除草剂的效果。农民种下该油菜籽,再喷农达除草剂,能在控制杂草的同时避免损坏农作物。农民的购买价格包含了专利使用权许可费。

其实,施迈泽在 1997 年就发现了抗农药油菜籽的存在。他用农达除草剂清除电线杆周围的杂草,此后注意到一些被喷了除草剂幸存下来的油菜籽。然后施迈泽进行了测试,他发现,在测试领域 60%的油菜存活。

当时,抗农药油菜籽一经发现,就已经有几个农民在该地区使用。施迈泽声称,他初次发现抗农药油菜籽的存在是在 1997 年,但对抗农药油菜籽的具体起源并不清楚。

1998 年,孟山都公司了解到施迈泽在种植这种抗农药油菜籽,希望他签下自己的专利许可协议,并支付许可费。施迈泽拒绝,他坚持 1997 年的误喷是偶然的,事后他收获了新种子,因为这是种子的物理属性,所以他可以无偿利用自己收获的种子。孟山都公司就专利侵权起诉施迈泽。

2004 年 5 月 21 日,经过约 6 年的诉讼,美国联邦最高法院裁决孟山都公司被侵权。但是施迈泽也赢得了部分胜利。因为拥有独特基因的油菜籽并没有给予他任何好处,他没有从中获取对作物的利润,所以不必支付赔偿金。施迈泽失去了油菜籽的使用权,因为他无法证明它们不是孟山都公司的抗草甘膦基因专利,也就是说法院决定保护孟山都公司的专利权。他的律师的意见是建议他摧毁所有的种子,并购买新的种子,所以真正属于他的抗农药油菜籽不再存在。

3. 商标权

商标(Trademark)是商品生产者、经营者或服务提供者在自己的商品或服务上使用的,可区别于其他商品或服务的一种标志。

商标依不同的标准,可以分为以下几类:①依使用对象的不同,可分为商品商标和服务商标;②依构成商标图案的形态的不同,可分为文字商标、图形商标、字母商标、数字商标、三维标志商标(立体商标)、颜色商标以及组合商标;③依其特殊性质,可分为联合商标、防御商标与证明商标;④依使用者的不同,可分为制造商标、销售商标与集体商标,等等。

除美国等少数国家对商标注册采用使用原则之外,大部分国家采用注册原则,只有依法注册的商标才能受到商标法的保护。商标权也有时间性,但商标权的时间性与版权、专利权有很大的不同,商标权可以通过续展而使得保护期无限延长。以我国为例,注册商标的有效期为自核准注册之日起10年,在期满前12个月以及到期后6个月的宽展期内可以续展,每次续展的有效期为10年。

4. 商业秘密

商业秘密(Business Secret)是指不为公众所知悉、能为权利人带来经济利益,具有实用性并经权利人采取保密措施的技术信息和经营信息。TRIPs第39条对"未披露的信息"作了较为详细的规定。根据这一规定,构成商业秘密应具有秘密性、价值性和保密性三个特征。

商业秘密应当受到法律的保护,这已经在世界范围内达成共识,但各国具体的保护方式又各不相同,大致说来,有侵权法、合同法、反不正当竞争法等。

《中华人民共和国反不正当竞争法》第九条定义了商业秘密,并将商业秘密区分为技术秘密和经营秘密两大类。其中,技术秘密也可称为专有技术(Know-how),是指未公开的、未取得工业产权法律保护的制造某产品或者应用某项工艺以及产品设计、工艺流程、配方、质量控制和管理等方面的技术知识。专有技术一直是国际知识产权贸易最重要的标的之一。

5. 集成电路布图设计权

TRIPs将对集成电路布图设计的保护纳入其中的同时,对集成电路布图设计权的效力、保护期、强制许可的限制以及善意侵权的范围等都作了相应的规定。集成电路布图设计权是一项独立的知识产权,是权利人对其布图设计进行复制和商业利用的专有权利。布图设计权的主体是依法能够取得布图设计专有权的人,通常称为专有权人或权利持有人。

集成电路布图设计权的取得方式通常有以下三种:登记制;有限的使用取得与登记制相结合;自然取得制。关于布图设计权的保护期,各国法律一般都规定为10年。根据《关于集成电路的知识产权条约》的要求,布图设计权的保护期至少为8年。我国2001年颁布的《集成电路布图设计保护条例》第十二条规定:布图设计专有权的保护期为10年,自布图设计登记申请之日或者在世界任何地方首次投入商业利用之日起计算,以较前日期为准。但是,无论是否登记或者投入商业利用,布图设计自创作完成之日起15年后,不再受本条例保护。

6. 植物新品种权

植物新品种权是工业产权的一种类型,是指完成育种的单位或个人对其授权的品种依法享有的排他使用权。

植物新品种是指经过人工培育的或者对发现的野生植物加以开发,具备新颖性、特异性、一致性、稳定性,并有适当的命名的植物新品种。完成育种的单位和个人对其授权的品种,享有排他的独占权,即拥有植物新品种权。

国际上现行的植物新品种保护模式是在《国际植物新品种保护公约》(International Convention for the Protection of New Varieties of Plants)中予以确立的,中国于1999年加入该公约。该公约规定,成员国可以选择对植物种植者提供特殊保护或给予专利保护,但两者不得并用。多数成员国均选择给予植物品种权保护。随着生物技术的发展,植物新品种保护要求用专利法取代该专门法的保护,强化培育者的权利。1991年,公约进行了第三次修订，增加了一些条款供成员国选择适用，从而加大了对植物新品种的保护力度。该公约修订后规定，如果成员国认为有必要，可以将保护范围进行扩展，未经授权使用的受保护品种的收获材料直接制作的产品，不得进入生产流通。这显然明确许可成员国对植物品种提供专利保护，从而放弃了此前公约禁止双重保护的立场。

《中国专利法》虽然将植物新品种排除在保护对象之外，但1997年国务院颁布了《中华人民共和国植物新品种保护条例》，并于2013年、2014年进行了修订，因此，我国属于通过单独制定行政法规的方式保护植物新品种。根据该条例，植物新品种是指经过人工培育的或者对发现的野生植物加以开发，具备新颖性、特异性、一致性和稳定性并有适当命名的植物品种。条例给予育种者一种类似于专利权的品种权。完成育种的单位或者个人对其授权品种享有排他的独占权。

第二节　国际技术转让及许可协议

一、国际技术转让的概念

一般而言，国际技术转让是指技术供应方将技术越过国境转让给技术取得方的行为。根据1985年联合国贸易与发展会议在其起草的《联合国国际技术转让行动守则（草案）》中所给出的定义，国际技术转让是指转让关于制造一项产品、应用一项工艺或提供一项服务的系统知识，但不包括只涉及货物出售或只涉及货物出租的交易。这一定义表明技术转让所包含的范围是十分广泛的，但也规定技术转让必须含有技术的内容，如单纯的货物买卖或租赁则不属于技术转让的范畴。

二、国际技术转让的内容和形式

国际技术转让的标的一般包括我们前面提及的专利、商标、计算机软件、专有技术等。根据《联合国国际技术转让行动守则（草案）》第一章的规定，国际技术转让具体包括以下几方面的内容：

（1）各种形式工业产权的转让、出售及授予许可，但不包括在技术转让交易中的商标，服务标志和商品名称除外；

（2）以可行性研究、计划、图表、模型、说明、手册、公式、基本或详细工程设计、培训方案和设备、技术咨询服务和管理人员服务以及人员培训等方式，提供的诀窍和技术知识；

（3）提供关于工厂和设备的安装、操作和运用以及“交钥匙”项目所需的技术知识；

（4）提高关于取得、安装和使用以购买、租借或其他方法得到的机器、设备、中间货物和（或）原料所需的技术知识；

（5）提供工业和技术合作安排的技术内容。

转让的形式包括：①单纯引进技术知识；②引进技术知识与购买成套设备相结合；③引进技术知识与合作生产和经营相结合；④其他方式。

三、国际许可协议

国际许可协议，又称国际许可证协议或许可合同，是指知识产权的所有人作为许可方

（输出方），通过与被许可方（引进方）签订许可合同，将其所拥有的知识产权授予被许可方，允许被许可方按照合同约定的条件使用该项知识产权，制造或销售合同产品，并由被许可方支付一定数额的知识产权使用费的知识产权转让行为。

按照被许可方获得授权的性质不同，可以将国际知识产权许可分为独占许可、排他许可、普通许可、分许可和交叉许可。

（1）独占许可（Exclusive License），是指被许可人在授权的时间和地域内，有权排斥包括许可方在内的任何人行使被授予的权利。因此，许可方一旦发放了独占许可，就不能在相同时间和地域内就同一权利向其他任何人发放任何形式的许可。

（2）排他许可（Sole License），是指许可人在授权的时间和地域内，有权排斥任何第三人行使被授予的权利，但是许可方仍然可以在授权的时间和地域内行使授予被许可方的权利。

（3）普通许可（Simple License），这是授权程度最低的一种许可，被许可方无权排斥许可方在同一时间、同一地域内将相同的权利授予第三人行使，也无权排斥许可方自己行使。这也就意味着在同一范围内可能同时存在多个合法的权利持有人。

（4）分许可（Sub-license），也叫作从属许可，是指在合同规定的时间和范围内，许可方允许引进方将其从许可方得到的权利再部分或全部转让给第三方。订立分许可合同必须取得原许可方的同意或者在原许可合同中有明确的规定。

（5）交叉许可（Cross License），又称交换许可，是指许可方和被许可方双方将各自拥有的知识产权使用权提供给对方使用，双方互为许可方和被许可方。许可各方的权利可以是独占的，也可以是非独占的。

第三节　知识产权的国际保护

在19世纪中叶以前，国家间保护知识产权的合作主要是通过互惠乃至单方面承担保护义务来实现。但是19世纪末情况发生了变化，这种合作主要通过双边或多边条约的国际合作来实现。保护知识产权的条约完全符合国际法的一般条件：政府之间互相承诺的权利和义务准则，直接或间接地成为各成员国的国内法。

在实践中，多边国际公约保护是知识产权国际保护最重要的途径。

一、《保护工业产权巴黎公约》

《保护工业产权巴黎公约》诞生于19世纪。19世纪40年代，继英国之后，比利时、法国、美国、德国、意大利、俄国等国家都开始了工业革命，其结果是欧洲大陆各国都建立了自己的知识产权法和形成了世界市场。因此，各国从技术封锁发展到试图使其他国家也同时保护本国国民的知识产权，以使本国的国民通过知识产权的国际保护在世界市场上占据优势地位。1873年维也纳国际博览会遇到了障碍，当时大多数接到邀请的国家都不愿意参加，其原因在于担心自己国民的发明或商标在国际博览会上得不到保护，被其他国家的厂商利用。国际博览会反映出来的问题在当时产生了两个实际反应：①奥匈帝国在当年就通过了一项特别法，为参加展览会的外国发明、商标及外观设计提供临时保护；②在维也纳召开了第一次国际专利会议，呼吁在发明专利的保护方面缔结一个国际性协议。作为第二个反应的继续，1878年在巴黎举办的另一场国际博览会期间，召开了第二次国际专利会议，会议决定组成一个专门委员会，负责起草一份保护工业产权的国际公约。1880年，21个国家的代表在巴黎讨论了这份公约的草案。1883年3月，11个国家在巴黎缔结了《保护工业产权巴黎公约》（以下简称《巴黎公约》）。该公约于1884年7月7日生效。《巴黎公约》是知识产权领域的第一个世界性的多边条约，在其后的一百多年里经历过多次修订。

截止到2022年7月6日，随着佛得角的正式加入，该公约缔约国家总数已经达到179个。1985年3月19日，中国成为该公约成员国，中国政府在加入书中声明：中华人民共和国不受公约第28条第1款的约束。在我国加入该公约前后，我国还先后制定了与之相配套的诸如《中国商标法》《中国专利法》《促进科技成果转化法》等法律。

《巴黎公约》所确立的一些原则，如国民待遇原则、优先权原则、独立性原则、强制许可专利原则，以及商标的使用、驰名商标的保护、商标权的转让、展览产品的临时保护等原则，成为各国普遍遵守的原则。

二、《商标国际注册马德里协定》

《巴黎公约》虽然为成员国商标权的保护提供了方便，但商标所有人如果希望在多个国家注册，就要重复履行手续，很不方便。为此，《巴黎公约》第十九条规定，本同盟成员国保留有在相互间分别签订关于保护工业产权的专门协定的权利，只要这些协定与本公约的规定不相抵触。《巴黎公约》缔结八年之后，第一个专门性的公约产生了。这就是《商标国际注册马德里协定》（以下简称《马德里协定》）。1891年，由法国、比利时、西班牙、瑞士及突尼斯发起缔结了《马德里协定》，作为对《巴黎公约》中关于商标的国际保护的补充。参加该协定的国家，必须首先是《巴黎公约》的成员国。1989年，中国正式成为该协定的成员国。截至2021年，马德里联盟①共有108个缔约方，覆盖124个国家。

《马德里协定》的主旨是解决商标的国际注册问题。按照协定的规定，缔约国的商标所有人在本国国内办理商标注册后，如果要在成员国得到保护，可向国际局申请，由国际局通知那些注册人要求保护的缔约国。根据协定，经国际注册的商标均享有《巴黎公约》所规定的优先权。经国际注册的商标，其有效期为20年。期满可以续展，续展期仍为20年。有效期届满前6个月，国际局应发送非正式通知，提醒商标权人注意届满日期。国际注册续展，可给予6个月的宽展期。另外，根据协定，商标自获准国际注册之日起5年内，如果该商标在其所属国已全部或部分不再享受法律保护，那么该商标国际注册所得到的法律保护也全部或部分不再享有。但从获得国际注册之日起满5年以后，国际注册与商标所有人在其所属国的国内注册没有关系，国际注册不受国内注册变化的影响而独立存在。

---

① 马德里联盟是指由《马德里协定》和《马德里协定有关议定书》所适用的国家或政府间组织所组成的商标国际注册特别联盟。

三、《专利合作条约》

《巴黎公约》虽然解决了专利权的国际保护问题，但没有解决专利的国际申请问题，即专利权要得到他国的法律保护，按《巴黎公约》规定仍然必须向其他成员国一一分别申请和获得批准。《巴黎公约》虽然使专利制度在“地域性”方面的缺陷得到一定程度的弥补，使一个成员国的专利申请人在其他成员国享有国民待遇和优先权，但它不涉及成员国保护专利权的方式、司法救济的种类和申请程序，因此，在弥补专利权地域性所造成的缺陷方面十分有限，专利国际化的进程也十分缓慢。为了弥补这一缺陷，一些国家谋求在专利的国际申请、简化申请手续方面寻求新的途径。美国最先有此动议，1970 年在华盛顿召开的《巴黎公约》成员国外交会议上，根据美国提出的“签订一个在专利申请案的接受和初步审理方面进行国际合作的条约”的建议，缔结了《专利合作条约》(Patent Cooperation Treaty, PCT)，旨在解决专利的国际申请问题。该条约于 1978 年正式生效。

从名称上可以看出，《专利合作条约》是专利领域的一项国际合作条约。自采用《巴黎公约》以来，它被认为是该领域进行国际合作最具有意义的进步标志。但是，它主要涉及专利申请的提交、检索及审查以及其中包括的技术信息的传播的合作性和合理性，不对国际专利授权；授予专利的任务和责任仍然只能由寻求专利保护的各个国家的专利局或行使其职权的机构(指定局)掌握。《专利合作条约》并非与《巴黎公约》竞争，事实上是其补充。的确，它是在《巴黎公约》下只对该公约成员国开放的一个特殊协议。

1978 年《专利合作条约》生效时，其成员国仅有 18 个；截至 2013 年 7 月，该条约共有 148 个成员国，由总部设在日内瓦的世界知识产权组织管辖。

中国于 1993 年 9 月正式向世界知识产权组织递交了参加《专利合作条约》的加入书，自 1994 年 1 月 1 日起正式成为该条约的成员国。中国专利局(现国家知识产权局)成为《专利合作条约》的受理局、指定局和选定局、国际检索单位及国际初审单位，中文成为该条约的正式工作语言。

《专利合作条约》是在《巴黎公约》的原则指导下产生的一个国际专利申请公约。它完全是程序性的，即对专利申请案的管理及审查程序作出某种国际性统一规定。它不涉及专利的批准问题，因此不影响其成员国的专利实体法。但是，缔约国应当依照条约原则调整国内专利申请的程序。

从条约的作用来看，《专利合作条约》大大简化了专利申请的手续，使原先必须在一个个国家里重复履行的申请手续，通过一份国际申请即可一次性完成。具体程序是：

(1) 申请人按照条约的具体要求准备好申请案之后，呈交“国际申请案接收局”。

(2) 接收局接到申请案之后将其复制两份，一份送交“国际申请案检索局”；另一份送交“国际申请案登记局”。

(3) 检索局对申请案进行检索，看它是否与任何现有技术相重复，然后将检索报告送交世界知识产权组织的国际局。该国际局将已登记的申请案与检索报告一并复制之后，分送申请人所指定的即其希望在那里取得专利权的国家。

(4) 这些国家再依照其国内法的规定，决定批准还是驳回申请案。自申请日起 20 个月或优先权日起 30 个月内，国际申请在指定国或选定国进入国内阶段。各指定国或选定国将依照国内法对其进行最终的审批。同按《巴黎公约》规定的12个月的考虑时间相比，申请人多了8个月或18个月的考虑时间。在此期间，申请人可以借助国际检索报告和国际初步审查报告，正确地评估发明的技术价值和市场前景，决定申请是否进入国内阶段，由此可节省大量劳动和避免无谓开支。

《专利合作条约》对各国专利局也有好处，因为国际申请进入国内阶段时，各国专利局不仅收到国际申请译本，还收到国际检索报告和国际初步审查报告，这就大大减少了这些专利局的检索和审查工作量，从而可以提高工作效率。对于那些没有技术或经济力量进行检索或者审查的国家，可以依赖国际检索单位的检索结果进行审查，在客观上促进了各国专利局之间的交流与合作。

四、著作权保护的国际公约

关于著作权保护方面的国际公约，主要有1886年签订的《保护文学和艺术作品伯尔尼公约》（以下简称《伯尔尼公约》），1952年签订的《世界版权公约》，1961年签订的《保护表演者、录音制品制作者和广播组织罗马公约》（以下简称《罗马公约》），1971年签订的《保护录音制品制作者防止未经许可复制其录音制品公约》等。除《罗马公约》外，我国均已加入上述公约。

（一）《伯尔尼公约》

19世纪中叶，有些国家通过订立双边协定，在互惠的基础上对外国公民的著作权提供保护。但随着国际交流的扩大，双边协定或互惠条约难以防止国际剽窃作品的现象，且各国著作权保护差别很大。为使著作权在国际流通领域得到更好的保护，有必要签订一个各国广泛参加的国际公约。该公约的最初倡议者是1879年在巴黎成立的“国际文学家联盟”。联盟于1883年在瑞士的伯尔尼起草了公约草案。会后由瑞士政府公布了草案，送交并敦促有关国家，1886年终于缔结了《伯尔尼公约》。

中国于1992年正式成为该公约的成员国。截至2013年11月22日，随着莫桑比克的加入，该公约缔约国总数达到167个。《伯尔尼公约》是参加国最多、保护水平最高的著作权国际公约，特别是它对著作权保护中某些概念有明确的定义，直接影响着各国的著作权法。

《伯尔尼公约》的基本原则有如下几个：

1. 国民待遇原则

国民待遇原则贯穿于公约的大部分实体条款，集中体现于第三至第五条。其含义是：

（1）公约成员国国民，其作品不论是否出版，均应在公约的一切成员国中享有公约要求的最低限度的保护。这是公约的“作者国籍”标准，也称为“人身标准”。

（2）非公约成员国的国民，其作品只要是首先在某个成员国出版的，或在某个成员国及其他成员国同时出版的，也应当在一切成员国中享有公约提供的保护。这是公约的“作品国籍标准”或“地点标准”。

（3）非公约成员国的国民但在成员国有惯常住所的作者，也适用人身标准。

（4）对电影作品的作者，即使不具备上述（1）（2）（3）中任何一项，但只要电影制片人总部或制片人的惯常住所在公约成员国境内，即适用地点标准。

(5) 建筑作品及构成建筑物一部分的平面和立体艺术作品的作者，即使不具备上述(1)(2)(3)的任何一项，但只要有关建筑物位于公约成员国境内，则有关建筑作品或有关艺术作品均适用地点标准。

2. 自动保护原则

根据公约第五条第二款的规定，依国民待遇而享有版权或著作权，无须履行任何手续如注册、登记，也不论作品起源国是否存在保护。按人身标准享有国民待遇者，其作品一经创作完成，即自动享有版权；按地点标准享有国民待遇者，其作品一经在成员国首次出版或影片一经发行、建筑物一经建成，就自动享有版权。

3. 版权独立原则

根据公约第五条第三款规定，作者在公约任何成员国所得到的版权，均须依照“权利要求地法”，而不应依赖“作品来源地法”保护。版权独立原则所表明的是，虽然公约实行自动保护原则，但并没有因此就突破版权的地域性特点。

此外，《伯尔尼公约》的最低限度保护原则规定，成员国不论对本国作者还是外国作者作品的著作权保护，均不得低于本公约规定的限度。所以，虽然公约对受保护的作品、权利内容和保护期限都规定了一个最低标准，但这并不排斥成员国的法律保护高于公约规定的最低标准。

(二)《世界版权公约》

在《伯尔尼公约》的缔结过程中，美国多次参加了缔结公约的会议，但因美国的出版等行业不如欧洲一些国家发达，对著作权保护的水平较低，美国一直拒绝加入《伯尔尼公约》。1889 年美国与美洲的一些国家在蒙德维尔缔结了一个《美洲国家间版权公约》，简称《泛美版权公约》。美洲国家此后还陆续缔结了几个地区性的版权公约，如 1902 年的《墨西哥公约》、1906 年的《里约热内卢公约》、1910 年的《哈瓦那公约》、1946 年的《华盛顿公约》等。这就形成了以欧洲为中心和以美洲为中心的两大版权保护体系。

第二次世界大战后，美国在经济和文化方面取得了很大的发展，开始关注其作品在欧洲国家的保护问题。但《伯尔尼公约》的保护水平较高，美国希望通过缔结一个新的国际公约，达到保护其利益的目的。此外，一些新兴国家也认为《伯尔尼公约》的保护水平太高，不利于对外国作品，特别是《伯尔尼公约》成员国中发达国家的作品的使用，也希望能缔结一个保护水平相对较低的国际公约。同时，一些《伯尔尼公约》的成员国为了使自己的作品在上述国家获得充分保护，也愿意在新的国际保护体系中实现与这些国家著作权的相互保护。在联合国教科文组织的主持下，经过多次会议的协商，《世界版权公约》于 1952 年在日内瓦正式通过。中国于 1992 年正式加入该公约。

就保护水平而言，《伯尔尼公约》的保护水平较高，它规定的最低保护要求已经大体覆盖了《世界版权公约》的实体条文。在此仅就《世界版权公约》相较于《伯尔尼公约》的特殊之处进行介绍。

1. 非自动保护原则

当初，美国及《泛美版权公约》的许多成员国均实行版权“登记保护制”，这与《伯尔尼公约》的自动保护原则是相冲突的。为取得平衡,《世界版权公约》采取折中规定,它没有要求以登记作为版权保护的前提,也没有沿用《伯尔尼公约》的自动保护原则,而是另有规定:作品在首次出版时,每份复制本上均应标有版权标记,方能在一切成员国受到保护。如果已经有了版权标记,各成员国就不应再要求进行登记手续或其他手续。版权标记应包含三项内容:首次出版年份;版权保留声明,一般以英文“C”并且外加一圈,即© 表示;版权所有人名称。

2. 版权保护的主体

《伯尔尼公约》保护的主体仅限于作者,而《世界版权公约》保护的主体包括作者和其他版权所有人。其他版权所有人指的是作品的原始所有人,如作者的雇主、委托作品的委托人、电影的制作版权人等。对此,世界知识产权组织的专家及多数国家的版权法学家都认为,只有直接从事创作活动的自然人,才能被视为作者。但英美法系国家则把电影作品版权直接授予制片人,而不是授予参加创作的自然人。美国版权法还规定,在雇佣状态下,直接从事创作的人不是作者,雇主反倒应被视为作者。而在美国考虑参加《伯尔尼公约》时,美国版权局局长认为这一点并未与《伯尔尼公约》相冲突。

3. 权利保护期限

《世界版权公约》并未涉及精神权利的保护问题,所以保护期只涉及经济权利。其第四条规定:一般情况下,成员国给予作品的保护不应少于作者有生之年及其死后的二十五年;对摄影作品或实用美术作品,不得少于十年。

4. 无追溯力原则

根据《世界版权公约》第七条的规定,公约不适用于当公约在某成员国生效时,已永久进入该国公有领域的那些作品或作品中的权利。该条与《伯尔尼公约》第十八条的规定相反。对于一部作品是否受保护,《世界版权公约》看的是作品在受保护国处于专有领域还是公有领域,而不是看作品在来源国的状态。这样一来,一个新参加《世界版权公约》的国家,对其原来已经自由使用的外国作品仍可以自由使用,而不必再给予保护。这对于减轻发展中国家经济上的负担,无疑是有利的。但同时参加了《伯尔尼公约》与《世界版权公约》的国家,由于《伯尔尼公约》的覆盖,不能再援引《世界版权公约》第七条的规定。

5. 针对《伯尔尼公约》的保护规定

《世界版权公约》缔结后,为防止一些国家从《伯尔尼公约》中退出而参加《世界版权公约》,即防止国际版权保护水平的下降,《世界版权公约》作出了如下规定:公约生效后,原《伯尔尼公约》的任何成员国,均可以再参加本公约,但不得因此退出《伯尔尼公约》。否则,所有既是本公约成员国又是《伯尔尼公约》成员国的国家,将不为退出《伯尔尼公约》的国家提供本公约要求提供的保护。但该条对发展中国家例外,事实上,至今还没有任何发展中国家退出《伯尔尼公约》。

五、TRIPs

1. TRIPs 的产生

《关税及贸易总协定》(General Agreement on Tariffs and Trade, GATT)于 1947 年缔结于日内瓦。在乌拉圭回合谈判中,以美国为首的发达国家倡议,极力主张将知识产权问题列为三大新议题之一。经过长达 7 年多的谈判，取得了最终结果，达成了 TRIPs。

1995 年 1 月 1 日起，《关税及贸易总协定》被世界贸易组织（World Trade Organization，WTO）取代，TRIPs 也同时生效。

2. TRIPs 的内容

（1）扩大了知识产权保护的范围。TRIPs 将传统上不属于知识产权范围的商业秘密，以及知识产权条约未列为知识产权保护的集成电路布图、计算机软件，也纳入它的保护范围。同时指出，专利应适用于所有技术领域中的任何发明，不论它是产品还是方法。此外，协定还要求成员对目前大多数发展中国家不予保护的植物新品种给予保护。

（2）延长了保护期限。TRIPs 规定的保护期，专利不得少于 20 年，外观设计不得少于 10 年，对包括计算机软件在内的著作权不得少于 50 年，集成电路布图设计不得少于 10 年。可见，TRIPs 所规定的保护期大多长于现有知识产权条约及许多国家尤其是发展中国家规定的保护期。

（3）强化了知识产权的权利内容。①专利方面，特别强调进口权以及方法专利的保护范围，且延及由该方法直接获得的产品；在外观设计方面也规定了进口权。②计算机软件及电影作品著作权方面，特别强调了租赁权。③专利方面，弱化了《巴黎公约》中强制许可在事实上所造成的未经许可的使用，并增加了 10 多项限制条件，实际上强化了专利权。④与《关于集成电路的知识产权条约》相比，协定对集成电路布图设计的保护扩大到含有集成电路成品的产品。

（4）完善了知识产权的实施保障。TRIPs 既是知识产权实体法，又是程序法。它不仅规定了主体的权利义务关系，而且规定了实现其权利和义务的行政、民事、刑事以及边境和临时程序。实体法的内容主要体现在 TRIPs 的第二部分，程序法的内容主要体现在 TRIPs 的第四部分。第四部分详尽地规定了有关知识产权执行措施和对知识产权的取得和维持的有关程序。这些规定几乎涉及行政和司法诉讼、赔偿、补救措施等方面的所有问题。值得一提的是，TRIPs 规定的有关海关的边境措施：各成员知识产权所有人掌握了确切证据后，对侵犯知识产权的产品不管是进口或出口，都可申请海关予以扣押。但申请人在此情况下应提供相应的保全措施，以便保护被告，防止权利人滥用权利。这样的规定在以前的知识产权条约中是从来没有过的。

（5）建立了一套较为完整有效的争端解决机制。TRIPs 第 64 条规定，除非有特别规定，由《争端解决谅解》详述和实施的 GATT 第 22 条和第 23 条的规定，适用于知识产权问题的协商和争端解决。TRIPs 将 WTO 解决争端的机制引进来，将知识产权问题与国际贸易挂钩，以贸易制裁作为知识产权保护的后盾，这无疑是促进各成员履行义务最有效、最强有力的手段。

（6）取消了保留条款。TRIPs 第 72 条规定：未经其他成员同意，不得对本协定的任何规定提出保留。因此，对协定不存在就某一规定提出保留的问题。而且由于协定和 GATT 乌拉圭回合的其他 14 个议题的谈判采取一揽子接受的原则，不接受该协定也就意味着被排斥在多边贸易体制之外。因此，取消保留条款可以保证 TRIPs 对知识产权的高标准保护得以被广泛接受。

3. TRIPs 与其他知识产权条约的关系

与知识产权的其他条约相比，TRIPs 是一个具有更高保护水准的综合性条约。那么，它是否将取代《巴黎公约》《伯尔尼公约》等现存知识产权公约？针对这种担心，TRIPs 在序言中就指出：期望在 WTO 与世界知识产权组织以及其他有关国际组织之间建立一种相互支持的关系。

除此之外，TRIPs 从第 1 条起，还多次提到它与《巴黎公约》《伯尔尼公约》《关于集成电路的知识产权条约》和《罗马公约》的关系，明确了它与上述四个公约的关系：

（1）其主要部分均与《巴黎公约》实体条款及另外三个公约相符合。

（2）协定的全体成员（即 WTO 的成员）均应遵守《伯尔尼公约》1971 年文本以及其他三个公约的实体条款。值得注意的是，TRIPs 第一部分第 2 条规定了该协定第一至第四部分的规定与四个公约不冲突的原则。但协定的第五、第六、第七部分则与四个公约有所不同，尤其在成员之间的争端解决方式及程序上，协定与原有公约不同。

除了 TRIPs 专门指出的四个公约，无论是世界知识产权组织管理的公约，诸如《保护植物新品种公约》《保护奥林匹克会徽内罗毕条约》，还是非世界知识产权组织管理的其他公约如《世界版权公约》，TRIPs 均不要求成员承担任何义务。虽然这些公约有些与“贸易”关系密切。例如，《保护奥林匹克会徽内罗毕条约》的目的正是防止在贸易活动中使用该会徽。

TRIPs 是 WTO 框架内的一个有关知识产权的协定，也是当今世界上影响极为深远的一个知识产权方面的国际公约。这不仅仅因为它使得世界上大多数国家在知识产权领域达成了基本共识，更重要的是，它第一次把知识产权与国际贸易两个问题联系起来，使知识产权保护进入一个新阶段。

? 思考与练习

1. 什么是知识产权？其范围包括哪些？
2. 国际知识产权贸易的标的有哪些？
3. 国际许可协议有哪些形式？各有哪些特点？
4. 简述国际知识产权保护的几个重要国际公约。

案例分析

宁波美汝公司出口侵犯“耐克钩图形”等商标专用权案

宁波美汝公司委托义乌市天弘报关代理有限公司，于 2019 年 4 月 19 日以一般贸易方式向海关申报出口英国一批拖鞋，报关单号为 292120190219635523。经查，实际出口货物中，有标有“adidas 及图形”商标的鞋子 60 双、标有“耐克钩图形”商标的鞋子 480 双、标有“N”商标的鞋子 60 双、标有“FILA”商标的鞋子 120 双，价值合计人民币 14 400 元。对于上述货物，“adidas 及图形”商标权权利人阿迪达斯有限公司、“耐克钩图形”商标权权利人耐克创新有限合伙公司、“N”商标权权利人新平衡体育运动公司、“FILA”商标权权利人满景(IP)有限公司均认为属于侵犯其商标专用权的货物,并向海关提出采取知识产权保护措施的申请。

上海海关经调查,认为宁波美汝公司出口的鞋子上使用的“adidas 及图形”“耐克钩图形”“N”“FILA”商标,与商标权利人注册的“adidas 及图形”“耐克钩图形”“N”“FILA”商标相同,且事先未经商标注册人许可,根据《中国商标法》第五十七条第(一)项的规定,该货物属于侵犯阿迪达斯有限公司“adidas 及图形”商标专用权、耐克创新有限合伙公司“耐克钩图形”商标专用权、新平衡体育运动公司“N”商标专用权、满景(IP)有限公司“FILA”商标专用权的货物。宁波美汝公司出口上述货物的行为已构成出口侵犯他人商标专用权货物的行为。

根据《中国海关法》第九十一条、《中国海关行政处罚实施条例》第二十五条的规定,上海海关决定没收上述标有“adidas 及图形”商标的鞋子 60 双、标有“耐克钩图形”商标的鞋子 480 双、标有“N”商标的鞋子 60 双、标有“FILA”商标的鞋子 120 双,并处以人民币 1 500 元罚款。

资料来源:中国质量新闻网,《宁波美汝进出口有限公司出口侵犯“耐克钩图形”等商标专用权货物被行政处罚》,https://www.cqn.com.cn/ms/content/2020-04/02/content_8466182.htm? t=pc,访问日期:2023 年 8 月 5 日。

【思考与讨论】

海关对知识产权的保护是涉外知识产权保护中非常重要的一环,请谈谈你对涉外知识产权保护的看法。

第十一章

国际商事纠纷解决

【教学目标】

通过本章学习,学生将能够:

1. 了解仲裁与诉讼的区别。
2. 了解我国的涉外仲裁制度及相关涉外仲裁机构。
3. 掌握仲裁协议的概念及其作用。
4. 了解我国关于承认与执行涉外仲裁裁决的相关规定。

【关键术语】

仲裁　中国国际经济贸易仲裁委员会　仲裁协议　仲裁裁决的承认与执行

【引导案例】

原告江苏省物资集团轻工纺织总公司(以下简称“轻纺公司”)与被告香港裕亿集团有限公司(以下简称“裕亿公司”)签订了销售合同,约定由裕亿公司销售普通旧电机5 000吨给轻纺公司,每吨348.9美元,总价174.45万美元。合同第8条明确约定:凡因执行本合同所发生的或与本合同有关的一切争议,双方可以通过友好协商解决;如果协商不能解决,应提交中国国际经济贸易仲裁委员会,根据该会的仲裁规则进行仲裁。仲裁裁决是终局的,对双方均有约束力。

货物到港后,经商检部门查明:本批货物主要为各类废结构件、废钢管、废齿轮箱、废元钢等。

轻纺公司遂以裕亿公司侵权给其造成损失为由提起诉讼。裕亿公司在答辩期内提出管辖权异议称,本案当事人之间对合同纠纷已自愿达成仲裁协议,人民法院依法不应受理。

江苏省高级人民法院认为:本案是因欺诈引起的侵权损害赔偿纠纷。虽然原告轻纺公司和被告裕亿公司之间的买卖合同中订有仲裁条款,但由于被告是利用合同进行欺诈,已超出履行合同的范围,构成了侵权。双方当事人的纠纷已非合同权利义务的争议,而是侵权损害赔偿纠纷。轻纺公司有权向法院提起侵权之诉,而不受双方所订立的仲裁条款的约束。法院最后裁定:驳回裕亿公司对本案管辖权提出的异议。

本案涉及仲裁与诉讼的管辖权问题,也是本章要加以阐述的问题之一。

第一节 概述

一、解决商事纠纷的方式

传统上,解决商事纠纷的方式通常有四种:协商或者谈判、调解、仲裁、诉讼,另外,还有WTO的解决不同成员间经贸纠纷的贸易争端解决机制。上述解决争议的方法中,第一种方式没有第三方参与,由当事人自主协商或谈判达成和解,从而解决商事纠纷;后三种方式均有第三方介入。协商解决方式是国际商事争端最普遍和最基本的处理方式。采取协商解决方式,争议双方可以在友好合作的气氛中解决争议,且协商不受固定的法定程序的约束,简便、易于操作,还可以节省人力、物力。

调解则是由第三方出面从中调停,促进双方当事人达成和解。在调解解决方式中,担任调解人的可以是个人,也可以是各种组织。事实上,调解作为解决商事争端的一种重要方式,有法庭调解与民间调解之分。在有关法庭参与或主持下进行的调解活动被称为法庭调解,是一种诉讼活动,具有诉讼法律效力。在有关民间调解机构参与或主持下进行的调解活动被称为民间调解,是一种非诉讼活动,不具有法律效力,所达成的协议只能依靠当事人的自觉履行;如果有关当事人反悔,则可以向有管辖权的法院起诉,求得司法解决。本书所介绍的调解是指后者。

仲裁,又称公断,是指双方当事人在争端发生之前或者发生之后,达成书面协议,自愿把他们之间的争端交给双方所同意的第三方进行裁决的行为。仲裁作为解决商事争端的一种方式,在国际上有着悠久的历史。早在古罗马时期,就出现了以仲裁方式解决商事纠纷的做法。1347 年,英国就有关于仲裁的记载。1698 年,英国制定了它的第一部仲裁法案,但条文内容非常简单。1807 年的《法国民事诉讼法典》对仲裁作了专门规定。早期的仲裁主要用以解决国内的债权债务方面的争端。自 20 世纪以来,不少资本主义国家相继制定了有关仲裁的法律制度。仲裁作为解决国际贸易争议的一种方式,逐步得到世界各国的普遍接受。

仲裁和调解的区别在于:仲裁有仲裁员参加,而且仲裁员是以裁判者的身份而不是以调解员的身份对双方有争议的事项作出裁决,且这种裁决一般是终局性的。

仲裁与诉讼也有着明显的区别,具体表现在以下几个方面:

(1) 法院具有法定的管辖权,一方向法院起诉,无须征得另一方的同意;而仲裁机构是民间组织,无法定的管辖权,所以必须在自愿的基础上进行,即一方申请仲裁,必须得到另一方的同意。

(2) 法院的法官是由国家任命或者选举产生,当事人没有选择法官的权利;而仲裁员是由双方当事人自己选定的。

(3) 仲裁比诉讼具有更大的灵活性,且仲裁员一般都是经贸界的知名人士或者有关方面的专家,对经贸业务比较熟悉,所以处理问题一般都比较迅速及时。

(4) 法院一般公开进行审理,而仲裁一般都是私下进行的。

(5) 法院审理案件一般实行“两审终审制”(有些国家实行“三审终审制”),而仲裁实行“一裁终局制”。

二、国际商事仲裁的定义及特点

所谓国际商事仲裁(International Commercial Arbitration),是指在国际经济贸易活动中,仲裁机构或仲裁员根据当事人事前或者事后达成的仲裁协议和当事人一方的仲裁申请,对其争端进行仲裁审理并作出裁决的制度。

国际商事仲裁具有以下几个特点:

第一,国际性。提交仲裁的双方当事人一般都分属于不同的国家,只有在少数情况下,才都是同一国家的自然人或者法人。在国际性的判断上,联合国国际贸易法委员会采取了混合标准,既采用联结因素,也考虑争议的性质,即如果当事人的国籍、居所或住所、法人的设立地、管理中心或营业地等联结因素中存在国际性,以及争议的性质具有涉外因素,这类仲裁就会被认定为国际商事仲裁。

第二,自愿性。仲裁庭受理案件的权力,并非出于强制性的法定管辖,而是来源于争端当事人的自愿授权,是以当事人提交的书面仲裁协议为基础的。

第三,灵活性。争端当事人在选择仲裁机构、仲裁员、仲裁地点等方面,享有充分的自主权。不仅如此,仲裁本身又具有非公开、程序简练、结案快、节省时间、费用较低等特点。

第四,终局性。通过仲裁程序作出的仲裁裁决一般都是终局性的,对双方当事人都有约束力,如果一方不自动执行裁决,另一方有权提出申请,请求法院承认裁决效力并强制执行裁决。

第二节　国际商事仲裁机构

一、国际商事仲裁机构的种类

在国际商事仲裁实践中,基于组织形式上的不同,国际商事仲裁机构可以分为临时仲裁机构和常设仲裁机构两种。

1. 临时仲裁机构

临时仲裁机构是一种随意的、偶然的仲裁组织形式。它是根据双方当事人仲裁协议所选定的仲裁员负责审理当事人之间的争议,并在仲裁裁决作出后即解散的一种仲裁形式。

临时仲裁的特点表现为:①没有固定的组织形式,没有日常的管理机构;②仲裁员的指定许多是在仲裁协议中明确的,采取独任仲裁的情况较多;③仲裁程序、仲裁地点、仲裁裁决的方式、效力均由双方当事人协议。与常设仲裁机构相比,临时仲裁机构的费用一般较低,仲裁员解决案件的速度较快,有些案件可以在几天或几周内解决。

临时仲裁是仲裁历史上仲裁组织的最初表现形式。虽然现在常设仲裁机构在各国普遍存在,但通过临时仲裁机构解决争端的情况也依然存在。在英国、美国、日本等地,这种仲裁机构仍有相当的地位。我国仲裁法对临时仲裁没有规定,事实上是不允许临时仲裁的。这种做法与国际上一些国家的做法不太一致。

2. 常设仲裁机构

常设仲裁机构是为了解决国际商事争端而设立的专门性、永久性仲裁组织,一般具有自己的仲裁员名册,供当事人选择。仲裁员普通采取聘任制。

常设仲裁机构不是政府或国家的司法机关,一般设立在工商贸易界中影响较大的商会组织内,或者附设在一些非政府间的国际组织或专业团体之下,多属于民间性质。

常设仲裁机构有仲裁规则,设有秘书处,以进行日常工作。仲裁机构的日常组织和行政管理工作是临时仲裁机构所不具有的。该机构具有专门人员负责受理仲裁案件的申请、组织仲裁庭、传递文件证据、确立开庭日期、提供翻译服务、收取有关仲裁的费用等。常设仲裁机构还开展仲裁机构间交流、仲裁宣传及仲裁员的培训等活动。

二、主要商事仲裁机构

(一) 国际常设仲裁机构

国际常设仲裁机构又可以分为两类:一类是全国性或国际性的仲裁机构,如英国伦敦国际仲裁院、美国仲裁协会、瑞士苏黎世商会仲裁院、日本商事仲裁协会、意大利仲裁协会、澳大利亚国际商事仲裁中心等;另一类是设立在特定行业内(如国际油、油籽和油脂协会、谷物与饲料贸易协会等)的专业性仲裁机构。

目前,在国际社会上影响较大的几个常设商事仲裁机构有:

1. 国际商会国际仲裁院

国际商会国际仲裁院(International Chamber of Commerce International Court of Arbitration)成立于1923年,总部设在巴黎,其目的是促进和维护国际商事活动,是国际商会下设立的国际性仲裁机构。中国为该仲裁院成员。

仲裁院本身不直接受理仲裁案件。具体的仲裁案件由国际商会在各国聘任的仲裁员受理。其主要任务是:①保证仲裁院所制定的仲裁规则和调解规则的适用;②指定仲裁员或确认当事人所指定的仲裁员;③决定对仲裁员的异议是否成立;④批准仲裁裁决的形式。

仲裁院规定的受案范围极其广泛,包括对任何种类的契约性和非契约性关系提交仲裁的争议。仲裁院备有充分的仲裁员名单供当事人选用。当事人协议在仲裁院进行仲裁的案件,可以直接向仲裁院的秘书处提出申请或通过所在国国际商会国家委员会转交仲裁院秘书处。为了保证仲裁庭的中立性、公正性,仲裁院仲裁规则规定仲裁庭的独任仲裁员和合议制仲裁庭首席仲裁员的国籍,必须不同于争端双方当事人的国籍。当事人提交仲裁院的仲裁案件遵循国际商会的仲裁规则,仲裁程序应视为事实上接受本规则。

仲裁院还备有仲裁调解规则,双方当事人愿意调解解决争端的,可以由国际商会任命一人作为调解员对案件进行调解。调解不成的,除非双方当事人同意,调解员不得在以后继续担任仲裁员。

仲裁裁决实行终局裁决制。当事人在将争端提交国际商会仲裁时,就应视为已承担毫不迟延地执行最终裁决的义务,并在依法可以放弃的范围内放弃任何形式的上诉权利。国际商会国际仲裁院在国际上的影响很大,受案范围和受案数量都居各国仲裁机构之首。

经过几十年的发展,国际商会国际仲裁院已经成为国际商事仲裁领域最具权威和影响力的国际常设仲裁机构,其出具的裁决书不仅大都得到当事人的自觉履行,而且得到世界各国法院的广泛承认和执行。

2. 国际投资争端解决中心

国际投资争端解决中心(The International Center for the Settlement of Investment Disputes, ICSID)是1965年在国际复兴开发银行的倡导下,依据《关于解决国家与他国国民之间投资争端公约》(也称《华盛顿公约》)而建立的,总部设在华盛顿特区。ICSID专门处理的是东道国与他国国民因投资而产生的争端,目的在于通过仲裁和调解方式来解决投资争端,增强发达国家投资者向发展中国家进行投资的信心。ICSID要求争端的双方须为公约的成员,争端必须是由直接的投资引起的。ICSID为完全自治的管辖体制。

（二）部分国际知名常设仲裁机构

1. 美国仲裁协会

美国仲裁协会(American Arbitration Association, AAA)是美国主要的国际常设仲裁机构,于1926年设立,总部设在纽约。该协会分支机构遍布美国的主要城市。协会现行的《国际仲裁规则》于1991年3月1日生效。协会受理的仲裁案件主要是货物买卖合同、代理合同、工业产权、公司的成立与解散以及投资等方面的争端。海事仲裁案件由专门的海事仲裁机构受理。

美国仲裁协会受理的国际商事仲裁案件，在裁决上实行终局裁决制。根据《美国联邦仲裁法》规定，法院对仲裁的干预较少，只有在仲裁员被指控有受贿、欺诈、明显偏袒一方的情况时，法院才可以撤销仲裁裁决；法院对仲裁员在仲裁中有关事实和法律适用上是否错误不予过问，体现出很强的仲裁独立性。

2. 英国伦敦国际仲裁院

英国仲裁历史悠久，但其仲裁制度在1697年才正式被英国国会承认。1698年，英国国会制定了第一部《英国仲裁法》。1892年11月23日，伦敦仲裁会（London Chamber of Arbitration, LCA）正式成立，1981年更名为伦敦国际仲裁院（The London Court of International Arbitration, LCIA）。

伦敦国际仲裁院由伦敦市政府、伦敦商会和英国皇家特许仲裁员协会共同组成的联合管理委员会管理。日常工作由英国皇家特许仲裁员协会负责。仲裁员协会会长兼任伦敦国际仲裁院的执行主席。

伦敦国际仲裁院是目前英国最主要的国际商事仲裁机构。仲裁院的裁决是终局裁决，但当事人可以根据《英国仲裁法》的规定，请求法院对仲裁中的法律问题作出裁定。为此，当事人还可以通过排除协议的方式，排除法院对仲裁中法律问题的裁定或审查。伦敦国际仲裁院在国际上的信誉比较高，每年受理案件的数量也居世界前列。

3. 瑞典斯德哥尔摩商会仲裁院

商事仲裁在瑞典有着悠久的历史。早在1359年瑞典就有一个地方法典把仲裁作为解决纠纷的手段列入其法令条例中。1669年，瑞典通过立法赋予了仲裁裁决书司法上的强制执行力。1887年，瑞典通过了第一个仲裁法令。现在瑞典的民事纠纷，95%都是通过调解或仲裁解决的，只有5%的纠纷由法院判决，由此可看出仲裁在当地社会生活中的影响力。在瑞典所有仲裁机构中，斯德哥尔摩商会仲裁院（Arbitration Institute of the Stockholm Chamber of Commerce）是最有影响的一个。

斯德哥尔摩商会仲裁院由两部分组成，一个是秘书处，另一个是理事会。理事会人数固定为6人，成员由斯德哥尔摩商会执行理事会任命，任期三年。理事长和副理事长都必须是法官或律师。仲裁庭一般由3人组成。除申请人和被申请人各自指定一名仲裁员外，首席仲裁员一般由仲裁院指定。首席仲裁员应同时具备东西方法律的教育背景，熟悉东西方的法律文化，并具备较丰富的法律从业经验。他们丰富的法律经验、严谨的工作作风以及瑞典历史悠久的仲裁文化，都是斯德哥尔摩商会仲裁院获得人们广泛敬重的重要因素。

从案件的裁决来看，该院始终高举着一杆大旗，那就是公平合理。在实践中，仲裁庭往往会超脱一些成文法的束缚，直接适用公平合理原则，此即他们所称的法律真空。因此，许多案件是在当事人没有规定适用法律的情况下按照公平合理的原则解决的。

从仲裁程序和仲裁规则来看，斯德哥尔摩商会仲裁院仲裁规则最主要也最重要的一个特征就是灵活性。比如说语言，当事人可以自行选择用何种语言来进行仲裁程序。事实上，在斯德哥尔摩商会仲裁院的仲裁实践中，仲裁程序通常都是灵活的或者说是不正式的，仲裁庭时常准备接受双方关于如何进行材料交换、开庭和适用何种规则等方面的建议。

我国从西欧、北美进口的成套设备合同中也常有规定在瑞典仲裁的仲裁条款。

4. 新加坡国际仲裁中心

新加坡国际仲裁中心(Singapore International Arbitration Center, SIAC)于1990年3月成立,是依据新加坡公司法成立的担保有限公司。其宗旨是:为国际和国内商事争端的仲裁和调解提供服务;促进仲裁和调解在解决商事争端中的广泛应用;培养一批熟知国际商事仲裁法律和商事仲裁实务的仲裁员和专家。新加坡国际仲裁中心可以受理来自国际和国内的商事争端,但主要以解决建筑工程、航运、银行、保险方面的争端见长。仲裁庭在仲裁过程中,适用《新加坡国际仲裁中心仲裁规则》,该规则以联合国国际贸易法委员会的仲裁规则为基础制定,赋予了仲裁当事人很大的自主权。双方当事人可以约定仲裁程序;如果没有约定,或该规则也没有规定,则由仲裁庭在适用的法律允许的范围内决定。仲裁中心还协助当事人登记仲裁,以便该仲裁裁决能够在1958年《承认及执行外国仲裁裁决公约》(又称《纽约公约》)缔约国之间得到承认和执行。

第三节　中国的国际商事仲裁

一、中国的国际商事仲裁机构

中国的涉外仲裁机构主要有两个:一个是中国国际经济贸易仲裁委员会(China International Economic and Trade Arbitration Commission, CIETAC),另一个是中国海事仲裁委员会(China Maritime Arbitration Commission, CMAC)。

1. 中国国际经济贸易仲裁委员会

中国国际经济贸易仲裁委员会的前身是1956年由中国国际贸易促进委员会组织设立的对外贸易仲裁委员会,1980年更名为对外经济贸易仲裁委员会,1988年更名为现名中国国际经济贸易仲裁委员会,2000年同时启用中国国际商会仲裁院的名称,其受理范围包括国际经济贸易中发生的一切争端。

根据业务发展的需要,仲裁委员会随后在深圳、上海、重庆、浙江设立了中国国际经济贸易仲裁委员会深圳分会(现为深圳国际仲裁院)、中国国际经济贸易仲裁委员会上海分会(现为上海国际经济贸易仲裁委员会)、中国国际经济贸易仲裁委员会西南分会和中国国际经济贸易仲裁委员会浙江分会。总会和分会是一个统一的整体,是一个仲裁委员会,使用相同的《仲裁规则》和《仲裁员名册》,在整体上享有一个仲裁管辖权。中国国际经济贸易仲裁委员会近几年受理的国际商事纠纷案件数量急剧增加,目前已经成为国际上最重要的国际商事仲裁机构之一。

2. 中国海事仲裁委员会

中国海事仲裁委员会是根据中华人民共和国国务院1958年11月21日决定,于1959年1月在中国国际贸易促进委员会内设立的,专门受理海事仲裁案件。中国海事仲裁委员会根据当事人在争议发生之前或发生之后达成的将争议提交仲裁委员会仲裁的协议和一方当事人的书面申请,受理仲裁有关海上船舶碰撞、海上船舶相互救助、海上船舶租赁及代理等海上运输业务、海上环境污染损害等的海事争端以及其他双方当事人协议要求仲裁的海事争端。

中国海事仲裁委员会由于受案范围的限制和中国海事法院的设立,其受理的仲裁案件没有中国国际经济贸易仲裁委员会的受案数量多。但与其他国家受理的海事仲裁案件相比,无论数量还是质量在国际上都享有一定的地位。

中国海事仲裁委员会位于北京,设有上海总部,在天津、重庆、深圳、香港、厦门、舟山、海口、大连、青岛设有分会/仲裁中心。

二、中国的相关立法

1956 年,中国国际贸易促进委员会委员会议通过《对外贸易仲裁委员会仲裁程序暂行规则》。1959 年,中国国际贸易促进委员会委员会议通过《海事仲裁委员会仲裁程序暂行规则》(以下简称《暂行规则》)。1988 年,中国国际贸易促进委员会在原仲裁规则的基础上,重新制定公布了《中国国际经济贸易仲裁委员会仲裁规则》和《中国海事仲裁委员会仲裁规则》,从而取代了已试用 30 年的《暂行规则》。之后,该规则经过多次修正。1994 年 8 月 31 日,第八届全国人民代表大会常务委员会第九次会议通过《中华人民共和国仲裁法》。以上构成了中国的仲裁法律体系。

三、中国国际经济贸易仲裁程序

1. 申请、答辩和反诉

申请人应根据仲裁协议以书面形式提交仲裁申请,并在仲裁委员会的《仲裁员手册》中指定一名仲裁员(或者委托仲裁委员会主席代为指定),并预缴仲裁费。

被申请人在收到仲裁委员会送达的仲裁通知之日起 20 日内应在《仲裁员手册》中指定一名仲裁员(也可以委托仲裁委员会主席代为指定),并在 45 日内提交答辩书及相关证据。被申请人不答辩不影响仲裁程序的进行。

被申请人如果要反诉,一般应在上述答辩期内提出(最迟应在收到通知书之日起 60 日内提出),并预缴仲裁费。

2. 仲裁庭的组成

仲裁庭一般由三名仲裁员组成。双方当事人各自在《仲裁员手册》中选定一名,第三名可以共同选定,也可以委托仲裁委员会主席代为指定,该第三名仲裁员即为首席仲裁员。也可以由一名仲裁员独任审理,由双方共同指定或者委托仲裁委员会主席代为指定。

3. 仲裁审理

仲裁庭审理案件,不公开进行,但应当开庭审理。如果双方当事人同意或者提出申请,也可以不开庭,只依据书面文件进行审理并作出裁决。审理地点可以在北京、上海、深圳,也可以在仲裁委员会主席批准的其他地点。

4. 仲裁审理中的调解

在包括我国在内的一些东亚国家常设机构的仲裁规则中,常常包含在当事人不反对的前提下赋予仲裁庭调解的权利。如果调解成功且当事人有要求,则仲裁庭应以裁决的形式记载调解结果,该裁决与一般的裁决具有相同的效力。

5. 仲裁裁决

按照《中国国际经济贸易仲裁委员会仲裁规则》规定,仲裁庭应当在组成仲裁庭后 9

个月内作出裁决,但如有正当理由,可以延长。但如果适用简易程序,由一名仲裁员独任审理,则应在开庭之日起 30 日内作出裁决;如果是书面审理的,则应在仲裁庭组成之日起 90 日内作出裁决。

典型案例 11-1

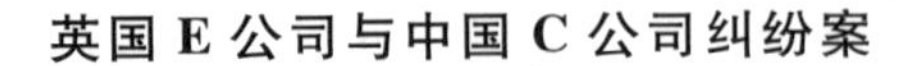

英国 E 公司与中国 C 公司纠纷案

E 公司与 C 公司在中国秋交会上签订了一份农产品买卖合同。后来,E 公司因 C 公司交货迟延而向 C 公司求偿 4 000 欧元(按当时牌价约合人民币 30 000 元),C 公司拒绝后,E 公司根据合同提交仲裁。北京仲裁庭先试图推动双方和解,C 公司作了很大让步,同意偿付 E 公司 25 000 元,但 E 公司并不满意,要求比原先更高的赔偿。最后,仲裁庭按国际惯例即合同价格与交货时国际市场价格之间的差价为赔偿额的确定原则,裁决 C 公司只需向 E 公司支付 11 530 元。对此,E 公司反而不再提出异议。

资料来源:张圣翠主编,《国际商法》(第六版),上海财经大学出版社,2012,第 332 页。

第四节 仲裁协议

一、仲裁协议的概念

仲裁协议是指双方当事人表示愿意把他们之间将来可能发生或者已经发生的争端提交仲裁解决的一种协议。它是仲裁机构或者仲裁员受理案件的依据。

仲裁的意思表示可以通过口头和书面两种形式作出,但大多数国家的仲裁法及有关仲裁机构的仲裁规则均规定仲裁协议必须采用书面形式。书面形式可以是合同的仲裁条款,也包括双方当事人通过信函所表示出来的将特定争端提交仲裁解决的意思表示。

由于仲裁的自愿性特点,仲裁协议必须经协商一致达成,可以说一致同意是将国际商事争端提交仲裁的前提条件。

二、仲裁协议的形式

仲裁协议一般以仲裁条款或仲裁协议书两种形式表现出来。

仲裁条款是在争端发生之前由双方当事人在合同中就有关争端解决约定的条款,它是仲裁协议最基本和最常见的形式。仲裁条款是合同的一部分,不能单独存在,可以规定提交仲裁的事项、仲裁地点、仲裁机构、仲裁庭的组成、仲裁程序、仲裁应适用的法律以及裁决的效力等。

而仲裁协议书则是在争端发生之前或之后,双方经过协商,同意将争端提交仲裁的单独订立的书面协议。仲裁协议书是单独的协议,独立于主合同存在。

值得一提的是,仲裁协议的效力不受主合同效力的影响,即无论是作为主合同中的仲裁条款,还是独立于主合同的仲裁协议,其效力都不会因主合同无效而受影响,除非该仲裁协议本身就无效。

联合国国际贸易法委员会《国际商事仲裁示范法》规定：仲裁条款独立于合同其他条款，仲裁庭作出的合同无效的决定不应在法律上导致仲裁条款的无效。

《中国仲裁法》明确规定：仲裁协议独立存在，合同的变更、解除、终止或者无效，不影响仲裁协议的效力。

三、仲裁协议的法律效力

具体来说，仲裁协议的法律效力主要体现在如下三个方面：

（1）对当事人的法律效力。仲裁协议对当事人最直接的法律效力体现在：仲裁协议一旦有效订立，当事人就丧失了就特定争端向法院提起诉讼的权利，而只能以仲裁方式解决他们之间的争议。如果一方当事人就协议规定范围内的事项向法院提起诉讼，则另一方当事人有权依据仲裁协议要求法院终止司法程序，把争端发至仲裁机构审理。《中国民事诉讼法》规定：涉外经济贸易、运输和海事中发生的纠纷，当事人在合同中订有仲裁条款或者事后达成书面仲裁协议，提交中华人民共和国涉外仲裁机构或者其他仲裁机构仲裁的，当事人不得向人民法院起诉。

（2）对仲裁员和仲裁机构的法律效力。有效的仲裁协议是仲裁员和仲裁机构受理争端案件的法律依据。仲裁协议确定了仲裁事项的范围：当有关裁决所处理的争端不是交付仲裁的标的，或不在有关仲裁协议范围内，或裁决有关交付仲裁范围之外的事项时，法院可以基于一方当事人的申请拒绝承认和执行该项裁决，从而使仲裁员或仲裁机构的管辖权受仲裁协议所确定的仲裁范围的严格限制。

（3）对法院的法律效力。仲裁协议对法院的法律效力，是其最重要的法律效力的体现。仲裁协议对法院的法律效力主要表现在以下两个方面：其一，有效的仲裁协议可排除法院的管辖权。国际公约和世界大多数国家的仲裁法都承认仲裁协议对法院的这一效力。1958 年《承认及执行外国仲裁裁决公约》规定：如果缔约国的法院受理一个案件，而这个案件所涉及的事项，当事人已经达成本条意义内的意向，则应该应一方当事人的请求，让当事人提交仲裁，除非该法院查明该意向是无效的、未生效的或不可能实行的。《中国仲裁法》中也有类似规定。其二，有效的仲裁协议是法院执行仲裁协议的依据。仲裁协议具有排除法院管辖权的法律效果，但这并不意味着仲裁协议的效力完全脱离法院的管辖。如果一方当事人拒不履行仲裁裁决，另一方当事人可向有关国家法院提交有效的仲裁协议和裁决书，申请强制执行该裁决。而无效的仲裁协议也是有关国家法院拒绝承认和执行有关仲裁裁决的理由之一。这说明仲裁协议在排除法院管辖权的同时，往往还依赖法院的司法权威和保障。

不过，为减少法院对仲裁的干预，有些国家的法院越来越多地采用所谓的“仲裁协议独立性原则”，开始对欺诈合同进行区别。美国联邦最高法院在 1969 年普利曼涂料公司诉福意得公司案中，就将欺诈行为分为两类：一般欺诈行为和旨在诱使达成仲裁协议的欺诈行为。对前者达成的合同而产生的纠纷，当事人可订立有效仲裁协议将其提交仲裁；对于后者达成的仲裁协议须依法院裁判决定其效力。

典型案例 11-2

Sically 公司诉 Grasso 公司案

原告 S. A. Sically 是一家法国公司，被告 Grasso 是一家荷兰公司。双方在贸易合同中规定，如果发生纠纷，Grasso 公司有权选择在荷兰仲裁或者诉讼。后来 Sically 公司认为，以上条款不平等，且表明当事人没有提交仲裁的意图。上诉法院和法国最高法院一致判决驳回了 Sically 公司的上述主张，理由是：Grasso 公司保留仲裁或诉讼权并没有改变 Sically 公司放弃法国法院对其国民案件纠纷的案件管辖权的事实。

资料来源：张圣翠主编，《国际商法》（第六版），上海财经大学出版社，2012，第 317 页。

四、仲裁协议的内容

具体来说，一份完整的国际商事仲裁协议包括如下几方面内容：

1. 仲裁事项

仲裁协议首先要明确提交仲裁解决的争端事项，是有关合同的全部争端，还是在一定范围内的争端，这是有关仲裁机构行使管辖权的重要依据之一，也是有关当事人申请仲裁裁决的承认和执行时必须具备的重要条件。在仲裁协议中，要注意仲裁事项的可仲裁性。

2. 仲裁地点

仲裁地点是指执行仲裁程序和作出裁决的所在地。在国际经济贸易仲裁中，仲裁地点的选择具有非常重要的意义。仲裁地点与仲裁所适用的程序法以及按哪一国的冲突规则来确定合同的实体法都有密切关系。一般来说，在哪一国仲裁就按照该国的冲突规则选择实体法解决争端。仲裁地点的选择也直接影响到仲裁裁决的承认与执行。因为仲裁地法在很大程度上决定着裁决的可执行性。

3. 仲裁机构

如果双方当事人商定提交常设仲裁机构，则应当写明该仲裁机构的名称；如果双方当事人决定由临时仲裁庭仲裁，则要在仲裁协议中规定其组成、仲裁规则等有关事项。一般情况下，确定在某地仲裁就是指在该地的常设仲裁机构仲裁，只有在该地无常设仲裁机构时，才需要组织临时仲裁庭。但是，指定在某一常设仲裁机构仲裁，却不一定是在该机构所在地进行，还有的仲裁机构在不同地方设立分会，因此，签订仲裁协议时应分别订明仲裁地点和仲裁机构。

4. 仲裁规则

仲裁规则是指双方当事人和仲裁庭在整个仲裁过程中所应遵循的程序和规则。它包括仲裁申请的提出、答辩的方式、仲裁员的指定、仲裁庭的组成、仲裁的审理、仲裁裁决的作出以及裁决的效力等内容。由于程序问题直接影响到实体问题，为确保仲裁程序的顺利进行，当事人在订立仲裁协议时应明确有关仲裁所适用的仲裁规则。选择仲裁规则的一般原则是：将争端提交某一常设仲裁机构解决，就意味着适用该仲裁机构的仲裁规则。但有一些仲裁机构，除适用自己的仲裁规则外，还允许当事人选择其他的仲裁规则。

5. 仲裁的法律适用

在仲裁协议中，当事人还应选择解决他们之间纠纷所适用的法律，即准据法（实体法）。世界上大多数国家的法律规定，对于案件程序上的事项，适用仲裁地法；而对于处理当事人之间的具体争端所适用的法律，一般都允许当事人自愿选择，这就是“当事人意思自治”原则。仲裁庭依据当事人自愿选择的法律解决当事人之间的争端。如果当事人没有指定适用何种法律，则由仲裁庭根据某种规则来确定准据法。具体有三种做法：第一，仲裁庭依照自己认为合适的冲突规范所指向的法律；第二，依照仲裁庭所在地冲突规则确定准据法；第三，适用仲裁地法律。除上述做法外，仲裁机构有时根据公平原则仲裁。

6. 裁决的效力

仲裁裁决的效力是指仲裁机构就有关争端所作出的实质性裁决是否具有终局性，对双方当事人是否有约束力，当事人是否有权向法院起诉请求变更或撤销裁决。仲裁裁决的效力直接影响到整个仲裁程序的效力，决定着当事人之间的争端能否得到最终解决，合法权益能否得到保护。各国法律一般都规定，仲裁裁决是终局的，对双方当事人均有约束力。

中国国际经济贸易仲裁委员会推荐了两款仲裁条款的示范条款，内容为：

示范仲裁条款（一）：凡因本合同引起的或与本合同有关的任何争议，均应提交中国国际经济贸易仲裁委员会，按照申请仲裁时该会现行有效的仲裁规则进行仲裁。仲裁裁决是终局的，对双方均有约束力。

示范仲裁条款（二）：凡因本合同引起的或与本合同有关的任何争议，均应提交中国国际经济贸易仲裁委员会____________分会（仲裁中心），按照仲裁申请时中国国际经济贸易仲裁委员会现行有效的仲裁规则进行仲裁。仲裁裁决是终局的，对双方均有约束力。

第五节　仲裁裁决的执行

国际商事仲裁裁决的承认与执行，是指法院或其他法定机关，承认国际商事仲裁裁决的终局约束力并对不自觉执行的一方经申请予以强制执行的制度。国际商事仲裁裁决作出后，最理想的状况是当事人主动履行裁决结果。原则上既然当事人双方同意以仲裁方式解决纠纷，双方对于裁决结果就应心悦诚服。但有些当事人在不利的裁决作出之后会有所不平，甚至不主动履行该裁决结果。而在非裁决地所在国执行该裁决，更是困难。裁决一经作出，仲裁员的责任已尽，仲裁机构也没有权利去执行该裁决，以及持裁决结果到裁决地所在国以外的国家来执行该裁决。这就涉及仲裁裁决的承认和执行问题。

一、对本国的国际商事仲裁裁决的承认与执行

对于本国作出的国际商事仲裁裁决的承认和执行问题，包括我国在内的许多国家对此处理都很简单，即和本国的纯国内商事仲裁裁决的承认与执行制度一样，由获得有利裁决的一方当事人向有管辖权的法院提出申请，该法院收到申请后即对仲裁协议和裁决作出形式审查，经审查认为形式上合法后即发布执行该裁决的命令，予以强制执行。但是，

在执行过程中，如果对方当事人依法提出了有效的异议，则强制执行行为予以中止，由法院审查该异议是否成立。如果异议不成立，则继续执行；如果异议成立，则该仲裁裁决就不能被执行。

根据《中国民事诉讼法》第二百四十四条规定，对依法设立的仲裁机构的裁决，一方当事人不履行的，对方当事人可以向有管辖权的人民法院申请执行。受申请的人民法院应当执行。被申请人提出证据证明仲裁裁决有下列情形之一的，经人民法院组成合议庭审查核实，裁定不予执行：

（1）当事人在合同中没有订有仲裁条款或者事后没有达成书面仲裁协议的；

（2）裁决的事项不属于仲裁协议的范围或者仲裁机构无权仲裁的；

（3）仲裁庭的组成或者仲裁的程序违反法定程序的；

（4）裁决所根据的证据是伪造的；

（5）对方当事人向仲裁机构隐瞒了足以影响公正裁决的证据的；

（6）仲裁员在仲裁该案时有贪污受贿，徇私舞弊，枉法裁决行为的。

人民法院认定执行该裁决违背社会公共利益的，裁定不予执行。裁定书应当送达双方当事人和仲裁机构。仲裁裁决被人民法院裁定不予执行的，当事人可以根据双方达成的书面仲裁协议重新申请仲裁，也可以向人民法院起诉。

二、对外国的国际商事仲裁裁决的承认与执行

对外国仲裁裁决的承认与执行，相对于对国内仲裁裁决的执行要复杂得多，因为这不仅涉及当事人及其利害关系人的切身利益，而且关系到各国社会、政治、经济、文化、法律各个方面的利益。它包括以下两种情况：①在本国作出的仲裁裁决，由于败诉一方在外国而需要向外国法院申请强制执行；②外国作出的仲裁裁决在本国的承认和执行问题。

以上两种情况，不仅涉及双方当事人的利益，还涉及两个国家的利害关系。所以，许多国家对执行外国的仲裁裁决规定了一些限制，如有的要求以互惠为条件，有的要求“双重许可”，还有的要求外国的仲裁裁决不得违反执行国的“公共秩序”等。从国际上来看，通常以双边或多边的方式解决。

为了解决各国在承认与执行外国仲裁裁决问题上存在的分歧，国际上曾先后缔结过三个公约：第一个是 1923 年的《仲裁条款议定书》；第二个是 1927 年的《关于执行外国仲裁裁决公约》；第三个是 1958 年 6 月 10 日在纽约订立的《承认及执行外国仲裁裁决公约》，又称《纽约公约》。

从目前来看，《纽约公约》实际上已取代前两个公约，成为当前国际上关于承认与执行外国仲裁裁决最主要的条约。自 1958 年订立以来，迄今为止已有 100 多个国家参加了该公约，其中一些国家对该公约提出了一些保留，如美国对该公约提出了互惠保留和商事保留，英国对该公约提出了互惠保留，也有国家对该公约没有提出任何保留，如瑞典。中国于 1986 年 12 月 2 日加入了该公约，并提出了保留，共计两项：①中国只在互惠的基础上，对另一个缔约国作出的仲裁裁决的承认和执行适用该公约；②中国仅对契约性和非契约性的商事关系引起的争端适用该公约。

对于外国仲裁裁决的承认和执行是一个非常重要的问题。《纽约公约》规定：各缔约国互相承认仲裁裁决具有约束力，申请在其他缔约国境内执行仲裁裁决时，应向被申请国提交用该国文字作成的裁决书译本，并且依照执行地的程序规则予以执行。对承认或执行本公约所适用的仲裁裁决，不应该有比承认或执行本国的仲裁裁决规定实质上更复杂的条件或更昂贵的费用。

《纽约公约》以排除的方式规定了承认和执行外国仲裁裁决的条件，即凡属于下列情况之一的外国仲裁裁决，被请求承认与执行的国家的机关可以依据被申请人的请求拒绝承认和执行：

（1）签订仲裁协议的双方当事人，根据对他们适用的法律，当时处于某种无民事行为能力的情况之下；或者根据双方当事人选定适用的法律或在没有这种选定的时候，根据作出裁决的国家的法律，仲裁协议无效。

（2）作为仲裁执行对象的当事人，没有接到关于指定仲裁员或者进行仲裁程序的通知，或者由于其他情况未能对案件提出意见。

（3）仲裁裁决涉及仲裁协议所没有提及的，或者不包括在仲裁协议规定之内的事项，或者裁决内含有对仲裁协议范围以外的事项。

（4）仲裁庭的组成或仲裁程序同当事人之间的协议不符，或者当事人间没有这种协议时，同进行仲裁的国家的法律不符。

（5）仲裁裁决对当事人还没有产生法律效力，或者裁决已经由作出裁决的国家或据其法律由作出裁决的国家的管辖当局撤销或停止执行。

此外，被请求承认和执行外国仲裁裁决的国家的主管机关如果认为按照该国法律，裁决的事项是不能以仲裁方法处理的，或者裁决的内容违反该国公共秩序的，也可以拒绝承认和执行。

《中国民事诉讼法》第二百九十条对外国仲裁裁决的承认和执行作了规定：国外仲裁机构的裁决，需要中华人民共和国人民法院承认和执行的，应当由当事人直接向被执行人住所地或者其财产所在地的中级人民法院申请，人民法院应当依照中华人民共和国缔结或者参加的国际条约，或者按照互惠原则办理。

三、中国关于执行仲裁裁决的法律规定

我国关于执行仲裁裁决的法律有两项：一项是《中国仲裁法》，另一项是《中国民事诉讼法》。

1.《中国仲裁法》的规定

第六十二条规定：当事人应当履行裁决。一方当事人不履行的，另一方当事人可以依照民事诉讼法的规定向人民法院申请执行。受申请的人民法院应当执行。

第七十条规定：当事人提出证据证明涉外仲裁裁决有民事诉讼法第二百五十八条第一款规定的情形之一的，经人民法院组成合议庭审查核实，裁定撤销。

第七十一条规定：被申请人提出证据证明涉外仲裁裁决有民事诉讼法第二百五十八条第一款规定的情形之一的，经人民法院组成合议庭审查核实，裁定不予执行。

第七十二条规定：涉外仲裁委员会作出的发生法律效力的仲裁裁决，当事人请求执行的，如果被执行人或者其财产不在中华人民共和国领域内，应当由当事人直接向有管辖权的外国法院申请承认和执行。

2.《中国民事诉讼法》的规定

《中国民事诉讼法》在承认与执行涉外商事仲裁方面所规定的主要内容归纳如下：

（1）国外任何仲裁机构的裁决，需中国法院承认与执行的，应当由当事人直接向被执行人住所地或财产所在地的中级人民法院申请，人民法院依照中国缔结或参加的国际条约，或者按照互惠原则办理。

（2）经涉外仲裁机构作出的裁决，当事人不得再向人民法院起诉。如果败诉的一方当事人不履行仲裁裁决，则另一方当事人可向败诉人住所地或财产所在地中级人民法院申请执行。

（3）胜诉的一方当事人向有管辖权的法院提出了强制执行的申请，法院在收到申请后只对裁决作形式审查。法院认为裁决在形式上和程序上符合法律要求，即发布强制执行的命令，对裁决予以强制执行。但在执行过程中，如果对方当事人依法提出了有效的异议，则强制执行应中止，必须经法院审查后，再决定继续执行或宣布异议成立裁决不得执行。

另外，如果因上诉情况，仲裁裁决被人民法院裁定不予执行，则当事人可根据双方达成的书面协议重新申请仲裁，也可以向人民法院起诉。

（4）中国涉外仲裁机构作出的发生法律效力的仲裁裁决，当事人请求执行的，如果被执行人或其财产不在中国领域内，应当由当事人直接向有管辖权的外国法院申请承认与执行。

? 思考与练习

1. 什么是仲裁？仲裁与诉讼有哪些区别？
2. 我国的涉外仲裁机构有哪些？
3. 什么是仲裁协议？仲裁协议有什么作用？
4. 我国对承认与执行涉外商事仲裁是怎么规定的？

案例分析

中国技术进出口总公司诉瑞士工业资源公司案

被告瑞士工业资源公司以欺骗的手段诱使原告中国技术进出口总公司与其签订了一份钢材买卖合同，并在合同中列有一项仲裁条款。事后，被告通过伪造的议付单据骗得了原告的钢材货款。原告了解真相后即向上海市中级人民法院起诉。受理法院判决该合同和仲裁条款均为无效。理由是它们均为被告以欺诈手段订立的，并作出判决：（1）瑞士工业资源公司应偿还中国技术进出口总公司的钢材货款 2 290 250 美元；并赔偿钢材货款的银行贷款利息 873 784.58 美元,经营损失 1 943 588.25 美元,国外公证和认证费、国内律师费 29 045.77 美元,共计 5 136 668.60 美元。(2) 驳回瑞士工业资源公司的反诉。

瑞士工业资源公司不服,提起上诉。上海市高级人民法院最后也确认了该判决,驳回上诉人瑞士工业资源公司的上诉,维持原判。

资料来源:《中国技术进出口总公司诉瑞士工业资源公司侵权损害赔偿纠纷上诉案》,http://www.chinacourt.org/article/detail/2002/11/id/17819.shtml,访问日期:2022 年 2 月 20 日。

【思考与讨论】

1. 仲裁条款的作用有哪些?
2. 本案在存在仲裁条款的情况下为什么最终由法院作出判决?

参考文献

CLAYTON P G, STEVEN D W, 2002. Sales Law: Domestic and International (Revised Edition) [M]. New York: Foundation Press.

HAMBLIN C, WRIGHT F B, 1988. Introduction to Commercial Law(Third Edition)[M]. London: Sweet & Maxwell.

JOHN D A, JANET E A, 2010. Law for Business(Seventeenth Edition)[M]. San Diego: South-Western Publishing House.

JOHN H,2009. Uniform Law for International Sales Under the 1980 United Nations Convention (Fourth Edition) [M]. Alphen aan den Rijn: Kluwer Law International.

LARRY A D, 2004. The Law of International Business Transaction[M].北京:北京大学出版社.

RANDY E B, 2003. Contracts: Cases and Doctrines (Third Edition)[M]. Frederick: Aspen Publishers Inc.

SCHAFFERR, AGUSTI F, EARLE B et al., 2011. International Business Law and Its Environment(Eighth Edition)[M]. South-Western Cengage Learning.

阿狄亚,2002.合同法导论(第五版)[M].赵旭东,何帅领,邓晓霞,译.北京:法律出版社.

曹建明,丁成耀,2005.国际商法引论[M].上海:华东理工大学出版社.

陈晶莹,邓旭,2014.国际商法(第二版)[M].北京:中国人民大学出版社.

陈晴,2010.票据法案例评析[M].北京:对外经济贸易大学出版社.

邓杰,2008.商事仲裁法[M].北京:清华大学出版社.

冯大同,1995.国际贸易法[M].北京:北京大学出版社.

冯大同,1994.国际商法[M].北京:中国人民大学出版社.

冯辉,2004.英美海商法[M].北京:对外经济贸易大学出版社.

黄敬阳,2005.国际货物运输保险[M].北京:对外经济贸易大学出版社.

黄立,2002.民法债编总论[M].北京:中国政法大学出版社.

姜作利,2013.国际商法(第三版)[M].北京:法律出版社.

金春,2013.国际商法[M].北京:中国财政经济出版社.

拉伦茨,2003.德国民法通论(上下册)[M].王晓晔等,译.北京:法律出版社.

李巍,2002.联合国国际货物销售合同公约评释[M].北京:法律出版社.

李先波,2000.合同有效成立比较研究[M].长沙:湖南教育出版社.

栗丽,2012.国际货物运输与保险(第三版)[M].北京:中国人民大学出版社.

林艳琴,丁清光,2004.票据法比较研究[M].北京:中国人民公安大学出版社.

刘惠荣,2013.国际商法学[M].北京:北京大学出版社.

刘一展,杨子江,2021.国际商法[M].北京:高等教育出版社.

马齐林,2004.新编国际商法(第二版)[M].广州:暨南大学出版社.

屈广清,2011.国际商法(第三版)[M].大连:东北财经大学出版社.

沈四宝,王军,2010.国际商法(第二版)[M].北京:对外经济贸易大学出版社.

沈四宝,王军,2007.国际商法教学案例(英文)选编(第二版)[M].北京:法律出版社.

孙瑛,韩杨,2009.国际货物运输实务与案例[M].北京:清华大学出版社.
汪渊智,2012.比较法视野下的代理法律制度[M].北京:法律出版社.
王传丽,1998.国际贸易法[M].北京:法律出版社.
王利明,2011.合同法新问题研究(修订版)[M].北京:中国社会科学出版社.
王利明,杨立新,王轶,程啸,2020.民法学(第六版·上下册)[M].北京:法律出版社.
吴建斌,2001.国际商法新论[M].南京:南京大学出版社.
吴建斌,肖冰,彭岳,2017.国际商法(第三版)[M].北京:高等教育出版社.
谢弗,厄尔,阿格斯蒂,2003.国际商法(第四版)[M].邹建华,主译.北京:人民邮电出版社.
杨士富,2009.国际商法理论与实务[M].北京:北京大学出版社.
张圣翠,2012.国际商法(第六版)[M].上海:上海财经大学出版社.
张文博等,1995.英美商法指南[M].上海:复旦大学出版社.
张学森,2011.国际商法(中英文双语版)[M].上海:复旦大学出版社.
张玉卿,2009.国际货物买卖统一法:联合国国际货物销售合同公约释义[M].北京:中国商务出版社.
赵秀文,1999.国际商事仲裁案例评析[M].北京:中国法制出版社.
赵秀文,2010.国际商事仲裁法原理与案例教程[M].北京:法律出版社.

教辅申请说明

北京大学出版社本着“教材优先、学术为本”的出版宗旨，竭诚为广大高等院校师生服务。为更有针对性地提供服务，请您按照以下步骤通过**微信**提交教辅申请，我们会在1～2个工作日内将配套教辅资料发送到您的邮箱。

◎ 扫描下方二维码，或直接微信搜索公众号“北京大学经管书苑”，进行关注；

◎ 点击菜单栏“在线申请”—“教辅申请”，出现如右下界面：

◎ 将表格上的信息填写准确、完整后，点击提交；

◎ 信息核对无误后，教辅资源会及时发送给您；如果填写有问题，工作人员会同您联系。

温馨提示：如果您不使用微信，则可以通过以下联系方式（任选其一），将您的姓名、院校、邮箱及教材使用信息反馈给我们，工作人员会同您进一步联系。

教辅申请表

1. 您的姓名：*

2. 学校名称*

3. 院系名称*

••• •••

感谢您的关注，我们会在核对信息后在1~2个工作日内将教辅资源发送给您。

提交

联系方式：

北京大学出版社经济与管理图书事业部

通信地址：北京市海淀区成府路 205 号，100871

电子邮箱：em@ pup.cn

电　　话：010-62767312

微　　信：北京大学经管书苑（pupembook）

网　　址：www.pup.cn